가야토기

가야의 역사와 문화

자료제공 및 협력

개인

강유신, 곽장근, 곽종철, 김구군, 김길식, 김권구, 김두철, 김무중, 김수남, 김세기, 김영민, 김영화, 김용성, 김은애, 김옥순, 김정완, 김재우, 김재홍, 김주용, 김형곤, 김창억, 권오영, 공봉석, 류위남, 류창환, 박광열, 박순발, 박승규, 박경신, 박성천, 박보현, 故 손명조, 故 송계현, 송의정, 성정용, 신경철, 신유섭, 신용민, 신영애, 신종환, 안성희, 안재호, 이강승, 이동희, 이백규, 이상길, 이상률, 이수진, 이성주, 이영훈, 이영철, 이정호, 이주헌, 이종철, 이재환, 이춘선, 이태우, 이한상, 이희준, 이현주, 임학종, 윤온식, 윤형원, 장정남, 진성섭, 전옥년, 정인성, 정영희, 정주희, 정창희, 조근우, 조영제, 조영현, 조현복, 최권호, 최경규, 최병현, 최종만, 하인수, 하승철, 한도식, 함순섭, 홍보식 神谷正弘, 亀田修一, 角田德幸, 河野一隆, 久住猛雄, 桑原將人, 木下亘, 永島暉臣愼, 中井正幸, 高野學, 松井忠春, 南秀雄, 三吉秀充, 宮田浩之, 定森秀夫, 佐々木憲一, 酒井清治, 重藤輝行, 白井克也, 鈴木敏則, 鈴木一有, 東潮, 青柳泰介, 大庭重信, 入江文敏, 大竹弘之, 小栗明彦, 橋本達也, 福永伸哉, 福岡澄男, 藤田憲司, 堀田啓一, 大野左千夫, 岡戸哲紀, 植野浩三, 柳本照男, 米田敏幸, 吉井秀夫, 武末純一, 田中清美, 竹谷俊夫, 高橋徹, 千賀久, 都出比呂志 Robert D. Mowry
(가나다순, 경칭생략)

기관

경남문화재연구원, 경남발전연구원역사문화센터, 경북대학교박물관, 경상대학교박물관, 경상북도문화재연구원, 경성대학교박물관, 계명대학교행소박물관, 국립경주박물관, 국립김해박물관, 국립대구박물관, 국립중앙박물관, 군산대학교박물관, 동신대학교박물관, 동아대학교박물관, 동아세아문화재연구원, 동의대학교박물관, 복천박물관, 부산대학교박물관, 부산박물관, 삼강문화재연구원, 삼성미술관 Leeum, 순천대학교박물관, 숭실대학교 한국기독교박물관, 아모레퍼시픽 미술관, 영남문화재연구원, 전북대학교박물관, 함안박물관, 합천박물관, 호림박물관
東京國立博物館, 伊勢神宮徵古館, 名古屋大學考古學研究室, 豊川市敎育委員會, 大阪市文化財協會, Harvard Art Museums, Arthur M. Sackler Museum.

가야토기 - 가야의 역사와 문화 -

초판 1쇄 발행 2010년 10월 27일

지은이·박천수
발행인·김영진
발행처·진인진
등 록·제25100-2005-000003호
표지 디자인·정하연
본문 편집·배원일
주 소·경기도 과천시 별양동 1-14 과천오피스텔 614호
전 화·02-507-3077~8
팩 스·02-507-3079
홈페이지·http://www.zininzin.co.kr
이메일·pub@zininzin.co.kr

ⓒ 진인진 2010
ISBN 978-89-6347-061-0 93900

* 이 책 내용의 전부 또는 일부를 다시 사용하려면 반드시 자료 제공 협조기관과 출판사 모두의 동의를 얻어야 합니다.
* 책값은 표지 뒷면에 표시되어 있습니다.

가야토기
加耶土器

가야의 역사와 문화

박천수 지음

진인진

책을 열며

　이 책은 필자의 1990년 석사논문 이래의 가야토기에 대한 연구 논문집으로 토기를 통하여 가야의 역사와 문화에 대해 접근한 것이다.

　토기를 처음 접한 것은 생각해보니 고향인 안동에서 고등학교 1학년에 다니던 때였다. 그 때 친구로부터 우연히 건네받은 토기가 신라후기양식 단각고배였다. 지금도 이 토기는 필자가 재직하는 경북대학교 고고인류학과 실습실에서 학생들의 실측용 교재로 사용되고 있다. 이 토기가 어쩌면 고고학을 공부하게 된 계기의 하나가 되었다고도 할 수 있어, 토기와의 인연은 실로 기이하다고 할 수 있다.

　대학에 진학한 후 2학년때인 1984년 처음으로 올랐던 현풍 양리고분군에서 삼성미술관 등에 소장된 상형토기의 제작지를 알 수 있는 삼각거치형 돌대로 장식한 고배뚜껑 파편을 채집했던 일이 생생하다. 그 이후부터 연구실에 있던 대구주변지역 고분군 출토 토기 파편을 늘 관찰하는 것이 즐거움이었다.

　토기에 대해 본격적으로 공부한 것은 1987~1989년이다. 석사논문을 쓰기 위해 많을 때는 하루에 20점을 실측한 적도 있으니, 그 때는 정말 열중했던 것 같다. 가장 인상 깊었던 것은 국립진주박물관에서 창녕 교동고분군 출토 토기를 실측하였을 때이다. 일제강점기 발굴된 이후 누구도 손대지 않은 채 서울에서 진주박물관 개관을 위해 이송되어온 교동116호분, 11호분출토 토기로, 일본인들에 의한 묵서가 아직도 선명하게 남아있었다. 그 때의 감동은 지금도 잊을 수 없다. 또한 이때 경주 월성로가13호분을 비롯한 성립기 신라토기를 실측한 것도 좋은 경험이었다.

　1991~1996년 일본 유학에서는 사실 석사시절과는 다른 새로운 연구를 해보고 싶어 한동안 토기를 떠나기도 했다. 그럼에도 이전시절 토기에 대한 공부가 그 후에도 필자의 연구의 토양이 되었던 것 같다. 토기를 통해 얻은 것은 정확한 연대의 기준과 지역차를 구분할 수 있었던 힘이였다. 이는 필자의 또 하나의 과제인 고대한일관계사 연구에도 큰 도움이 되고 있다.

　필자는 석사과정에서 창녕지역 토기를 중심으로 연구를 시작하였다. 창녕지역에서 제작된 토기가 예상을 넘어 영남지역 전역에 분포하는 것을 확인할 수 있었다. 당시에는 토기가 지역을 넘어 이동한다는 사실이 학계에서 인식되지 못했던 시절이었다. 각 지역에서 출토된 창녕지역산 토기를 실측하면서 손으로 만지는 관찰을 통한 자료조사의 중요성을 체험하는 기회가 되었다.

유학 이후 대가야를 중심으로 연구하게 됨으로써 자연히 대가야토기에 대한 관심을 가지게 되었다. 사실 대가야토기의 연구는 박물관 조교시절에 경북대학교에서 발굴한 고령 지산동44호분 토기를 관찰하고 일부를 재실측한 것과 창녕토기를 조사하는 과정에서 각지에서 공반된 대가야토기를 실측한 경험이 토대가 되었다고 할 수 있다.

귀국하여 대가야가 호남동부지역으로 진출하는 과정과 역사적 배경을 생각하는 가운데 아라가야와 소가야의 활동에 주목하게 되었다. 호남동부지역은 호남과 영남지역연구자에게는 일종의 연구의 사각지대였다. 1990년대 후반 먼저 연구를 시작한 것은 전북동부지역이며 곽장근선생님의 안내로 전북대학교에 소장된 가야토기를 보았을 때 시기를 달리하여 아라가야, 소가야, 대가야양식 토기가 계기적으로 이입된 것을 알 수 있었다.

이는 이후에 실시한 전남동부지역 조사에서도 이동희선생님의 안내로 순천대학교박물관의 자료를 견학하게 되면서 재확인할 수 있었다. 그래서 이전부터 생각해온 대가야의 영역이 남해안에 걸친 대권역 국가인 것과 대가야의 발전배경에 대한 논의를 할 수 있는 기회가 되었다. 이때 오른 여수의 백제가 축조한 고락산성에서 대가야인들이 사용하던 토기가 출토된 것을 확인하였으며, 소위 임나사현의 의미를 생각하게 되었다. 이를 계기로 479년 대가야 남제견사는 대가야의 호남동부지역에 대한 확고한 기반 없이는 불가능하였다는 것을 절감하게 되었으며 대가야와 백제의 관계를 생각하는 기회가 되었다.

이와 함께 대가야 이전에 호남동부지역에 활발한 활동을 전개한 아라가야와 소가야에 관심을 가지게 되었다. 그래서 4세기대 왕묘가 조사되지 않아 금관가야에 비해 상대적으로 평가가 절하되어온 아라가야에서 생산된 토기가 각지의 여러 수장묘에 부장되는 것은, 아라가야를 중심으로 한 관계망이 영남지역 전역에 걸쳐서 형성된 것을 알 수 있었다. 이를 통하여 가야전기의 정치구도를 새롭게 보는 기회가 되었으며, 5세기 전반 활동한 소가야에 대한 재인식의 계기가 되었다.

그리고 이전의 연구과제였던 창녕양식토기에 새롭게 관심을 가지게 되었다. 이는 새로운 조사과정에서 창녕지역산 토기가 이전의 필자의 인식과 달리 4세기 후엽부터 낙동강 이서지역에 이입되기 시작하여 5세기 전반에 경남서부지역 전역에 이입되는 것을 확인할 수 있었다. 그 역사적 배경에 대해서는 이제부터 논의하고자 한다.

　이 책은 필자에게는 새로 쓰는 고대한일교섭사에 이은 두 번째 논문집이다. 고대한일교섭사 연구에 비해 일찍 시작하였고, 또한 공부하는 과정에서 수만 점의 토기를 보았건만 아직도 갈 길이 멀다는 생각이 든다. 그럼에도 불구하고 이렇게 책으로 내는 것은 수년간 원고를 만들어 강의교재로 사용하며 씨름하였으나, 현재 필자의 능력으로는 더 이상 진전이 없다는 판단에서이다.

　이는 차후 신라토기와 함께하는 개정판에서 보완하고자 한다.

　20여년간 지도해주시고 자료 조사에 많은 도움을 주신 국내외 여러분, 소장처의 교섭과 같은 번거로운 일을 마다하지 않으시고 좋은 책을 만들어주신 진인진의 김지인선생님, 부록의 토기 해설을 알기 쉽게 바꾸어주신 경북대학교 생명공학부의 이재열선생님, 교정과 자료조사에 힘써준 김규운, 松永悅枝, 김도영, 임동미, 서민혜씨를 비롯한 경북대학교 대학원생들에게 감사드린다.

　그리고 항상 힘이 되어 주는 아내와 성춘, 현춘 두 아들에게 고마움을 전한다.

(이 책은 경북대학교 2008년도 저술장려연구비의 지원을 받았다)

2010년 10월 복현 동산에서 박천수

차례

책을 열며...5

I. 연구사 검토와 본서의 과제 _____11
1. 본서의 내용...13 ● 2. 연구사 검토...14 ● 3. 본서의 과제...23

II. 가야토기란 무엇인가 _____27
1. 가야토기의 특성...29 ● 2. 가야토기의 기원...31 ● 3. 가야토기의 제작...34
4. 가야토기와 신라토기...43 ● 5. 가야토기의 변천...46

III. 가야토기의 편년 _____53
1. 금관가야권...55 ● 2. 아라가야권...62 ● 3. 소가야권...68 ● 4. 대가야권...73
5. 창녕지역...88 ● 6. 현풍지역...93 ● 7. 지역 간 병행관계...95

IV. 토기로 본 가야·신라고분의 역연대 _____103
1. 연구사 검토...106 ● 2. 가야·신라고분 역연대 설정의 근거자료...110 ●
3. 가야·신라고분의 역연대...117 ● 4. 역연대를 통해 본 금관가야의 향방에 대한 해석의 검토...129

V. 토기로 본 가야 _____137
1. 금관가야...139 ● 2. 아라가야...149 ● 3. 소가야...162 ● 4. 대가야...173
5. 창녕지역...188 ● 6. 현풍지역...202

VI. 토기를 통해 본 가야와 왜 _____211

1. 3~4세기 일본열도의 가야토기 ...213 ● 2. 5세기 일본열도의 가야토기 ...217

3. 6세기 일본열도의 가야토기 ...224 ● 4. 3~6세기 가야지역의 일본열도 토기 ...224

5. 토기를 통해 본 가야와 왜 ...227

VII. 토기로 본 가야인의 삶과 죽음 _____237

1. 삶 ...239 ● 2. 죽음 ...251

VIII. 토기 양식의 분포 변화로 본 가야의 정치적 동향 _____259

1. 3~4세기 아라가야양식 토기의 확산과 그 의미 ...261

2. 5세기 전반 소가야양식 토기와 창녕양식 토기의 확산과 그 의미 ...264

3. 5세기 후반~6세기 전반 대가야양식 토기의 확산과 그 배경 ...270

IX. 그림출처 및 참고문헌 _____281

1. 그림출처 ...283 ● 2. 가야토기 명품출처 ...291 ● 3. 참고문헌 ...299

X. 가야토기 명품해설 _____327

I
연구사 검토와 본서의 과제

Ⅰ. 연구사 검토와 본서의 과제

1. 본서의 내용

3세기 중엽 가야토기의 출현은 신석기시대 토기의 등장 이래 한반도 도자사상陶磁史上 최대의 기술적 획기라 할 수 있다. 왜냐하면 등요登窯, 도차陶車와 함께 전업 도공陶工집단이 이 시기에 등장함으로써 오늘날 도자기술의 원형이 확립되었기 때문이다. 즉 등요가 도입됨으로써 1200도 이상의 고온으로 그때까지 만들지 못했던 투습성이 없는 회청색경질토기灰靑色硬質土器를 제작할 수 있게 되었으며, 도차의 고속회전력을 이용하여 새로운 기형을 창출하고 제작공정도 단축되었다. 이와 함께 본격적인 전업 도공 집단의 성립으로 자급자족적인 소규모 토기 생산에서 탈피하여 대량 생산화가 가능하게 됨으로써 생산과 소비가 분리된 것이다.

가야는 다른 삼국에 비해 규모가 작고 멸망할 때까지 하나로 통일되지 않았으나, 신라와 함께 삼국 가운데 가장 일찍 경질토기를 생산하였으며 여러 국國마다 아주 다양한 토기를 제작하였다. 특히 가야토기는 신석기시대 이래 한반도의 토기 가운데 가장 조형미가 뛰어나며 유려한 곡선은 한국미를 잘 표현하고 있다. 이는 같은 시대의 백제·고구려토기 및 신라토기와 비교된다. 즉 백제·고구려토기는 기종과 형태가 비교적 단순하고, 신라토기는 다양한 기종의 토기와 상형象形토기를 제작했지만 경주지역 토기의 경우 다소 경직된 형태를 띠고 있다.

더욱이 가야토기는 이를 제작하던 도공이 일본열도에 이주하여 스에키須惠器라는 토기를 창출하였으며, 스에키는 오늘날 세계적으로 유명한 비젠야키備前燒로 계승되었다. 이런 점에서 보면 일본 도기의 근원도 실은 가야토기로부터 구해진다고 해도 과언이 아닐 것이다.

삼국시대 토기 가운데 신라토기에 대해서는 일찍부터 연구가 시작되었으나, 가야토기에 대한 연구는 신라토기에 부수적으로 다루어져 왔고 아직까지 이를 종합한 연구서가 없는 실정이다.

본서는 가야토기를 다음과 같이 체계적으로 종합하는 것을 목적으로 한다.

Ⅰ장에서는 선행연구에 대한 검토를 통하여 본서의 연구과제를 설정하고자 한다.

Ⅱ장에서는 가야토기의 특징, 기원, 제작기술, 신라토기와의 관계, 변천 등을 개관하고자 한다.

Ⅲ장에서는 토기를 통하여 지역별로 고분의 편년을 행한 후 지역간 병행관계를 파악하고자 한다.

Ⅳ장에서는 상대편년한 고분의 역연대에 대한 검토를 통하여 해석의 시간축을 설정하고자 한다.

Ⅴ장에서는 금관가야, 아라가야, 소가야, 대가야 등의 각국사에 대해 토기의 양식과 그 분포의 변화를 통하여 접근하고자 한다.

Ⅵ장에서는 일본열도에 이입된 가야토기와 가야지역에 이입된 일본열도 토기를 통하여 가야와 왜의 관계에 대하여 논의하고자 한다

Ⅶ장에서는 기물을 형상화한 상형토기와 토기에 담겨진 음식물 그리고 매장의례에 사용된 토기를 통하여 가야인의 삶과 죽음에 대하여 살펴보고자 한다.

Ⅷ장에서는 토기의 양식과 그 분포 변화를 통하여 가야의 시기별 정치적 향방에 대해 논의하고자 한다.

Ⅹ장에서는 가야토기 가운데 조형미가 뛰어난 작품을 선정하여 그 특징과 아름다움에 대하여 살펴보고자 한다. 해설은 소장품의 경우 대부분 출토지와 제작시기가 불분명한 점을 고려하여 이에 대한 설명에 주력하였다. 그리고 가야토기의 영향에 의해 제작된 일본열도의 상형토기를 소개하고자 한다.

본서에서 대상으로 하는 시간적인 범위는 회청색경질토기가 출현하고 가야 전기의 중심지인 김해지역의 대성동고분군에서 대형목곽묘가 조영되기 시작하는 3세기 중엽부터 가야 후기의 중심국인 대가야가 멸망하는 6세기 후엽이다. 공간적 범위는 금관가야권, 아라가야권, 소가야권, 대가야권, 그리고 낙동강 동안에 위치하면서 5세기 중엽까지 가야지역과 밀접한 상호작용을 행해온 창녕지역과 조형미가 뛰어난 상형토기가 가장 많이 제작된 현풍지역을 포함시킨다.

2. 연구사 검토

가야토기에 대한 연구는 일제강점기 이래 신라토기에 부수되어 이루어졌으며 1970년을 전후하여 본격적으로 시작되었다고 할 수 있다. 여기에서는 가야토기와 밀접한 관계를 가진 신라토기와의 관계 그리고 가야토기의 지역양식에 대한 논의를 중심으로 살펴보고자 한다.

1) 가야토기양식과 신라토기양식

김원룡은 영남지역의 삼국시대 토기를 고배高杯와 장경호長頸壺의 형식 차이와 낙동강이라는 자연지리적 경계를 주된 기준으로 하여 신라·가야의 2대 양식으로 설정하였고, 다시 토기의 특징에 따라 신라지역은 경주군群, 양산군, 창녕군, 달성군, 성주군으로, 가야지역은 김해군, 함안군, 고령군, 진주군으로 나누었다.[1]

이 연구에서는 낙동강을 경계로 신라토기와 가야토기로 구분하고 낙동강 서안에 속하는 성주지역의 토기를 신라양식으로 본 선구적인 업적을 제시하였으나 그 형태에 대한 미술사적인 측면에 치중하여 토기양식과 그 분포의 의미에 대한 접근은 이루어지지 못했다.

이은창은 삼국시대 성주, 창녕, 현풍, 대구, 경산 등 낙동강 연안의 토기가 독자성을 가지며 낙동강 동·서안에 가야의 국권이 6세기 전반까지 존속하였던 것으로 보고, 상하교호투창고배上下交互透窓高杯를 가야토기 낙동강이동군以東群, 상하일렬투창고배上下一列透窓高杯를 표지標識로 하는 고령, 합천, 함안, 진주, 웅천, 고성 등 낙동강 서안지역의 토기를 서안형 또는 가야토기 낙동강이서군以西群, 경주지역의 토기를 신라토기로 3분하였다.[2]

이 연구에서는 가야토기에 역사적 의미를 부여하며 낙동강 동안東岸에 가야의 국권이 늦게까지 잔존한 것으로 보고 낙동강을 경계로 신라토기와 가야토기로 구분할 수 없다고 하였다. 그러나 6세기 전반까지 낙동강 동안에 가야가 존속한 것으로 보기 어렵고, 또 동안지역의 토기 전체를 가야토기군의 범주에 포함시키기에는 무리가 있다.

사다모리 히데오定森秀夫는 4세기대 영남지역에는 지역색이 뚜렷하지 않는 고식도질토기古式陶質土器가 분포하다가 4세기 후엽이 되면서 가야토기 낙동강이서군이 배태胚胎되어 양자兩者가 공존하였으며, 5세기 전반 신라 및 낙동강 동안지역에 가야토기 낙동강이동군이 출현하였고, 5세기 후반 경주지역에서 신라토기가 출현하여 3자가 병존하는 것으로 보았다.[3]

이 연구는 통시적인 관점에서 신라·가야토기양식의 성립과정을 밝히려는 시도로 평가되나, 4세기대 영남지역 토기양식에 지역차가 없는 것으로 보고 고식도질토기라는 개념을 설정한 것은 당시 발굴 자료의 부족에 의한 것으로 이해된다. 그래서 4세기대의 분명한 지역차가 인정된 현 시점에서 공통양식설에 의거한 비역사적인 고식도질토기라는 명칭은 재고되어야 한다. 또한 낙동강 동안 전체를 가야토기 낙동강이동군으로 설정한 점과 경주양식의 출현을 5세기 후반으로 본 점은 수긍하기 어렵다.

최종규는 삼국시대의 토기양식은 단순히 지역별 분류 이상의 의미 – 예를 들면 가야토기의 분포지의 경우 곧 가야지역 – 를 내포하고 있으며, 당시의 집단을 파악하는데 주요한 수단으로 보았다. 그리고 영남지역 삼국시대 토기의 변화를 다음과 같이 설명하였다. 4세기대에는 지역차가 나타나지 않는 공통양식기가 존재하고 5세기 전반에는 이와 같은 제일성齊一性은 없어지며 낙동강을 경계로 이서지역에서는 고식도질토기 단계의 제작의식 및 기형을 바탕으로 서안양식, 이동지역에서는 고식도질토기 단계의 제작의식에서 일변한 동안양식이 각각 출현하는 것으로 보았다. 그리고 이은창에 의해 제기된 가야토기 낙동강이동군에 대해 의문을 제기하고, 특히 이에 속하는 창녕지역 토기가 경주지역 토기와 유사한 것으로 분류하여 이를 신라양식에 포함시켰다. 또한 5세기 초 경주지역에서 창녕지역으로 무구·마구·금속공예품이 이입된 것으로 보고, 이 지역 집단의 성격을 신라연맹체 내에 속하는 하나의 단위집단으로 규정하며 낙동강 이동지역은 모두 신라권역에 속하는 것으로 보았다.[4]

이 연구는 토기양식에 정치사적 의미를 부여하고 특히 가야토기 낙동강이동군에 대한 문제를 제기한 점에서 주목된다. 그러나 현시점에서 4세기 공통양식설은 성립하기 어렵고 또한 5세기 초 이후 낙동강 이동지역 모두가 일률적으로 신라권역에 속하는 것으로 본 근거가 충분하다고 할 수 없으며 특히 창녕지역의 경우가 그러하다.

안재호·송계현은 4세기대의 영남지역 토기에 대하여 부산·김해지역, 서부경남지역, 경주를 중심으로 하는 세 지역으로 구분하고, 경남지역의 토기가 두 지역군으로 나누어지는 것은 각각 금관가야, 아라가야와 대응하는 것으로 파악하였다. 그리고 5세기 전반 낙동강 동·서안양식이 확립되어 신라·가야토기가 성립한 것으로 보았다.[5]

이 연구는 그 때까지 지역차가 없는 것으로 보았던 4세기대 영남지역 토기를 세 지역군으로 구분한 점과 특히 이 시기 경남지역의 토기를 두 지역군으로 나누고 각각 금관가야와 아라가야와 대응하는 것으로 본 점에서 향후 토기 연구의 방향성을 제시한 것이라 할 수 있다.

신경철은 5세기대 가야를 친親신라계 가야와 비非신라계 가야로 양분하고 부산, 김해, 창녕, 대구, 성주 지역은 친신라계 가야에 속한다고 하였다. 이 가운데 창녕과 성주지역의 5세기 후반 토기는 양식상으로는 신라토기의 범주에 들어가는 것이 분명하나 형식에서는 동시기 경주지역 토기와 뚜렷한 차이가 있다고 보았다. 즉 5세기 후반 부산·김해지역의 토기가 경주지역과는 지역성이 전혀 인정되지 않는 동일 형식인 반면, 창녕과 성주지역의 토기는 신라양식 내에서도 창녕식 토기로 설정될 수 있을 만큼 동시기의 경주지역과는 분명한 형식차가 인정된다고 하였다. 그리고 이와 같은 현상은 창녕과 성주가 5세기 이후 신라권으로 편입되었음에도 불구하고 부산·김해 지역에 비해 자치권이 허용된 데 기인한다고 하였다.[6]

이 연구는 낙동강 이동지역 내의 신라화 과정이 일률적이지 않은 점을 지적한 점에서 평가될 수 있으나 소위 친신라계 가야가 무엇인지 그 실체에 대한 설명이 필요할 것으로 보인다.

이희준은 경상도 지방의 낙동강 이동지역(금호강 이남에서는 이동지방, 그 이북에서는 이동

및 이서의 양쪽 지방)과 이서지역에서 출토된 4세기 후반과 5세기의 토기는 각각 낙동강 이동양식, 이서양식이라는 범주로 포괄할 수 있다고 하였다. 이동양식은 이서양식에 비해 양식상 더욱 큰 결집성을 보이고, 이는 이동지역이 이서지역에 비해 한층 분명한 한 단위를 이룬 것으로 보았다. 이동지역 토기양식의 성립과정에 대해 경주양식 토기가 먼저 성립하여 다른 지역으로 확산되면서 각 지역의 기존 토기에 '양식적 선택압'으로 작용하여 범이동양식이 성립된 것으로 판단하였다.[7]

이 연구는 이동지역 토기양식의 성립과정과 그 배경을 설명하고 있으나, 신라의 낙동강 이동지역 진출이 모든 지역에 걸쳐 일률적으로 이루어진 것으로 보기는 어렵다.

박승규는 가야토기를 3기로 나누고, 중기인 4세기 말에서 5세기 전엽에 전 영남권에서 공통양식이 나타난다고 보았으며, 5세기 중엽 이후 고령식, 함안식, 진주·고성식과 같은 지역양식이 출현한다고 보았다. 중기는 김해·부산권과 함안권이 주도하던 전기 가야연맹의 결속이 더욱 강해지고 광역적인 교류가 이루어지는 가운데 동일 형식의 상하일렬투창고배와 발형기대鉢形器臺가 제작되어 파급되는 것으로 파악하였다.[8]

이 연구에서 지적한 바와 같이 4세기 후엽에는 상하일렬투창고배와 발형기대의 공통 요소가 보이나, 실은 이러한 양상이 경주를 비롯한 경산, 창녕, 청도 등 낙동강 이동지역을 포함한 영남 전역에서 일어난 것이므로 이를 반드시 금관가야와 아라가야 토기양식의 영향에 의한 것으로 보기는 어려울 것 같다. 또한 400년 고구려 남정을 계기로 쇠퇴한 금관가야와 일시적으로 위축된 아라가야가 어떻게 영남 전역에 영향력을 행사할 수 있었는지 의문이다. 그리고 5세기 중엽 이후 고령식, 함안식, 진주·고성식과 같은 지역양식이 출현한다고 보았으나 그 형성 시기를 그렇게 늦추어 볼 수 없고, 진주·고성식의 경우 그 분포의 중심은 역시 고성인 점에서 소가야양식으로 보아야 할 것이다.

이성주는 신라·가야토기 연구가 정치세력의 영역과 그 변동에 치중되어 양식 그 자체에 대한 연구를 찾아보기 어려운 점을 비판하며, 토기양식의 분포는 사회의 영역과 관련된 것으로 볼 수 없고 신라와 가야지역 내 집단 간의 연결망을 따라서 분배가 이루어진 결과로 상정하였다. 즉 낙동강을 토기양식의 경계로 볼 수 없고 이동양식과 달리 이서지역의 경우 몇몇 소지역 양식군으로 나누어지며, 이는 각각 양식화의 과정이 다르게 진행되었기 때문으로 생산·분배체계의 변동 과정으로 설명할 수 있다고 하였다. 이동지역의 경우, 경주와 같은 도질토기 생산체계의 중심지가 있어 타 정치체에도 영향을 주었기 때문에 대부분 지역에 소지역양식이 있으나 각 지역 상호 간 토기양식의 유사도가 상당히 높은 것으로 보았다. 한편 이서지역에서도 5세기 전반이 되면 각 지역 정치체의 중심 고분군으로부터 소지역양식이 형성되나 특정 토기 생산체계가 중심적인 역할을 하여 토기양식의 유사도가 높아지는 현상은 없으므로 몇 개의 소지역 양식은 있어도 이것을 묶어 이서양식이라 하기 어렵다고 하였다.[9]

이 연구에서 지적한 바와 같이 기존의 가야토기 연구가 연맹체의 범위나 연맹의 구조와 같은 정치사적 해석에 치우친 점과 양식 그 자체에 대한 연구가 없었던 점은 타당한 지적으로 본다. 그러나 신라·가야토기의 양식 분포가 사회의 영역과 관련된 것이 아니고 단지 신라와 가야지역 내 집단 간의 연결망을 따라서 분배가 이루어진 결과로 보기는 어렵다. 왜냐하면 기존의 신라·가야토기 연구에서도 영역을 추정하는 경우 토기와 묘제, 위신재威信材의 분포를 함께 고려하여 정치적 영역을 설정하였기 때문이다. 또한 연결망은 시기에 따라 그 성격이 다르며 특히 5세기 후반의 대가야양식 분포권에 보이는 관계망은 단순히 토기 분배의 연결망으로 볼 수 없고 묘제와 위신재를 공유하는 것에서 대가야 영역으로 파악된다. 그리고 이서양식은 그 내부의 지역차는 인정되나 공통성도 인정되므로 역시 신라양식과 대비되는 가야양식으로 본다.

필자는 5세기 중엽 이후 영남지역을 관류하는 낙동강의 이서지역과 이동지역을 각각 가야양식, 신라양식 토기 분포권으로 설정하였다. 가야·신라토기는 영남지방을 가야권과 신라권으로 구분해주는 기준이 되며, 또한 가야권 내에서도 여러 세력권을 나누는 주된 기준으로 보았다. 즉 가야양식 토기는 지역차에 의해 각 양식으로 세분되며 이는 정치체의 관계망과 권역에 대응하는 것으로 파악하였다. 4세기대 뚜렷한 토기의 양식적 특징과 분포권을 형성한 정치체가 금관가야와 아라가야이며, 그 가운데 아라가야양식 토기의 분포권으로 유추되는 광역 관계망은 아라가야가 금관가야와 함께 가야 전기의 양대 세력인 것을 보여주는 것으로 판단하였다. 이는 종래 고고자료에 의존한 일방적인 금관가야 우위론과 배치되는 것으로 문헌사료에 부각된 함안세력의 실체를 반영하는 것이다. 그 후 5세기 전반 소가야양식 토기가 이전 시기의 아라가야양식 토기를 교체하듯 남해안과 황강유역, 남강 중·상류역까지 분포권을 확대한다. 이는 아라가야를 대신하여 남강수계와 남해안 일대에서 소가야가 짧은 기간이지만 가야의 중심세력으로 등장하였음을 보여주는 것으로 해석하였다. 한편 4세기 독자적인 토기양식이 미미하였던 대가야양식 토기가 5세기 중엽 이래 황강수계, 남강중·상류역, 섬진강수계와 일본열도에 분포하는 것에 주목하여, 아라가야와 소가야가 활동하였던 황강, 남강 중·상류역과 섬진강 수계의 관계망을 고령세력이 대신 장악함으로써 4세기까지 내륙의 소국에 불과했던 대가야가 가야 후기의 중심국으로 성장하는 과정을 반영하는 것으로 보았다.[10]

이는 4세기대 아라가야양식 토기의 분포권으로 유추되는 광역 관계망으로 볼 때 아라가야가 금관가야와 함께 가야 전기에 양대 세력인 것으로 파악한 점, 5세기 전반 소가야양식 토기가 아라가야양식 토기를 대신하여 분포권이 확대되는 것은 아라가야를 대신하여 소가야가 짧은 기간이지만 가야의 중심세력으로 등장한 것, 이후 대가야양식 토기가 소가야양식 토기를 교체하듯 분포가 확산되는 양상을 대가야의 발전으로 본 것은 통시적으로 가야사회의 변동에 대해 접근하였다고 볼 수 있다. 그러나 4세기 아라가야양식 토기의 인지와 그 분포 의미에 대한 설명이 충분하지 못했다.

최근 **박승규**는 가야토기를 전·후기로 나누고 이를 통하여 가야사회의 변천을 설명하였다. 전기 가야토기를 김해·부산양식과 범영남양식으로 나누었으며 전자가 중심부양식, 후자가 주변부양식을 형성한 것으로 보고 전기 가야는 금관가야가 중심이었던 것으로 판단하였다. 후기 가야토기를 대가야의 고령양식, 아라가야의 함안양식, 소가야의 진주·고성양식으로 나누고 이러한 정치체를 후기 가야의 중심세력으로 보았다.[11]

그런데 함안지역산 토기가 가야·신라지역의 수장묘와 낙동강수계, 남강수계, 황강수계와 남해안 일대의 교통로에 연한 거점 취락에 주로 이입된다는 점에서 아라가야를 중심으로 한 지역 간의 경제적인 관계망뿐만 아니라 수장 간의 정치적인 관계가 형성된 것으로 파악되고,『삼국지三國志』위서魏書 동이전東夷傳 한조韓條와 같은 문헌사료로 볼 때 가야 전기의 구도를 금관가야 중심으로 보기 어렵다. 그리고 진주·고성양식의 경우 진주의 옥봉·수정봉고분군과 같은 수장묘에는 대가야양식 토기가 주류를 이루는 점과 그 분포의 중심이 역시 고성인 점에서 소가야양식으로 부르는 것이 타당할 것이다.

2) 지역 양식

다음은 지역 단위의 토기에 대한 논의에 대해 살펴보고자 한다.

먼저 전혀 상반된 이해와 해석이 행해지고 있는 4세기 아라가야양식 토기에 대해 살펴보고자 한다. 앞에서 언급하였듯이 **필자**는 이제까지 주목하지 못했던 아라양식토기의 특징과 분포 즉 함안지역산 토기가 영남 전역으로 유통된 것을 밝히고, 4세기대 토기의 뚜렷한 양식적 특징과 분포권을 형성한 정치체가 금관가야와 아라가야이며, 특히 함안지역산 토기의 분포권으로 유추되는 광역 관계망은 아라가야가 금관가야와 함께 가야 전기의 양대 세력인 것을 보여주는 것으로 판단하였다.[12]

한편 조영제는 가야지역에서 가장 먼저 지역색이 나타나는 곳이 김해·부산지역이며 이는 가락국이 가야 소국 중 가장 일찍 등장하여 활발한 활동을 한 것을 반영하는 것으로 보았다. 반면에 함안, 고령지역 등 여타 가야지역 토기의 지역색은 한 단계 늦은 5세기 이후가 되어서야 나타나며 그 범위가 한정적인 것으로 파악하였다.[13] 더욱이 그는 안야국安邪國의 존재를 보여주는 후기와질토기 존재 자체가 의심스러울 정도로 확인되지 않고, 4세기대 유구는 규모도 작을 뿐만 아니라 부장 유물의 양과 질에서도 너무나 보잘것없는 것이기 때문에 강력한 힘을 가진 정치체의 존재와 이 정치체를 중심으로 토기가 확산되었을 것으로 보는 함안양식이라는 용어는 철회되어야 한다고 주장하였다.[14]

이 연구는 가야지역에서 가장 먼저 지역성이 나타나는 곳이 김해·부산지역이고, 함안지역 토기의 지역색이 한 단계 늦은 5세기 이후가 되어서야 나타나며 그 범위가 한정적인 것으로 파악한 점은 수긍하기 어렵다. 왜냐하면 함안지역에서도 김해지역과 같은 시기인 4세기 초에 아라가야 양식을 구성하는 기종인 공工자형고배, 장각노형기대長脚爐形器臺, 승석문호繩席文壺가 출현하기 때문이다. 더욱이 이 시기 함안양식 토기의 분포범위가 한정된 것으로 보고 이를 함안식으로 간주할 수 없다고 하는 것도 마찬가지로 그러하다. 이에 대해서는 Ⅴ장에서 자세하게 논증할 것이나 4세기 함안산 토기는 가장 넓은 분포 범위를 형성하고 영남 지역 전역에 영향을 미친 것으로 본다. 이는 아직 왕묘급 대형목곽묘가 조사되지 않아 그 실상을 잘 알 수 없으나, 아라가야양식 토기의 광역 분포는 『삼국지』 위서 동이전 한조에 보이듯이 진왕辰王으로부터 우호를 받았던 가야 전기 중심국인 안야국의 위상을 반영하는 것으로 본다.

홍보식은 4세기대 창녕군 퇴촌리·여초리, 함안군 묘사리·우거리 요지窯址의 출토품이 양식상 유사한 점에서 이러한 토기가 동시다발적으로 생산된 것으로 보고 특정 지역, 즉 함안지역에서 토기가 제작되어 분배된 것으로 볼 수 없다고 주장하였다.[15]

그러나 퇴촌리·여초리 요지와 묘사리·우거리 요지 출토품 간에는 노형기대와 승석문호 등에서 형식차가 보이고, 창녕지역 요지에서는 함안지역 요지 출토품에 보이는 도부호陶符號가 시문施文된 토기가 확인되지 않는다. 부산시 복천동고분군, 합천군 옥전고분군, 경주시 구정동고분군, 경주시 구어리고분군, 대구시 비산동고분군, 칠곡군 심천리고분군 등의 수장묘首長墓에 부장된 승석문호는 함안지역 요지 출토품과 형태가 흡사하고 도부호가 시문된 것으로 함안지역산이 분명하다. 그리고 아라가야양식 토기는 각 지역의 토기양식에도 영향을 미친 것으로 본다. 이는 가야 전기 금관가야 세력의 우위는 충분히 인정되지만 문헌에 보이는 아라가야의 위상을 일정 부분 반영하는 것이다. 결국 이러한 4세기대 토기양식에 대한 이해는 이 시기의 정치구도를 어떻게 파악하는가에 달려 있다고 할 수 있다.

다음으로 전혀 상반된 이해와 해석이 행해지고 있는 4세기 후반~5세기 전반 창녕양식 토기에 대해 살펴보고자 한다.

필자는 4세기 말을 전후하여 경주세력이 대구, 경산, 울산, 양산, 부산지역에 영향력을 행사하는 것이 토기양식에서 관찰되나 창녕지역에서는 이와 같은 현상이 확인되지 않는 점에 주목하고, 특히 이 시기 합천군 옥전23호분에서 경주산 고배와 공반共伴된 창녕산 고배는 다라국多羅國과 함께 이 지역 집단의 역할을 상징하는 것으로 보았다. 즉 이 시기 옥전고분군의 창녕산 토기의 존재는 다라국의 낙동강 이동지역 교섭 창구가 이 지역이고 창녕지역 집단이 낙동강 동안에서 그 이서지역을 연결하는 다라국과 같은 중계 역할을 담당한 것으로 파악하였다. 더욱이 5세기 전반 낙동강 하류역 일대에 상하일렬투창고배와 같은 창녕산 토기가 집중 이입된 것으로 보고 이 시기 창녕세력의 활발한 교역활동을 반영하는 것으로 보았다.[16]

한편 조영제는 옥전23호분의 구조와 부장품이 김해·부산지역과 관련되는 것으로 파악하여 다라국이 금관가야의 이주민에 의해 성립되었으며 옥전23호분 출토 상하일렬투창고배도 김해지역의 영향에 의해 성립된 것으로 보았다[17].

옥전23호분의 상하일렬투창고배는 그 대부분 창녕산이 분명하며 이는 단지 김해지역산과 옥전재지산玉田在地産과 분명하게 구별되는 창녕산 고배를 인지하지 못한 것에 기인한다. 이 점에 대해서는 Ⅴ장에서 자세하게 논증하고자 한다.

이희준은 창녕계 토기의 낙동강 하류역 이동은 신라가 교통로를 확보하는 가운데 행해진 것으로 보고, 부산시 가달고분군에 창녕계 토기가 집중 출토되는 것을 신라화 과정에 의한 사민徙民으로 보았다. 그리고 이를 신라에 의한 창녕의 약화와 낙동강 하구에 대한 영향력 강화로 파악하였다. 한편 필자가 창녕양식으로 본 가달5호분 출토 고배에 대해서도 이를 창녕산으로 인정하지 않고 계보가 불확실한 것으로 보았다.[18]

그러나 5세기 전반 창녕산 토기의 이동을 신라에 의한 창녕세력의 약화와 낙동강하구의 영향력 증가로 볼 수 없다. 왜냐하면 창녕양식 토기가 낙동강 이서지역으로 이입되기 시작하는 4세기 후엽 이후 연동하는 일련의 현상으로 파악된다. 그래서 가달5호분 출토의 고배를 비롯한 낙동강 하류역의 이러한 토기는 창녕산 또는 창녕계로 파악된다. 이에 대한 필자의 인식과 창녕산 토기가 이입되는 배경에 대해서는 Ⅴ장에서 자세하게 논증할 것이나, 창녕양식 토기가 경남 서부지역에 이입되는 것으로 볼 때 가달고분군의 창녕양식 토기도 신라화 과정에서 일어난 사민으로 볼 수 없다.

다음은 토기의 분포에 대한 해석에서 전혀 상반된 견해를 보이는 대가야양식 토기에 대해 논의하고자 한다.

이희준은 대가야양식 토기의 시기별 분포를 바탕으로 황강수계와 남강 상류역에 걸친 것으로 보고, 고령세력이 5세기 중엽에는 황강유역과 남강의 상류역을 포함하는 연맹체의 맹주가 되어 5세기 후엽이 되면 그 지역을 간접적으로 지배하는 영역국가를 형성한 것으로 보았다. 대가야권역에 대해서는 황강 상류역 일대를 직접지배권역으로 보고 남원 아영분지와 함양지역을 간접지배권으로 파악하였다.[19]

필자는 대가야양식 토기가 남강상류역의 교통의 결절점인 아영지역에 집중적으로 출토하는 것에 주목하여, 대가야가 먼저 남강수계에 진출한 목적은 섬진강로를 통한 왜와의 교역로를 확보하기 위한 것으로 파악하였다. 그래서 대가야권역을 황강수계와 남강 상류역, 섬진강 하구에 걸친 것으로 보았다.[20]

김세기는 5세기 전반 성립한 고령양식 토기는 대가야세력이 서남방 진출을 시도하는 가운데 토기의 확산이 시작되고 진주 옥봉·수정봉과 고성 율대리고분군에 고령양식 토기가 출토하는 것을 근거로 하여 6세기가 되면 남강 하류의 진주와 고성지역도 대가야권역에 포함된다고 상정하였다.[21]

조영제는 필자가 설정한 대가야권역에 대해 그 범위는 경남 서부지역과 호남 동부지역을 망라한 것으로 볼 수 없고 합천 서부, 거창, 함양, 운봉, 산청지역에 국한된 것으로 보았다. 특히 문헌에 보이는 대사, 즉 하동을 대가야와 관련된 지역으로 보지않았다.[22]

박승규는 대가야권역을 합천 서부, 거창, 함양, 운봉, 산청지역에 국한된 것으로 보고 필자가 상정한 대가야의 대외 교통로인 고령-합천-함양-남원-하동 경로가 백제와의 관계와 지리적 여건, 확산자료의 미확인으로 인해 남원-하동의 경로를 대외교통로로 볼 수 없으며 이를 대가야권역으로 보지 않았다.[23] 또한 최근 순천시 운평리고분군이 확인된 후에는 이를 철회하였으나 이 지역을 영역으로 보지 않고 단지 교류권으로 설정하고 있다.[24]

이동희는 호남 동부지역 가운데 섬진강수계와 남해안 일대의 삼국시대 토기양식이 아라가야, 소가야, 대가야야식으로 변천하는 것에 주목하여 이 지역이 가야권역에 속한 것으로 보고, 특히 대가야양식 토기를 부장한 순천시 운평리고분군과 문헌사료를 근거로 섬진강수계를 대가야권역으로 상정하였다.[25]

필자는 1990년대 전반 이래 일본열도에 이입된 대가야 문물이 섬진강 하구를 통하여 이입된 것에 주목하여 섬진강수계에서 확인되는 대가야양식 토기와 문헌사료에 보이는 소위 임나사현任那四縣과 대사帶沙, 기문己汶이 섬진강수계에 위치하는 것을 근거로 이 지역이 대가야권역임을 일관되게 역설하여왔다. 이제 운평리고분군과 더욱이 최근 하동군 흥룡리고분군의 발견에 의해 문헌사료와 합치하는 고고자료가 확인되었음에도 불구하고 이 지역을 대가야권역으로 보지 않는 것은 문헌사료를 무시한 고고자료에 의거한 자의적인 해석에 지나지 않으며, 또한 고고자료의 인식 그 자체에도 문제가 있음을 지적하지 않을 수 없다.

3. 본서의 과제

토기는 반드시 필요한 물자는 아니지만 사람, 물자와 함께 이동하기 때문에 지역 간의 물자교류 양상을 파악할 수 있어 철 등의 유통권이나 그 루트를 살펴보는 데 중요한 단서를 제공한다.

토기양식은 공통의 기술적·형태적 특징을 가진 형식의 조합이 일정한 공간적 분포와 시간적 지속성을 가진 토기군을 지칭하는 것으로 본다. 4세기의 금관가야양식과 아라가야양식은 노형기대爐形器臺, 타날문호打捺文壺, 고배가 분명한 형태적 차이를 가지고 약 1세기동안 지속되며 공간적 분포를 달리하며 제작·유통된다. 또한 5~6세기에도 아라가야양식, 소가야양식, 대가야양식 토기는 기대, 호, 고배 등의 기종이 분명한 형태차를 보이고 1세기 이상 공간적 분포를 달리하며 지속적으로 제작·유통된다.

특히 가야토기와 신라토기는 영남지방을 관통하는 낙동강이라는 자연지리적 경계와 일치하여 주로 5세기 이후 그 양식적 차이가 뚜렷해진다. 낙동강 이서지역은 가야양식 토기가 분포하고 그 이동지역은 신라양식 토기가 분포한다. 이와 같이 토기는 영남지방을 가야권과 신라권으로 구분해주는 기준이 되며, 가야권에서도 여러 세력권을 구분하는 주요 기준이 되고 있다. 즉 가야양식 토기는 지역차에 따라 소지역 양식으로 세분화되어 크게 4세기에는 김해 금관가야양식, 함안 아라가야양식, 5세기에는 아라가야양식, 고성 소가야양식, 고령 대가야양식으로 분류된다. 이 각 양식의 토기들은 한정된 하나의 분지를 넘어 여러 분지와 수계에 걸쳐 분포하는데, 이는 각각 금관가야, 아라가야, 소가야, 대가야라는 정치체의 권역에 대응한다<도1-1>.

삼국시대의 토기양식은 신라의 낙동강 이동지역으로의 진출, 백제의 금강 이남지역으로의 진출, 대가야의 경남 서부와 호남 동부지역으로의 진출에 따른 토기양식의 확산, 대가야 멸망 후 신라양식으로의 교체 등에서 확인되는 바와 같이 정치적·경제적 관계와 그 변화를 분명하게 반영하고 있다. 가야토기는 문헌사료로 살피기 어려운 가야세력의 시기별 판도와 변화 등과 같은 정치적 동향을 잘 반영하고 있어 가야 고고학 연구의 가장 중요한 자료라 할 수 있다.

본서에서는 먼저 각 지역 고분의 편년을 검토하여 지역별로 재구성한 후 각 지역에 이입된 토기와의 공반 관계를 통하여 지역 간의 병행 관계를 설정하고 이를 연결하는 편년망을 구축하고자 한다. 이와 함께 활발한 논의가 진행되고 있는 가야고분의 역연대에 대해 살펴보고자 한다.

다음은 각 지역별 토기양식을 설정하고 그 분포 변화를 통하여 각 지역 정치체의 성립과 성장과정을 밝히며, 나아가 시기별 가야세력의 판도의 변화에 대해 살펴보고자 한다. 이에 대해 토기와 함께 묘제와 금·금동제 장신구, 마구馬具, 무기와 같은 위신재의 분석을 통하여 논의하고자 한다.

앞의 연구사에서 검토한 바와 같이 현재 학계에서는 영남지방 전역에 확산되는 4세기 아라가

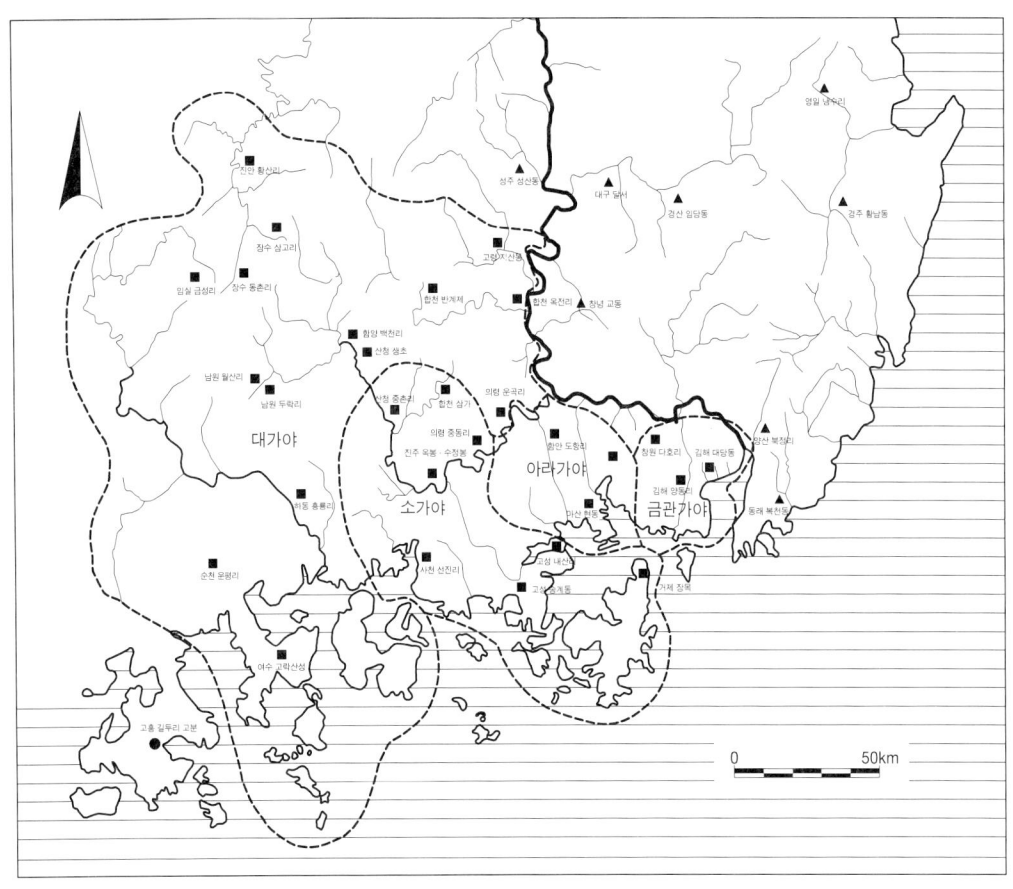

〈도1-1〉 가야의 유적으로 본 지역 구분(5세기 후엽 ■ 가야고분 ▲신라고분 ● 백제고분)

야양식 토기와 4세기 후엽~5세기 전엽 창녕양식 토기에 대한 제작지와 계통에 대한 인식이 충분하지 못한 것으로 본다. 그리고 이와 함께 5세기 후반 그 권역에 대한 전혀 상반된 해석이 행해지고 있는 대가야양식 토기에 대한 논의가 필요한 것으로 본다.

4세기에는 아라가야양식 토기가 영남지방의 수장묘를 중심으로 광범위하게 확산되고, 5세기에는 대가야양식 토기가 단지 그 자체만이 이동하는 것이 아니라 묘제와 위신재와 같이 확산되는 것에서 삼국시대는 토기양식과 그 분포를 통하여 충분히 정치사적 접근이 가능한 것으로 본다.

이를 통해 아직까지 불명확한 4세기 아라가야세력의 위상과 5세기 전반 소가야세력과 창녕세력의 대두, 그리고 현재에도 학계에서 일치되지 않고 있는 5세기 후반 대가야의 영역과 발전배경에 대하여 논의하고자 한다.

또한 일본열도에서 가야토기의 영향에 의해 제작된 초기 스에키의 계통과 시기별로 어느 지역의 토기가 이입되는지, 가야지역에 일본열도 토기가 시기별로 어느 지역에 이입되는지를 분석하여 시기별 교섭 주체의 변화에 대해 살펴보고자 한다.

　마지막으로 4세기 아라가야양식 토기와 5세기 전반의 소가야양식, 창녕양식, 5세기 후반 대가야양식 토기의 분포와 그 변화를 통하여 가야세력의 정치적 동향을 살펴보고자 한다.

1) 金元龍, 1960, 『新羅土器의 硏究』(國立博物館叢書甲第四), p.6, 서울, 乙酉文化社.

2) 李殷昌, 1970, 「伽倻地域 土器의 硏究」, 『新羅伽倻文化』第2輯, 慶山, 嶺南大學校新羅伽倻文化硏究所.

3) 定森秀夫, 1982, 「韓國慶尙南道釜山金海地域出土陶質土器의 檢討」, 『平安博物館硏究紀要』7, pp.63~96, 京都, 平安博物館.

4) 崔鐘圭, 1983, 「中期古墳의 性格에 대한 若干의 考察」, 『釜大史學』7집, pp.29~36, 부산, 釜大史學會.

5) 宋桂鉉·安在晧, 1986, 「古式陶質土器에 關한 若干의 考察—義昌大坪里出土品을 通하여—」, 『嶺南考古學』第1集, pp.17~54, 大邱, 嶺南考古學會.

6) 申敬澈, 1989, 「삼한·삼국·통일신라시대의 부산」, 『부산시사』1, p.424, 부산, 부산직할시사편찬위원회.

7) 李熙濬, 1998, 『4~5世紀 新羅의 考古學的 硏究』(서울大學校文學博士學位論文), 서울, 서울大學校大學院.

8) 朴升圭, 2000, 「4~5세기 加耶土器의 變動과 系統에 대한 硏究」, 『인문연구논집』제5집, pp.282~283, 부산, 동의대학교인문과학연구소.

9) 이성주, 2003, 「伽耶土器 生産 分配體系」, 『가야 고고학의 새로운 조명』, pp.269~350, 서울, 혜안.
　　이성주, 2003, 「樣式과 社會」, 『江原考古學報』第2號, pp.5~32, 春川, 江原考古學會.

10) 박천수, 2004, 「가야토기에서 역사를 본다」, 『가야, 잊혀진 이름 빛나는 유산』, pp.49~77, 서울, 혜안.

11) 朴升圭, 2010, 『加耶土器 樣式 硏究』(東義大學校大學院文學博士學位論文), 釜山, 東義大學校大學院.

12) 朴天秀, 2000, 「考古學으로 본 加羅國史」, 『가야각국사의 재구성』, 서울, 혜안.

13) 趙榮濟, 2003, 「加耶土器의 地域色과 政治體」, 『가야 고고학의 새로운 조명』, pp.489~534, 서울, 혜안.

14) 趙榮濟, 2006, 『西部慶南 加耶諸國의 成立에 대한 考古學的 硏究』, pp.170~171, (부산대학교대학원박사학위논문), 부산, 부산대학교.

15) 洪潽植, 2006, 「토기로 본 가야고분의 전환기적 양상」, 『가야와 그 전환기의 고분문화』(제15회 문화재연구학술회의), p.168, 창원, 국립창원문화재연구소.

16) 朴天秀, 2001, 「고고자료를 통해 본 가야시기의 창녕지방」, 『가야시기 창녕지방의 역사, 고고학적 성격』, 창원, 창원문화재연구소.

17) 趙榮濟, 2000, 「多羅國의 成立에 대한 硏究」, 『가야각국사의 재구성』, 부산, 부산대학교한국민족문화연구소.

18) 이희준, 2007, 『신라고고학연구』, 서울, pp.153, 서울, 사회평론.

19) 李熙濬, 1995, 「土器로 본 大伽耶의 圈域과 그 변천」, 『加耶史硏究—대가야의 政治와 文化—』, pp.365~444, 대구, 慶尙北道.

20) 朴天秀, 1995, 「政治體의 相互關係로 본 大伽耶王權」, 『加耶諸國의 王權』(제2회국제학술대회발표요

지), 김해, 인제대가야문화연구소.

21) 金世基, 1998,「고령양식 토기의 확산과 대가야문화권의 형성」,『伽耶文化遺蹟調査 및 整備計劃』, pp.83~114, 대구, 慶尙北道, 伽耶大學校附設 伽耶文化硏究所.

22) 趙榮濟, 2002,「考古學에서 본 大加耶聯盟體論」,『盟主로서의 금관가야와 대가야』(第8回加耶史學術會議), pp.47~60, 金海, 金海市.

23) 朴升圭, 2003,「大加耶土器의 擴散과 관계망」,『韓國考古學報』49, pp.108~110, 대구, 한국고고학회.

24) 朴升圭, 2010,『加耶土器 樣式 硏究』(東義大學校大學院文學博士學位論文), p.181, 釜山, 東義大學校大學院.

25) 李東熙, 2005,『全南東部地域 複合社會 形成過程의 考古學的 硏究』(成均館大學校大學院文學博士學位論文), 서울, 成均館大學校 大學院.

II
가야토기란 무엇인가

Ⅱ. 가야토기란 무엇인가

1. 가야토기의 특징

가야토기는 신라토기와 함께 원삼국시대의 와질토기瓦質土器에서 발전한 것으로 도차陶車로 성형하여 1200도 이상의 고온을 내는 등요登窯에서 환원염還元焰으로 구워 흙 속에 포함된 규산이 유리질화되어 침수성이 없어진, 이전 시기의 와질토기와 구분되는 회청색경질토기灰靑色硬質土器를 특징으로 한다<도2-1>.

회청색경질토기의 출현기에는 이전 시기 영남지방의 원삼국시대 후기 와질토기의 기형과 비슷한 원저단경호圓底短頸壺, 고배高杯, 노형기대爐形器臺 등이 제작되나, 양자는 제작기법이 다르고 특히 소성온도에서 큰 차이를 보인다. 즉 회청색경질토기는 와질토기와 달리 등요에서 환원염으로 구워 흙 속에 포함된 규산이 유리질화되고 자연유가 형성되어 침수성이 없는 점이 와질토기와 구분된다. 와질토기는 회청색경질토기와 같이 밀폐요에서 환원염 소성으로 제작되나 전자가 900~1000도 정도에서 소성되는 반면 후자는 등요를 사용하여 1200도 이상의 고온으로 소성된다. 회청색경질토기는 와질토기의 기형 일부를 계승하고 있으나 침수성을 없앤 것은 중국 제도 기술의 영향에 의한 것으로 본다.

제작기법의 경우 와질토기는 회전판을 이용하여 성형하고 조정에는 깎기, 마연磨研 등의 방법을 사용하였으나, 회청색경질토기는 도차가 도입되면서 고속회전을 이용한 기술이 보편화되어 새로운 기형을 창출하고 조정에도 회전물손질이 사용되어 그 공정이 단축되었다. 또한 가야토기는 원삼국시대의 와질토기와는 달리 전업적 생산체계에서 제작된 것이다.

가야토기는 공간적으로는 가야산 이남의 낙동강 이서지역에서 호남 동부지역까지 주로 출토되며, 시간적으로는 회청색경질토기 출현시기인 3세기 중엽 이후 562년 대가야가 멸망하는 시기까지 제작된 토기를 가리킨다.

〈도2-1〉 최초의 가야토기

1 : 김해시 양동리235호분, 2-5 : 김해시 대성동29호분

가야토기는 회청색경질토기와 적색연질토기赤色軟質土器로 구성되며, 적색연질토기는 전 시기의 무문토기無文土器의 제작기술을 계승한 것으로 주로 취락에서 자비煮沸용기로 사용되며, 회청색경질토기는 취락에서도 사용되나 주로 고분에서 음식물을 공헌하는 부장용기로 제작된 것으로 본다<도2-3>, <도2-4>.

2. 가야토기의 기원

최초의 회청색경질토기는 김해시 양동리235호분 출토 양이부호兩耳附壺를 들 수 있다. 회청색경질토기의 출현시기는 하한연대가 2세기 후엽이라는 조영 연대에 대해 이견이 없는 양동리162호분을 기준으로 할 때 그 다음 단계인 양동리235호분 출토품은 3세기 전엽으로 소급될 가능성이 높고, 또 대성동29호분 출토품으로 볼 때 늦어도 3세기 중엽으로 본다.

회청색경질토기의 기원에 대해서는 고월자古越磁설, 동한대회유도東漢代灰釉陶설, 자생설 등이 있다.

고월자설은 신경철에 의해 제기되었는데 그 근거는 출현기의 회청색경질토기에 보이는 양이부호가 중국 북방에서 서진 무렵에 남방의 고월자에 의해 성립된 것이 전파된 것으로 보았다. 그리고 『진서晉書』 사이전四夷傳 마한진한馬韓辰韓조 서진西晉 교섭기사와 『통전通典』 동이전 부여夫餘조, 『진서』 사이전 부여조의 태강太康6년(285년)기사를 들고 있다. 특히 285년조 기록을 부여족 일파가 남하하는 것으로 보고 이에 동반하여 회청색경질토기의 제작기술이 이입되어 금관가야에서 영남지방 전역으로 전파된 것으로 주장하였다.[1]

그러나 대성동29호분 출토 양이부호가 그 이전 시기로 소급되고 고월자와 계통을 달리하는 양이부호가 이미 3세기 전엽인 양동리235호분에서 출현한 점에서 그의 주장은 타당한 것으로 볼 수 없다. 더욱이 함안지역의 도항리(문)35호분과 경주지역의 황성동(동)22호분 출토 회청색경질토기가 대성동29호분 출토품에 후행하는 것으로 볼 수 없는 점에서, 부여족 남하에 의해 회청색경질토기가 김해지역에서 성립되어 영남지방으로 전파되었다는 것도 인정하기 어렵다.

동한대회유도설은 최종규에 의해 제기되었으며, 회청색경질토기의 원형은 한대의 회유도<도2-2>에 있으며 한반도에 이입되는 시기를 위진대魏晉代로 보았다. 그리고 이입로는 전통적인 북방로와 함께 남방로의 가능성을 타

<도2-2> 한漢의 회도灰陶

〈도2-3〉 취락에 사용된 가야토기(상 : 진주시 평거동 53호주거지)

진하며 기술의 이입은 지속적인 것으로 보았다.[2)]

회유도설은 자연유와 기형 등으로 볼 때 그 기원은 가능성이 매우 높으나, 다만 남방로설은 그 근거로 든 김해시 예안리77호분 출토 패부貝符가 중국 남방지역과의 직접 교섭보다는 규슈九州지역과의 교섭에 의한 것으로 파악되어 수용하기 어렵다.

자생설은 이성주에 의해 제기되었다. 그는 3세기 말 회청색경질토기가 갑자기 출현한다는 설에 대하여 자체적이고 점진적인 기술개발 없이는 기술 혁신이란 있을 수 없으며 창원시 도계동(동)6호분 출토품과 같은 회청색경질토기가 이미 원삼국시대에 출현하였다는 것을 예로 제시하였다.[3)]

〈도2-4〉 **무덤에 공헌된 가야토기**
(김해시 예안리 77호목곽묘)

필자는 재지在地적인 기술력 없이 갑자기 부여족 남하와 같은 민족이동에 의해 회청색경질토기가 성립된 것으로 볼 수 없다는 점에서 의견을 같이한다. 왜냐하면 민족이동에 동반한 공인의 이동에 의한 것이라면 가야계 공인의 이주에 의해 제작된 일본열도의 초기 스에키須惠器처럼 회청색경질토기의 여러 기종이 완성된 형태로 출현해야 할 것이기 때문이다. 그러나 최초의 회청색경질토기인 양동리235호분 출토 양이부호가 이미 3세기 전엽에 출현하고 그 기면의 박리가 심한 것은 아직 기술적으로 완성되지 않은 상태에서 자체적으로 생산되었음을 방증하는 것으로 본다. 한편 창원시 도계동(동)6호분 출토품과 같이 경질소성이나 자연유가 형성되지 않는 토기는 회청색경질토기의 범주에 포함시키지 않는다. 한편 오사카후大阪府 가미加美유적 출토 토기는 와질토기에서 회청색경질토기로 가는 과도기의 산물로 본다.

그래서 필자는 회청색경질토기가 동한대의 회유도와 같은 중국 제도기술의 영향에 의해 영남지역 각지에서 와질토기 제작기술의 개량에 의해 동시기에 자체적으로 성립된 것으로 본다.

3. 가야토기의 제작

토기의 제작은 태토胎土의 준비, 성형, 정면整面 및 장식, 건조, 소성燒成의 단계를 거친다.

1) 태토

토기의 원료인 점토는 암석이 그 자리에서 풍화하여 형성된 1차 점토와 암석의 입자가 이동하여 퇴적된 2차점토로 나누어지며 주로 후자가 사용된다.

점토는 토기 제작을 위해 가공되어 태토로 준비된다. 점토의 가공에는 불필요한 물질을 제거하고 필요한 물질을 첨가한다. 첨가물은 무기질과 유기질로 나뉘며, 전자는 대체로 점토의 점성을 완화시키고 건조 및 소성시 갈라짐을 방지하며 내화도耐火度를 높인다. 반면 점성이 적은 점토의 경우 이를 높이기 위해 일부 유기질의 첨가물을 사용하기도 한다.

무기질의 첨가물로는 장석長石, 석영, 활석滑石, 현무암, 운모, 패각貝殼 등이 있으며 유기질로는 식물섬유, 곡물 껍질, 동물분糞, 수액 등이 있다.

첨가물은 같은 지역과 양식의 토기 경우에도 용도에 따라 그 내용이 달라진다. 즉 낙랑토기의 연구에서 밝혀진 바와 같이 니泥질계 토기는 중·소형의 일상 생활용기, 활석혼입混入계 토기는 자비용기, 석영혼입계 토기는 중·대형의 저장용용기로 주로 사용된 점을 통해 알 수 있다.[4] 점토에 원래 포함된 광물과 첨가물에는 특정 지역에서만 산출되는 물질이 있어 토기의 제작지 판정을 가능하게 한다.

2) 성형

성형기법의 흔적은 정면하면서 지우는데, 특히 가야토기는 도차의 고속회전을 이용하여 내외면을 조정하거나, 소성시 분출된 자연유의 기면부착이나 기포형성 등의 부차적인 요인으로 인해 성형기법의 관찰이 용이하지 않다.

토기 성형의 방법은 도차의 사용 유무에 따라 크게 도차법과 비도차법으로 구분된다. 비도차법은 수날법手捺法, 권상법捲上法, 윤적법輪積法, 분할성형법, 형뜨기법, 타날법打捺法 등이 있다.

수날법은 점토띠를 쌓지 않고 손으로 간단하게 아주 작은 제사용 명기明器나 장고형의 요窯도구와 같은 토제품을 만들 때 사용하는 기법이다.

권상법은 주로 소형의 토기를 만들 때 사용하는 기법으로, 신석기시대의 즐문토기櫛文土器에서부터 보이며 삼국시대 이후 도차가 출현한 시기에도 가장 일반적으로 사용된다. 이는 점토띠를 나선형으로 쌓아 올리면서 기형을 성형하는 방법으로 점토띠를 쌓아 올리면서 내외면에서 손가락으로 꾹꾹 눌러주기 때문에 벨트 모양의 기벽을 이루게 된다. 이는 제작자의 의도대로 기벽의 두께를 조절하기가 쉽고 제작과정에서 기벽의 두께가 더욱 고르게 유지되며, 점토대의 접합을 강화시킬 수 있다는 장점이 있다.

윤적법은 점토띠 또는 점토대를 말아 둥근 도너츠형을 제작한 후 겹겹이 쌓아 기형을 성형하는 기법이다.

분할성형법은 한 번의 제작공정으로는 토기 전체를 성형하기 곤란한 호壺나 장동옹長胴甕 등의 대형 토기에 사용되는 기법이다. 이 성형법은 엄밀한 의미에서 윤적법에 해당되는데 토기에 남은 흔적을 근거로 하여 몇 가지 방법으로 나누어진다. 토기의 한 부분을 권상법이나 윤적법으로 성형하여 어느 정도 건조시킨 후 그 위에 일정한 높이까지 다시 쌓는 반복과정을 통해 성형하는 방법과, 토기를 부분별로 분리하여 권상법이나 윤적법으로 성형한 후 건조되었을 때 각각 붙여서 완성시키는 방법이 있다. 이 가운데에서 저부 내면에 조으기 흔痕이 있는 40㎝ 이상의 대옹은 동체의 상부까지 성형을 완료한 후 도치倒置하여 저부를 환저丸底화하고 저부의 끝은 밖에서 비틀어서 폐쇄하고 건조 후 다시 토기를 정치定置시켜 구경부口頸部를 성형하는 순서로 제작된다.[5]

형뜨기법은 틀에 점토를 눌러 붙여서 성형하는 방법으로 가야토기에서는 거의 찾아볼 수 없다.

이러한 방법은 각각 단독으로 사용된 것도 있으나 이를 조합한 경우가 많다. 즉 수날법으로 바닥을 만들고 위를 권상법이나 윤적법으로 쌓아 올린 예가 그러하다.

타날법은 중국에서는 신석기시대부터 사용되었으며 한반도에서는 초기 철기시대가 되어야 보급된다.[6] 이 기법은 기벽 속의 공기를 빼서 소성시에 생길 수 있는 기포의 형성을 방지하며, 접합부를 단단하게 굳히고 기벽을 얇게 하면서 환저화하는 공정에 사용되는 기법이다. 타날문은 토기의 제작과정에서 부수적으로 생긴 것이나, 문양을 의식하며 타날하여 장식적인 효과를 내기도 한다.

타날을 위한 도구는 나무를 깎아 만든 타날판과 나무 또는 흙으로 만든 내박자內拍子로 이루어진다<도2-5>. 타날판은 기벽을 두드리는 도구로 성형시 기벽에 방망이가 접착되는 것을 방지하기 위해 두드리는 면에 꼰실을 감거나 또는 문양을 새겼다. 그래서 토기의 기면에는 승문繩文이나 격자문格子文, 평행타날문 등이 생긴다. 나뭇결에 따라 평행하게 파내어 새긴 것은 평행타날문, 종횡으로 파서 격자를 새긴 것은 격자타날문이라 한다. 그런데 나뭇결에 직교하여 새긴 것도 사용을 반복함에 따라 결이 도드라져, 언뜻 보기에는 격자와 같이 보이게 되며 격자타날문과 구별하여 의疑격자타날문으로 부른다.

내박자는 타날판으로 두드릴 때 토기 내면을 받쳐주는 도구로서 둥근 자갈을 이용하거나 손잡이가 달린 점토 또는 나무로 만든 도구를 사용하였다. 내박자를 사용하면 토기의 내면에는 그 모양대로 오목한 흔적이 남거나 또는 받침모루에 새겨진 동심원과 같은 문양이 그대로 새겨지기도 하는데 보통 반원 또는 동심원상으로 문양이 나타나고 있다. 특히 동심원의 구를 새기지 않았으나 사용에 의해 나뭇결의 연륜이 도드라짐으로써 동심원문과 같이 보이는 경우도 있다. 타날문은 동체 하반부에서 교차가 이루어지는데, 같은 박자를 사용하는 경우가 대부분이나 다른 문양이 새겨진 박자를 사용하기도 한다. 이와 같은 외면의 변화에 대응하여 내면의 박자도 교체되는 경우가 있다.

타날문은 지역에 따라 분포를 달리하는데, 4세기에는 격자타날은 주로 금관가야권역과 신라권역에 보이며, 승문타날은 주로 아라가야양식 토기의 분포권에서 확인된다.

가야토기는 회전대를 발전시킨 도차를 사용하는 것이 특징이다. 회전대는 원판 저면의 중앙에 축상의 짧은 돌출부를 만들고 지면에 고정시킨 축 수부首部에 올린 것으로, 회전은 용이하나 대가 가볍고 축의 마찰면이 커서 타성惰性이 붙기 어려우며 회전이 느린 점이 특징이다. 반면 도차는 축의 첨단尖端이 뾰족하여 축 수부의 마찰면이 적고 원판이 무거워서 타성이 붙고 빠른 회전력을 얻을 수 있다. 그래서 회전대상의 토기 제작이 점토대를 쌓거나 정면과 문양의 시문에 느린 회전

〈도2-5〉 타날기법과 타날도구
좌 : 1970년대 토기 제작 풍경, 우 : 오사카후大阪府 히오키쇼日置荘유적 출토품

력을 이용하는 정도인데 반해, 도차는 회전대와는 달리 회전축이 발달하여 빠른 속도의 회전에 의한 원심력을 이용하여 토기를 제작할 수 있게 되었다.

토기의 내외면에 남은 성형흔적의 관찰을 통하여 제작기법이 유사한 개蓋·고배·개배蓋杯의 경우 신부身部의 성형기법을 대체로 3가지 유형으로 구별할 수 있다.[7]

첫번째는 도차 위에 원판형의 점토판을 놓고 가장자리를 따라서 권상법이나 윤적법으로 기벽을 쌓아 대략적인 기형을 성형한 후 다시 도차를 빠르게 회전시키면서 정형하는 방법이다. 이러한 성형방법을 알 수 있는 예로는 김해시 예안리고분군 패각층 출토 개배가 있다.

두번째는 바닥에서부터 권상하여 기형을 만들어 도차를 빠르게 회전시키면서 정형하는 방법으로 대다수가 이에 해당한다.

세번째는 도차의 중앙에 점토덩이를 놓고 빠르게 회전시키면서 토기를 바로 빚어 올리는 방법이 있다. 이렇게 성형된 토기는 기면에 닿는 손끝에 의해 토기 내면에 나선형의 요철이 생기는 것이 특징이다. 이 유형은 앞의 두 유형에서 발전된 기법으로 경주지역을 포함한 낙동강 이동의 신라지역에 주로 분포한다. 앞의 두 유형이 도차를 정지시킨 상태에서 내면의 하부를 정면하는데 비해 이 유형은 성형과 동시에 내면조정을 행한다. 그래서 제작공정과 제작시간이 단축되며 성형된 토기들은 공통적으로 기벽이 매우 얇은 것이 특징이다.

가야토기는 점토대를 쌓아 올리거나 구연부 부근의 성형과 기면의 조정과 정면에 주로 도차의 기능을 이용한 것으로 본다.

토기의 바닥에는 그 구조를 알 수 있는 회전대의 흔적이나 도차의 축흔이 관찰되는 예가 있다. 또한 회전대나 도차에서 분리할 때의 흔적이 확인되기도 한다.

3) 정면

정면은 토기를 성형한 후 면을 고르게 다듬는 마무리 작업으로 기벽을 성형하면서 이루어지기도 하고 성형된 토기가 어느 정도 건조된 뒤에 이루어지기도 한다.

깎기는 기벽의 필요 이상으로 두터운 부분이나 균형이 맞지 않은 부분 또는 저부를 성형한 후 밑바닥을 다듬을 때 도자刀子와 같은 예리한 도구로 정면하는 기법이다. 대개 저부의 접합부분이나 동체부의 두드러진 면에 사용된다.

삼국시대 개배의 경우 도차에서 분리한 배를 뒤집어서 손에 들거나 도차 위에 놓고 돌려서 저부를 깎는다. 한편 5세기 중엽 이후 일본열도산 스에키는 특히 도차 위에서 회전을 이용해 깎는 것이 특징이며, 이는 한반도산 토기와 일본열도산 토기를 구분하는 중요한 기준이 된다.

회전물손질은 토기를 성형할 때 손의 열에 의해 토기가 마르면서 균열을 일으키므로 회전대나 도차에 성형된 토기를 올려 회전시키면서 자주 물 묻은 손이나 천 혹은 가죽을 이용해 물손질을 하는 것을 지칭한다. 또 회전물손질은 토기의 기벽에 고운 점막을 씌워주는 역할을 하기도 하는데 가늘고 미세한 흔적을 남긴다.

목판긁기는 도차에 얹어서 목판을 대고 회전시켜 토기의 기면을 정면하는 기법이다. 목판의 요철로 인해 회전물손질보다 폭이 넓고 깊은 밀집 평행선이 돌아가는 것이 관찰되어 흔히 목리조정木理調整으로 부르고 있으나, 목리는 목판의 흔적에 불과하므로 타당한 명칭으로 볼 수 없다. 목판긁기는 고배의 배신杯身과 대각臺脚의 접합부, 개의 손잡이 접합부 주변에서 관찰되는데 이는 접합면을 보강하고 동시에 부착된 여분의 점토를 제거하며 그 주변을 정면하는 데 사용된다. 목판긁기와 회전물손질과의 구분은 조정이 행해진 부위와 도구 차이의 관찰을 통해서 가능하다.

마연은 토기면을 치밀하게 하여 액체의 침투를 막고 미적 효과를 높이기 위함이다.

슬립slip은 토기면에 얇은 점토막을 입혀 침투성을 없애고 미적 효과를 높이는 효과가 있다.

4) 소성

소성은 토기를 가열하여 태토에 물리적·화학적 변화가 일어나는 과정으로 450도가 되면 점토는 가소성을 잃어버린다. 그런데 실요室窯를 사용하지 않은 노천露天소성에서는 600~800도 이상 올리기 어렵다.

가야토기는 실요에서 소성되며 이는 가마 내의 온도를 소성에 필요한 만큼 높이고 또한 필요에 따라서 소성의 단계별로 그 내부를 환원還元 또는 산화酸化 상태로 만들어내기 위함이다. 특히 가야토기는 1200도 이상의 고온을 얻기 위해 구릉에 경사를 가지며 축조된 등요를 사용한다. 그래서 가마의 입지는 바닥이 고열에 견딜 수 있는 곳을 선정한다.

가야토기의 제작에는 다량의 점토와 땔감을 필요로 한다. 또한 가마의 위치는 점토와 연료의 입수가 용이하고, 바람, 물을 확보할 수 있는 장소를 선택한다. 이와 함께 생산된 제품을 운송하기 좋은 곳을 고려한다.

가마는 구릉의 사면을 굴과 같이 판 지하식과 사면을 지표에서 파들어가 지상에 천장을 구축한 반지하식으로 구분된다. 후자의 축조는 구릉의 등고선에 직교 또는 사교斜交하는 구덩이를 판다. 다음 나무로 천장을 가구架構하기 위한 골조를 만들고 벽과 함께 짚을 넣은 점토를 바르며 흙으로 덮는다.

가마는 아궁이, 땔감을 지피는 연소부, 토기를 넣어서 소성하는 소성부, 화기와 연기를 배출하는 연도煙道로 구성된다.

〈도2-6〉 토기가마(좌 : 근대 옹기 가마, 우 : 창녕군 여초리 토기요지)

　가야토기를 제작한 대표적인 요지窯址는 고령군 내곡리, 창녕군 여초리, 함안군 우거리, 묘사리 가마터를 들 수 있다. 4세기 창녕지역의 여초리B지구 가마터의 구조는 야산의 구릉사면을 옆으로 파 들어가 구축한 지하식이다〈도2-6〉. 가마가 산기슭의 구릉사면에 구축되어 소성실의 경사도가 매우 높은 편이다. 가마바닥 전반이 평탄하고 중반부터 경사가 심하기 때문에 반지하식과 같이 지상에 드러날 경우 결구가 어렵고 측벽 상단의 외측이 곧바로 암반층과 연속되는 점 등을 들어 지하식으로 보고 있다. 형태는 세장細長하고 그 내부에 단벽段壁이나 계단이 설치되어 있지 않은 무계단식이다. 여초리 가마는 회구부灰口部에서 다수의 토기가 출토되어 많은 횟수의 조업이 실시된 것으로 추정된다. 대호大壺, 각종 단경호, 노형기대, 시루 등이 출토되었으며 특히 대호류가 다수를 차지한다.

　함안지역의 우거리 가마는 반지하식으로 더욱이 장타원형인 점에서 여초리 가마와 차이를 보

〈도2-7〉 **토기가마**(함안군 우거리 토기요지 : 2호 가마 조사 중 전경(1,2 : 남→북), 소성부(3), 토층(4 : 남→북))

이나, 내부 구조는 유사하다<도2-7>. 특히 우거리 가마에서는 대호, 각종 단경호, 노형기대, 시루 등과 같은 여러 기종이 고르게 출토되었다. 그 가운데 영남지역 전역에 유통된 승석문호繩蓆文壺가 다수 출토되어 주목된다.

여초리 가마와 우거리 가마는 5세기 전반의 일본열도의 오사카후 스에무라陶邑유적의 가마와 형태가 유사하여 토기 공인뿐만 아니라 가마의 구축기술도 가야지역에서 일본열도에 전래된 것을 알 수 있다.

가야토기의 소성은 1200도 이상의 가마 내에서 크게 2단계에 걸쳐 이루어진다. 토기의 단면을 보면 전면 회청색 또는 회색을 띤 것으로부터 속심은 암자색暗紫色이고 내외면은 회청색 또는 흑색을 띤 것, 드물게는 내외면부터 속심까지 암자색을 띤 것도 보인다. 단면에 보이는 이와 같은 색층 가운데 회청색 또는 흑색층내외면층은 환원염 소성에 의해 토기 태토에 함유되어 있는 산화제이철Fe_2O_3이 환원되어 산화제일철FeO로 변화하는 과정에서 생기며 반대로 암자색층 속심은 산화염소성에 의해서 태토 내의 산화제일철이 산화되어 산화제이철로 변화하는 과정에서 형성된 것이다.

가야토기는 먼저 요내窯內로 공기를 충분히 들여보내고 산화염소성으로 가마 안의 온도를 올려서 제품을 거의 완성시킨다. 그 다음 가마 안으로의 공기 공급을 극단적으로 제한하고 대량의 연료를 투입하여 환원상태를 만든다. 토기의 색이 결정되는 것은 소성 최종단계의 일시적인 환원처리에서이다. 따라서 토기의 단면색층에는 그 소성과정이 여실히 반영되며, 단면색층의 분석을 통하여 한 지역 토기군 내에서의 시기에 따른 소성기법의 변천뿐만 아니라 같은 시기 여러 지역 간의 소성기법 차이를 알 수 있다.

가야토기는 고열을 내는 등요에서 소성되는 까닭에 가마 내에서 토기끼리 서로 엉켜 붙거나 일그러지고 또는 가마바닥에 용착鎔着되기도 한다. 특히 대량생산을 위하여 중첩重疊 소성이 이루어지는데 이 과정에서 토기가 가마바닥에 용착되거나 토기끼리 서로 엉겨 붙는 것을 방지하기 위하여 다양한 도구와 재료가 사용된다.[8] 이때 토기와 가마바닥 사이에 넣는 별도의 물질을 이상재離床材, 토기를 중첩 소성할 때 토기끼리의 용착을 막기 위한 별도의 물질을 이기재離器材라 한다 <도2-8>.

이상재의 가장 큰 기능은 토기의 저부 혹은 대각이 가마 바닥에 직접 닿지 않도록 하여 토기가 용착되는 것을 막는 것은 물론 가마 내의 열기가 토기 전면에 골고루 갈 수 있도록 하는 것이다. 또한 경사진 등요의 구조를 감안하면 이상재로서의 기능뿐만 아니라 가마 내의 안정적인 토기 적재에도 사용되었다. 이상재는 원삼국시대 밀폐요와 함께 출현하며 삼국시대 고온을 내는 등요의 도입과 함께 본격적으로 사용된다. 이상재는 초본류, 토기편, 소할석小割石 등이 개별적으로 사

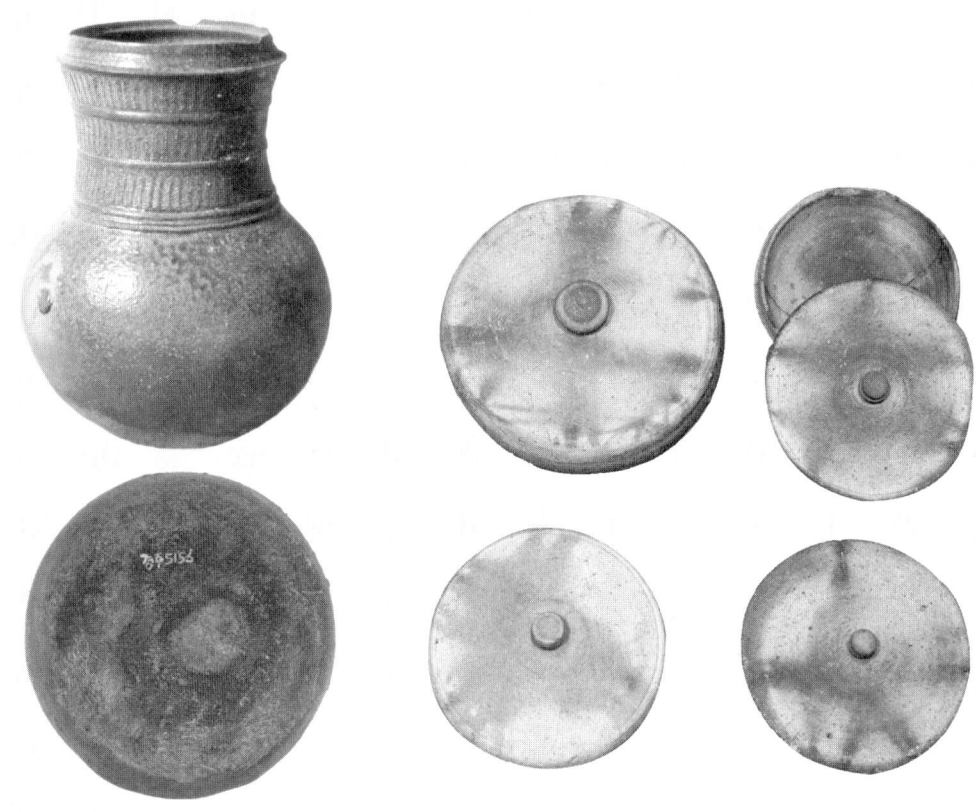

〈도2-8〉 이상재와 이기재(좌 : 고령군 지산동44호분 9호석곽, 우 : 동해시 추암동고분군)

용되기도 하나 대체로 초본류와 함께 사용되는 것이 일반적이다. 이상재가 닿은 부분의 기면에는 보통 홍반紅斑 혹은 흑반黑斑의 불완전 연소흔이 남아 있거나 이상재 자체가 붙어 있기도 하다. 이상재는 초본류, 모래, 소할석 등과 토기편, 점토, 원반형, 토병土餠형, 쐐기형, 발형, 고배대각형, 통형 등 토제품으로 된 것으로 크게 나눌 수 있다.

이기재는 고배, 개배, 유개합有蓋盒 등의 소형 토기와 호, 옹과 같은 중형 토기 위에 소형 토기를 올려 중첩소성할 때 토기 사이에 사용되는 이상재와 같은 물질 또는 도구로서 주로 초본류와 함께 이용된다. 특히 고령지역에서는 초본류에 의한 십자十字형의 이기재 흔적이 개배에서 확인되어 이 지역산 토기의 식별에 유효한 단서를 제공한다.

한편 4세기 함안지역에서는 이상재와 이기재로 초본류를 사용하지 않는 것이 특징이며, 이는 아라가야양식의 제작지 구분의 단서가 되고 있다.[9] 또 이상재와 이기재의 부착 위치를 통하여 동시에 제작된 개체의 구별과 호류壺類의 정치, 도치, 횡치橫置소성의 여부를 알 수 있다. 특히 횡치

소성된 호의 경우 요바닥에 닿은 동부(胴部)에는 이상재의 흔적, 그 반대 방향의 동부에는 중첩소성을 위한 이기재의 흔적이 관찰된다. 횡치소성된 아라가야양식의 4세기대 호의 동부 측면에는 함몰부와 구연부의 왜곡이 관찰된다. 소성방법은 자연유가 부착된 부위의 관찰을 통해서도 알 수 있다.

4. 가야토기와 신라토기 <도2-9, 도2-10>

가야토기라 하면 신라토기와 떼어 놓고 생각하기가 힘들다. 왜냐하면 양자가 공통성이 강한 원삼국시대 와질토기에서 발전한 영남지방의 토기이며 같은 시기 다른 어떤 토기들보다 닮은 점이

〈도2-9〉 5세기 가야토기와 신라토기 (고배와 장경호)
1 : 고령군 지산동(영)3호분, 2, 4 : 강릉시 하시동고분군, 3 : 합천군 반계제가A호분

가야   　　　　　　　　　　　신라

〈도2-10〉 5세기 신라토기와 가야토기(발형기대와 통형기대)
1 : 고령군 지산동35호분, 2 : 상주시 헌신동고분군, 3 : 고령군 지산동30호분, 4 : 대구시 내당동55호분

많기 때문이다. 한편 양자에 보이는 기종, 형태, 문양, 제작기술 등의 차이는 크다. 가야토기를 대표하는 기종은 개, 고배, 개배, 장경호長頸壺, 통형筒形기대, 발형기대, 대부완臺附盌이며 각 기종별로 가야토기와 신라토기의 차이를 살펴보고자 한자.

개 : 고배, 장경호, 개배에 주로 사용되는 손잡이가 달린 뚜껑이다.

가야양식은 단추형의 손잡이가 붙으며 점열문點列文이 주로 시문되고 곡선적이며 기고器高가 높지 않다.

신라양식은 통형의 손잡이가 붙으며 거치문鋸齒文, 원문圓文, 집선문集線文과 같은 기하학적 문양을 시문하고 기고가 가야양식에 비해 높다. 토우가 부착되기도 한다.

고배 : 음식물을 따로 옮겨 담아서 사용하는 대각이 달린 접시와 같은 기종으로 무無개식과 유有개식이 있으며, 5세기가 되면 신라토기는 무개식이 대부분 사라진다. 고배는 취락에서도 출토되는 것에서 보아 생활용기로 사용되었으며 또 고분에서 제기祭器로도 사용된 가야·신라토기를 대표하는 기종이다.

가야양식은 곡선적인 팔八자형의 대각에 좁고 긴 상하일렬투창上下一列透窓이 뚫려 있고 배신이 얕다.

신라양식은 직선적인 제형梯形의 대각에 장방형의 투창이 상하교호上下交互로 뚫려 있으며 배신이 상대적으로 깊다.

개배 : 뚜껑이 있는 접시와 같은 기종이나 고배와 달리 대각이 없으며, 주로 백제지역에 사용되고 가야·신라토기에는 널리 사용되지 않았다.

가야양식은 배신이 얕고 뚜껑에는 유두형 손잡이가 달린다.

신라양식은 배신이 상대적으로 깊고 뚜껑에는 주로 단추형 손잡이가 달린다.

장경호 : 경부頸部가 길며 음식물을 보관하는 데 사용되는 항아리와 같은 기종이다.

가야양식은 유개有蓋 무대無臺식이 많아서 따로 만들어진 기대에 얹어지며 경부는 3~4단의 돌대로 구분되어 파상문波狀文을 주로 시문한다. 또한 경부가 곡선을 이루며 동부에 연결되고, 어깨선이 뚜렷하지 않은 구형球形이다.

신라양식은 무개 유대식이 주류이며 거치문·원문·집선문과 같은 기하학적 문양을 시문한다. 신라양식은 경부頸部가 직립하며 동부胴部에 각을 이루어 연결되고 어깨가 각을 이룬다. 토우가 부착된 예가 있다.

통형기대 : 통형기대는 밑이 둥근 호를 받치는 용도로 제작된 기종이나 주로 수장묘首長墓에서 출토되고, 화려한 문양이 장식되는 것으로 볼 때 실생활 용기보다는 매장의례의 장엄성을 높이

는 제기라 할 수 있다.

가야양식은 각종 문양과 세로띠, 투창으로 화려하게 장식하고 상위의 수부가 호형이며 대각이 장고형이다. 특히 대가야양식의 통형기대는 뱀모양의 장식 세로띠를 부착한 것이 특징이다. 6세기대의 수부가 호형이고 대각이 극도로 커진 아라가야양식의 통형기대는 송산리고분군, 능산리고분군 출토품과 같은 백제양식 기대의 영향에 의한 것으로 본다. 소가야양식의 통형기대는 직선적이고 장식이 소박한 것이 특징인데 이는 신라기대의 영향에 의한 것으로 본다.

신라양식은 수부가 직선적으로 외반하고 대각은 직선적인 제형梯形이며 가야양식의 통형기대에 비해 장식이 소략한 점이 특징이다.

발형기대 : 발형기대는 밑이 둥근 호를 받치는 용도로 제작된 기종이나 그 자체로도 용기의 역할을 겸한다. 이 기종은 통형기대와 같이 주로 수장묘에서 출토되고, 화려한 문양이 장식되는 것으로 볼 때 매장의례의 장엄성을 높이는 제기로 주로 사용된 것이다.

가야양식은 수부가 얕고 곡선적이며 대각은 팔자형으로 파상문과 송엽문松葉文이 주로 시문된다. 아라가야양식과 소가야양식은 기대는 대각의 폭이 좁고 긴 것이 특징이다.

신라양식은 수부가 깊고 직선적이며 대각은 제형으로 파상문 이외에도 격자문, 집선문, 거치문, 원점문圓點文 등의 기하학적 문양이 시문된 것이 특징이다. 대각의 폭이 넓어 전체적으로 안정감을 준다.

대부완 : 대각이 달린 깊은 바리와 같은 기종이다. 가야양식은 유개식이나 신라양식은 무개식이 특징이다.

5. 가야토기의 변천

1) 성립기(3세기 중엽~4세기 중엽, 〈도2-11〉)

성립기는 고배, 유개대부직구호有蓋臺付直口壺, 노형기대, 타날문단경호와 같은 후기 와질토기류와 회청색경질의 단경호로 기종이 구성된다. 초기에는 와질토기 가운데 액체를 저장하는 소문단경호素文短頸壺와 대호大壺와 같은 기종이 먼저 회청색경질화된다. 김해지역의 양동리235호분, 예안리74호분, 예안리160호분, 대성동29호분, 부산지역의 노포동17호분, 21호분, 31호분, 33호분, 복천동38호분, 함안지역의 도항리(문)35호분에서 초기의 회청색경질토기가 출토되었다.

그 후 타날문단경호, 유개대부직구호, 노형기대, 고배와 같은 기종이 회청색경질화된다. 노형

〈도2-11〉 성립기의 가야토기 (4세기 전반)
1 : 함안군 황사리14호분, 2 : 김해시 대성동18호분, 3 : 청도군 소라동 고분군 출토품

기대는 어깨의 사격자斜格子, 삼각집선문, 능형菱形집선문의 암문暗文과 같은 원삼국시대 와질 노형기대에 시문되던 문양이 사라지고 점차 회청색경질화된다.

3세기대에는 양식이 뚜렷하게 구분되지 않으나 4세기대에는 가야양식과 신라양식으로 구분되며, 가야양식은 다시 금관가야와 아라가야양식으로 분류된다.

신라양식은 저底평형 노형기대, 격자타날호, 와질토기의 전통을 이은 팔자형 대각을 가진 고배, 아라가야양식은 장각 노형기대, 승석문호, 공工자형고배, 금관가야양식은 파수부 노형기대, 격자타날호, 외절구연고배外折口緣高杯가 특징적인 기종이다.

2) 발전기(4세기 후엽~5세기 후엽, 〈도2-12, 도2-13〉)

팔자형 대각에 투창이 상하일렬로 배치된 고배와 새로이 발형기대가 출현하여 가야토기의 기종 구성이 완성된다. 이 시기에 남아 있는 금관가야양식의 노형기대는 김해시 대성동3호분과 같은 삼각거치문과 반원권문半圓圈文을 시문한 화려한 문양 구성이 특징이다.

발형기대는 처음에는 타래문, 거치문, 격자문 등과 같은 문양을 조합한 화려한 복합문양이 사용되다가, 후기에는 파상문과 격자문, 송엽문으로 단순화된다.

〈도2-12〉 발전기의 가야토기 (4세기후반)
1 : 김해시 대성동 1호분, 2 : 김해시 대성동 1호분, 3 : 김해시 대성동 3호분

    통형기대는 전대에 비해 투창이 증가하고 세로띠가 부착되는 등 장식성이 증가한다. 김해시 대성동1호분 출토 유개장경호는 경부를 결승結繩문, 점렬문, 원문, 견부肩部를 점렬문으로 화려하게 장식하고 경부와 견부에는 밝은 황색의 자연유가 부착된 것으로 4세기 후엽 금관가야 최전성기의 토기라 할 수 있다. 그 후 400년을 전후한 고구려의 남정 이후 금관가야가 쇠퇴하고 5세기 중엽에는 새로이 고령의 대가야가 대두한다. 고령군 지산동32-34호분 합사合祀유구 출토 통형기대와 남원시 아영지역 출토 발형기대를 비롯한 5세기 전반의 대가야양식 토기는 그 발전기의 것이라 할 수 있다. 특히 아영지역 출토품은 전면에 자연유가 잘 부착된 장경호와 기대가 조화를 잘 이룬 토기이다. 대성동1호분 출토 금관가야 최전성기의 호와 기대에 비해 강건 소박하나 호의 부드러운 파상문과 아치형의 아름다운 투창이 파상문을 사이에 두고 잘 배치된 대가야 발전기의 토기라 할 수 있다.

    4세기 후엽 경주지역을 중심으로 새로운 제작기술과 문양, 소성, 형식이 등장하여 새로운 신라양식 토기가 등장하고, 가야지역에서는 5세기 초 새로이 소가야양식과 대가야양식이 출현한다.

〈도2-13〉 발전기의 가야토기(5세기)

1 : 고령군 지산동(영) 1-3호분, 2 : 남원시 아영 출토토기, 3 : 합천군 옥전 M4호분

3) 쇠퇴기(5세기 말~6세기 후엽, 〈도2-14〉)

이 시기에는 모든 기종이 소형화되고 소성도가 낮아지며 문양도 단순한 선문線文으로 변한다.

고배는 기고가 낮아지며 뚜껑받이턱은 두껍고 길게 돌출한 것에서 점차 줄어들어 마지막에는 흔적만 남는다. 투창은 세장방형에서 장방형으로 마지막에는 원형의 투공透孔으로 바뀌거나 뚫리지 않게 된다.

장경호는 경부에 비해 동체부가 작아진다. 기대는 통형과 발형 모두 소형화되며 발형기대는 무문화된다. 개는 깊고 만곡한 것에서 점차 직선화되다가 나중에 수평에 가까운 형태가 된다. 개의 손잡이는 단추형에서 중산모형 또는 유두형으로 변한다.

대가야권의 합천군 창리고분군에서 백제양식의 삼족기三足器를 모방한 토기가 대가야양식의 개와 함께 출토되고, 합천군 삼가고분군과 저포리D지구고분군에는 백제계 병형甁形토기가 부장되어 멸망 직전 백제양식의 영향이 미친 것을 알 수 있다. 고령군 지산동44호분에서는 백제지역에 이입된 중국제 자기 등잔을 모방한 토기가 출토되었고, 진주시 옥봉7호분에서는 백제의 동완銅碗을 모방한 토기도 확인되었다. 그 외 거창군 출토로 전하는 거창박물관 소장품인 동완형토기

〈도2-14〉 쇠퇴기의 가야토기(6세기)

1 : 합천군 옥전 M4호분, 2 : 고령군 지산동 45호분, 3 : 경북대 소장품, 4 : 합천군 저포리 D-1호분, 5 : 합천군 창리 A-80호분

가 있다

 6세기 후엽에는 신라양식과 백제양식 토기가 출현한다. 합천군 저포리C·D지구에서도 횡혈식석실橫穴式石室의 최초 매장시는 대가야양식 토기, 추가장에는 신라양식 토기가 부장되는 변화가 보인다. 이는 562년 신라에 의한 가야 멸망을 보여주는 것이다. 다만 6세기 중엽 고성군 내산리고분군과 의령군 경산리고분군에서는 6세기 전엽에 신라양식 토기가 일부 부장되는데 이는 가야 멸망 이전 신라와의 교류를 반영하는 것으로 본다.

1) 申敬澈, 1992,「金海 禮安里160號墳에 대하여」,『伽耶考古學論叢』1, pp.151~159, 서울, 駕洛國史蹟開發研究院.
2) 崔鍾圭, 1994,「陶質土器의 起源」,『考古學誌』6, p.77, 서울, 韓國考古美術研究所.
3) 이성주, 2000,「타날문토기의 전개와 도질토기 발생」,『한국고고학보』42, 한국고고학회.
4) 鄭仁盛, 2004,「樂浪土城의 土器」,『韓國古代史研究』34, pp.71~123, 서울, 韓國古代史學會.
   정인성, 2006,「복원실험을 통해 본 樂浪 盆形土器와 평기와의 제작기법」,『韓國上古史學報』제53호, pp.123~160, 춘천, 韓國上古史學會.
5) 郭鍾喆, 1987,「韓國慶尙道地域出土의 陶質大形甕의 成形을めぐって-底部丸底化工程を中心として-」,『岡崎敬先生退官記念論集東アジアの考古と歷史』上, pp.466~488, 京都, 同朋舍出版.
6) 이성주, 2000,「타날문토기의 전개와 도질토기 발생」,『한국고고학보』42, 한국고고학회.
7) 朴天秀, 1994,「三國時代 昌寧地域 集團의 性格研究」,『嶺南考古學』13, 釜山, 嶺南考古學會.
8) 홍진근, 2003,「삼국시대 도질토기의 소성흔 분석」,『삼한·삼국시대의 토기생산기술』(제7회복천박물관국제학술대회), 부산, 복천박물관.
9) 鄭朱喜, 2008,『咸安樣式 古式陶質土器의 分布定型에 관한 研究』(慶北大學校大學院文學碩士學位論文), 大邱, 慶北大學校大學院.

III
가야토기의 편년

III. 가야토기의 편년

1. 금관가야권

1) 연구사 검토

가야고분의 편년은 금관가야권 연구에서 본격적으로 개시되었다. 금관가야권 편년은 김해시 예안리고분군을 시작으로 부산시 복천동고분군과 김해시 대성동고분군으로 진행되어 김해지역과 부산지역 간의 병행관계를 설정할 수 있게 되었다. 예안리고분군의 편년에 대해서는 사다모리히데오定森秀夫,[1] 신경철,[2] 안재호[3] 등의 연구를 들 수 있으며, 김해지역과 부산지역 간의 병행관계에 대한 연구는 이재현,[4] 홍보식,[5] 신경철[6]의 논고를 들 수 있다.

이재현[7]은 복천동고분군을 노형기대爐形器臺, 고배高杯 등의 토기의 형식 변화를 통하여 I~VI기로 편년하는 가운데 예안리고분군과의 병행관계를 설정하였다.

　　I 기 : 56호분, 80호분, 84호분(예안리 안재호 편년의 I 단계)
　　II 기 : 38호분, 73호분
　　III기 : 57호분, 60호주곽(예안리 안재호 편년의 II단계)
　　IV기 : 46호분, 71호분(예안리 안재호 편년의 III단계)
　　V 기 : 48호분, 54호분(예안리 안재호 편년의 IV단계)
　　VI기 : 41호분, 31·32호분.

그리고 역연대曆年代는 기존의 예안리고분군에 대한 신경철의 연대관[8]에 따라 I기와 II기는 4세기 전엽, III기, IV기는 4세기 중·후엽, V기는 4세기 말, VI기는 5세기 초로 비정하였다.

홍보식[9]은 노형기대, 고배의 형식 변화를 통하여 금관가야 권역을 5기로 나누어 다음과 같이 편년하였다.

1기 : 대성동29호분, 노포동17호분(3세기 제4/4분기)

2기 : 예안리160호분, 복천동84호분(4세기 제1/4분기)

3기 : 구지로4호분, 복천동38호분(4세기 제2/4분기)

4기 : 예안리138호분, 복천동60호분(4세기 제3/4분기)

5기 : 예안리117호분, 복천동95호분(4세기 제4/4분기)

신경철[10]은 노형기대, 고배를 통하여 금관가야권 고분을 6기로 편년하였다.

Ⅰ기 : 대성동29호분, 노포동31호분(3세기 제4/4분기)

Ⅱ기 : 예안리160호분, 예안리74호분(4세기 제1/4분기)

Ⅲ기 : 대성동18호분, 복천동38호분(4세기 제2/4분기)

Ⅳ기 : 대성동2호분, 복천동60호분(4세기 제3/4분기)

Ⅴ기 : 대성동3호분, 예안리117호분(4세기 제4/4분기)

Ⅵ기 : 양동리90호분, 양동리304호분(5세기 제1/4분기)

Ⅰ기의 역연대에 대해 신경철은 이 시기의 양이부원저단경호兩耳附圓底短頸壺가 고월자古越瓷의 영향에 의해 285년 이후 성립된 것으로 보고, 또 대성동29호분의 정각식定角式철촉이 교토후京都府 쯔바이오쯔카椿井大塚山고분 출토품과 유사한 것을 근거로 하였다. Ⅳ기의 역연대는 경주시 월성로가-29호분의 석천石釧에 근거를 두었다.

이상 금관가야권 고분의 상대편년과 역연대 설정에 대해 살펴본 결과 상대 편년은 대체로 타당한 것으로 파악되나 다음과 같은 점은 수정이 필요할 것으로 본다.

홍보식의 4기인 예안리138호분, 복천동60호분과 5기인 예안리117호분, 복천동95호분 사이와, 신경철의 Ⅳ기인 복천동60호분과 Ⅴ기인 대성동3호분, 예안리117호분 사이에는 토기의 형식학적 변천으로 볼 때 이재현이 Ⅴ기로 설정한 바와 같이 한 분기가 추가되어야 할 것으로 파악된다.

신경철이 Ⅳ기로 본 대성동2호분과 복천동60호분은 같은 시기로 볼 수 없으며 발형기대鉢形器臺가 출현한 전자가 1단계 후행하는 것으로 본다.

금관가야권 고분 편년의 가장 큰 문제점은 역연대가 분명하지 않는 것으로, 이는 근거가 박약한 신경철의 연대관[11]을 그대로 따른 것에 기인한다.

2) 상대 편년〈도3-1〉

금관가야권 편년은 옛 김해만을 중심으로 주변의 부산·진영·진해지역을 포괄하는 지역을 대상으로 한다. 금관가야양식을 대표하는 특징적인 기종으로 파수부노형기대把手附爐形器臺와 외절구연고배外折口緣高杯를 들 수 있다. 여기에서는 시간적인 변화에 민감한 파수부노형기대를 통하여 김해지역의 구지로고분군을 중심으로 대성동고분군, 예안리고분군과 부산지역의 복천동고분군 등의 중요 고분을 편년한다.

금관가야양식 토기의 각 기종별 형식 변화의 방향성은 다음과 같다.

이 지역양식의 노형기대는 손잡이의 단면이 원형인 것에서 방형, 장방형의 것으로, 다시 얇은 세장방형의 것으로 변화한다.[12] 여기에서는 노형기대를 다음과 같이 분류하여 순서 배열하여 편년한다.

A1형식은 파수가 부착되지 않은 외반구연의 기형에 암문暗文이 시문된 원삼국시대의 와질 노형기대이며, 그 형태만을 계승한 와질소성의 노형기대를 A2형식으로 한다. B형식은 외반구연外反口緣 파수부노형기대로서, B1형식은 우각형파수牛角形把手가 부착된 것, B2형식은 환형파수環形把手가 부착된 것이다. C형식은 내만구연 노형기대로서, C1형식은 단면 원형의 환형파수가 부착된 것, C2형식은 단면 장방형의 환형파수가 부착된 것, C3형식은 파수가 부착되지 않은 것, C4형식은 문양이 시문된 것으로 한다.

외절구연고배는 대각이 짧은 것에서 긴 것으로 변화하며 투창이 없는 것에서 뚫리는 것으로 변한다.

금관가야권역에 이입된 함안지역산 승석문호繩蓆文壺는 아라가야양식과 같이 구연부가 직립한 것에서 C자형으로 외반하고 동체부가 평저구형平底球形인 것에서 원저장동圓底長胴형인 것으로, 또 이耳가 있는 것에서 없는 것으로 변화한다.

    1기 : 김해시 대성동29호분·예안리160호분·74호분은 와질토기가 유존하는 가운데 회청색경질토기가 출현하는 시기에 조영된 고분이다. 대성동29호분은 이전 시기 A1형식의 와질 노형기대와 함께 출토된 와질소성의 외반구연 파수부노형기대의 경우 우각형파수가 부착된 B1형식이 2점, 환형파수가 부착된 B2형식이 3점으로 파수부노형기대 가운데 가장 이른 형식이 부장되어 이 시기로 편년한다.

    2기 : 대성동59호분은 A1형식의 와질 노형기대가 잔존하나 B1형식의 우각형파수가 부착된 노형기대가 소멸되고 환형파수가 부착된 B2형식의 노형기대가 주류를 이루고 회청색경질의 단경호短頸壺가 다수를 차지하는 것에서 이 시기로 편년된다. 또 59호분은 구연부口緣部가 직립하고 평저의 구형 동체를 가진 고식古式의 함안지역산 양이부승석문호兩耳附繩蓆文壺가 부장된 것에

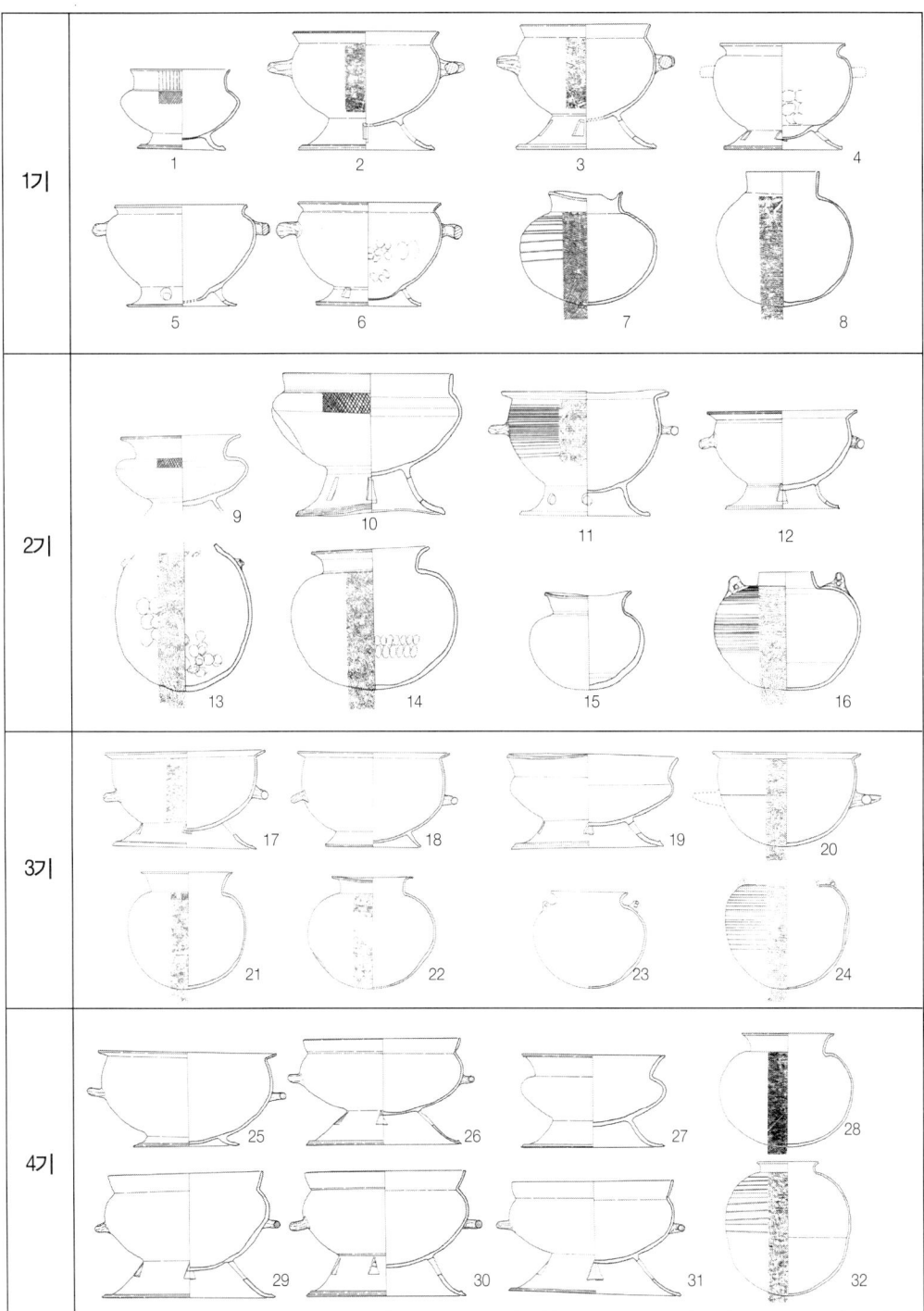

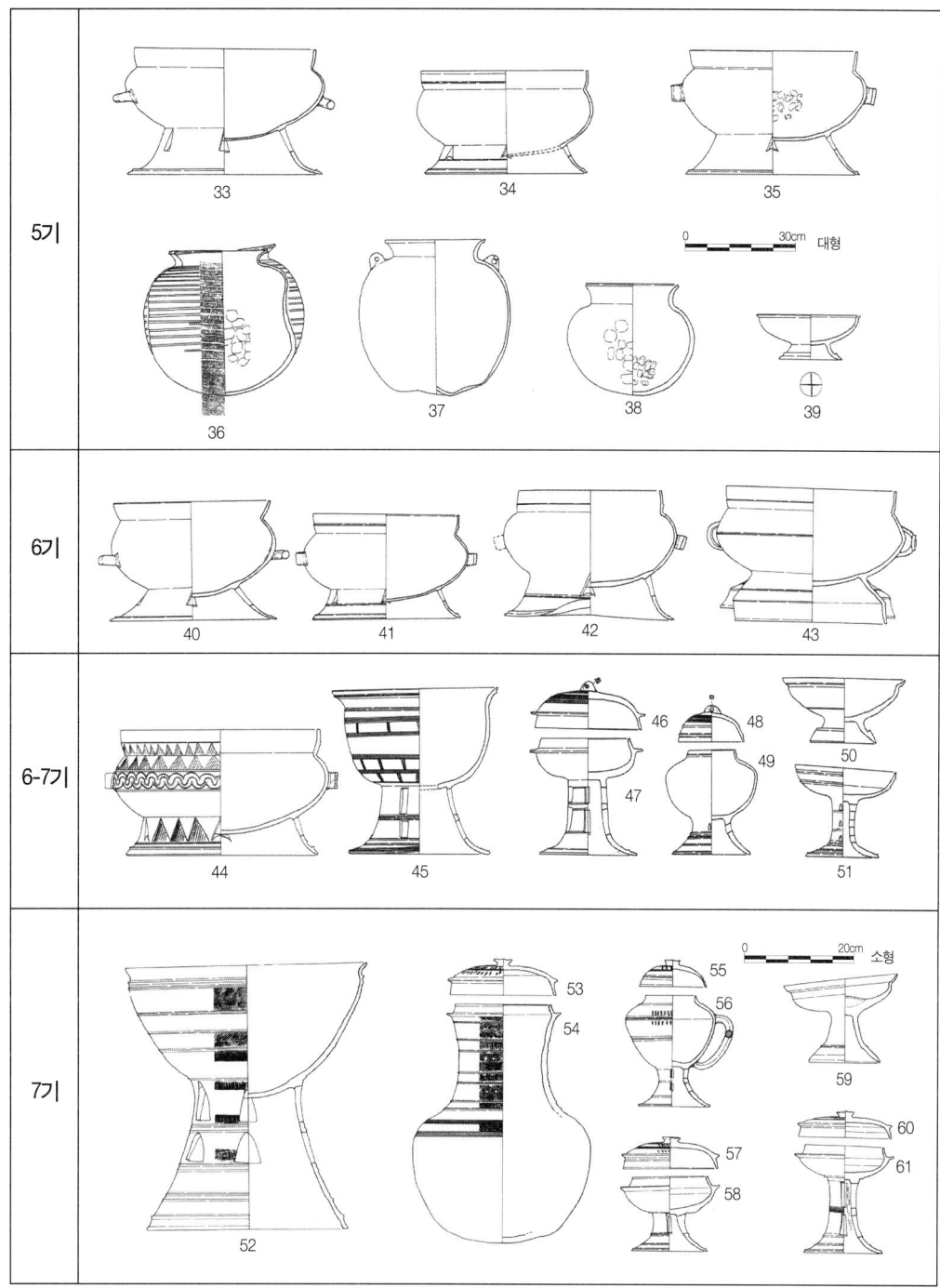

〈도3-1〉 금관가야권 고분편년 (김해지역)

1기(1~8 : 대성동29호분), 2기(9~16 : 대성동59호분), 3기(17~24 : 구지로1호분), 4기(25~32 : 대성동18호분), 5기(33~39 : 구지로6호분)
6기(40~43 : 구지로15호분), 6~7기(44~51 : 대성동2호분), 7기(52~61 : 대성동2호분)

서도 이 시기로 본다.

3기 : 구지로1호분은 A1형식의 와질 노형기대와 B1형식의 우각형파수가 부착된 노형기대가 소멸되는 가운데, 1기의 대성동29호분에서 출토된 노형기대의 형태를 계승한 와질소성의 B2형식과 A2형식이 부장된 것에서 이 시기로 위치지어진다. 또한 1호분은 대성동59호분에 비해 1단계 후행하는 원저의 장동형 동체를 가진 함안지역산 양이부승석문호가 부장되는 되는 것에서도 이 시기로 본다. 그리고 B2형식이 2점 확인된 4호분도 이 시기로 편년한다.

4기 : 대성동18호분은 외반구연의 배신杯身이 깊은 B2형식의 노형기대 1점과 A2형식이 유존하는 가운데 단면 원형의 환형파수가 부착된 C1형식이 주류를 이룬 점, 대성동13호분도 A2형식이 1점, C1형식이 2점 확인되나 양자兩者 모두 양이兩耳가 부착되지 않고 구연이 C자상으로 외반하며 원저 장동형의 동체부를 가진 신식新式 함안지역산 승석문호가 공반된 점에서 이 시기로 편년한다.
부산지역의 복천동38호분은 C1형식이 주류를 이루는 것에서 이 시기로 편년된다.
다만 38호분에서는 와질의 압형鴨形토기가 공반되고 있어 3기와 4기 사이로 편년될 가능성이 높다.

5기 : 구지로6호분은 이전 시기 외반구연의 배신이 깊은 B류의 노형기대가 유존하고 있으나, 그 가운데 가장 늦은 형식인 B3형식(2점)과 단면 장방형의 손잡이를 가진 C2형식(3점)이 출현하는 것에서 이 시기로 편년한다. 예안리고분군에서는 93호분·138호분 등이 이 시기에 해당한다.
복천동60호분은 4점의 파수부노형기대 가운데 손잡이 단면 원형의 고식인 C1형식이 1점이나, 단면 장방형의 손잡이를 가진 C2형식이 3점으로 다수파인 것에 의거하여 이 시기로 편년한다.

6기 : 구지로15호분은 외반구연의 배신이 깊은 B류의 노형기대가 완전히 사라지고 파수부노형기대 가운데 손잡이 단면이 원형인 C1형식이 1점 유존하고 있으나 단면 장방형의 손잡이를 가진 C2형식이 3점으로 다수파인 점에서 이 시기에 위치지어진다. 예안리151호분은 파수부노형기대가 손잡이 단면 장방형의 손잡이를 가진 C2형식 일색인 점에서 이 시기로 편년한다.
복천동54·57호분은 C1형식이 극소수 유존하고 있으나 단면 장방형의 손잡이를 가진 C2형식이 3점으로 다수파인 점에서 이 시기로 본다.

6기-7기 : 대성동2호분은 신경철에 의해 복천동60호분과 같은 단계로 설정[13]되고 있으나 거치문鋸齒文을 시문한 가장 늦은 C4형식의 노형기대가 유존하는 가운데 발형기대가 출현하는 점에서 6기와 7기 사이로 편년한다. 예안리고분군에서는 117호분 등이 이 시기에 해당한다.
복천동95호분도 출토된 7점의 기대 가운데 노형기대가 1점, 발형기대가 4점으로, 노형기대가 남아 있는 가운데 새롭게 발형기대가 출현하는 점에서 같은 시기로 본다. 발형기대의 문양은 배신에 문양이 없는 것이 1점이고, 그 외에는 반원문半圓文+격자문格子文+거치문(1점), 격자문

(1점), 거치문(1점)의 조합으로 구성되어 있다.

7기 : 대성동1호분은 노형기대가 사라지고 발형기대만 부장된 점, 외절구연고배가 2호분 출토품에 비해 장각화長脚化된 신식인 점에서 이 시기로 편년한다.

대성동1호분과 같은 형식의 발형기대가 출토되어 병행관계로 파악되는 복천동31·32호분에서는 파수부완把手附碗과 같은 신라토기가 출현하고 고배에도 교호투창交互透窓과 같은 신라양식의 영향이 보인다.

8기 : 대성동고분군에서는 이 시기로 편년되는 유구가 없으며 김해지역에서는 칠산동20호분이 여기에 해당한다. 이 고분은 외절구연이 뚜껑받이 턱처럼 변형된 고배와 배신이 깊어지고 배신과 각부의 경계부가 커진 발형기대가 부장된 것에서 그러하다.

복천동21·22호분도 칠산동20호분과 같은 형식의 고배와 발형기대가 부장되고 이전 시기에 비해 신라토기의 부장이 증가한 점에서 이 시기로 편년한다. 14점의 발형기대에 시문된 문양은 기존의 격자문, 거치문, 결승문結繩文, 반원문을 조합시킨 복합구성에서 새롭게 파상문波狀文이 출현해서 과반수를 차지하는 것도 특징이며 이전 시기 대부완臺附碗에만 국한되던 신라양식 토기가 고배, 통형기대筒形器臺 등으로 확대된다.

9기 : 칠산동33호분은 금관가야양식 토기가 사라지고 상하일렬투창고배上下一列透窓高杯와 같은 창녕양식 토기가 부장되기 시작한 점에서 이 시기로 편년된다. 창녕양식 토기가 부장된 같은 김해지역권에 속한 부산시 가달5호분도 같은 시기로 본다. 5호분에는 상하일렬투창고배와 단추형 손잡이를 가진 유충문幼蟲文개가 주류를 이루는 가운데 새로이 통형의 손잡이를 가진 개가 출현한다. 또한 대각이 직선화되었으나 고식 요소가 잔존한 유대有臺파수부완과 경부가 내경하며 문양대가 2구분된 고식의 요소가 잔존한 장경호가 공반한다. 발형기대는 배신이 깊은 반구형으로 팔八자형에 가까운 대각에 삼각형투창이 뚫린 것이나 옥전23호분 출토품에 보이는 거치문, 아치상의 삼각형투창, 구연 내면의 단과 같은 고식 요소가 없어진 형식이다.

복천동10·11호분은 11점의 발형기대의 문양이 기존의 격자문, 거치문, 결승문, 반원문을 조합한 복합구성의 문양에서 파상문 중심으로 변화하고 전 기종이 신라토기화되는 것에서 이 시기로 본다.

10기 : 예안리36호분은 창녕양식 토기와 함께 부장된 신라양식의 고배, 장경호가 복천동10·11호분보다 형식학적으로 1단계 후행하고 경주시 황남동110호분 출토품과 같은 형식인 점에서 이 시기로 본다.

복천(동)1호분은 복천동10·11호분에 후행하고 황남동110호분 출토품과 같은 신라양식 고배, 유대파수부완, 장경호가 부장된 이 시기로 편년된다.

11기 : 예안리35호분은 신라양식 고배, 장경호가 36호분보다 형식학적으로 1단계 후행하고 경주시 황남대총 남분 출토품과 같은 형식인 점에서 이 시기로 본다.

복천동4호분, 15호분은 창녕군 교동116호분, 교동3호분 출토품과 같은 형식의 고배가 부장된 것에서 이 시기로 편년된다.

12기 : 예안리71호분은 신라양식 고배, 장경호가 35호분보다 형식학적으로 1단계 후행하고 황남대총 북분 출토품과 같은 형식인 점에서 이 시기로 본다.

13기 : 예안리39호분은 신라양식 고배, 장경호가 71호분보다 형식학적으로 1단계 후행하고 경주시 금관총 출토품과 같은 형식인 점에서 이 시기로 본다.

복천동 학소대2구1호분은 예안리39호분과 같이 신라양식 토기와 같이 창녕양식 토기가 출토되어 이 시기로 편년된다.

14기 : 예안리57호분은 신라양식 고배, 장경호가 39호분보다 형식학적으로 1단계 후행하고 경주시 천마총 출토품과 같은 형식인 점에서 이 시기로 본다. 행정구역은 창원에 속하나 금관가야권역에 속하는 다호리B-1호분도 출토된 경주양식의 부가구연장경호附加口緣長頸壺가 천마총 출토품과 같은 형식인 점에서 이 시기로 편년된다.

부산지역에서는 두구동 임석1·2호분이 이 시기에 해당한다.

15기 : 다호리B-27호분은 B-1호분에 후행하는 대각이 단각화되고 원형투공이 뚫린 대가야양식의 고배가 공반된 점에서 이 시기로 편년된다.

2. 아라가야권

1) 연구사 검토

김정완은 아라가야양식 토기를 다음과 같이 9단계로 편년하였다.[14]

Ⅰ~Ⅳ단계는 소위 고식 도질토기 단계로서 진양-의령-함안-마산에 이르는 경남 서부 일대가 동일한 분포를 보이며 통형고배, 컵형토기, 노형기대, 파수부잔, 유대파수부배가 조합을 이룬다(4세기 전반~5세기 제1/4분기).

Ⅴ~Ⅷ단계는 함안양식 토기가 성립하며, 화염형火焰形투창고배와 상하일렬투창고배가 특징적인 기종이며, 장경호, 발형기대가 출현한다(5세기 제2/4분기~6세기 제1/4분기).

Ⅸ단계는 화염형투창고배와 상하일렬투창고배가 사라지고 단각의 삼각형투창고배와 개배류가 보편화되며, 기형에 외래계 요소가 유입된다(6세기 제2/4분기).

이주헌은 함안지역 출토품을 크게 4단계로 분류하고 각 단계를 세분하였다.[15]

Ⅰ단계 : 통형고배, 노형기대, 단경호, 파수부잔 등의 고식 도질토기류가 주류를 형성.
   Ⅰ1기(4세기 제2/4분기), Ⅰ2기(4세기 제3/4분기), Ⅰ3기(4세기 제4/4분기)
Ⅱ단계 : 고식 도질토기류가 사라지고 화염형투창고배와 상하일렬투창고배, 발형기대, 통형기대, 장경호 등 새로운 기종의 토기류가 주류를 형성.
   Ⅱ1기(5세기 제1/4분기), Ⅱ2기(5세기 제2/4분기)
Ⅲ단계 : 상하일렬투창고배의 정착과 삼각투창고배 및 함안식 발형기대, 파수부완의 출현으로 함안양식 토기의 성립.
   Ⅲ1기((구34호분, (문)14호분, (문)39호분, 5세기 제3/4분기)
   Ⅲ2기((문)38호분, (문)54호분, (문)54호분, (현)8호분, 5세기 제4/4분기)
Ⅳ단계 : 단각화된 고배와 투창인 화염문이 퇴화하여 선과 점으로만 표현된 고배가 출현
   Ⅳ1단계((창)14-2호분, 암각화 고분, (문)4, 5호분, 6세기 제1/4분기)
   Ⅳ2단계((문)8호분, (문)47호분, 6세기 제2/4분기, 6세기 제2/4분기)

역연대에 대해 Ⅰ1기는 예안리고분군의 편년에 근거하여, Ⅱ단계는 (문)36호분의 장각고배를 복천동32호분에 보이는 장각고배와 같은 시기로 파악하여 설정하였다. Ⅲ2기는 (문)54호분 출토 검릉형행엽劍菱形杏葉과 용문대도龍文大刀를 옥전M3호분 출토품과 동시기로 파악하여 5세기 제4/4분기로 편년하였다.

우지남은 함안지역 출토 노형기대, 고배, 파수부배 등을 형식 분류하고 이하와 같이 10단계로 편년하였다.[16]

Ⅰ단계 : 황사리40호분, 도항리(문)2호분, 35호분, 도항리(경)33호분, 34,호분 36호분, 49호분, 의령군 예둔리12호분, 26호분, 20호분(김해시 예안리74호분, 160호분, 경주시 월성로31호분과 병행, 4세기 제1/4분기)
Ⅱ단계 : 황사리32호분, 39호분, 함안군 윤외리6호분, 예둔리2호분, 56호분(경주시 죽동리1호분, 부산시 복천동38호분, 월성로29호분, 4세기 제2/4분기)
Ⅲ단계 : 황사리1호분, 7호분, 35호분, 45호분, 윤외리3호분(복천동7호분, 대성동2호분, 김해시 칠산동32호분, 4세기 제3/4분기)
Ⅳ단계 : 황사리44호분, 47호분, 4호분, 36호분, 윤외리1호분, 7호분, (문)도항리41호분, 마산시 현동47호분, 51호분(예안리117호분, 죽동리2호분, 4세기 제4/4분기)
Ⅴ단계 : 도항리(문)1호분, 6호분, 17호분, 33호분, 44호분, 45호분, 도항리(경)15호분, 32호분, 마산시 현동12호분, 50호분, 61호분 (부산시 화명동2호분, 예안리130호분, 월성로가-5, 6호분, 5세기 제1/4분기)
Ⅵ단계 : 도항리(문)3호분, 10호분, 마갑총, 도항리(경)13호분, 말산리(경)1호분(고령군 쾌빈동1호

분, 5세기 제2/4분기)
VII단계 : 말산리구34호분, 도항리(경)11호분, 16호분, (문)14호분, 38호분, 39호분 (5세기 제3/4분기)
VIII단계 : 도항리14-1호분, 도항리(경)61호분(5세기 제4/4분기)
IX단계 : 도항리14-2호분(6세기 제1/4분기)
X단계 : 도항리(경)31호분, 도항리4호분, 5호분, 8호분, 47호분(6세기 제2/4분기)

역연대는 회청색경질토기의 발생을 3세기 말에서 4세기 초로 보고, I단계를 예안리고분군의 1단계에 병행하는 것으로 파악하였으며, IX단계는 지산동44호분을 6세기 제1/4분기로 보는 입장에서 같은 시기로 비정하였다.

우지남의 편년은 이제까지의 편년안 가운데 가장 종합적이고 타 지역과의 병행관계를 설정한 점에서 주목된다.

그러나 I단계로 설정한 도항리(문)35호와 도항리(경)33호분은 토기 조성으로 볼 때 같은 시기로 보기 어렵고, 또 복천동57호분과 대성동2호분을 같은시기로 본 것과 마갑총, 도항리(경)13호분과 고령군 쾌빈동1호분을 병행 관계로 파악한 것은 문제점으로 지적된다. 도항리(문)35호와 도항리(경)33호분의 관계는 전자가 한 단계 선행하고, 복천동57호분과 대성동2호분의 관계는 앞에서 살펴본 바와 같이 전자가 1단계 선행하는 것으로 파악된다. 더욱이 마갑총, 도항리(경)13호분과 고령군 쾌빈동1호분의 관계는 후자가 2단계 선행하는 것으로 판단된다. 그리고 회청색경질토기의 발생연대를 3세기 말에서 4세기 초로 본 것, 쾌빈동1호분을 5세기 제2/4분기로 본 것은 예안리고분군의 편년관을 따른 것에 기인한 것이다.

2) 상대 편년〈도3-2〉

아라가야권 편년은 함안을 중심으로 의령 남부지역과 진동만 일대을 포괄하는 지역을 대상으로 한다.

아라가야양식 토기의 각 기종별 형식변화의 방향성은 다음과 같다.

함안지역의 노형기대는 김해지역과는 달리 기하학적 문양이 시문된 개가 공반된 유개대부호로 부터 출현하는 것이 특징이다.[17] 그래서 노형기대는 유개대부호의 형태를 한 것에서 구경부가 C자형에서 S자형으로 변화하여 점차 노형기대화되며 동체에 비해 커지고 돌대와 능형菱形문과 같은 장식이 증가한다.

발형기대는 대각이 넓고 완만하게 벌어지는 것에서 점차 대각의 상부가 축약되고 하부 폭도 좁아들어 대각이 원통화되며, 소형에서 대형으로 투창은 삼각형에서 세장방형으로 변화한다.

승석문호는 구연부가 직립한 것에서 C자형으로 외반하고 동체부가 평저의 구형인 것에서 원저의 장동형으로, 또 이耳가 있는 것에서 없는 것으로 변화한다.

화염형투창고배는 대형에서 소형으로, 화염부가 횡타원형의 불꽃길이가 짧은 것에서 원형의 불꽃길이가 길어지는 형태로 변화한다.

- 1기 : 함안군 도항리(문)35호분은 와질토기가 유존하는 가운데 회청색경질토기가 출현하는 시기에 조영된 고분이다. 이 고분은 회청색경질 노형기대의 조형으로 파악되는 와질 유개대부호와 경질의 대부호, 평저의 구연부가 직립한 승석문양이부호가 부장된 점에서 이 시기로 편년한다. 이 시기는 아직 노형기대가 출현하지 않고 기하학적 문양이 시문된 개가 공반된 유개대부호가 유존하는 것이 특징이다.

- 2기 : 도항리(경)33호분은 와질토기가 일부 유존하는 가운데 회청색경질토기가 주로 부장되고 유개대부호와 함께 노형기대가 출현하는 점, 1기에 보이던 반구형의 개가 사라지고 전이 달린 개가 출현하고 원저화되었으나 아직까지 구연부가 직립한 승석문양이부호가 부장된 점에서 이 시기로 편년한다. 도항리(문)2호분도 토기 조성으로 볼 때 같은 시기로 편년한다.

- 3기 : 의령군 예둔리26호분은 이전 시기 유개대부호의 전이 달린 개가 소멸되고 노형기대의 구경부가 커졌으나 아직까지 S자상으로 외반하지 않은 점, 승석문호는 구경부가 아직까지 직립하나 C자상으로 외반하기 시작하고 대형화되며 상대적으로 양이兩耳가 축소되거나 사라진 점에서 이 시기로 위치지어진다. 함안군 황사리32호분은 유개대부호와 C자상으로 외반하기 시작한 승석문호가 부장되어 같은 시기로 본다. 그런데 이 고분에서는 공工자형고배가 공반되어 이 시기 고배가 출현한 것으로 본다. 또 예둔리2호분도 노형기대에서는 신식의 요소를 보이고 있으나 소형의 고식 승석문호가 부장된 것에서 이 시기로 편년한다.

- 4기 : 황사리45호분은 구경부가 S자상으로 외반하고 경부와 동체에 돌대가 돌려진 노형기대와 구경부가 완전히 C자상으로 외반한 승석문호가 부장된 점에서 이 시기로 편년한다.

- 5기 : 황사리44호분은 구경부가 S자상으로 완전히 외반하고 각부에까지 돌대를 돌린 노형기대, 동하위胴下位까지 시문되던 침선針線이 상위에 국한된 승석문호가 출현하는 것에서 이 시기로 위치지어진다.

- 6기 : 황사리44호분은 각부에 능형문과 방형문方形文의 장식문양대가 시문된 노형기대와 침선이 상위에 국한된 승석문호가 부장된 점에서 이 시기로 편년한다.

- 7기 : 말산리(경)10호분은 노형기대와 승석문호가 사라지고 발형기대만이 부장되고, 새로이 화염형투창고배가 출현한다. 이 시기의 발형기대는 형태와 투창의 배치 등에서 노형기대의 요소가 유존하는 것이 특징이다.

- 8기 : 함안군 오곡리3호분은 형태, 문양, 투창이 노형기대의 요소에서 탈피한 발형기대와 이전 시기에 비해 화염형투창이 소형화된 신식의 고배가 부장된 것에서 이 시기로 편년한다.

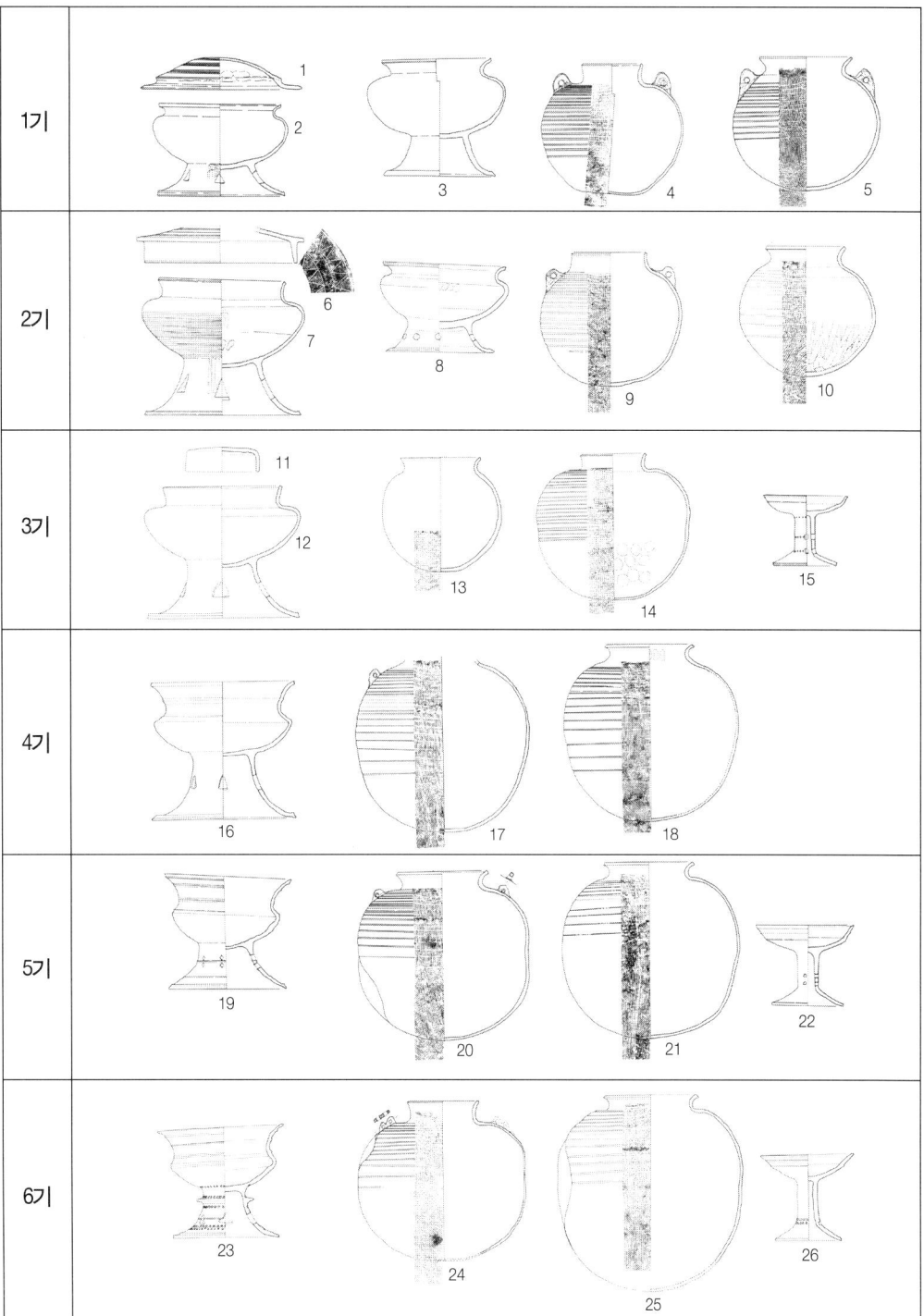

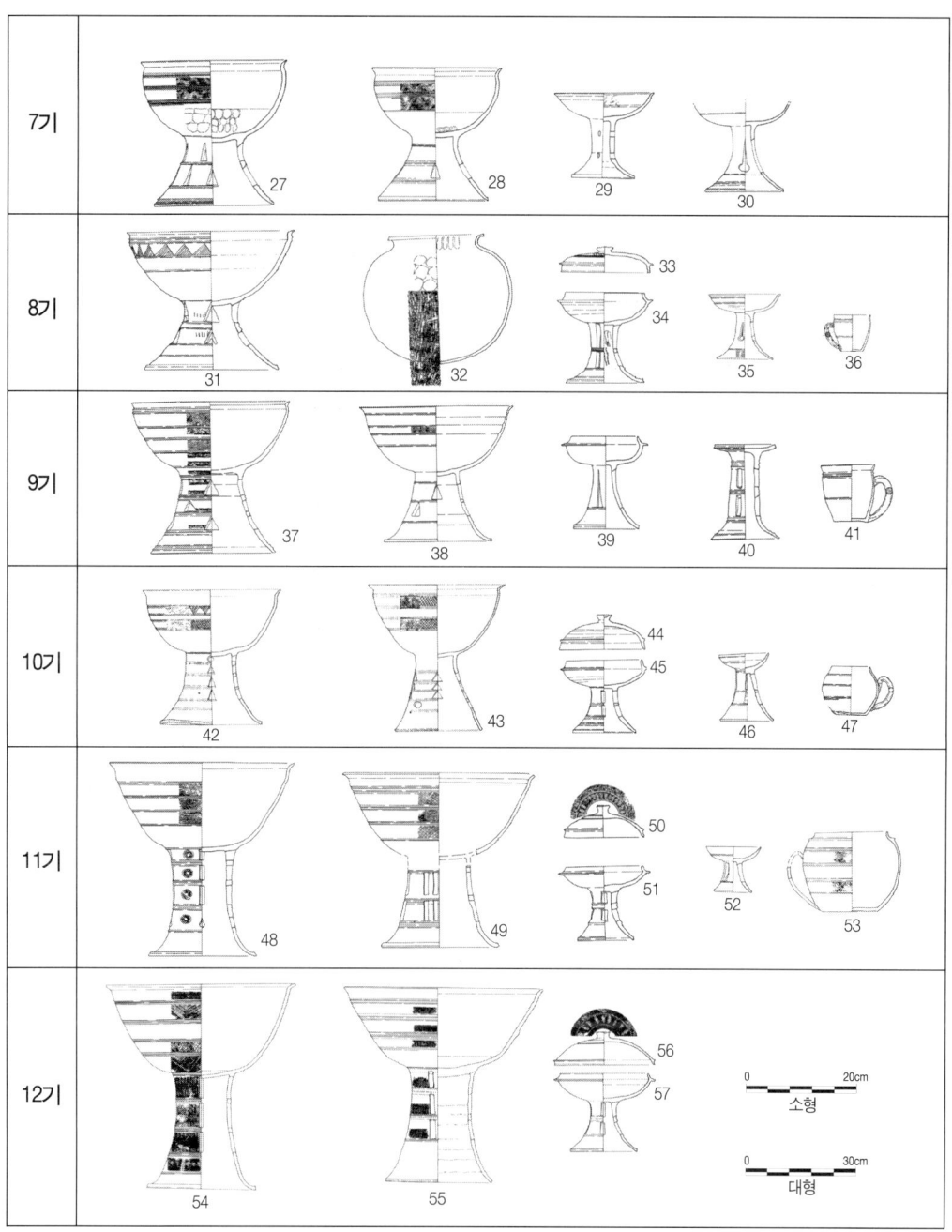

〈도3-2〉 아라가야권 고분편년

1기(1~5 : 도항리(문)35호분), 2기(6~10 : 도항리(경)33호분), 3기(11~14 : 예둔리26호분, 15 : 황사리32호분), 4기(16~18 : 황사리45호분)
5기(19~22 : 황사리44호분), 6기(23~26 : 황사리36호분), 7기(27~30 : 말산리(경)10호분), 8기(31~36 : 오곡리(문)36호분)
9기(37~41 : 도항리(문)36호분), 10기(42~47 : 도항리(경)13호분), 11기(48~53 : 도항리8호분), 12기(54~57 : 도항리15호분)

9기 : 도항리(문)36호분은 노형기대의 전통에서 완전히 벗어난 발형기대와 소형의 통형기대가 출현하는 것에서 이 시기로 편년한다.

10기 : 도항리(경)13호분은 대각의 폭이 좁아지는 통형화가 진행되고, 배신에 격자문과 원권문圓圈文이 시문되는 아라가야양식의 발형기대가 출현하는 점에서 이 시기로 편년한다. 그리고 내만구연內彎口緣에 구형球形을 한 컵형토기와 대각이 통형에서 팔자형으로 바뀐 소형 통형고배가 나타나는 점에서 이 시기로 위치지어진다.

11기 : 도항리8호분은 아직까지 이전 시기의 삼각형투창을 가진 소형 발형기대가 부장된 것에서 이 시기로 편년한다. 8호분은 배신이 깊고 대각이 팔자형인 고배가 15호분 출토품에 비해 고식이고, 부장된 편원어미형행엽扁圓魚尾形杏葉도 15호분 출토품보다 선행하는 형식인 점에서도 이 시기로 위치지어진다.

12기 : 도항리15호분은 대각의 투창이 삼각형에서 세장방형으로 변하고, 배신에 격자문과 원권문이 시문된 기대와 각부 중앙이 축약된 상하일렬투창고배가 출현하는 점에서 이 시기로 편년한다.

13기 : 도항리(문)51호분은 대각의 폭이 더욱 좁아지고 높아진 발형기대가 부장되는 것에서 이 시기로 위치지어진다. 그리고 이 시기의 발형기대와 고배는 화염형투창이 화염부가 횡타원형에서 원형으로, 꼬리가 짧은 것에서 길고 가는 것으로 변한다.[18]

14기 : 도항리 암각화고분은 투창이 횡타원형이었던 화염부가 원형으로 변하며, 꼬리는 뚫지 않고 단지 선으로 표현된 가장 늦은 형식의 화염형투창고배와 기고가 낮아지고 기벽이 두터워진 상하일렬투창고배가 부장되어 이 시기로 편년한다.

15기 : 도항리(문)5호분은 사격자문斜格子文이 각부에 시문된 가장 늦은 형식의 발형기대가 부장된 점과 그 구조가 횡혈식석실인 점에서 이 시기로 편년한다. 같은 구조의 도항리(문)8호분, 47호분도 같은 시기로 본다.

3. 소가야권

1) 연구사 검토

윤정희는 소가야권 출토 토기를 3단계로 이하와 같이 편년하였다.[19]

Ⅰ단계 : 소가야양식 성립기(산청군 묵곡리43호분, 26호분, 묵곡리53호분, 5세기 초·중엽)

Ⅱ단계 : 소가야양식 발전기(고성군 연당리4호분, 연당리23호분, 의령군 예둔리54호분, 묵곡리56호분, 5세기 말~6세기 초)

Ⅲ단계 : 소가야양식 쇠퇴기(연당리18호분, 23호분, 진주시 가좌동4호분, 6세기 중엽)

박승규는 소가야권 출토 토기를 4단계로 분류하고 다음과 같이 편년하였다[20].
　Ⅰ단계 : 아라가야양식과 분화되지 않는 시기(마산시 현동36호분, 4세기 후엽말~5세기 전엽)
　Ⅱ단계 : 소가야양식 성립기(묵곡리4호분, 5세기 중엽)
　Ⅲ단계 : 소가야양식이 정형화되는 시기이며 Ⅲa기와 Ⅲb기로 세분하였다.
　Ⅲa기 : 진주시 우수리16호분, 예둔리1호분, 54호분(5세기 후엽)
　Ⅲb기 : 가좌동1호분, 연당리23호분 (6세기 전엽 초)
　Ⅳ단계 : 수정봉2호분, 옥봉7호분, 연당리18호분(6세기 전엽 말~6세기 중엽)

하승철은 서부 경남 지역 토기를 편년하는 가운데 소가야양식 토기를 6기로 편년하였다[21].
　Ⅳ단계 : 산청군 중촌리3호목곽묘, 현동56호분(5세기 제2/4분기)
　Ⅴ단계 : 의령군 예둔리25호분, 우수리16호분(5세기 제3/4분기)
　Ⅵ단계 : 남원군 월산리M1-A호분, 우수리14호분(5세기 제4/4분기)
　Ⅶ단계 : 가좌동1호분, 의령군 천곡리2호분 ,5호분(6세기 제1/4분기)
　Ⅷ단계 : 의령군 경산리1호분, 수정봉2호분(6세기 제2/4분기)
　Ⅸ단계 : 의령군 운곡리1호분(6세기 제3/4분기)

우지남은 진주시 무촌리고분군 출토토기를 통하여 이 고분군을 다음과 같이 편년하였다[22].
　Ⅱ단계 : 2구묘(13, 122, 124호목곽묘), 3구39호목곽묘(4세기 제2/4분기)
　Ⅲ단계 : 2구(23, 34, 35, 66, 83호목곽묘, 4세기 제3/4분기)
　Ⅳ단계 : 2구(24, 47, 81호목곽묘, 3구165호목곽묘, 4세기 제4/4분기)
　Ⅶ단계 : 2구(11, 14, 16, 29, 40, 51, 52, 36, 60, 85, 90호목곽묘, 54, 55, 93호석곽묘), 3구(129, 147호목곽묘. 129, 147호석곽묘, 5세기 제3/4분기)
　Ⅷ단계 : 2구(10, 12, 82, 95, 96, 103호목곽묘, 25호석곽묘), 3구(82, 128, 126, 130, 131, 133, 137, 145, 155호석곽묘. 129, 147호석곽묘, 5세기 제4/4분기)
　Ⅸ단계 : 2구(80호석곽묘, 3구166호목곽묘, 54, 55, 71, 81, 83, 154, 170호석곽묘, 6세기 제1/4분기)
　Ⅹ단계 : 2구(4, 53, 63호석곽묘, 3구132, 162호목곽묘, 2, 6, 9, 11, 70, 82-1, 136호석곽묘, 6세기 제2/4분기)

이상과 같은 소가야권 고분의 상대 편년은 대체로 타당한 것으로 파악되나 하승철의 Ⅵ단계인 남원시 월산리M1-A호분은 토기 조성으로 볼 때 Ⅴ단계인 의령군 예둔리25호분, 진주시 우수리16호분과 같은 시기로 편년된다.

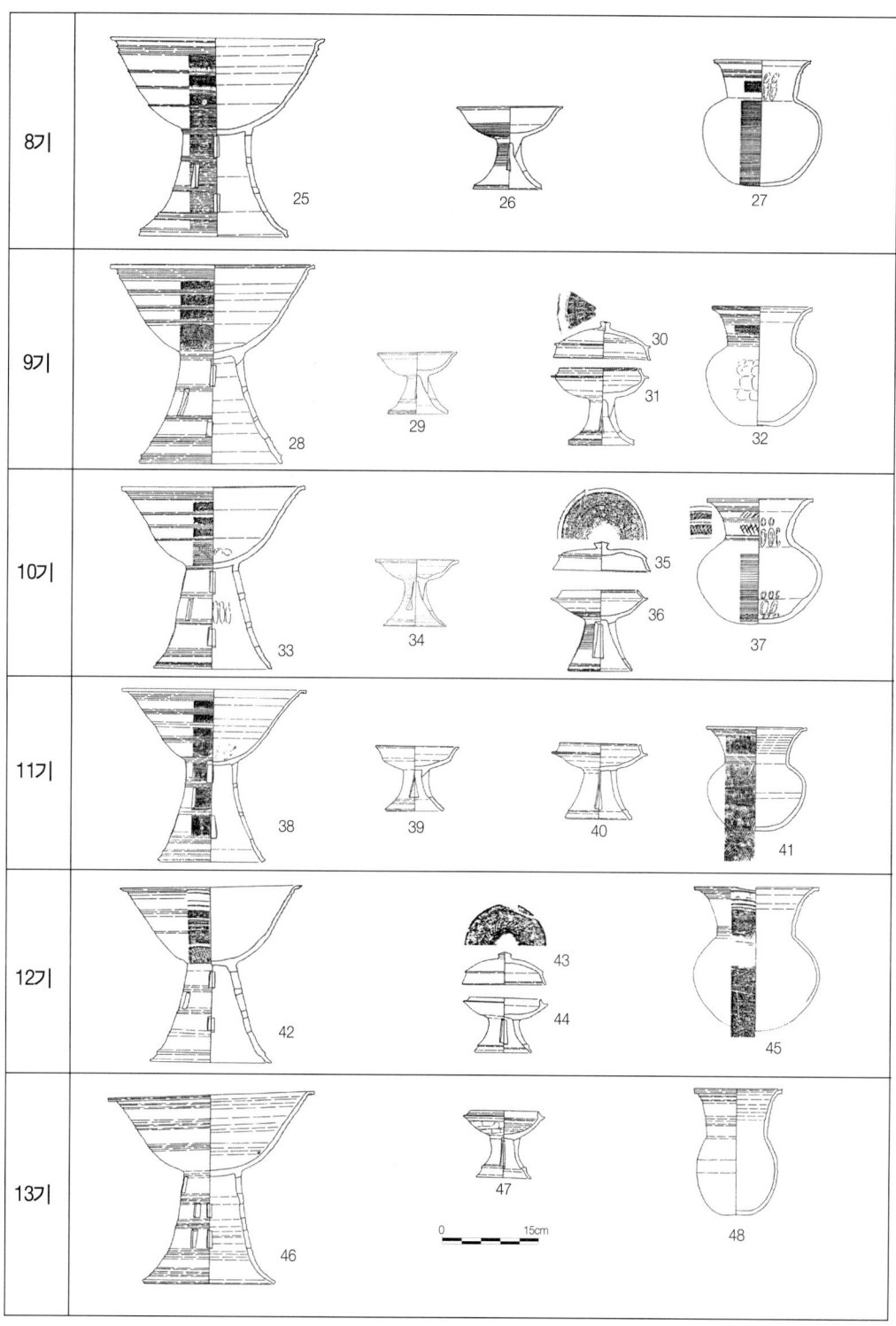

〈도3-3〉 소가야권 고분편년

1기(1-4 : 무촌리2구13호분), 2기(5-7 : 무촌리2구124호분), 3기(8 : 무촌리2구26호분), 9-12 : 무촌리2구23호분), 4기(13-15 : 송학동1E호분)
5기(16,17 : 무촌리2구24호분), 6기(18-21 : 중촌리21호분부곽) 7기(22-24 : 옥산리29호분), 8기(25-27 : 우수리18호분), 9기(28-32 : 무촌리2구85호)
10기(33-34 : 무촌리2구82호분, 35-37 : 우수리16호분), 11기(38-41 : 연당리23호분), 12기(42-45 : 연당리18호분), 13기(46-48 : 연당리18호분)

소가야권 토기 편년의 경우 역연대에 대해서는 그 근거가 뚜렷하지 않는 것을 문제점으로 들수 있다. 즉 우지남은 400년 고구려 남정과 475년 웅진 천도, 494년 나제혼인羅濟婚姻 동맹, 525년 무령왕 매장, 538년 금관가야 멸망 등을 그 근거로 들고 있으나, 고고자료를 역사적 사건과 결부시키는 논거가 분명하지 않다.

2) 상대편년〈도3-3〉

소가야권 편년은 고성지역을 중심으로 남해에 면한 사천지역과 산청 남부, 진주와 같은 남강 중류역을 포괄하는 지역을 대상으로 한다.

소가야양식 토기의 각 기종별 형식변화의 방향성은 다음과 같다.

노형기대는 함안지역과 같이 대부호臺附壺에서 구경부가 C자형에서 S자형으로 변화하며 동체부에 비해 커지면서 노형기대화되고 돌대와 능형문과 같은 장식이 증가하는 변화를 보인다.

발형기대는 배신이 깊고 넓으며 완만하게 외반하는 대각을 가진 것에서, 점차 배신이 직선적으로 외반하고 구연이 수평으로 꺾이며 대각 지름이 좁아지는 것으로 변한다.

삼각투창고배의 경우 무개식은 배신이 깊고 만곡한 것에서 얕고 외절하는 것으로 변하며, 유개식은 뚜껑받이 턱의 돌출도가 약해지고 투창수가 줄어든다.

일단장방형투창고배는 대각 하단에 돌려진 돌대의 돌출도가 약한 것에서 강한 것으로 변화한다.

수평구연호는 동부가 작아지며, 구연부가 외경하는 형태에서 수평화 또는 외절하는 형태로, 경부가 곡선에서 직선으로, 저부가 원저에서 평저로 변화한다.

1기 : 무촌리2구13호목곽묘는 노형기대가 아직 출현하지 않고 유개대부호가 부장된 것에서 이 시기로 본다.

2기 : 무촌리2구124호목곽묘는 노형기대가 부장된 점에서 이 시기로 편년한다.

3기 : 무촌리2구23, 26호목곽묘는 구경부가 S자상으로 외반하고 경부와 동체에 돌대가 돌려진 노형기대가 부장된 점에서 이 시기로 편년한다.

4기 : 송학동1E목곽묘는 구경부가 S자상으로 완전히 외반하며 각부에까지 돌대를 돌리고 그 주위에 거치문의 장식문양대가 시문된 노형기대가 출현하는 것에서 이 시기로 위치지어진다.

5기 : 무촌리2구24호분은 송학동1E호분 출토품보다 1단계 후행하는 아라가야양식의 동부가 작고 얕은 장각노형기대가 부장된 것에서 이 시기로 편년한다.

6기 : 산청군 중촌리21호분 부곽 출토품은 노형기대의 전통이 남은 무문의 발형기대와 통형고배에서 변화된 팔자형고배가 출현한 점에서 이 시기로 편년한다.

7기 : 옥산리29호분은 파상문이 시문되고 장각화된 소가야양식의 조형으로 파악되는 발형기대와 수평구연호, 그리고 팔자상의 대각을 가진 상하일렬투창고배가 출토되어 이 시기로 편년한다.

8기 : 진주시 우수리18호분은 제형의 대각에 3단의 세장방형 교호투창을 뚫은 발형기대와 무개식의 삼각투창고배, 수평구연호와 같은 전형적인 소가야양식이 출현하는 것에서 이 시기로 본다.

9기 : 무촌리2구85호분은 배신이 얕아진 발형기대, 구연부가 점차 수평화화 되고 경부와 동체의 경계에 돌대가 형성된 수평구연호, 배신이 얕아진 무개식 삼각투창고배가 우수리18호분 출토품보다 형식학적으로 후행하는 것으로 파악되어 이 시기로 편년한다.

10기 : 무촌리3구82호석곽묘는 배신이 이전 시기보다 더 작아지며 구연부가 더욱 수평화된 발형기대가 부장되어 이 시기로 편년되며, 우수리16호분도 같은 시기이다.

11기 : 무촌리3구145호석곽묘는 구연부가 완전히 수평화된 발형기대, 호와 배신이 외절한 가장 신식의 무개식 삼각투창고배가 출토되어 이 시기에 위치지어진다.

12기 : 연당리23호분은 구연부가 완전히 수평화된 발형기대와 호, 각부 하위의 돌대가 돌출한 일단장방형투창고배一段長方形透窓高杯가 이전 시기보다 형식학적으로 후행하는 것으로 파악되어 이 시기로 편년한다. 송학동1A-1호분도 발형기대로 볼 때 이 시기에 위치지어진다.

13기 : 연당리18호분은 구연부가 완전히 수평화된 것에서 변화하여 꺾이고 투창이 3단에서 2단으로 바뀐 발형기대와 같이 구연부가 변화하며 동체의 크기가 축소된 수평구연호, 각부 하위의 돌대가 이전 시기보다 돌출한 일단장방형투창고배가 출토되어 이 시기로 위치지어진다. 송학동1B-1호석실의 1차 매장은 발형기대로 볼 때 이 시기로 파악된다.

14기 : 송학동1B-1호석실의 추가장은 종말기의 대가야양식 토기와 소가야양식 토기가 구성된 것에서 이 시기에 위치지어진다.

4. 대가야권

1) 고령

(1) 연구사 검토

이 지역권의 고분에 대한 편년은 크게 1980년대와 1990년대의 두 시기로 나누어 볼 수 있다. 1980년대에는 고령지역에 한정되어 조사된 결과, 주로 이 지역의 고분에 대한 편년이 이루어졌다. 먼저 전반기에 이루어진 고령군 지산동고분군의 연구에 의해 지산동32~35호분-지산동44호분-지산동45호분이라는 편년이 확립되었다.[23] 그 후 1990년대에는 기존 고령지역의 편년 성과를 토대로 하여 1980년대 후반에 조사되어 보고서가 간행되어온 합천군 옥전고분군에 대한 편년[24]과 그 이외의 합천군 반계제고분군, 저포리고분군과 남원시 두락리고분군 등을 포함한 대가야권역 내의 병행관계의 파악이 이루어졌다.[25]

이러한 대가야권의 편년은 타 지역에 비해 비교적 명시적인 기준에 의한 정치한 편년이 진행되어 그 윤곽이 설정되었다. 그런데 당시 대가야권 고분의 편년이 이루어질 때까지 4세기 후반의 자료가 공표되지 않았기 때문에 고령양식의 토기가 출토되는 고분을 편년의 주대상으로 하였고, 그 이전 시기는 공백으로 남아 있었다.

그 후 고령군 쾌빈동고분군과 합천군 옥전68호분, 23호분의 보고서가 간행되어 기존 편년안의 이른 시기를 설정할 수 있는 자료가 공표된 후 필자에 의한 대가야권 내의 병행관계와 금관가야 지역과 경주지역과의 병행관계에 대한 검토가 이루어졌다.[26]

(2) 상대 편년 〈도3-6〉

대가야권 편년은 5세기 중엽 이후 고령을 중심으로 호남 동부지역을 포함하는 지역을 대상으로 한다. 편년의 기준이 되는 대가야양식 토기의 각 기종별 형식변화의 방향성은 다음과 같다.

쾌빈동1호목곽묘에서 출토된 무문의 발형기대는 노형기대에서 기형이 변한 가장 고식임을 알 수 있다. 한편 신라후기양식 토기가 공반되는 대가야 멸망기의 합천군 저포리D1-1호분 단계에는 모두 무문의 기대만 출토된다 이와 같이 발형기대의 문양은 출현기에는 노형기대의 영향을 받아 무문이나, 그 후 복합구성에서 파상문 주체로 변하고 나아가 무문화되는 방향성이 인지된다.

발형기대는 배신이 깊은 것에서 얕고 크게 벌어지는 것으로, 구연은 노형기대의 흔적인 굴곡이 남아 있는 것에서 없는 것으로 변화한다. 대각은 완만하게 벌어지는 것에서 곧게 뻗어 내리는 것으로, 투창은 아치형에서 그 후 삼각형으로 바뀐다. 배신에는 반원문, 거치문, 결승문, 격자문 등의 다양한 문양이 시문되다가 거치문으로 변하고, 나중에는 송엽문松葉文 중심으로 시문되다가 쇠퇴기에는 무문화된다. 무문계의 발형기대는 일단투창의 것을 대상으로 하며, 배부의 깊이와 각부의 높이의 비율을 기준으로 다음과 같이 분류하였다.

　　1형식 : 각부고와 배부고의 비가 1 : 2.0~3.5
　　2형식 : 각부고와 배부고의 비가 1 : 1.5~3.0
　　3형식 : 각부고와 배부고의 비가 1 : 1.0~2.5
　　4형식 : 각부고와 배부고의 비가 1 : 1 전후

무문계의 발형기대에는 각부의 높이에 비해 배부가 점차 얕아지는 변화의 방향성이 파악된다 대가야양식의 뱀모양의 세로띠 장식 통형기대는 대각 및 동부의 투창 형태, 세로장식띠를 통해 변화를 살펴볼 수 있다. 대각은 완만한 바리모양에서 종모양으로 높아지며, 동부의 투창은 방형에서 삼각형으로 변화한다. 세로장식띠의 끝부분 형태가 평면은 능형에서 사각형으로, 단면은 삼각형에서 장방형으로 바뀐다. 시문된 파상문은 파수가 10조 전후에서 점차 줄어들어 나중에는 1조로 변한다.

통형기대는 이와 같이 세로장식띠의 형태, 기고器高와 각고脚高의 비, 파상문의 파상문 단위수 등의 요소를 고려하여 크게 세가지 형식으로 분류하고 그 가운데 2형식을 다시 2a형식과 2b형식으로 세분한다<도3-4, 도3-5>.

1형식 : 뱀의 머리와 같은 형태를 한 세로장식띠 하부가 사실적으로 표현된 것이다. 즉 그 평면형태가 능형이며 횡단면의 형태는 삼각형이다. 그리고 눈目에 해당하는 곳에 동심원문이 시문되어 있다. 기고 대 각고의 비는 약 4:1이고 파상문의 단위수가 10조 이상인 것이다. 투창의 조합은 사각형으로만 된 것과 사각형과 삼각형을 조합한 것이 있다. 지산동32호분-34호분의 합사유구 출토품이 이 형식에 속한다.

2형식 : 세로장식띠 하부의 사실적인 표현이 쇠퇴한 것이다. 즉 그 하부는 평면형태가 능형에서 세장방형으로 변화되고, 눈과 같은 표현도 사라져 장식화된다. 그럼에도 세로장식띠 하부의 횡단면 형태가 삼각형인 것은 1형식의 흔적이 일부 남아 있는 것이다. 기고 대 각고의 비는 약 3:1이 되고, 파상문의 단위수가 7~9조의 것이다. 또 투창은 각각 사각형과 삼각형으로만 구성된 것이 존재한다. 특히 이 형식은 투창의 조합, 세로장식띠 하부의 형태, 파상문의 형태에 따라 다음과 같이 세분할 수 있다.

2a형식 : 사각형과 삼각형을 조합한 투창을 가지고 있다. 세로장식띠 하부의 횡단면 형태는 1형식과 마찬가지로 삼각형이나, 그 평면형태는 능형이 아니라 장타원형으로 변화고, 또 동심원문의 수가 증가해서 눈의 표현이 사라지게 된 것이다. 이 형식은 합천군 반계제가B호분, 다A호분, 합천군 옥전M4호분, 남원시 두락리1호분 출토품과 재보고 과정에서 새로이 확인된 고령군 지산동44호분 출토품이 이에 해당한다. 이 형식은 더 세분될 가능성이 있다.

2b형식 : 투창이 삼각형만으로 이루어진 것이다. 또 세로장식띠 하부 횡단면의 형태가 붕괴되어 명확한 삼각형이 아니고 그 평면 형태도 2a형식의 타원형과 3형식의 말각장방형의 중간적인 형태가 된다. 특히 동심원문의 수가 보다 증가해서 눈의 표현이 완전히 사라지게 된다. 파상문의 표현도 2a형식보다 2b형식이 세밀하지 못한 것이 특징이다. 고령군 본관동36호분, 경주시 계림로16-30호분 출토품이 이 형식에 속한다.

3형식 : 세로장식띠 하부 횡단면의 형태가 완전히 변하여 사각형으로 바뀌어 기본 형태가 소멸된 것이다. 또 기고 대 각고의 비가 약 2:1이 되고 파상문도 형태가 붕괴되어 파상문의 단위수는 1조로 제한된 것이다. 진주시 수정봉2호분 출토품, 진주시 중안동 출토품이 이 형식에 속한다.

이들 형식은 세로장식띠 하부 형태가 뱀의 머리를 표현한 사실적인 표현이 사라진 점과, 출토된 고분의 매장주체부가 수혈식석곽에서 횡혈식석실로 변화되는 것에 대응하는 점에서 1형식 - 2a형식 - 2b형식 -3형식으로의 변화의 방향성이 파악된다.

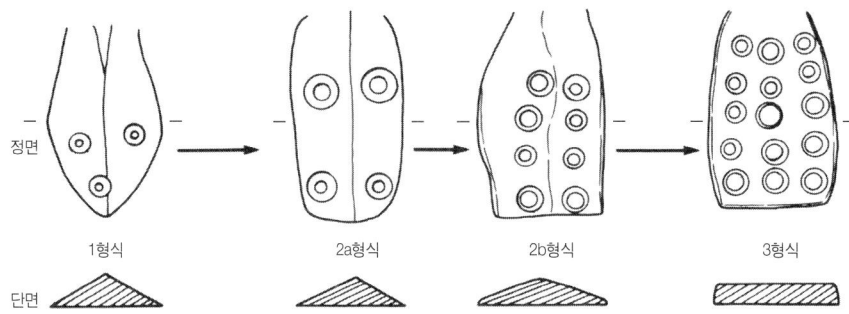

〈도3-4〉 대가야양식 통형기대의 세로장식띠 형식분류

고배는 배신이 깊은 것에서 점차 얕아져 평평한 것으로 변화한다. 대각은 팔자형에서 직선화되어 통형으로 변한다. 투창은 세장방형의 2단에서 1단으로 바뀌고, 종말기에는 원형으로 바뀐다. 투창은 침선으로 구획하는 것에서 돌대로 변한다.

장경호는 원저에서 평저로, 동부가 경부보다 큰 것에서 작은 것으로, 뚜껑받이턱의 돌출도가 큰 것에서 작은 것으로 변화한다. 경부의 문양대는 2단구성에서 3단으로 변한다.

파수부완은 대각이 있는 것과 없는 것이 있으나 형식변화의 방향성은 일치한다. 즉 완의 형태는 곡선적인 호형에서 직선적인 완형으로 변하고, 시문된 파상문은 파수가 줄어드는 변화를 보인다. 대각이 있는 것은 동부보다 대각이 작아지고, 팔자형에서 제형으로 바뀌는 형태변화를 보인다. 파수의 단면은 원형에서 띠 모양의 세장방형으로 변한다.

파수부옹은 적색연질에서 회청색경질로, 파수의 끝부분이 C자상으로 말린 것에서 퍼진 것으로, 동체가 길고 곡선적인 것에서 짧고 직선적인 것으로 변화한다.

1기 : 반운리고분군 출토품은 무투창 저평 노형기대와 양이부호로 구성되어 있어 장각화된 노형기대가 출토된 쾌빈동12호목곽묘보다 선행하는 시기로 파악된다.

2기 : 구경부와 각부가 크게 벌어지고 장각화된 가장 늦은 시기의 노형기대가 출토된 쾌빈동12호목곽묘 출토품이 이 시기에 해당한다.

3기 : 노형기대가 사라지고 발형기대가 출현한다. 발형기대의 문양이 격자문(1점), 반원문+거치문(1점), 결승문(2점), 거치문+파상문(2점)의 조합으로, 노형기대의 전통을 계승한 무문의 기대

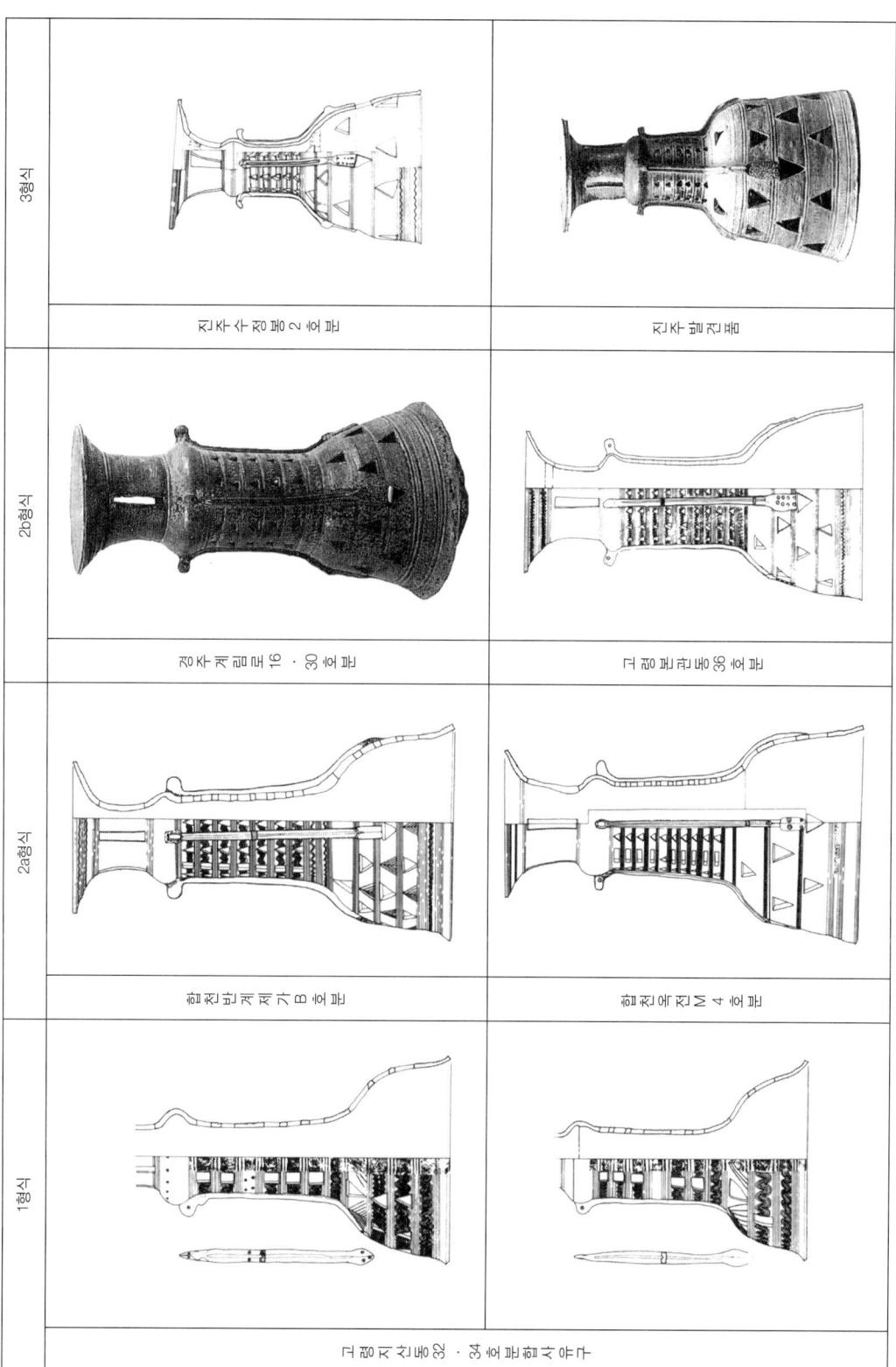

〈도3-5〉 대가야양식 통형기대의 편년

III. 가야토기의 편년 77

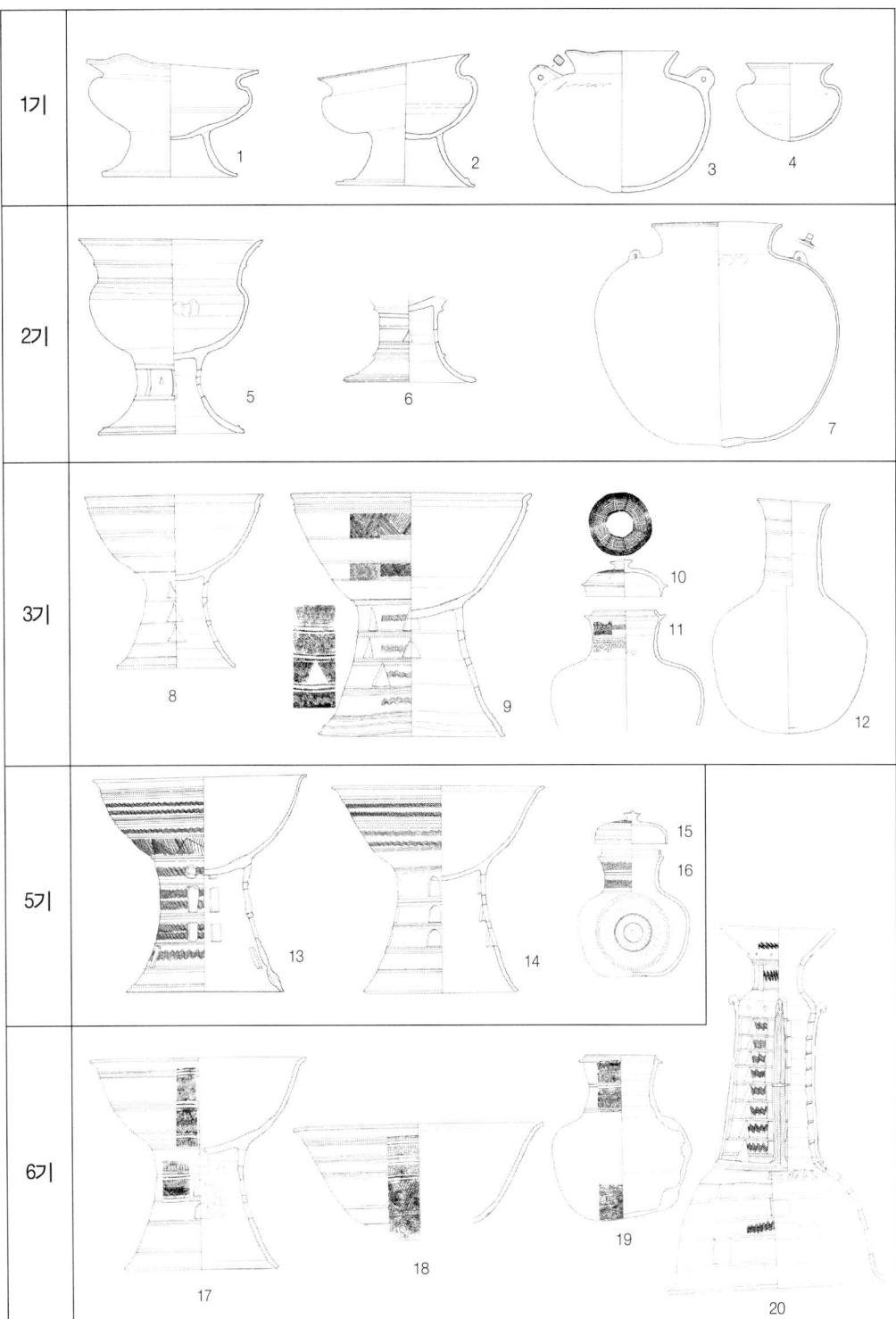

78

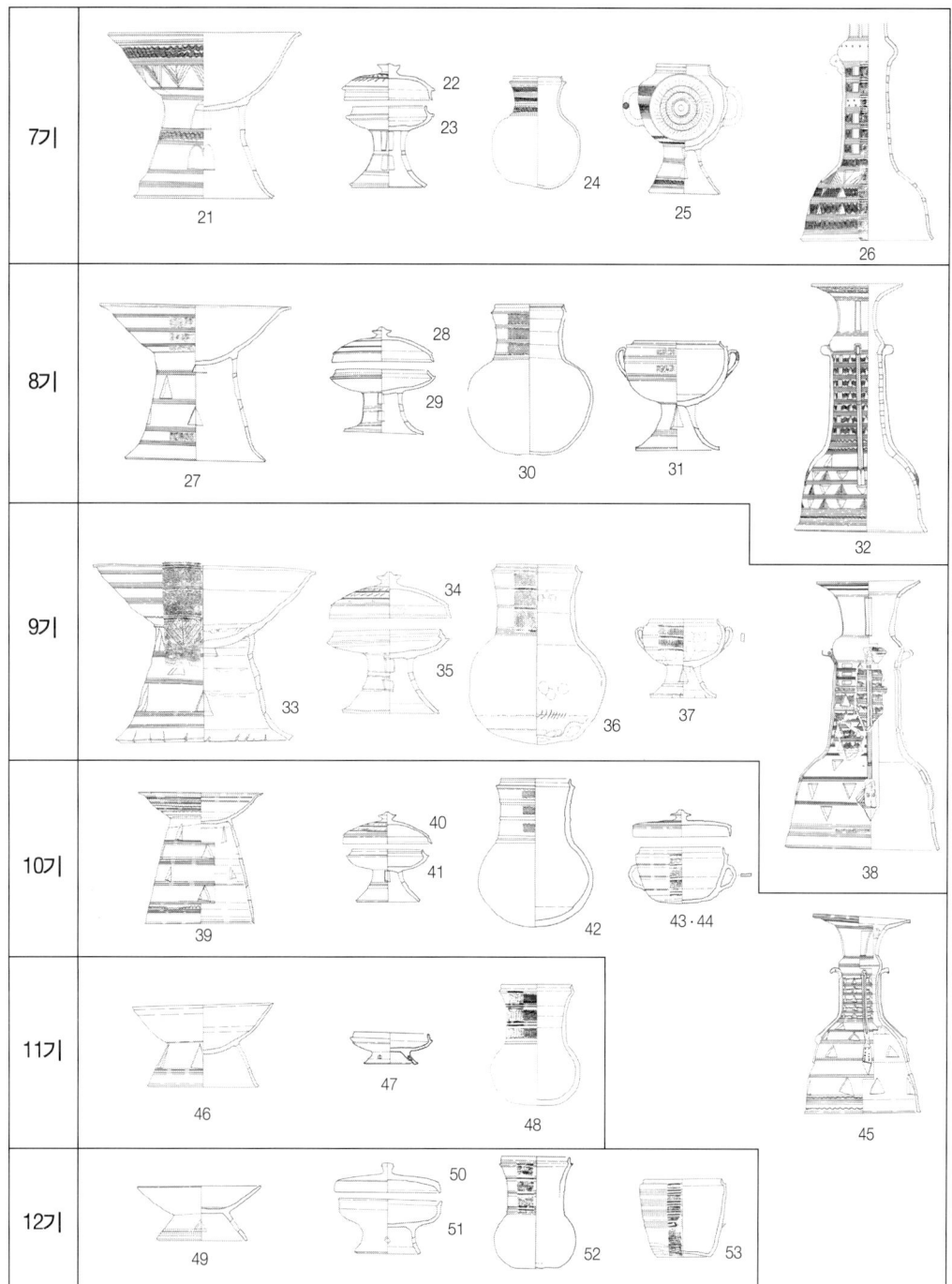

〈도3-6〉 대가야권 고분편년(s=1/10 전후)

1기(1~4 : 반운동출토품), 2기(5~7 : 쾌빈동12호목곽묘), 3기(8~12 : 쾌빈동1호목곽묘), 5기(13~16 : 지산동35호분), 6기(17~20 : 지산동30호분),
7기(21~24 : 지산동33호분, 25 : 지산동9호분, 26 : 지산동32~34합사유구), 8기(27,31 : 백천리1호분, 28~30 : 옥전M3호분, 32 : 반계제가B호분)
9기(33~38 : 지산동44호분), 10기(39,44,45 : 옥봉7호분, 40~42 : 지산동45호분, 46 : 수정봉2호분), 11기(46~48 : 삼가1호분A호석곽묘)
12기(49,53 : 저포리D1-1호석실분, 50,51 : 지산동(경)14호석곽묘, 52 : 저포리D1-16호석곽묘)

Ⅲ. 가야토기의 편년 79

가 4점 유존하며, 동부가 크고 뚜껑받이턱이 돌출한 유개장경호와 밀집 침선문을 시문한 개가 부장된 쾌빈동1호목곽묘 출토품이 이 시기에 해당한다. 또한 격자문, 반원권문, 결승문, 거치문 등의 다양한 문양이 존재하는 것이 특징이다.

4기 : 이 시기 수장묘급 자료는 없으나, 팔자형의 각부 중간을 침선으로 구획한 고배의 형식으로 볼 때 지산동(경)10호석곽묘가 이에 해당한다.[27]

5기 : 지산동35호분은 출토된 발형기대의 문양이 거치문+파상문(1점), 파상문+송엽문(3점), 파상문(4점)의 조합으로, 이전 시기에 시문되던 거치문이 1점에만 보이고, 새롭게 송엽문이 출현하는 것이 특징이다. 발형기대의 투창은 방형 또는 아치형이나 후자가 주류이다. 유개장경호는 뚜껑받이 턱의 돌출도는 줄었으나 여전히 구경부보다 동부가 큰 것이다. 고배는 상부 폭이 좁은 팔자형 대각 중간을 침선으로 구획하는 것이 주류이다. 장경호는 경부의 문양대가 2단 구성인 것이 2점, 3단구성인 것이 5점으로 후자가 우세하다.

6기 : 지산동30호분은 출토된 발형기대의 문양이 거치문+파상문(1점), 파상문+송엽문(3점), 파상문(9점)의 조합으로, 파상문이 다수 출현한다. 투창은 방형이 사라지고 아치형이 줄어들며 삼각형이 출현하는 것이 특징이다. 통형기대는 정형화된 뱀 모양의 세로띠로 장식한 형식이 아직 출현하지 않고 다양한 형식이 공존하는 것이 특징이다. 고배는 상부 폭이 좁은 팔자형 대각의 중간을 침선으로 구획하는 것이 잔존하나 돌대로 구획한 것이 주류를 이룬다. 장경호는 경부의 문양대가 아직 2단구성인 것이 극소수이나 잔존한다.

7기 : 지산동32호분은 발형기대의 문양이 송엽문+파상문(4점), 파상문(1점)의 조합으로 구성되어 있어 이 시기로 편년한다. 즉 이 고분에서는 30호분의 발형기대에 시문되던 거치문이 없어지고 송엽문+파상문의 조합을 가진 것이 다수를 차지하게 된다. 통형기대는 뱀모양 세로띠로 장식한 형식이 출현하며 그 하부가 사실적으로 표현된 것으로 기고 대 각고의 비는 약 4:1이고 파상문의 단위수가 10조 이상인 가장 고식의 1형식이다. 고배는 대각 상부 폭이 이전 시기에 비해 넓어져 팔자형에서 통형으로 변하는 과도기의 것으로 대각의 중간을 침선으로 구획하는 것이 사라진다. 파수부완은 동체에 비해 구경이 작은 호형인 것이다. 장경호는 경부의 문양대가 3단 구성으로 된 것만이 부장된다.

8기 : 수장묘급 고분은 아직 발굴되지 않았으며, 지산동(영)1-5호분, 지산동(영대)8호석곽묘가 이에 해당한다. 고령지역산 토기가 출토되어 같은 시기로 편년되는 함양군 백천리1호분을 살펴보면, 발형기대는 송엽문+파상문의 조합을 가진 것이 소수가 되고, 파상문 주체의 조합을 가진 것이 주류를 이루게 된다. 고배는 대각의 폭이 더욱 넓어져 통형으로 변한 것이다. 통형기대는 세로장식띠 하부의 사실적인 표현이 사라지기 시작하고, 기고 대 각고의 비는 약 3:1인 것으로, 사각형과 삼각형을 조합한 투창을 가진 2a형식이다. 파수부완은 호형에서 완형으로 바뀐 것이나, 아직 호의 형태가 남아 있는 곡선적인 것이다.

9기 : 지산동44호분은 재보고과정에서 새로이 확인된 석곽과 제사장 등 출토 발형기대의 문양이 송엽문+파상문(9점), 파상문(12점), 무문(3점)의 조합으로 구성되어 있어 이 시기로 편년한다. 이 시기 무문계의 기대가 출현하나 유문계가 압도적인 다수를 차지한다. 고배는 대각의 폭이 더욱 넓어져 통형으로 변한 것이다. 파수부완은 여전히 호의 형태가 남아 있는 곡선적인 것이다. 통형기대는 2a형식이 잔존하는 가운데 사각형과 삼각형을 조합한 투창에서 삼각형으로 변하고 사실적인 표현이 사라진 2b형식이 출현한다. 지산동44호분에서는 제사용으로 사용된 것으로 추정되는 2a형식의 통형기대가 확인되어, 같은 형식의 통형기대가 출토된 합천군 옥전M4호분과 같은 시기임을 방증되었다. 본관동36호분은 2b형식의 통형기대가 확인되어 같은 단계내에서 지산동44호분에 약간 후행하는 것으로 파악된다. 지산동(영대)1호석곽묘는 모두 유문계의 기대가 출토되었으나, 2b형식의 통형기대가 확인되어 이 시기로 편년된다.

10기 : 지산동45호분은 출토된 발형기대의 문양이 파상문(1점), 무문(5점)의 조합으로 구성되어 있어 이 시기로 편년한다. 기대는 유문계가 소수가 되고 무문계가 주류를 이루며, 무문계의 기대는 2형식이다. 고배는 2단투창이 유존하는 가운데 1단투창의 것이 출현한다. 파수부완은 직선적으로 변한 것이다. 통형기대는 세로장식띠의 형태가 완전히 변하고, 기고 대 각고의 비가 약 2:1이며 파상문의 단위수는 1조로 줄어든 3형식이다.

11기 : 이 시기 고령지역의 발굴자료가 있으나 발형기대가 출토된 예가 없어 대가야양식 토기가 출토된 합천군 삼가1호분A호석곽을 표지로 한다. 기대는 유문계가 완전히 사라지고 모두 무문계로 변화한다. 고배는 원형투창의 것이 출현한다. 유개장경호는 뚜껑받이턱의 돌출도가 미약하고 동체부가 구경부보다 축소된 것이다. 통형기대는 3형식이 유존한다.

12기 : 현재 고령지역에는 이 시기의 자료가 분명하지 않아 대가야양식 토기가 출토된 합천군 저포리D1-1호분을 표지로 한다. 고배는 원형투창의 것이다. 유개장경호는 동체부가 구경부보다 더 축소된 것이다. 파수부완은 완전히 직선화된 것이다. 기대는 무문계 가운데에서 가장 늦은 형식이다. 고아동 벽화고분도 석실구조로 볼 때 이 시기로 편년된다.

2) 합천

(1) 연구사 검토

합천지역에 대해서는 조영제의 옥전고분군에 대한 편년[28]과 필자의 옥전고분군과 합천댐 수몰지구의 저포리, 봉계리, 반계제고분군에 대한 편년[29]이 있다.

조영제는 합천지역의 동부에 해당하는 옥전고분군을 6기로 다음과 같이 편년하고 역연대를 비정하였다.

Ⅰ기 : 3단계로 세분. Ⅰa(15,49,52호분) Ⅰb(6, 21, 22, 27A, 51, 54호분) Ⅰc(17, 27, 34, 40, 66호분)

Ⅱ기: 23, 32, 37, 45, 67A, 67B, 68, 4, 8, 36, 38, 42, 47호분

Ⅲ기: M1, M2호분, 11, 16, 31, 41, 81호분

Ⅳ기 : 2단계로 세분. Ⅳa기(M3, 2, 71, 83, 87, 13, 69, 70, 72, 82호분) Ⅳb기(M4, M7, 80, 84, 85호분)

Ⅴ기: M6, M10, 78, 86호분

Ⅵ기: M11호분

Ⅱ기의 연대는 이 시기의 마구, 갑주가 400년 광개토왕의 남정을 계기로 출현한 것으로 보고 5세기 전반으로 비정하였다.

Ⅳa기의 연대는 이 시기의 대가야양식 토기가 479년 대가야의 남제 견사와 같은 대가야의 대외 팽창에 의한 것으로 보고 5세기 3/4분기로 비정하였다.

Ⅴ기의 연대는 이 시기의 신라계 문물이 522년 신라와 대가야의 혼인동맹과 같은 친연관계의 성립에 의한 것으로 보고 6세기 2/4분기로 비정하였다.

Ⅵ기의 연대는 이 시기의 백제계 문물이 541년과 544년 백제에 의해 주도된 소위 임나부흥회의任那復興會議와 같은 백제와 가야의 밀접한 관계의 성립에 의한 것으로 보고 6세기 3/4분기로 비정하였다.

이상의 옥전고분군의 편년에서 Ⅱ기에 속하는 것으로 본 68호분은 고배와 발형기대의 형식으로 볼 때 이전 시기로 파악된다. 또 Ⅱ기는 고배의 형식으로 볼 때 4호분과 23호분을 같은 시기로 보기 어려우며 그래서 이를 세분할 필요가 있다. 더욱이 역연대 비정에 지나치게 역사적 사건에 의존하고 고고자료를 이와 결부시키는 논거도 분명하지 않다.

그래서 Ⅱ기의 연대는 4세기에 이미 마구와 갑주가 등장하는 것에서 이를 400년 광개토왕의 남정을 그 출현의 계기로만 볼 수 없으며, 이 시기의 표지標識유구인 옥전23호분은 4세기 말로 편년된다.

Ⅳa기의 연대는 479년 대가야의 남제 견사南齊 遣使를 근거로 하고 있으나, 대가야권역의 형성은 그 이전으로 소급되며 이를 상한으로 볼 수 없다.

필자는 옥전고분군을 옥전68호분-23호분-M2호분-M3호분-M4호분-M10호분-M11호분 순으로 편년하였다. 합천지역의 서부에 해당하는 합천댐 수몰지구에 대해서는 저포리B6호분, B15호분, A1호분-봉계리3호분-반계제가A호분-가B호분-삼가1호분-저포리D1-1호석실분으로 편년하였다. 옥전23호분은 발형기대와 고배로 볼 때 경주시 황남동109호분 3·4곽과 부산시 복천동

21·22호분과 병행하는 것으로 편년하고 그 역연대를 4세기 제4/4분기로 보았다. 그리고 옥전M3호분은 출토된 마구가 일본열도의 사이타마켄埼玉縣 이나리야마稻荷山고분 출토품과 유사한 것으로 보고 공반된 금상감철검명, 즉 471년을 전후한 시기로 보았다.

(2) 상대 편년

합천 동부

쌍책면 옥전고분군을 대상으로 한다.

    1기 : 옥전54호목곽묘는 구경부가 작고 그곳에만 돌대가 돌려진 노형기대와 함께 승석문양이부호, 대각이 세장한 공工자형고배가 부장되어 이 시기로 편년한다.

    2기 : 옥전27호목곽묘는 구경부가 S자상으로 크게 외반하고 각부에까지 돌대가 돌려진 노형기대가 부장된 점에서 이 시기로 편년한다.

    3기 : 이 시기 해당하는 자료가 뚜렷하지 않다.

    4기 : 옥전68호목곽묘는 노형기대의 요소가 잔존한 소형의 최고식 창녕양식 발형기대와 침선문을 각부 중앙에 돌린 상하일렬투창고배가 부장된 것에서 이 시기로 편년한다.

    5기 : 옥전23호분은 발형기대의 문양이 결승문(2점), 결승문+거치문(1점), 거치문(3점), 거치문+파상문(2점)의 조합으로 구성되어 있으며, 노형기대의 요소가 사라지고 그 전통에서 벗어 난 것이 가장 큰 특징이다. 더욱이 옥전23호분에서는 옥전68호목곽묘 출토 창녕양식 토기보다 후행하는 복합문양대를 시문한 발형기대와 각부 중앙에 돌대를 돌린 고배가 출토된 점에서도 이 시기로 편년된다.

    6기 : 옥전35호분은 23호분 출토 창녕양식 고배보다 후행하는 뚜껑받이턱의 돌출도와 하부의 투창이 작아진 고배가 부장된 것에서 이 시기로 편년된다.

    7기 : 옥전31호목곽묘는 35호분에서 부장된 창녕양식의 상하일렬투창고배가 유존하는 가운데 새로이 상하교호투창고배가 출현하여 이 시기로 편년한다. 31호목곽묘에서는 동부의 직선화가 진행되었으나 파수의 단면이 원형인 신·고의 요소가 유존하고 있는 유개식 유대파수부완, 구경부가 약간 내경한 흔적이 남아 있는 고식의 요소와 문양대를 3단으로 구획된 신식의 요소가 병존하고 있는 장경호가 공반된다.

    8기 : 옥전M1, M2호분은 옥전31호목곽묘에 부장되던 창녕양식의 상하일렬투창고배와 유개식 유대파수부완 대신 상하교호투창고배와 무개식 유대파수부완이 부장된 점에서 이 시기로 편년한다. 또한 옥전31호목곽묘에 후행하는 형식의 구경부가 직립한 장경호가 부장된 것에서도 그러하다.

    9기 : 옥전M3호분은 이전 시기까지 부장되던 창녕양식 토기가 완전히 사라지고 대가야양식의 토기가 부장된다. 발형기대는 송엽문+파상문(2점)의 조합을 가진 것이 소수가 되고, 파상문(8

점) 주체의 조합을 가진 것이 주류이다. 고배는 대가야양식의 상하일렬투창으로, 대각의 폭이 더욱 넓어져 통형으로 변한 것이다.

10기 : 옥전M4호분은 발형기대가 송엽문+파상문의 조합을 가진 것으로, 원형투공의 고배가 출현하여 이 시기로 편년한다.

11기 : 옥전M6호분은 발형기대가 송엽문+파상문의 조합을 가진 것만 출토되었으나 옥전M4호분 출토품에 비해 배신이 얕아진 후행하는 형식인 점에서 이 시기로 편년한다.

12기 : 옥전M10호분은 매장주체부가 횡구식석실橫口式石室이고 환형기대環形器臺와 경부에 1조의 돌대를 돌린 단경호가 출토된 것에서 이 시기로 편년한다.

13기 : 옥전M11호분은 시기를 파악할 수 있는 토기는 출토되지 않았으나 매장주체부가 횡혈식석실이고 출토된 대장식구帶裝飾具가 사비기의 백제산인 점에서 이 시기로 편년한다.

합천 서부

합천 서부지역은 봉산면 일대의 봉계리고분군, 반계제고분군, 저포리고분군을 대상으로 한다.

1기 : 저포리A지구50호목곽묘는 옥전54호목곽묘 출토품과 같은 특징을 가진 노형기대와 동일 형식의 소문素文 직구단경호가 부장된 점에서 같은 시기로 편년된다. 저포리A지구31호목곽묘는 구경부가 직립한 것에서 C자상으로 변화하는 과도기의 양이부승석문호가 출토되어 옥전54호목곽묘보다 약간 선행하는 것으로 파악되나 형식차가 크지 않은 것에서 같은 단계로 본다.

2기 : 이 시기에 해당하는 자료가 뚜렷하지 않다.

3기 : 저포리B지구32호목곽묘는 구경부가 S자상으로 완전히 외반한 가장 신식 노형기대와 통형고배가 부장된 점에서 이 시기로 편년한다.

4기 : 저포리A지구47호목곽묘는 노형기대의 요소가 잔존한 무문의 최고식 발형기대와 대각이 통형에서 팔자형으로 변한 고배가 부장된 점에서 이 시기로 편년한다. 봉계리76호석곽묘도 고배의 형식으로 볼 때 이 시기에 해당하는 것으로 본다.

5기 : 봉계리3호목곽묘는 격자문이 시문된 발형기대가 부장된 것에서 옥전23호분과 같은 시기로 본다.

6기 : 봉계리13호목곽묘는 복천동10·11호분 출토품에 병행하는 낙동강이동양식의 고배가 출토된 것에서 이 시기로 본다.

7기 : 이 시기에 해당하는 자료가 뚜렷하지 않다.

8기 : 소가야양식 토기가 출토된 합천군 반계제나A호분과 저포리A지구1호석곽묘가 이 시기로 편년된다.

9기 : 반계제가A호분에서는 유문계 발형기대가 3점 출토되었다. 기대의 문양구성은 모두 파상문 주체의 것이다. 이러한 문양구성으로 보아 이 고분은 송엽문+파상문 조합이 다수를 차지하는 지산동32~34호분과 무문계가 출현하는 지산동44호분 사이에 위치시킬 수 있다. 배총陪塚으로 추정되는 반계제가B호분도 2a형식의 통형기대가 출토되고, 장경호와 고배가 가A호분과 같은 형식인 점에서 이 시기로 편년된다.

10기 : 반계제다A호분은 가A호분과 시간차가 크지 않을 것으로 생각되나 장경호가 평저화되고 배총으로 추정되는 다B호분에서 무문계의 발형기대가 부장된 점에서 이 시기로 편년한다. 즉 다B호분이 가A호분의 배총인 가B호분보다 1단계 늦은 것으로 파악되기 때문이다. 반계제다A호분은 지산동(영대)1호석곽묘 출토품과 같은 형식의 호등壺鐙이 공반된 점에서도 이 시기로 편년된다.

11기 : 이 시기에 해당하는 수장묘가 확실하지 않다.

12기 : 봉계리 대형분에서는 무문계의 발형기대가 1점 출토되었다. 이 기대는 4형식으로 가장 늦은 형식이다. 저포리 D2-1호분도 장경호의 형식으로 볼 때 이 시기에 해당한다.

13기 : 저포리 D1-1호분에서는 무문계의 발형기대가 3점 출토되었다. 이러한 기대는 4형식으로 가장 늦은 형식의 것이다.

3) 함양, 산청

함양

백천리고분군

1-3호분에서는 유문계의 발형기대가 10점 출토되었다. 기대의 문양구성은 파상문이 8점으로 다수를 차지하고 있고, 송엽문+파상문의 것은 2점뿐이다. 이러한 문양구성으로 보아 이 고분은 송엽문+파상문 조합이 다수를 차지하는 지산동 32~34호분과 무문계가 출현하는 지산동 44호분 사이에 위치시킬 수 있다.

산청

생초고분군

생초M13호분에서는 모두 유문계의 발형기대가 출토되었으며, 그 형식으로 볼 때 지산동44호분과 같은 시기로 편년된다. 이는 이 고분에서 출토된 용봉문환두대도龍鳳文環頭大刀가 지산동44호분에 선행하는 합천군 옥전M3호분 출토 환두대도보다 신식인 점에서도 증명된다.

생초9호석곽묘의 대가야양식 토기는 지산동45호분에서 합천군 삼가1호분A호석곽으로 가는 과도기적 양상을 보이고 있다. 즉 생초9호석곽묘는 저평통형기대底平筒形器臺가 직선화된 각부脚部를 가진 것으로 지산동45호분과 환형기대가 출토된 삼가1호분A호석곽 사이로 편년된다. 장경호는 동부가 경부에 비해 축소된 것으로 지산동45호분 출토품에 후행하는 형식이며, 삼가1호분A호석곽 출토품과 동일한 형식이다.

4) 남원, 임실

남원

월산리고분군

월산리M1-A호분에서는 발형기대가 5점 출토되었다. 그 가운데 3점은 소가야토기양식과 대가야토기양식을 절충한 것이며, 나머지 2점은 고령산으로 송엽문과 파상문이 각각 시문된 것으로 기형은 지산동32~34호분 출토품과 유사하다. 따라서 이 고분은 지산동32~34호분과 같은 시기로 편년할 수 있다.

월산리M3호분은 소가야양식 토기와 대가야양식의 토기가 같이 부장되고, 발형기대의 형식으로 볼 때 M1-A호분과 같은 시기로 편년된다.

두락리고분군

두락리1호분에서는 발형기대가 4점 출토되었는데 유문계와 무문계의 비율은 1:1이다. 이러한 문양구성으로 볼 때, 이 고분은 21:3의 비율로 유문계가 다수를 차지하고 있는 지산동44호분과 1:4의 비율로 유문계가 소수인 지산동45호분 사이에 설정할 수 있다. 또 이 순서는 두락리1호분 출토 무문계 발형기대가 1형식인 점에서도 방증된다. 즉 두락리1호분의 무문계 1형식 발형기대는 지산동44호분에서 출토된 유문계에서 무문계로 변화하는 과도기의 무문계 발형기대와 지산동45호분에서 출토된 무문화가 진전된 무문계 2형식의 발형기대 사이에 위치시킬 수 있다. 통형기대가 2a형식인 점에서 지산동44호분에 가까운 시기로 편년한다.

두락리3호분에서는 무문계 3형식의 발형기대가 출토되었다. 합천군 삼가1호분 A호석곽에서 같은 형식의 발형기대가 출토된 예가 있어 양자는 같은 시기로 편년된다.

두락리2호분은 횡혈식석실분으로 석실 내에서 신라토기가 1점 출토되었다. 2호분의 평면형태와 규격이 합천군 저포리 D지구 1-1호석실분과 일치하고 있어 양자는 같은 시기에 초축初築되었을 가능성이 높으나, 다만 2호분은 출토유물로 볼 때 비교적 오랜 기간 동안 추가장이 행해진 것으로 본다.

임실

금성리1호분은 구경부가 동부에 비해 상대적으로 큰 형식의 장경호가 출토된 점에서 같은 형식의 장경호가 출토된 함양군 백천리1호분과 같은 시기로 본다.

5) 장수, 진안

장수

삼고리고분군

이 고분군에서 채집된 뚜껑받이턱이 돌출하고 동부가 큰 장경호와 투창이 아치형인 발형기대는 고령군 지산동30호분과 병행하는 시기에 제작되어 이입된 것으로 파악되어 주목된다.

6호분, 11호분은 장경호와 저평통형기대로 볼 때 지산동44호분 단계에서 지산동45호분 단계 사이, 삼고리13호분은 고배와 병형토기가 출현한 점에서 지산동45호분 단계로 편년된다. 14호분,15호분도 광구호廣口壺의 동부가 작아진 점으로 볼 때 합천군 삼가1A호석곽 단계로 본다.

삼봉리고분군

조사된 고총은 발형기대, 장경호, 광구호로 볼 때 지산동44호분 단계로 편년된다.

동촌리고분군

8호분은 동부가 큰 장경호와 고배로 볼 때 지산동44호분 단계로 편년된다.

진안

황산리고분군

11호분은 광구호의 동부가 작아지고 백제 삼족기가 공반된 것에서 합천군 삼가1A호석곽 단계로 본다. 6호분은 동부가 작아진 장경호로 볼 때 같은 시기로 본다. 황산리13호분과 14호분은 배신이 납작해진 고배로 볼 때 역시 같은 시기로 본다.

6) 하동, 순천, 여수

하동

홍룡리고분군

2호분, 4호분은 장경호, 유대파수부완으로 볼 때 지산동44호분 단계로 편년된다. 3호분, 8호분은 동부가 작아진 장경호로 볼 때 지산동45호분과 같은 시기로 편년된다.

순천

운평리고분군

M2호분은 발형기대가 모두 유문계이고 지산동30호분 출토 기대와 유사한 형식의 통형기대가

출토된 점에서 지산동44호분 이전 또는 같은 시기로 편년된다.

M1호분은 장경호의 형식으로 볼 때 지산동45호분과 같은 시기로 편년된다.

여수

고락산성

성벽 축조 후에 형성된 1호 구상유구에서 다수 출토된 것으로 고령지역산이 다수를 차지한다. 이러한 토기는 납작한 신부를 가진 개, 1조의 파상문을 시문한 파수부완, 원형 투공 고배, 고리형 소형기대가 공반된 것에서 합천군 삼가1A호석곽 단계에서 합천군 저포리 D지구 1-1호석실분 단계 사이로 편년된다.

5. 창녕지역

1) 연구사 검토

사다모리히데오定森秀夫는 유개식고배를 기준으로 하여 5단계로 설정하고, 교동116호분 출토품을 5세기 중엽, 교동89호분 출토품을 5세기 후엽, 교동31호분 출토 고배를 분류하여 각각 6세기 전엽과 6세기 후엽으로 편년하였다.[30]

후지이카즈오藤井和夫는 계남리1·4호분 출토품을 경주토기 편년에서 설정한 단계의 II~III기, 교동 31호분 출토품을 IX기에 각각 비정하였다.[31]

그 후 필자는 교동116호분과 계남리1호분을 5세기 중엽, 창녕양식 토기가 출토된 옥전31호분을 5세기 후엽, 경주양식 토기가 출현하는 교동11호분을 6세기 전엽, 교동31호분을 6세기 중엽으로 편년하였다.[32]

정징원·홍보식은 계남리1·4호분을 5세기 제3/4분기, 교동3·116호분을 5세기 제4/4분기, 교동 1·11·31호분을 6세기 제1/4분기로 편년하였다.[33]

필자는 창녕산 토기가 출토된 부산시 가달고분군, 합천군 옥전고분군과 창녕지역 고분의 편년을 통하여 이전 시기 계남리1·4호분에 후행하는 것으로 파악했던 옥전31호분을 오히려 선행하는 것으로 설정하였다. 또한 옥전고분군의 68호분, 23호분, 가달고분군의 5호분 출토 토기 가운데 창녕산 토기가 존재하는 것에 주목하고, 상하일렬투창고배와 상하교호투창고배가 공반된 옥전31호분의 조합상에 착안하여 이를 전자만이 부장된 부산시 가달5호분과 후자만이 부장된 창녕군 계남리1·4호분과 교동3호분의 과도기적 양상으로 보고, 가달5호분을 계남리1·4호분과 교동3호분에 선행하는 것으로 편년하였다.[34] 그리고 옥전68호분-옥전23호분-가달5호분-옥전31호분-교동3호분, 계남리1,4호분으로과 같은 순서를 설정하였다.

한편 이희준은 필자가 설정한 창녕지역 고분의 편년 특히 옥전31호분을 교동3호분에 선행하는 것으로 본 견해에 대해, 교동3호분의 파배把杯가 옥전31호분 출토품에 비해 선행하는 것으로 보고 오히려 전자가 후자에 먼저 축조된 것으로 파악하였다. 또 계남리1·4호분과 가달5호분에 같은 형식의 단경호가 출토되는 것에 주목하여 양자를 같은 시기로 편년하였다.[35]

그러나 옥전31호분 파배는 오히려 교동3호분 출토품에 선행하는 형식이다. 즉 옥전31호분 출토품은 교동3호분 파배에 비해 배신이 직선적이고 통형에 가까운데, 이는 2단계 선행하는 옥전23호분 출토품의 형태적인 요소가 아직 잔존하기 때문인 것으로 본다. 교동3호분 출토품은 돌대가 다수 형성된 점, 즉 장식이 부가된 점에서도 후행하는 형식으로 판단된다. 31호분에는 옥전23호분 출토품과 유사한 고식의 통형 배가 공반되는 점에서도 그러하다.

더욱이 옥전31호분과 교동3호분의 선후관계는 유물 조합상에서도 더욱 분명하다. 전자에는 고식의 상하일렬투창고배뿐만 아니라 단추형 손잡이를 가진 개가 공반되나, 후자에는 상하일렬투창고배와 단추형 손잡이가 사라지고 상하교호투창고배와 신식의 대각도치형 손잡이를 가진 개만이 부장되기 때문이다<도3-7>.

그리고 계남리1·4호분과 가달5호분에 같은 형식의 단경호가 출토되는 것을 근거로 양자를 같은 시기로 편년한 것도 수긍하기 어렵다. 왜냐하면 경부에 돌대를 돌린 단경호는 창녕지역의 특징적인 기종으로 5세기 전반에 지속적으로 부장되어 형식차를 구분하기 어려워 편년에 유효한 기종으로 볼 수 없기 때문이다. 양자 간의 선후관계는 전자에 고식의 상하일렬투창고배와 단추형 손잡이를 가진 개가 공반되나, 후자에 상하교호투창고배와 신식의 대각도치형臺脚倒置形 손잡이를 가진 개가 부장되는 유물 조합상에서도 전자가 분명히 1단계 선행하는 것으로 본다.

2) 상대 편년 <도3-8>

창녕지역 편년은 중심으로 청도 이서지역까지를 대상으로 한다.

1기 : 창녕군 여초리A지구 토기가마 출토품을 표지로 하며, 이 시기는 공자형고배, 노형기대, 침선문개가 제작되는 단계이다. 공자형고배와 노형기대는 무투창이고 침선문개는 운두가 높고 고리형 손잡이를 가진 것이 특징이다. A지구 출토품 가운데 노형기대는 창녕군 교육청 소장품과 합천군 저포리A지구50호분에 유례가 확인된다. 또 소장미고분군 출토 노형기대는 형식은 다르나 같은 시기로 파악되는 합천군 옥전54호분과 함안군 황사리1호분에 공자형고배와

〈도3-7〉 창녕양식 토기편년

90

공반되고 있는 점에서 1기로 편년된다.

2기 : 여초리B지구 토기가마는 A지구 가마 출토품과 유사한 무투창 노형기대와 같은 1기 출토품도 확인되어 전·후기로 구분된다. 2기는 B지구 가마 출토품 가운데 후기 출토품을 표지로 한다. 즉 후기는 이전 단계에 제작되던 공자형고배가 사라지고 새로이 소형 투창이 뚫린 통형고배가 출현하며, 노형기대에는 투창이 뚫리고, 운두가 낮고 단추형 손잡이를 가진 침선문개가 제작된 점으로 볼 때 이 시기로 편년된다.

3기 : 이 시기의 유구는 아직까지 명확하지 않다.

4기 : 창녕양식 토기의 중심 분포권에 속하는 청도군 이서지역의 봉기리3호목곽묘는 노형기대의 요소가 잔존한 발형기대가 부장된 것에서 이 시기로 편년된다. 능형의 문양을 장식한 고배와 상하일렬투창고배가 공존하는 점에서도 그러하다.

5기 : 봉기리5호목곽묘는 파상문이 시문된 노형기대에서 탈피한 발형기대와 상하일렬투창고배만이 부장되어 이 시기로 편년된다.

6기 : 이 시기 창녕지역의 자료는 확실치 않으나 창녕양식 토기가 출토된 청도군 성곡리 나1호목곽묘, 김해시 가달5호분과 병행하는 것으로 본다.

7기 : 우강리가군20호분은 옥전31호분 출토품과 같은 상하일렬투창고배가 출토되어 이 시기로 편년된다. 창녕양식의 토기가 출토된 성곡리 나47호석곽묘도 병행하는 것으로 본다.

8기 : 계남리1·4호분과 교동3호분 출토품을 표지로 한다. 상하일렬투창고배가 완전히 사라지고 교호투창을 가진 제형 대각의 고배가 주류를 형성한다. 계남리1호분에서는 동부가 완전히 직선화되고 파수 단면이 세장방형인 유대파수부완이 출토되었고, 교동3호분에서는 뚜껑받이턱이 사라지고 경부가 직선화된 장경호가 공반되고 있다. 그리고 계남리1호분에서는 상부가 호형이고 각부가 도중에 단을 형성하면서 넓어지는 통형기대가 출토되었다.

9기 : 교동2호분 출토품을 표지로 한다. 2호분에서는 종래 시문되던 파상문 대신 격자문과 원문을 조합한 문양이 시문된 유대파수부완, 장경호와 발형기대가 공반되었다. 그리고 2호분에서는 상부가 직선적으로 외반하고 대각이 직선적으로 넓어지는 계남리1호분 출토품과 형태가 전혀 다른 신라양식의 통형기대가 출토되었다.

10기 : 교동11호분 출토품을 표지로 한다. 11호분 출토품에서는 통형의 손잡이를 가진 개에 시문되던 유충문이 사라지고 집선문集線文이 출현하는 변화가 확인된다. 또 와권渦卷상의 도차에 의한 성형흔이 나타나는 것으로 볼 때 제작기술에도 신라양식의 기술도입에 의한 큰 변화가 수반된 것으로 파악된다.

11기 : 창녕양식 토기가 완전히 신라양식화되는 단계이며 교동31호분 1차매장시 부장된 토기와 계성A지구 1호분2호관 출토품을 표지로 한다.

12기 : 창녕양식 토기가 완전히 신라후기양식화되는 단계이며 교동31호분 추가장시 부장된 토기와 계성리(경)3지구1호분 출토품을 표지로 한다.

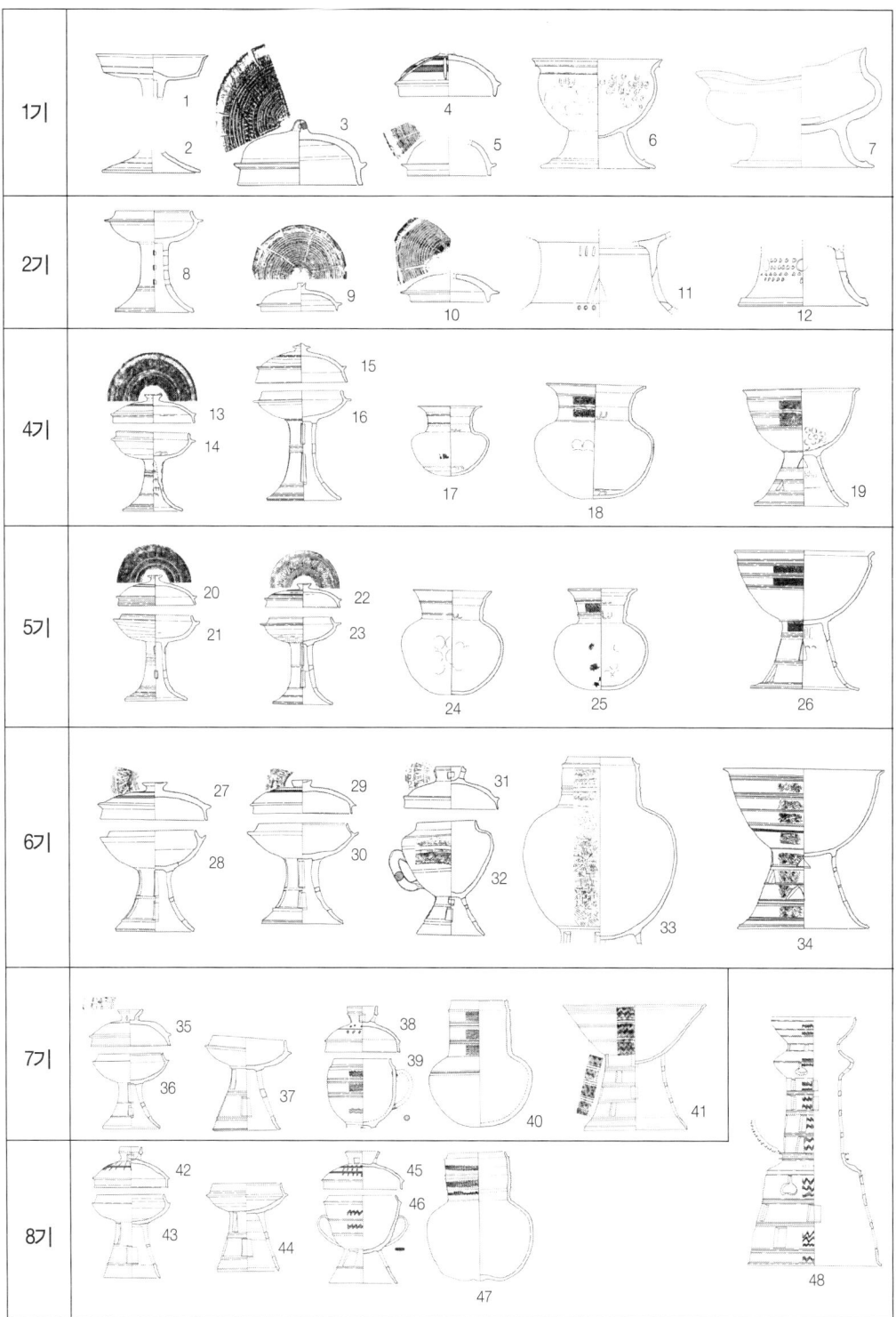

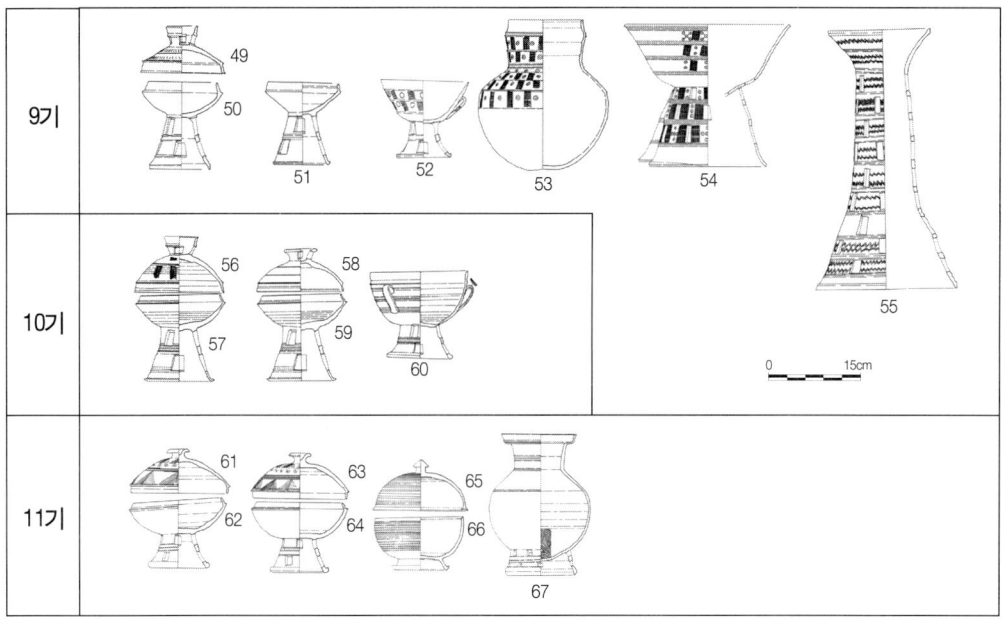

〈도3-8〉 창녕지역 고분편년

1기(1 : 청도각남, 2,4 : 대합면, 3 : 창락초교, 5 : 여초리A지구, 6 : 소장미고분군, 7 : 여초리A지구), 2기(8 : 대합면, 9-12 : 여초리B지구)
4기(13-19 : 청도봉기리3호목곽), 5기(20-26 : 청도봉기리5호목곽), 6기(27-34 : 부산가달5호분)
7기(35-40 : 합천옥전31호분, 41 : 합천옥전M2호분), 8기(42-47 : 교동3호분, 48 : 계남리1호분), 9기(49-55 : 교동2호분)
10기(56-60 : 교동11호분), 11기(61-67 : 계성A지구1호분1관)

6. 현풍지역

1) 연구사 검토

현풍지역에 대한 연구는 필자에 의한 지표조사 자료와 맥타카트 기증자료에 대한 편년 등이 있는 정도이다.[36]

2) 상대 편년

현풍지역을 대상으로 하며 김해시 덕정고분군 출토 현풍산 토기도 대상으로 한다. 이 지역 토기의 대부분이 유구에서 유리된 상태로 출토된 것으로 인해 공반관계의 파악이 불가능하여 편년은 윤곽을 설정하는 데 그치고자 한다.

1기 : 현풍여고 소장의 상하일렬투창고배는 무개식이고 대각에 아직까지 돌대가 형성되지 않았으며, 다치구에 의한 침선문이 시문되어 있는 것으로 볼 때, 고배 가운데 이른 형식의 것으로 판단되어 이 시기에 위치시킨다. 경주박물관 소장의 한정리고분군 출토 장경호는 무개식이고 경부에 시문된 고식 문양인 타래문으로 볼 때 이 시기로 파악된다.

2기 : 대구시 현풍 내리4호석곽묘는 창녕양식의 상하일렬투창고배가 현풍양식의 상하교호투창고배와 공반하고 조합관계가 합천군 옥전31호분과 유사한 점에서 이 시기로 본다.

이 시기에는 다투창장각고배가 제작되며 무개식은 그 전반, 유개식은 그 후반으로 편년한다. 맥타카트 기증 현풍지역 토기 가운데 무개식 3단다투창고배는 2기의 전반으로 보며 유개식 3단다투창고배는 이 시기의 후반으로 본다. 이 시기에는 손잡이 둘레에 톱니모양 장식대가 부착된 개가 출현한다. 삼성미술관 Leeum 소장의 톱니모양 장식대가 부착된 통형기대도 기형과 그 장식으로 볼 때 같은 시기로 편년된다. 이화여자대학교 박물관 소장 2단다투창유개고배는 투창이 2단이나 대각의 형태와 크기가 맥타카트 기증품과 유사하고 개신蓋身 중간에 톱니모양 장식대가 부착되어 있고 배신과 대각부에 파상문이 시문된 것에서 이 시기로 본다.

3기 : 김해시 능동13호분 출토 유개고배와 개1점은 V자상으로 시문된 문양과 기형, 대각단부의 특징으로 볼 때 현풍지역산 토기로 파악되며 이 시기로 편년된다. 능동13호분에서는 창녕산 토기가 공반되어 창녕지역 7기의 상하일렬투창고배와 함께 8기의 1단투창고배가 공반되어 후자와 병행하는 것으로 본다. 그래서 3기는 창녕지역 8기와 병행하는 것으로 본다. 맥타카트 기증 토기 가운데 다수를 차지하는 유개식 상하교호투창고배도 다투창多透窓이 아니고 대각이 축소된 것에서 이 시기로 편년한다.

이 시기는 전반과 후반으로 구분된다. 국립김해박물관 소장 현풍산 통형기대는 2기에 보이던 호형의 수부首部가 사라지고 톱니모양 장식도 구연부 주위에만 잔존하고 있는 점으로 볼 때 그 전반으로 본다. 경북대학교 박물관 소장 고령군 박곡동고분군 출토 현풍산 상하교호투창고배는 톱니모양 장식과 배신과 대각부에 시문되던 파상문이 소멸된 것에서 그 후반으로 본다. 아직 손잡이 둘레에 톱니모양 장식대가 부착된 개가 잔존하며 상형토기에도 장식된다. 중앙박물관 소장의 톱니모양 장식을 갖춘 압형토기, 숭실대학교 박물관 소장의 짚신모양 토기도 같은 시기로 편년된다. 또한 하버드대학 Sackler 박물관 소장 그레고리 핸더슨 기증 통형기대와 톱니모양 장식이 없어진 삼성미술관 Leeum 소장의 압형토기도 이 시기에 위치지어진다.

4기 : 현풍 내리25호석곽묘는 출토 고배가 대각에 파상문이 시문된 창녕양식이나 교동3호분에 후행하는 형식인 점에서 이시기로 편년한다. 맥타카트 기증품 가운데 배신과 대각부의 경계가 축소된 유개식 상하교호투창고배는 이 시기로 편년한다. 이 시기는 톱니형장식과 같은 요소가 사라지나 아직까지 현풍지역양식 토기가 제작된다. 대구박물관 소장 달성군 출토 대가야양식 통형기대는 형태와 소성분위기로 볼 때 고령지역산 또는 이 시기의 현풍지역산으로 본다.

5기 : 현풍 내리16호석곽묘는 출토된 경주양식의 개, 고배, 대부장경호로 볼 때 이 시기로 편년된다. 양리산성 출토 유개고배, 현풍여자고등학교 소장 개, 유개고배, 장경호가 이 시기에 해당한다. 현풍여자고등학교 소장 개는 집선문이 시문되고 장경호는 무개 유대식인 점에서 신라양식으로 파악된다. 그래서 이 시기는 신라양식이 본격적으로 출현하는 시기이다.

6기 : 현풍 성하동 출토 유개장경호와 콤파스에 의한 반원권문이 시문된 개가 이 시기의 것으로 신라후기양식으로 파악된다. 또 대가야양식의 무문 파수부완과 단각의 일단투창고배도 같은 시기로 본다.

7. 지역 간 병행관계

Ⅰ기 : 금관가야 1기의 김해시 대성동29호분, 김해시 예안리74호분, 160호분에서는 와질토기가 주류를 이루는 가운데 회청색경질의 소문 단경호가 극소수 출현하며, 아라가야 1기의 함안군 도항리35호분에서도 이와 같은 양상이 관찰되어 양자는 병행관계로 파악된다.

Ⅱ기 : 금관가야 2기의 대성동59호분에서는 이전 시기에 보이지 않던 양이부승석문호가 출토되어 아라가야와의 병행관계를 알 수 있다. 대성동59호분 출토품은 편구형의 동부와 구연부가 직립한 것과 같은 고식 요소도 보이나 저부가 평저에서 환저로 변하는 과도기를 요소를 가지고 있는 것에서 아라가야 2기의 도항리(경)33호분 단계의 양이부승석문호로 파악된다. 그리고 59호분에서는 회청색경질토기의 비율이 더욱 높아진 것에서 양자는 병행관계로 본다.

Ⅲ기 : 소가야권 2기의 진주시 무촌리2구124호분에서는 아라가야양식의 노형기대가 출토되어 양자간의 병행관계가 설정된다. 이 고분은 출토 노형기대는 구경부가 커졌으나 아직까지 S자상으로 외반하지 않은 것이 의령군 예둔리26호분 출토품과 유사한 점에서 소가야권 2기와 아라가야 3기는 병행하는 것으로 본다.

Ⅳ기 : 소가야권 3기의 진주시 무촌리2구23·26호분에서는 아라가야양식의 노형기대가 출토되어 양자간의 병행관계가 설정된다. 양 고분 출토 노형기대는 구경부가 S자상으로 외반한 것이 함안군 황사리45호분 출토품과 유사한 점에서 소가야권 3기와 아라가야 4기는 병행하는 것으로 본다.

Ⅴ기 : 고성군 송학동1E호분 출토 노형기대는 구경부가 S자상으로 완전히 외반하며 각부에는 돌대를 돌리고 거치문의 장식문양대가 시문된 것으로 함안군 황사리44호분 출토품과 유사하여 소가야권 4기와 아라가야 5기는 병행하는 것으로 본다.

Ⅵ기 : 복천동54호분에서는 금관가야·아라가야양식의 노형기대와 고배, 그리고 아라가야양식의 양이부승석문호가 출토되어 양자간 병행관계가 설정된다<도3-9>. 금관가야양식의 노형기대는 단면 장방형파수를 가진 것으로 금관가야 6기로 본다. 아라가야양식의 노형기대는 수부가

발형기대로 변하는 과도기에 해당하는 점, 상하일렬투창의 고배가 출현한 점, 승석문호의 양이가 소멸된 점에서 아라가야 6기로 본다. 그래서 금관가야 6기와 아라가야 6기는 병행하는 것으로 파악된다.

무촌리2구24호분 출토 노형기대는 아라가야양식의 동부가 작고 얕은 함안군 황사리36호분 출토품과 유사한 점에서 소가야권 5기와 아라가야 6기는 병행하는 것으로 본다.

Ⅷ기 : 복천동21·22호분과 옥전23호분은 발형기대의 문양구성에 의거하여 병행관계로 설정된다. 즉 양 고분의 발형기대는 노형기대의 전통이 사라지며, 기존의 격자문, 거치문, 결승문을 조합한 복합구성에서 전자는 파상문이 출현하여 과반수를 차지하게 되고 후자는 거치문이 과반수를 차지하게 되는 공통점을 지닌다. 이는 그 후 각각 후속하는 복천동10·11호분과 지산동35호분에서는 기존의 격자문, 거치문, 결승문의 복합구성 문양 조합을 가지는 기대가 소수를 차지하게 되어 전자는 파상문이 중심이 되고 후자는 송엽문 중심으로 변화되는 경향이 보이는 것에 착안한 것이다.

그리고 옥전23호분의 위치는 부장토기 가운데 창녕지역산 토기가 확인되어 이 지역 편년[37]에서도 방증된다. 즉 옥전23호분은 창녕지역 5기에 해당하며, 토기 조성 등에서 이 지역 7기에 병행하는 옥전31호분보다 분명히 2단계 선행하는 유구이기 때문이다.

ⅩⅠ기 : 마산시 합성동77호분에서는 창녕양식 고배, 경주양식 고배, 소가야양식 고배, 아라가야양식 승문호가 출토되었다. 이러한 토기는 창녕지역 8기, 경주지역 11기, 소가야 10기, 아라가야 11기로 편년되어 각각 병행관계로 파악된다<도3-10>.

함안군 오곡리23호분에서는 아라가야양식 고배, 창녕양식 고배, 경주양식 고배, 소가야양식 수평구연호가 출토되었다. 이러한 토기는 아라가야 11기, 창녕지역 8기, 경주지역 11기, 소가야 10기로 편년되어 앞에서 언급한 바와 같이 각각 병행관계로 파악된다<도3-11>.

ⅩⅤ기 : 함안군 도항리(문)47호분에서는 아라가야 15기의 토기와 대가야 11기 소가야 14기의 발형기대, 고배, 수평구연호가 공반되어 삼자간 병행관계의 파악이 가능하다<도3-12>.

<도3-9> 지역 간 병행관계(부산시복천동54호분)

창녕8기   경주11기

소가야10기   아라가야11기

〈도3-10〉 지역 간 병행관계(마산시합성동77호분)

아라가야11기   창녕8기

경주11기   소가야10기

〈도3-11〉 **지역 간 병행관계**(함안군오곡리23호분)

III. 가야토기의 편년　99

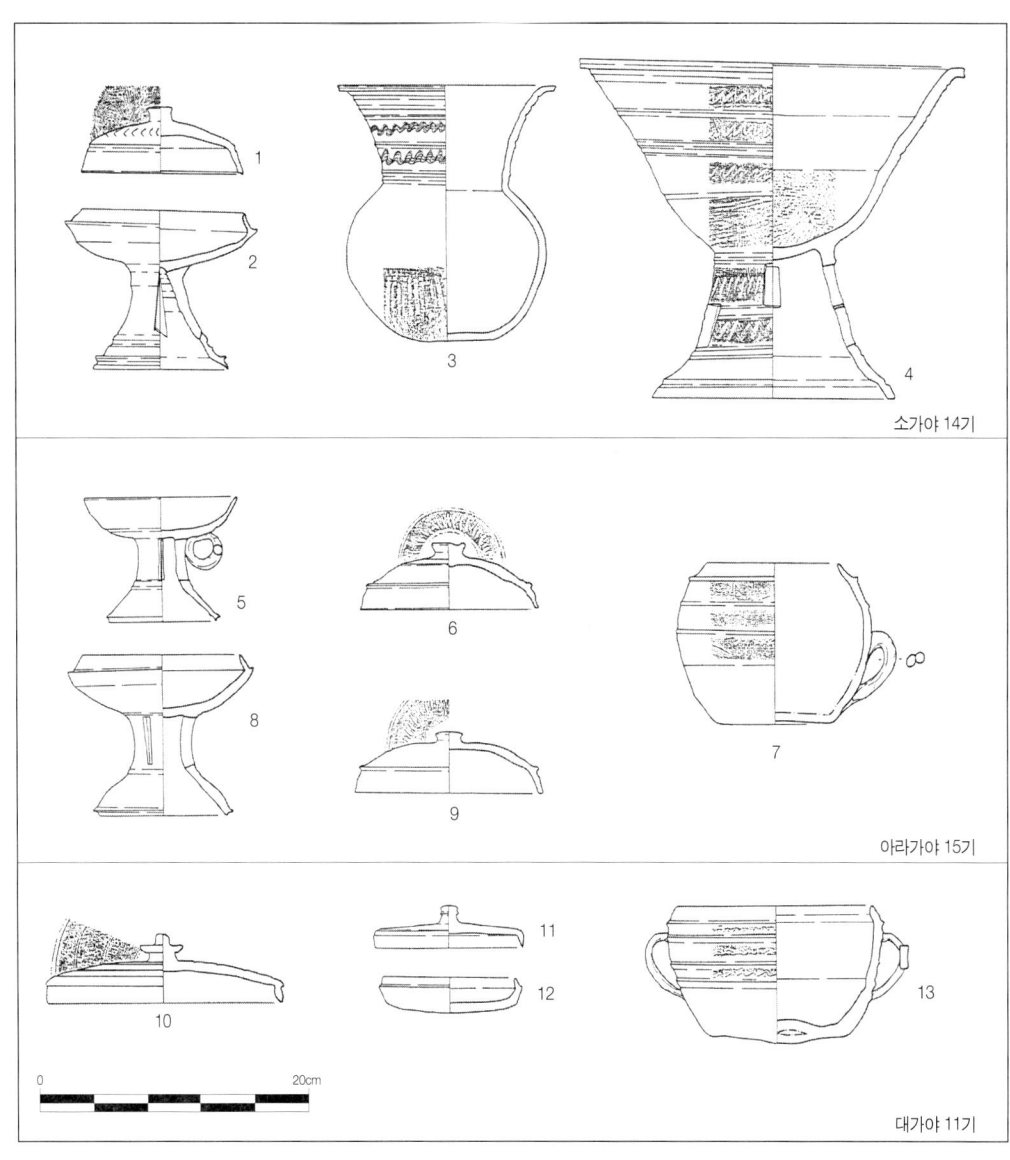

〈도3-12〉 지역 간 병행관계(함안군도항리 (문)47호분)

1) 定森秀夫, 1982,「韓國慶尙南道釜山金海地域出土陶質土器の檢討」,『平安博物館硏究紀要』7, pp.63~96, 京都, 平安博物館.

2) 申敬澈, 1983,「伽耶地域における4世紀代の陶質土器と墓制－金海禮安里遺蹟の發掘調査を中心として」,『古代を考える』34, 大阪, 古代を考える會.

3) 安在晧, 1996,「考察」,『金海禮安里古墳群Ⅱ-釜山大學校博物館遺蹟調査報告』15, 釜山大學校博物館.

4) 李在賢, 1996,「考察」,『釜山東萊福泉洞古墳群Ⅱ-釜山大學校博物館遺蹟調査報告』19, 釜山大學校博物館.

5) 洪潽植, 1998,「金官加耶의 성립과 발전」,『加耶文化遺蹟 調査 및 整備計劃』, pp.157~204, 大邱, 경상북도.

6) 申敬澈, 2000,「金官加耶土器의 編年－洛東江下流域前期陶質土器의 編年－」,『伽耶考古學論叢』3, pp.5~46, 서울, 駕洛國史蹟開發硏究院.

7) 李在賢, 1996,「考察」,『釜山東萊福泉洞古墳群Ⅲ-釜山大學校博物館遺蹟調査報告』19, pp.39~43, 釜山大學校博物館.

8) 申敬澈, 1983,「伽耶地域における4世紀代の陶質土器と墓制－金海禮安里遺蹟の發掘調査を中心として」,『古代を考える』34, 大阪, 古代を考える會.

9) 洪潽植, 1998,「金官加耶의 성립과 발전」,『加耶文化遺蹟 調査 및 整備計劃』, pp.193~201, 大邱, 경상북도.

10) 申敬澈, 2000,「金官加耶土器의 編年－洛東江下流域前期陶質土器의 編年－」,『伽耶考古學論叢』3, pp.1~25, 서울, 駕洛國史蹟開發硏究院.

11) 申敬澈, 1983,「伽耶地域における4世紀代の陶質土器と墓制－金海禮安里遺蹟の發掘調査を中心として」,『古代を考える』34, 大阪, 古代を考える會.

12) 洪潽植, 1998,「金官加耶의 성립과 발전」,『加耶文化遺蹟 調査 및 整備計劃』, pp.196~201, 大邱, 경상북도.

13) 申敬澈, 2000,「金官加耶土器의 編年－洛東江下流域前期陶質土器의 編年－」,『伽耶考古學論叢』3, pp.1~25, 서울, 駕洛國史蹟開發硏究院.

14) 金正完, 1994,『咸安圈域 陶質土器의 編年과 分布変化』, (慶北大學校大學院文學碩士學位論文), 大邱, 慶北大學校大學院.
金正完, 2000,「咸安圈域 陶質土器의 編年과 分布変化」,『伽耶考古學論叢』3, pp.93~138, 서울, 駕洛國史蹟開發硏究院.

15) 李柱憲, 2000,「阿羅加耶에 대한 考古學的 檢討」,『가야 각국사의 재구성』, pp.259~265, 서울, 혜안.

16) 禹枝南, 2000,「考察-咸安地域 出土 陶質土器」,『道項里 末山里 遺蹟』, pp.135~172, 晋州, 慶南考古學硏究所.

17) 尹溫植, 2006,「4세기대 함안지역 토기의 변천과 영남 지방 토기의 樣式論」,『東垣學術論文集』第8輯, pp.5~26, 서울, 韓國考古美術硏究所.

18) 李柱憲, 2000,「阿羅加耶에 대한 考古學的 檢討」,『가야 각국사의 재구성』, p.247, 서울, 혜안.

19) 尹貞姬, 1997,『小加耶土器의 成立과 展開』, (慶南大學校大學院碩士學位論文), 馬山, 慶南大學校大學院.

20) 朴升圭, 2000,「考古學을 통해 본 小加耶」,『考古學을 통해 본 가야』, (한국고고학회학술총서1), pp.129~178, 부산, 한국고고학회.

21) 河承哲, 2001,『加耶西南部 出土 陶質土器에 대한 一考察』, (慶尙大學校大學院學位論文), 진주, 慶尙大學校大學院.

22) 禹枝南, 2005,「考察-晋州 武村遺蹟 出土 陶質土器의 檢討」,『晋州 武村Ⅳ』, pp.189~217, 晋州, 慶南考古學硏究所.

23) 松原隆治, 1984,「高靈池山洞古墳群に關する考察－陶質土器を中心として」,『歷史と構造』12, pp.93~106, 名古屋, 南山大學.
禹枝南, 1987,「大伽倻古墳의 編年」,『三佛金元龍敎授停年退任紀念論叢』(Ⅰ), pp.617~652, 서울, 三佛金元龍敎授停年退任紀念論叢刊行委員會·一志社.
郭鍾喆, 1988,「韓國慶尙北道陶質土器의 地域相硏究－いわゆる高靈系土器를 素材として」,『古代文化』40-2, pp.23~43, 京都, 古代學協會.

藤井和夫, 1990,「高靈池山洞古墳群の編年－伽耶地域古墳出土陶質土器編年試案Ⅴ－」,『東北アジアの考古學〔天池〕－東北アジア考古學研究会二十周年記念論文集－』, pp.165～204, 東京, 六興出版.
定森秀夫, 1987,「韓國慶尙北道高靈地域出土陶質土器の檢討」,『岡崎敬先生退官記念論集東アジアの考古と歷史』上, pp.413～463, 京都, 同朋舍出版.

24) 趙榮濟, 1996,「玉田古墳의 編年硏究」,『嶺南考古學』18, pp.41～73, 嶺南考古學會.

25) 李熙濬, 1994,「高靈樣式 土器 出土 古墳의 編年」,『嶺南考古學』第15, pp.89～113, 釜山, 嶺南考古學会.

26) 朴天秀, 1998,「大伽耶圈墳墓의 編年」,『韓國考古學報』39, pp.89～124, 大邱, 韓國考古學會.

27) 지산동고분군은 발굴기관에 따라 영남문화재연구원은 (영), 경상북도문화재연구원은 (경), 영남대학교 박물관은 (영대)로 호칭한다.

28) 趙榮濟, 1996,「玉田古墳의 編年硏究」,『嶺南考古學』18, pp.41～73, 嶺南考古學會.

29) 朴天秀, 1998,「大伽耶圈墳墓의 編年」,『韓國考古學報』39, pp.89～124, 大邱, 韓國考古學會.

30) 定森秀夫, 1981,「韓國慶尙南道昌寧地域陶質土器の檢討」,『古代文化』, 33-4, 古代學協會.

31) 藤井和夫, 1981,「昌寧地方古墳出土陶質土器の編年について」,『神奈川考古』12, 橫浜, 神奈川考古同人會.

32) 朴天秀, 1994,「三國時代 昌寧地域 集團의 性格硏究」,『嶺南考古學』13, 嶺南考古學會.

33) 鄭澄元·洪潽植, 1995,「昌寧地域의 古墳文化」,『韓國文化硏究』7, 부산대학교 한국민족문화연구소.

34) 朴天秀, 2001,「고고자료를 통해 본 가야시기의 창녕지방」,『가야시기 창녕지방의 역사, 고고학적 성격』, 창원문화재연구소.

35) 이희준, 2008,『신라고고학연구』, 서울, pp.152-153, 서울, 사회평론.

36) 朴天秀, 2000,「三國時代 玄風地域 土器의 地域相」,『慶北大學校 考古人類學科 20周年 紀念論叢』, 慶北大學校 考古人類學科.
朴天秀, 2001,「맥타가트 기증 신라, 가야 토기의 양식과 편년」,『맥타가트 박사의 대구사랑 문화재 사랑-기증 문화재 도록』, 대구박물관.

37) 朴天秀, 2001,「고고자료를 통해 본 가야시기의 창녕지방」,『가야시기 창녕지방의 역사, 고고학적 성격』, 창원, 창원문화재연구소.

IV
토기로 본 가야 · 신라고분의 역연대

Ⅳ. 토기로 본 가야·신라고분의 역연대

가야·신라고분의 편년은 상대연대에 대해서는 연구자 간에 상당한 접근이 이루어졌으나 그 역曆 연대에 대해서는 100년 이상의 연대폭을 보이는 등 심각한 견해차가 노정되고 있다. 더욱이 근거가 불확실한 역연대에 기초한 역사 해석이 이루어지고 있어 문제의 심각성이 가중되고 있다.

여기에서는 가야토기와 신라토기를 중심으로 가야·신라고분의 역연대를 구축하는 것을 목적으로 한다.

가야·신라고분의 편년 기준이 되는 경주시 황남동109호분3·4곽과 이에 병행하는 부산시 복천동21·22호분의 연대에 대해서는 4세기 중엽,[1] 4세기 말,[2] 5세기 중엽설[3]로 나뉘어져 논의되고 있다.

신라고분의 역연대의 기준이 되는 황남대총 남분의 연대는 내물왕을 피장자로 보는 5세기 초설[4]과 눌지왕을 피장자로 보는 5세기 중엽설[5]로 구분된다.

가야와 일본열도 고분의 교차연대 기준이 되는 합천군 옥전M3호분, 사이타마켄埼玉縣 이나리야마稻荷山고분의 연대에 대해서도 5세기 후엽[6]과 6세기 중엽[7]으로 논의되고 있다.

여기에서는 100년에 가까운 시간차를 보이며 논의되고 있는 경주시 황남동109호분3·4곽, 부산시 복천동21·22호분, 그리고 황남대총 남분과 한일 간 논의의 대상이 되고 있는 합천군 옥전M3호분, 사이타마켄 이나리야마고분의 역연대를 중심으로 검토하고자 한다.

먼저 기존의 가야·신라고분 역연대 연구에 대한 검토를 통하여 그 문제점을 파악하고 다음과 같은 자료를 대상으로 역연대에 대한 논의를 실시하고자 한다.

첫째, 공주시 무령왕릉을 비롯한 풍납토성 출토 일본열도산 스에키須惠器와 소가야양식 토기 등과 같은 한반도 내 역연대 자료를 통하여 접근하고자 한다. 무녕왕릉 출토품과 동일한 형식의 환두대도와 장신구가 출토된 가야고분의 연대를 동정할 수 있고, 풍납토성 출토 스에키와 소가야양식 토기는 한성 함락 즉 475년 이전 이입되었을 가능성이 높기 때문이다.

둘째, 묘지를 동반하여 역연대의 비정이 가능한 도자기와 피장자의 동정이 가능한 고구려 태왕릉과 같은 중국 내 출토 자료를 통하여 접근하고자 한다. 왜냐하면 백제지역에서 중국도자기와 함께 가야·신라고분과의 병행관계를 알 수 있는 마구가 공반되고 있기 때문이다. 또한 태왕릉 출토 마구는 황남대총 남분 출토품과 같은 신라 마구의 연대 결정에 근거를 제공하기 때문이다.

셋째, 사이타마켄 이나리야마고분의 철검명의 역연대와 피장자가 확실한 오사카후大阪府 이마시로쯔카今城塚고분, 후쿠오카켄福岡縣 이와토야마巖戶山고분 출토 스에키의 연대와 연륜연대 자료가 축척된 일본열도와의 병행관계를 통하여 접근하고자 한다. 양자 간의 병행관계는 일본열도 출토 한반도문물과 한반도 출토 일본열도산 스에키를 통하여 설정한다.

그리고 종래 역사적 사건과 연계하여 역연대를 도출하고 이에 따른 해석, 즉 금관가야의 성립과 400년 전후 고구려 남정 이후 금관가야의 동향에 대한 해석에 관하여 재검토하고자 한다.

1. 연구사 검토

가야·신라고분의 역연대에 대한 본격적인 논의는 1980년대 전반에 개시되었다. 먼저 가야고분의 편년 연구에 절대적인 영향을 미친 예안리고분군의 연대관에 대해 검토하고자 한다.

신경철은 김해시 예안리고분군의 목곽묘를 Ⅰ·Ⅱ단계로 구분하고 Ⅰ단계는 이 시기에 출토되는 적갈색연질원저옹赤褐色軟質圓底甕의 기형과 제작기법이 규슈九州의 야요이彌生 종말기-고분古墳 전기 고식古式 하지키土師器와 유사한 것으로 보고, 4세기 전반으로 설정하였다. Ⅱa단계는 출토된 하지키계 연질내만구연옹軟質內灣口緣甕을 일본의 하지키 편년을 참조하여 4세기 중엽에서 후엽에 걸친 것으로 보았다. Ⅱb단계는 하지키 편년과 400년 전후의 고구려 남정을 근거로 4세기 후엽에서 5세기 전엽으로 비정하였다.[8]

그런데 이 연대관은 신경철의 논문에 분명히 명기 "일본 고분의 연대관에 근거하였기 때문에 일본측 연구의 진전에 의하여 변경의 여지가 있다"[9]한 바와 같이 유동적인 것이었다.

그 후 신경철은 복천동10·11호분의 연대에 대하여 유사한 등자가 출토된 시가켄滋賀縣 신가이新開고분, 오사카후 시치칸七觀고분의 연대관에 근거하여 5세기 중엽으로 설정하였다.[10]

이 연대관은 논문 내에서 "신가이, 시치칸고분의 연대는 일본왕릉의 연대를 기준으로 한 것"[11]으로 언급하고 있듯이 논거가 분명하지 않은 고분시대 왕릉의 위치비정에 근거를 둔 오노야마세쯔小野山節의 견해[12]를 따른 것이다.

다음은 1980년 전반 이래 오늘날까지 신경철의 가야·신라고분 연대관의 기반이 된 종래의 일본

고분 연대관, 특히 고바야시 유키오小林行雄에 의해 설정된 고분의 출현연대에 대해 살펴보자. 그는 고분의 출현연대를 280년 전후로 생각하였으며 그 근거는 다음과 같다.

첫번째, 정형화된 전방후원분前方後圓墳인 나라켄奈良縣 슈진료崇神陵고분의 축조시기가 『일본서기日本書紀』와 『고사기古事記』에 전해지는 슈진崇神의 몰歿년이 4세기 초인 점에서 전방후원분의 출현은 이보다 1단계 빠르다는 것이었다.

두번째, 고바야시 유키오는 출현기 전방후원인 교토후京都府 쯔바이오쯔카야마椿井大塚山고분 출토 삼각연신수경三角緣神獸鏡의 고식 거울 가운데에 늦은 형식이 있는 것으로 보고 히미코卑彌呼가 239년 위魏에 입공入貢할 때 사여賜與받은 거울은 일정기간 전세된 후 3세기 말에서 4세기가 되어야 고분에 부장되었다는 것이다.[13]

이와 같이 고바야시 유키오와 오노야마 세쯔의 연대관은 축조연대가 분명하지 않은 일본의 왕릉 비정을 근거로 한 것이기 때문에 타당한 것으로 볼 수 없다.

1990년대 후반 이래 일본의 고분 연대관은 연륜연대 측정에 의해 기나이畿內의 야요이彌生시대 후기의 개시 연대가 지금까지의 통설보다 100년 정도 소급되었을 뿐만 아니라 거울鏡의 형식학적型式學的인 연구에 의해서 고바야시 유키오가 확립한 280년대라는 고분의 출현연대가 3세기 중엽까지 소급되었다.

이상으로 볼 때 현재 일본 고고학의 고분 연대관을 비판하고 있는 신경철의 연대관의 논거가 실은 일본 고고학계의 1960년대 고분의 연대관에 의거하고 있음을 알 수 있다.

한편 이희준은 신경철의 고분 편년의 근거로 제시한 장병長柄에서 단병短柄으로 변화한다는 등자鐙子의 형식학적 변천에 의문을 제기하면서 황남대총 남분 출토 장병 등자가 415년에 몰한 북연北燕 풍소불馮素弗묘 출토 단병 등자와는 계통을 달리하는 것으로 보고 남분의 등자가 풍소불묘 출토품에 선행하는 것으로 파악하였다. 이에 따라 황남대총 남분을 402년 몰한 내물왕릉으로 판단하였다.[14] 더욱이 근래 황남대총과 관련된 장병 등자가 출토된 태왕릉을 391년 몰歿한 고국양왕故國壤王릉으로 보고 황남대총 남분을 내물왕릉으로 보는 자설을 보강하였다.[15]

그러나 황남대총 남분의 피장자는 김용성과 함순섭이 지적한 바와 같이 눌지왕일 가능성이 높다고 본다.[16] 또한 후술하겠으나 결과적으로 태왕릉 출토 등자야말로 황남대총 남분의 피장자가 내물왕이 아님을 증명하는 결정적인 근거를 제시하였다고 본다.

신경철은 오바데라大庭寺TG232요窯 출토 스에키의 역연대에 대해 그 출현 배경으로 광개토왕비문의 경자년庚子年(400년)조 고구려 남정에 의한 대성동세력의 동요動搖에 의한 공인工人의 이주를 상정하고 오사카후 모찌노키持ノ木고분 - 오바데라TG232요 - TK73요 순서로 편년하였다. 그리고 오바데라 출토 스에키는 제1세대 이주 공인 혹은 제2세대 공인이 제작한 것으로 파악하고

460년대로 비정된다고 하였다.[17]

그런데 신경철의 견해는 고구려 남정이라는 역사적인 정황 이외에는 논거를 찾기 어려우며 또한 역사적 사건과 고고자료의 양자간 상관관계를 입증할 수 있는 명확한 증거가 제시되었다고 보기 어렵다. 그리고 당시 첨단 기술자인 제도製陶 공인이 마치 유민流民과 같이 일본열도에 이주한 것으로 보기 어려우며, 그가 주장하는 460년대 일본열도에 금관가야계 이주민이 대량으로 이주한 흔적을 사실 어디에서도 찾아볼 수 없다.

필자는 오바데라TG231·232요 출토 스에키가 부산시 복천동21·22호분과 복천동10·11호분 출토 발형기대鉢形器臺와 유사한 점에 주목하여 양자를 병행관계로 파악하고 부산시 복천동21·22호분의 역연대를 4세기 말로 보았다. 옥전M3호분의 연대에 대해서는 f자형경판비鏡板轡와 검릉형행엽劍菱形杏葉과 같은 마구가 이나리야마고분 출토품과 유사한 것으로 보고, 일본열도로의 마구 이입, 보유, 매납 기간을 고려하여 이나리야마고분의 신해년辛亥年 철검명銘(471년)을 전후한 시기로 편년하였다.[18]

그 후 필자는 나라켄奈良縣 헤이죠큐平城宮 하층SD6030유구에서 TG232형식에 1단계 후행하는 TK73형식 또는 TK216형식으로 비정되는 스에키와 함께 출토된 미완성 목제품의 연대가 412년,[19] 교토후 우지시가이宇治市街 SD302유구에서 초기 스에키와 공반된 목제품의 연대가 389년으로 확인[20]되어 그 연대관이 증명된 것으로 보고, 황남대총 남분의 연대에 대해서는 태왕릉 출토 마구에 주목하여 그 피장자를 눌지왕으로 보았다.[21]

김두철은 510년대 『일본서기』의 기문己汶, 대사帶沙 기사에 주목하여, 이를 계기로 일본열도의 교섭 창구가 가야에서 백제로 변하게 된 것으로 보았다. 즉, 이 사건을 계기로 6세기 1/4분기 후반부터 그 창구가 가야에서 백제로 전환되고 6세기 2/4분기부터 본격적으로 백제계 문물이 일본열도에 유입되었다는 것이다. 그래서 구마모토켄熊本縣 에타후나야마江田船山고분의 가야계 마구의 연대를 6세기 제1/4분기로 설정하고 이에 선행하는 옥전M3호분의 마구를 5세기 제4/4분기로 보았다.[22] 그런데 김두철의 연대관은 이나리야마고분 출토 금상감명철검金象嵌銘鐵劍의 신해년을 531년으로 보는 홍보식의 연대관[23]과 연계된 것으로 파악된다.

홍보식은 오사카후 다카이타야마高井田山고분에 대해 현실 평면이 정방형인 송산리형석실이 무령왕릉의 영향을 받아 장방형화된 송산리Ⅲ식 석실을 그 조형으로 주장하였다. 또 다카이타야마고분의 연대를 출토된 울두熨斗를 무령왕릉 출토품과 유사한 것으로 보고, 무령왕릉 축조 이후로 파악하였다. 그러므로 TK23형식의 스에키가 출토된 다카이타야마고분에 후행하는 TK47형식의 스에키가 출토된 이나리야마고분 출토 철검명의 신해년은 당연히 471년으로 볼 수 없고 531년으로 보아야 한다는 논리이다. 그러나 다카이타야마고분과 유사한 구조의 원주시 법천리2

호분은 출토된 등자로 볼 때 분명히 5세기 중엽 이전으로 소급되고, 서울 몽촌토성에서도 475년 이전에 이입된 것으로 파악되는 TK23형식의 스에키가 출토되어 이 고분을 무령왕릉 이후인 6세기 중엽으로 보는 홍보식의 연대관은 성립하기 어렵다. 이는 TK47형식의 스에키를 6세기 제2/4분기로 본다면 나라켄 아스카데라飛鳥寺 정지층整地層 출토품으로 볼 때 분명히 588년에 이전 출현한 TK43형식 사이 약 30년이라는 짧은 기간에 MT15, TK10, MT85형식의 스에키가 들어가야 하는 점에서도 타당한 것으로 보기 어렵다.

더욱이 김두철이 논거로 제시한 『일본서기』의 기문, 대사의 사건은 대왜 교역에서 백제가 결정적인 우위에 선 것을 보여주는 것으로 백제와 왜가 긴밀한 관계에 돌입하는 것은 이미 한성 함락 직후인 479년 동성왕東城王 귀국 기사에서 나타나듯이 웅진기熊津期 전반이다. 이를 웅변하는 것이 영산강유역의 전방후원분이며 대가야 문물이 일본열도에 이입되는 것은 5세기 중엽부터 개시되고 후엽에 집중 이입된다.[24] 이러한 점에서 김두철의 연대관은 당시의 역사적 정황을 올바르게 파악한 것으로 볼 수 없다.

하승철은 초기 스에키가 출토된 유적을 다음과 같은 순으로 편년하고 그 역연대를 부여하였다. 교토후 우지시가이유적(380~400년) - 모찌노키고분(5세기제1/4분기) - 오바데라TG232요(415~435년). 그리고 우지시가이유적의 경우 유로流路임에도 바닥의 동일한 공간에서 목제품이 공반되고 토기간의 형식차가 인정되지 않은 점에서 일괄성이 높은 자료로 보았으나, 헤이죠큐 하층SD6030유구의 경우 상층에서 출토되고 목제품과 토기의 출토지점이 다른 점에서 그 연대에 대해 의문을 제기하였다. 즉, 우지시가이유적의 경우 389년 전후로 소급하는 것으로 보았으나, 헤이죠큐 하층SD6030유구를 412년 전후로 인정하지 않음으로써 결과적으로 이에 병행하는 TK73형식을 5세기 중엽까지 하향 조정하고 초기 스에키가 50년 이상 지속된 것으로 편년하였다.[25]

이 연구에서는 지금도 논의의 대상이 되고 있는 오바데라TG232요와 복천동21·22호분을 병행관계로 파악한 점은 주목된다. 또한 헤이죠큐 하층SD6030유구의 연대에 대한 문제제기 그 자체는 상당히 타당한 것으로 파악되나, 오바데라TG232요 개시기의 연대를 고려하면 3자는 같은 단계 내에서 시기차와 계통차를 가진 것으로 판단된다. 그리고 TK23형식의 역연대가 연륜연대와 몽촌토성 출토정황으로 볼 때 확실하게 460년 전후인 점에서 초기 스에키가 50년 이상의 장기간에 걸쳐서 지속된 것으로 볼 수 없다. 더구나 그가 제시한 5세기 전반의 역연대 기준이 명확하지 않고, 오히려 근거가 분명하지 않는 기존의 영남지역 고분 연대로 이를 편년하는 것은 문제점으로 본다.

조영제는 발형기대와 2단일렬투창고배二段一列透窓高杯의 출현 시기를 가야토기의 형식난립기로 파악하고 이는 고구려 남정 이후 금관가야세력의 영남지역으로 이동에 동반한 혼란상을 반영하는 것으로 파악하였다. 이와 함께 금관가야세력이 일본열도에 이주하는 것에 의해 5세기 전반 오바데라TG232요가 출현한 것으로 보았다.[26]

그런데 금관가야의 멸망은 문헌사료에 의하면 532년이 분명하고 400년 이후 금관가야세력이 집단적으로 영남 내륙지역으로 이주한 흔적이 보이지 않고, 일본열도로의 이주도 확인하기 어렵다. 더구나 분명한 논거도 없이 오바데라TG232요 출토 스에키와 유사한 경남 서부지역 토기가 5세기 전반 또는 중엽으로 편년되므로 그 연대를 같은 시기로 보아야한다는 논리도 성립되기 어렵다. 왜냐하면 5세기 전반대 경남 서부지역 토기의 역연대의 근거가 무엇인지 명확하지 않기 때문이다.

최근 신경철은 오바데라TG232요 출토 스에키를 복천동10·11호분과 병행하는 것으로 본 종래의 자신의 견해를 철회하고 오히려 전자가 후자에 후행하는 것으로 보는 새로운 설을 제기하였다.[27]

그러나 필자가 분명히 하고 하승철도 인정한 바와 같이 오바데라TG232요는 복천동21·22호분 단계에 조업을 개시하고 복천동10·11호분 단계까지 조업한 것으로, 그 토기의 형식으로 볼 때 복천동10·11호분에 후행한다는 것은 논의의 여지가 없다.

2. 가야 · 신라고분 역연대 설정의 근거자료

여기에서는 가야·신라고분의 역연대의 근거가 되는 자료를 검토하고자 한다.

1) 고구려 태왕릉

태왕릉의 묘주墓主에 대한 논의는 100여 년의 오랜 연구사가 있으며 2004년 발굴보고서가 중국에서 출간되어 그 논의가 활기를 띠게 되었다.

태왕릉은 391년 몰한 고국양왕릉 또는 412년 몰한 광개토왕릉으로 주로 논의되고 있다. 이 고분에서는 신묘년新卯年 호대왕好大王이라는 명문을 가진 동령銅鈴이 출토되어 신묘년은 광개토왕의 즉위 연대인 391년으로 비정되고 있다.

중국측에서는 고구려 왕릉에 수릉제壽陵制가 실시된 것으로 보고 391년 광개토왕이 즉위하면서 동령銅鈴을 만들었으며, 이후 자신의 장례에 사용한 것으로 파악하여 태왕릉을 광개토왕릉으로 비정하였다. 한편 국내에서는 광개토왕이 즉위한 391년 만든 것을 선왕先王인 고국양왕의 장례용품으로 부장된 것으로 보고 고국양왕릉으로 비정하는 견해가 일반적이다.

현재 양설은 입증할 수 있는 명확한 근거가 각각 있다고 보기 어려우나, 다만 이 고분 출토 마구가 391년 또는 412년 직후에 부장된 것이 분명하다. 그래서 태왕릉 출토 마구는 동북아시아의 마구의 연대를 규정할 수 있는 자료라 할 수 있다.

태왕릉 출토 마구 가운데 주목되는 것은 투조透彫와 축조蹴彫로 사신四神을 비교적 사실적으로 시문施文한 금동제 등자鐙子이다. 왜냐하면 이 등자는 답수부에 미끄럼 방지용 못이 박히지 않은 것으로 문양과 답수부踏受部의 형태로 볼 때 같은 형식 계열의 경주시 황남대총 남분 출토 등자에 선행하는 것으로 파악되기 때문이다.

2) 신라 황남대총 남분

황남대총은 신라고분 가운데 가장 큰 규모의 고분으로 그 피장자는 남분은 남성, 북분은 여성으로 추정되고 있으며 그 규모로 볼 때 남분은 왕릉일 가능성이 높다. 남분의 피장자에 대해서는 내물왕으로 보는 5세기 초설과 눌지왕으로 보는 5세기 중엽설로 나뉘어져 논의되고 있다.

황남대총 남분 출토 등자는 투조로 용문을 표현하였으나, 사신四神을 비교적 사실적으로 시문하고 있는 태왕릉 등자와 달리 그 문양이 완전히 퇴화한 형식인 점이 주목된다. 또 남분 출토 등자는 답수부에 미끄럼 방지용 못이 박혀 있는 점에서 태왕릉 출토품보다 2단계 정도 후행하는 형식으로 파악된다.

더욱이 등자의 미끄럼 방지용 못은 고구려고분에서도 보이는 것에서 신라에서도 그 영향에 의해 출현하였다고 파악한다. 그런데 신라지역에서는 남분과는 1단계 이상, 즉 1세대 이상의 시간 폭을 가진 것이 분명한 임당동7B호분과 복천동10·11호분에서 답수부에 병鋲이 박힌 등자가 확인된다. 그래서 만일 남분의 축조연대를 402년으로 본다면 391년으로 추정되는 태왕릉 등자에 선행하여 신라에서 신식의 등자가 출현한 것이 되어 결과적으로 남분의 축조시기를 402년으로 볼 수 없게 된다.[28] 따라서 태왕릉을 고국양왕릉으로 보고 황남대총 남분을 내물왕릉으로 보는 견해[29]가 있으나, 만일 태왕릉이 광개토왕릉이라면 이 설은 당연히 성립할 수 없으며, 또한 고국양양릉이라 가정하여도 그 시기 차가 불과 11년에 지나지 않아 형식학적으로 볼 때 황남대총 남분 등자의 연대가 402년으로 설정될 수 없어 내물왕릉설은 성립하기 어렵다.

더욱이 황남대총 남분은 용문투조 대장식구와 토기의 형식으로 볼 때 임당동7B호분보다 분명히 1단계 후행하는 시기에 축조된 것으로 파악된다. 임당동7B호분은 용문투조 대장식구와 등자로 볼 때 시가켄 신가이1호분, 오사카후 시치칸고분과 같은 시기로 편년되며 3기의 고분은 412년 전후로 파악되는 TK73형식의 스에키와 병행하는 시기로 본다. 따라서 402년 몰沒한 내물왕릉설은 성립되기 어렵고 458년 몰한 눌지왕릉설이 타당한 것으로 본다.

3) 백제(무령왕릉, 풍납토성 출토 가야토기, 몽촌토성 출토 스에키, 백제지역 출토 중국 도자기〈도4-1〉)

　무령왕릉은 삼국시대 왕릉 가운데 유일하게 묘지가 출토되어 이 시기 역연대의 가장 중요한 기준자료이다. 무령왕은 523년 몰한 후 525년 매장이 이루어진 것으로 밝혀졌다. 무령왕릉 출토품은 가야·신라지역과 병행관계를 파악할 수 있는 부장품이 많지 않다. 더욱이 무령왕릉 출토 동완銅盌은 합천군 옥전M3호분, 고령군 지산동44호분 출토품과 유사하나 동완 그 자체가 성격상 변화를 찾아보기 어려워 병행관계를 파악하기 어렵다. 여기에서 주목하고자 하는 부장품은 용봉문환두대도이다. 지산동 구39호분 출토 용봉문환두대도는 무령왕릉과 출토품과 유사한 것으로 파악되어왔다.[30] 이 환두대도가 무령왕릉 출토품과의 비교가 가능하다고 판단되는 것은 병부柄部의 문양이 이전 시기의 용문에서 구갑문龜甲文내 봉황을 시문한 것으로 변한 점이 주목된다. 즉, 문양의 구성이 돌연히 변한 것으로 이는 무령왕릉 출토품과 같은 백제 환두대도의 도상이 영향을 미친 것으로 볼 수 있다.

　서울시 몽촌토성3호저장공 출토 개배는 TK23형식의 스에키이다.[31] 이 스에키는 백제토기와 공반되고 있고 당시의 고구려와 왜의 적대적인 관계로 볼 때 한성 함락 이전에 반입된 것이 분명한 점에서 TK23형식의 출현 연대와 그 이입 시기는 확실히 475년 이전으로 상정된다.

　서울시 풍납토성 출토 소가야양식 토기도 이 시기 역연대 설정에 중요한 기준이 된다. 왜냐하면 스에키와 같이 소가야양식 토기도 475년 한성기에 이입된 것으로 판단되기 때문이다.[32]

　천안시 용원리9호분에서는 황남동109호분3·4곽, 복천동21·22호분에 부장된 철대로 윤부와 병부를 보강한 등자가 역연대를 알 수 있는 중국도자와 함께 출토되었다. 종래 백제지역 출토 중국도자는 이입되어 장기간 전세된 것으로 파악되어왔으나, 근래 형식 변화한 다양한 기종이 시기별로 이입되어 1세대 이상 전세되지 않은 것이 분명해졌다.[33]

　용원리9호분은 공반된 계수호鷄首壺가 항주시 노화산 동진 광저2년묘杭州市老和山東晉光宁二年墓(364년) 출토품과 유사한 점에서 4세기 후반에 제작되어 이입된 후 부장되는 시차를 고려하면 4세기 후엽을 전후한 시기로 편년된다.

　공주시 수촌리Ⅱ-1호분에서는 윤상부輪上部만을 철판으로 보강하고 답수부에 병鋲이 박힌 단면 5각형목심등자木心鐙子가 동진東晉제 사이부호四耳附壺와 함께 출토되었다. 수촌리Ⅱ-1호분은 사이부호가 동진 영화7년東晉永和七年(351년)에서 송 원가10년宋元嘉十年(433년) 사이에 들어가는 형식인 점과 등자가 용원리9호분 등자에 후행하는 형식인 점에서 5세기 초를 전후한 시기로 편년된다.

　수촌리Ⅱ-4호분에서는 철판으로 윤輪 전체를 철판으로 보강하고 답수부에 병鋲이 박힌 단면 5각형목심등자가 동진제 계수호와 함께 출토되었다. 수촌리Ⅱ-4호분은 계수호가 동진 의희2년 사온묘東晉義熙二年謝溫墓(406년) 출토품을 전후한 시기의 형식인 점과 등자가 수촌리Ⅱ-1호분 등자

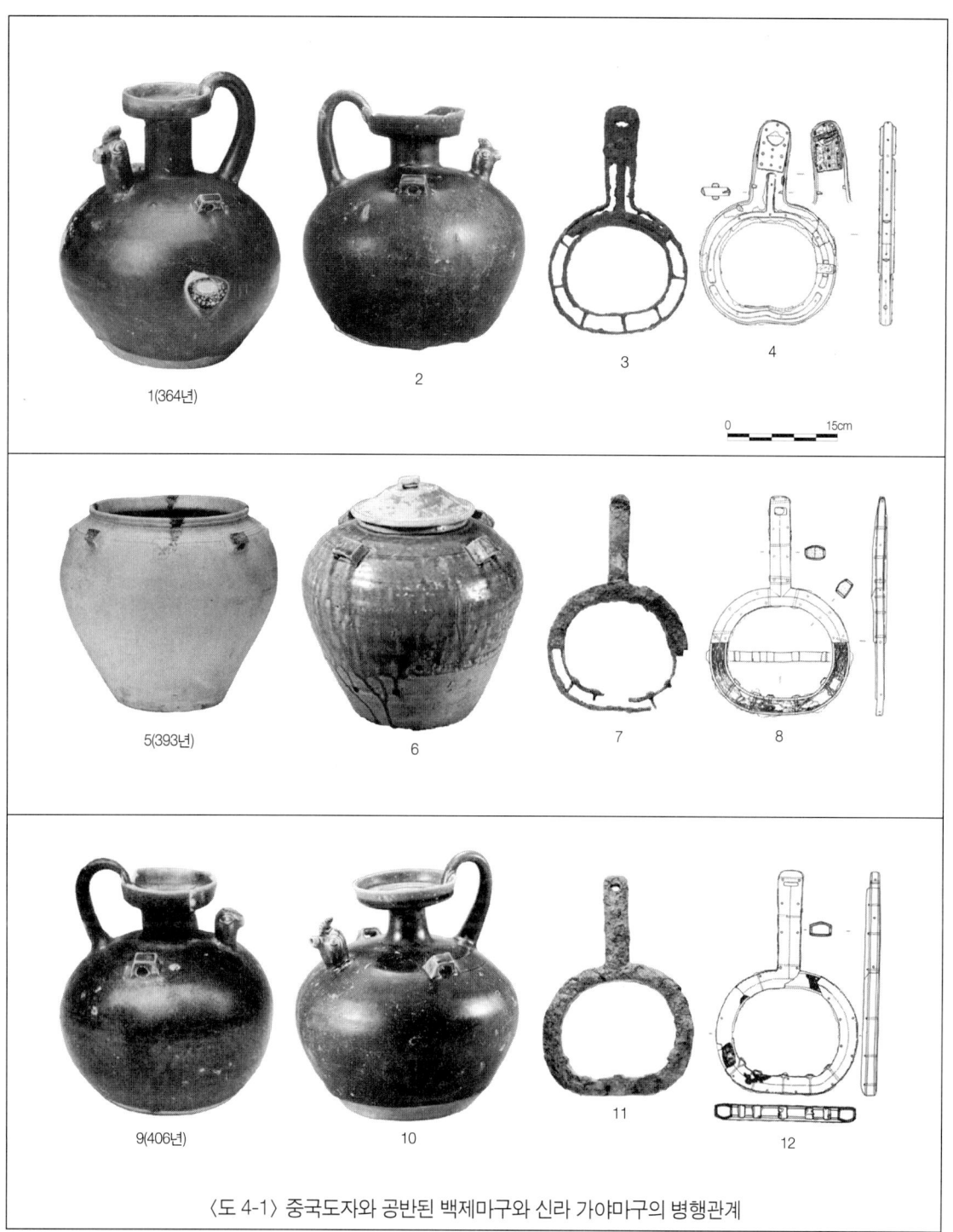

〈도 4-1〉 중국도자와 공반된 백제마구와 신라 가야마구의 병행관계

1 : 杭州市老和山東晉光寧二年墓(364년), 2·3 : 천안시 용원리9호분, 4 : 부산시 복천동 21·22호분, 5 : 新昌縣東晉太元18年3墓(393년)
6·7 : 공주시 수촌리 II-1호분, 8 : 고령군 지산동30호분, 9 : 杭州市謝溫墓(406년), 10·11 : 공주시 수촌리 II-4호분, 12 : 고령군 지산동32호분

IV. 토기로 본 가야·신라고분의 역연대

에 후행하는 형식인 점에서 5세기 전엽을 전후한 시기로 편년된다.

4) 왜(연륜연대, Hr-FA강하연대)

수목은 기상이나 환경 등의 조건에 따라 연륜의 폭이 해마다 변동한다. 연륜연대법은 연륜폭의 변화로부터 연대를 과학적으로 결정하는 방법이다.

한반도계 문물이 출토되고 있는 일본에서는 1980년부터 연륜연대에 대한 연구가 진행되어 현재 일본열도의 일정한 지역 내의 노송나무ヒノキ, 삼나무スギ, 금송コウヤマキ 등의 침엽수의 연륜을 계측하여 1년 단위 역년표준曆年標準 표가 3000년분이 작성되었다. 최근 연륜연대측정법은 연륜 측정 대상 목재에 대한 AMS측정을 통하여 연대근거가 보강되었다.

앞에서 언급한 바와 같이 헤이죠큐하층SD6030유구에서는 TK73형식 또는 TK216형식으로 비정되는 스에키와 함께 출토된 미완성 목제품은 수피樹皮형으로 벌채 또는 성장이 멈춘 연대가 412년으로 밝혀졌다. 우지시가이유적에서 초기 스에키와 공반된 목제품도 역시 수피형으로 벌채 또는 성장이 멈춘 연대가 389년으로 확인되었다. 이 시가이유적 출토 스에키는 삼각거치문이 시문된 발형기대, 점렬문이 시문된 개, 팔八자형 대각臺脚의 고배高杯 등의 형식으로 볼 때 TG232형식과 병행하는 시기로 파악된다.

나라켄 시모타下田2호분에서는 방형주구묘方形周溝墓의 주구에서 금송제의 목관 저판底板이 출토되었다. 목재는 변재邊材형으로 449+α년으로 측정되어 10년 전후의 연륜을 더한다면 460년대에 해당하며 공반된 스에키는 TK23형식이다.[34]

그런데 시가이유적 출토 스에키에 공반된 목제품의 연륜연대는 TK73형식 또는 TK216형식에 동반한 헤이죠큐 하층SD6030유구의 목제품보다 약 20년 정도 선행하는 점이 주목된다. 이는 TG232형식과 TK73형식 간의 형식차를 모순 없이 잘 반영하는 점에서, 그동안 의문시되어온 헤이죠큐 하층SD6030유구의 연륜연대를 방증하고 TG232형식 스에키의 연대에 대한 결정적인 단서를 제공한다. 더욱이 시모타2호분 출토 목제품이 460년대인 점은 형식차를 잘 반영하는 것으로, 일본열도의 연륜연대 연대가 기존의 스에키 연대관과 모순이 없는 점에서 그 신뢰성이 인정된다.

이상으로 볼 때 스에키는 TG232형식(390년 전후) - TK73형식(410년 전후) - TK216형식 - TK208형식 - TK23형식(460년대 전후)으로 편년되며 그 역연대가 부여된다.

군마켄群馬縣의 하루나산榛名山은 고분시대에 3번에 걸친 분화활동을 일으켰으며 그 주변의 유적에서는 화산재에 매몰된 유구가 발굴조사에 의해 확인되고 있다. 그 가운데 하루나시부카와榛名澁川화산생성물(Hr-FA)은 화산생성물에 의해 쓰러진 나무의 AMS연대 측정에 의해 5세기 말이

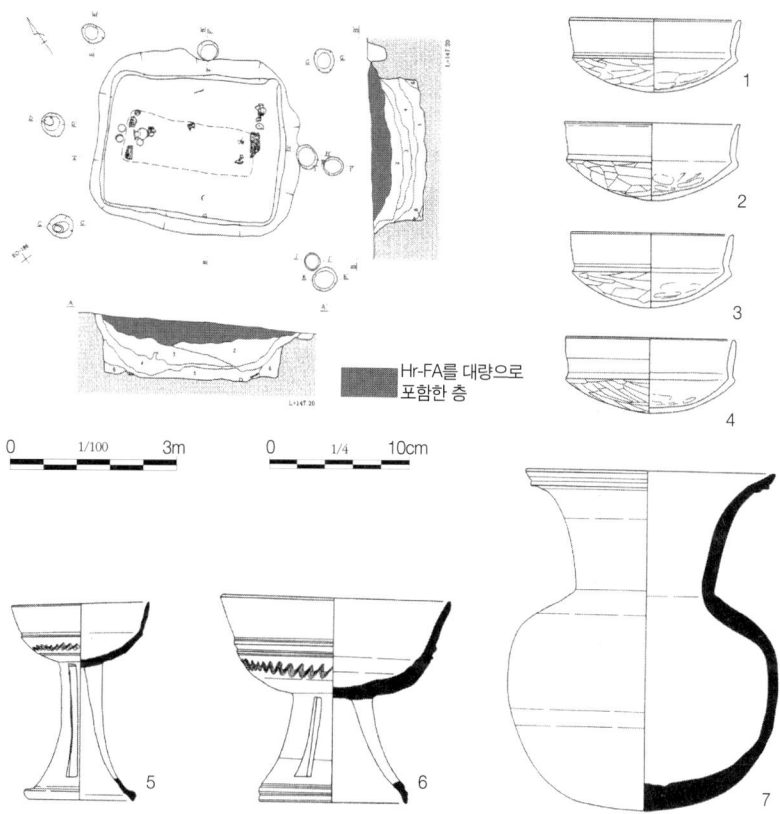

〈도 4-2〉 Hr-FA층하 群馬県多田山69수혈 출토 MT15형식 스에키

라는 연대가 확인되었다. 또한 Hr-FA하의 여러 유적에서 MT15형식의 스에키가 출토되어 이 형식 스에키의 출현 연대가 5세기 말로 소급되는 것이 확실시되었다[35]〈도4-2〉.

5) 왜(히미코卑弥呼묘, 신해년辛亥年 철검, 게이타이繼體릉, 이와이磐井묘)〈표4-1〉

히미코卑弥呼의 묘의 축조시기는 몰한 249년 이후부터 다음 왕위 계승자가 위魏에 사절을 파견하는 266년 사이로 비정되고 있다. 나라켄 하시하카箸墓고분은 그 규모와 축조시기에 근거하여 일본 최고의 초대형 전방후원분으로 히미코의 묘로 비정되고 있다.

사이타마켄 이나리야마고분의 역곽礫槨에서는 신해년명銘 철검과 함께 마구, 대장식금구帶裝飾金具가 출토되었다. 분구상墳丘上에서는 TK47형식의 스에키가 출토되었다. 신해년명 철검은 456년, 465~479년, 489년에 재위한 유라쿠雄略연간, 즉 471년에 제작된 것으로 보는 것이 정설이다. 그런데 논의가 된 것은 역곽의 시기이다. 시라이시 타이이찌로白石太一郎는 역곽이 후원부 중앙부에 조영되지 않고 영부행엽鈴附杏葉과 같은 마구가 부장된 점에서 중심 매장주체부로 볼 수 없고 추가장된 것으로 보고, MT15형식에 병행하는 시기로 파악하였다.[36]

한편 와다 세이코和田晴吾는 중심 매장주체부가 중앙부에 조영되지 않는 예가 있고 영부행엽이 TK23형식에 공반된 예가 있는 점에서 역곽를 TK47형식에 병행하는 것으로 보았다.[37] 이나리야마고분에서는 합천군 옥전M3호분과 같은 형식의 마구가 출토되어 대가야고분과의 병행관계를 알 수 있다.

필자는 영부행엽 가운데 초기 형식의 경우 아직 출토품은 없으나 국립중앙박물관 소장품 등 여러 점이 국내에서 확인되고 일본열도에서 대가야산 문물과 공반되는 점에서 대가야에서 제작 되었을 가능성이 높은 것으로 본다. 따라서 영부행엽이 검릉형행엽 등의 마구와 함께 같이 이입 되었을 가능성이 높기 때문에 이를 검릉형행엽에 후행하는 형식으로 파악하고 이나리야마고분 을 늦추어 볼 이유가 없는 것으로 생각한다.

오사카후 이마시로쯔카고분은 게이타이繼體릉으로, 후쿠오카켄福岡縣 이와토야마巖戶山고분은 이와이磐井묘로 파악되고 있다. 게이타이는 527년 또는 531년, 이와이는 528년 몰歿한 것으로 보고 있다. 양자에서는 MT15형식과 TK10형식의 스에키가 출토되었다<표 4-1>.

〈표 4-1〉 한일고분의 병행관계와 역연대

연대	일본	한국
3세기 중엽	箸墓, 卑弥呼歿249년	대성동29호분
4세기 말	市街유적, TG232 연륜 389년	태왕릉 고국양왕 391년
5세기 초	平城宮하층, TK73 연륜 412년	복천동10·11호분
5세기 중엽	下田2호분, TK23 연륜 449년+α	황남대총 남분 눌지왕 458년 한성함락 몽촌토성 TK23 475년 이전
5세기 후엽	稻荷山古墳, TK47, 辛亥年鐵劍 471년	옥전M3호분
5세기 말	Hr-FA MT15 490년 이후	지산동44호분
6세기 전엽	繼體陵, 磐井墓, MT15-TK10, 530년 전후	무령왕릉 525년

3. 가야·신라고분의 역연대

1) 김해 대성동29호분

신경철은 대성동29호분 출토 양이부원저단경호兩耳附圓底短頸壺가 고월자古越瓷의 영향에 의해 성립된 것으로 보고 이를 3세기 말로 편년하였다.[38] 그런데 이는 『진서晉書』사이전四夷傳 부여夫餘조의 태강太康6년(285년)기사에 의거하여 부여족이 남하함으로써 금관가야가 성립되었다는 본인의 기마민족이주설을 주장하기 위한 연대관에 의한 것이다.

대성동29호분 출토 직구直口 와질타날문단경호瓦質打捺文短頸壺와 유사한 형식의 호는 공주시 하봉리9호분에서도 확인된다. 이와 같은 와질호는 하남시 미사동A-21호 주거지에서 중도식 경질무문토기中島式 硬質無文土器와 공반되며, 같은 형식의 경질무문토기는 강릉시 안인리2호주거지에서도 확인된다. 2호주거지에서는 낙랑토기가 확인되며, 이 낙랑토기는 다카쿠겐지高久健二의 낙랑고분 편년의 5기인 3세기 전반에 해당하는 형식이다[39]. 더욱이 대성동29호분에서는 일본열도 고분과의 병행관계의 설정이 가능하다. 즉, 대성동29호분의 하지키계 연질옹은 후쿠오카켄福岡縣 쯔고쇼카케津古掛고분 출토 하지키와 유사하며, 또 여기에서는 29호분 출토품과 유사한 정각식定角式 철촉과 판상철부板狀鐵斧가 출토되었기 때문이다. 쯔고쇼카케고분은 쇼나이庄內식과 후루布留고식 하지키가 공반되어 3세기 중엽으로 편년된다.

오사카후 가미加美1호분구묘 출토 승석문호繩蓆文壺는 인접한 규호지久宝寺유적 SK303 출토 노형기대爐形器臺와 함께 쇼나이식 Ⅲ기에 병행하는 것으로 한반도와 일본열도의 교차 편년 설정에 중요한 자료이다. 가미1호분구묘 출토 승석문호는 종래 회청색경질토기로 보지 않았으나 횡치橫置소성에 의한 동부胴部의 함몰흔과 구연부口緣部의 왜곡 등의 특징으로 볼 때 와질토기에서 회청색경질토기로 가는 과도기의 함안지역산 토기로 파악된다.

쇼나이식Ⅲ기는 일본 최고의 초대형 전방후원분으로 히미코의 묘로 비정되고 있는 나라켄奈良縣 하시하카箸墓고분이 축조되는 시기이다. 하시하카고분의 연대는 249~266년 사이로 비정되고 있다. 그리고 이 Ⅲ기는 와질토기가 주류인 가운데 회청색경질토기가 출현하는 김해시 대성동29호분과 병행하는 것으로 파악되어 이 시기의 역 연대 설정에 참고가 된다. 대성동29호분은 이상과 같은 낙랑고분과 일본열도 고분과의 병행관계로 볼 때 3세기 중엽으로 비정된다.

더욱이 대성동29호분의 연대는 하한이 2세기 후엽으로 비정되고 있는 양동리162호분보다 2단계 후행하는 점에서 주목된다. 즉, 대성동29호분은 양동리162호분의 다음 단계인 회청색경질토기가 출현하는 양동리235호분에 바로 후행하는 고분인 점에서 이를 3세기 중엽 이후로 늦추어 볼 수 없다.

대성동29호분은 원삼국시대 목곽묘와 일본열도 고분의 편년으로 볼 때 3세기 중엽으로 편년된다.

2) 경주시 황남동109호분3·4곽, 부산시 복천동21·22호분, 합천군 옥전23호분

복천동21·22호분은 오바데라유적 출토 초기 스에키와 병행하는 것으로 본다. 필자는 오바데라유적TG232요의 배신을 파악할 수 있는 발형기대를 통하여 부산·김해지역과의 병행관계를 설정하였다. 이 유적에서는 격자문格子文, 거치문鋸齒文, 결승문結繩文을 복합한 문양구성이 주류를 이루는 가운데 새롭게 파상문波狀文이 시문된 기대가 출현하는 양상을 관찰할 수 있다. 이러한 문양 조합은 복천동21·22호분과 거의 일치하는 것으로 판단된다. 그리고 발형기대 가운데 복천동10·11호분 출토품과 같은 산山자형을 한 변형파상문을 가진 것도 소수 확인되어, 필자는 이 기대들을 포함한 초기 스에키를 일정한 기간에 걸쳐서 제작된 것으로 파악하고 그 역연대를 4세기 말에서 5세기 초에 걸친 것으로 비정하였다.[40]

그 후 앞에서 언급한 바와 같이 헤이죠큐 하층과 우지시가이유적에서 초기 스에키와 공반된 목제품의 연대가 각각 412년, 389년으로 확인되어 필자의 연대관이 증명된 것으로 본다.

최근 신경철은 오바데라TG232요 출토 스에키를 복천동10·11호분과 병행하는 것으로 보아온 종래의 견해를 철회하고 오히려 전자가 후자에 후행하는 것으로 보는 새로운 설[41]을 제기하고 있어 여기에서 이에 대해 구체적으로 검토하고자 한다.

신경철은 복천동21·22호분에서는 오바데라TG232요 기대보다 배신이 깊고 각부가 곡선적인 고식만이 부장된 것을 강조하고 있으나, 실은 주곽인 22호곽의 경우 배신이 얕고 각부가 직선적인 신식의 기대가 3점 부장된 것이 확인된다. 그러나 전자에는 후자에 선행하는 형식이 일부 보이는 것은 인정되나, 양자兩者의 문양 조합이 일치하고 전자에도 신식이 포함된 점에서 양자는 병행관계로 본다.

또한 신경철은 복천동10·11호분 기대와 유사한 형식이 있는 것을 유독 강조하고 있으나 실은 오바데라TG232요에서의 유사한 형식은 소수에 불과하고 TG232요의 개체수 특히 대호의 수가 다수인 점에서 조업의 시기차를 고려할 필요가 있다고 생각된다. 그래서 이 유적의 일부 토기는 복천동10·11호분과 같은 시기에도 조업이 이루어진 것을 반영하는 것에 지나지 않으며 이를 조업 개시기로 볼 수 없다. 왜냐하면 TG232요에서 고식의 기대뿐만 아니라 복천동10·11호분에 주류를 이루는 신라양식 고배가 보이지 않는 점도 전자가 후자에 후행하지 않음을 방증하는 것이다.

신경철은 기대의 배신의 깊이와 각부의 형태를 기준으로 편년하고 있으나, 요지 출토품인 관계로 도상 복원이 많은 오바데라TG232요 출토품과의 정확한 비교는 사실 무리한 점이 많다. 그래서 필자는 기대의 문양구성의 변화를 가장 중요한 편년의 요소로 보며, 여기에서 논의의 대상이 되고 있는 이하 3자의 문양구성에 대해 새롭게 검토하고자 한다.

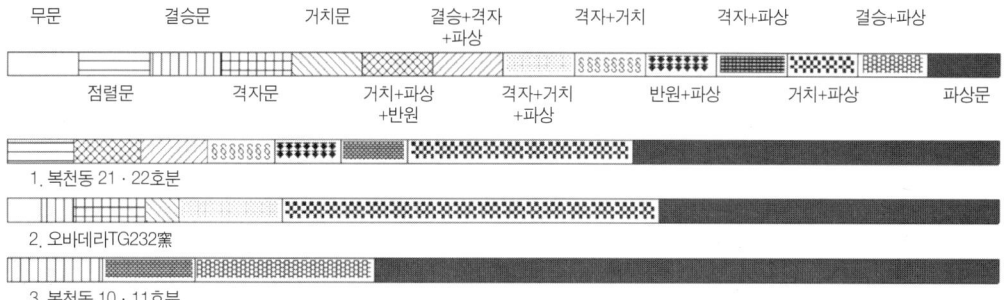

〈도4-3〉 오바데라TG232요, 복천동21·22호분, 복천동10·11호분 출토 발형기대의 문양구성 비교

TG232요에서 출토된 발형기대 가운데 배신의 문양이 확인되는 개체는 모두 29점이며 문양은 무문無文(1점), 결승문(1점), 격자문(2점), 거치문(1점), 격자문+거치문+파상문(3점), 파상문+거치문(11점), 파상문(10점)의 조합으로 구성되어 있다<도4-3, 도4-4>.

복천동21·22호분의 기대는 모두 14점이며 문양은 점렬문點列文(1점), 거치문+파상문+반원문半圓文(1점), 결승문+격자문+파상문(1점), 격자문+거치문(1점), 격자문+파상문(1점), 반원문+파상문(1점), 거치문+파상문(3점), 파상문(5점)의 조합으로 구성되어 있다.

복천동10·11호분의 기대는 모두 11점이며 문양은 결승문(1점), 결승문+파상문(2점), 격자문+파상문(1점), 파상문(7점)의 조합으로 구성되어 있다.

TG232요에서는 복합문양이 주류를 이루는 가운데 새롭게 파상문이 시문된 기대가 출현하는 양상을 관찰할 수 있으며, 이러한 문양 조합은 복천동21·22호분과 거의 일치하는 것으로 판단된다. 그리고 발형기대 가운데 복천동10·11호분 출토품과 같은 산山자형을 한 변형파상문을 가진 것도 소수 확인되어, TG232요가 복천동21·22호분 단계에 조업을 개시하고 복천동10·11호분 단계까지 조업한 것을 잘 알 수 있다.

이와 함께 앞에서 언급한 천안시 용원리9호분에서는 황남동109호분3·4곽, 복천동21·22호분에 부장된 철대로 윤부輪部와 병부柄部를 보강한 형식의 등자가 출토되었다. 이 고분은 4세기 후반의 기년명紀年銘과 공반된 계수호가 공반되어 부장되는 시차를 고려하면 4세기 말 선후로 편년된다. 등자는 장병화된 것으로 황남동109호분3·4곽, 복천동21·22호분 출토품에 비해 신식으로 파악된다. 따라서 양 고분은 용원리9호분에 선행하는 4세기 말 이전으로 편년된다.

합천군 옥전23호분도 복합문양을 특징으로 하는 발형기대로 볼 때 황남동109호분3·4곽, 복천

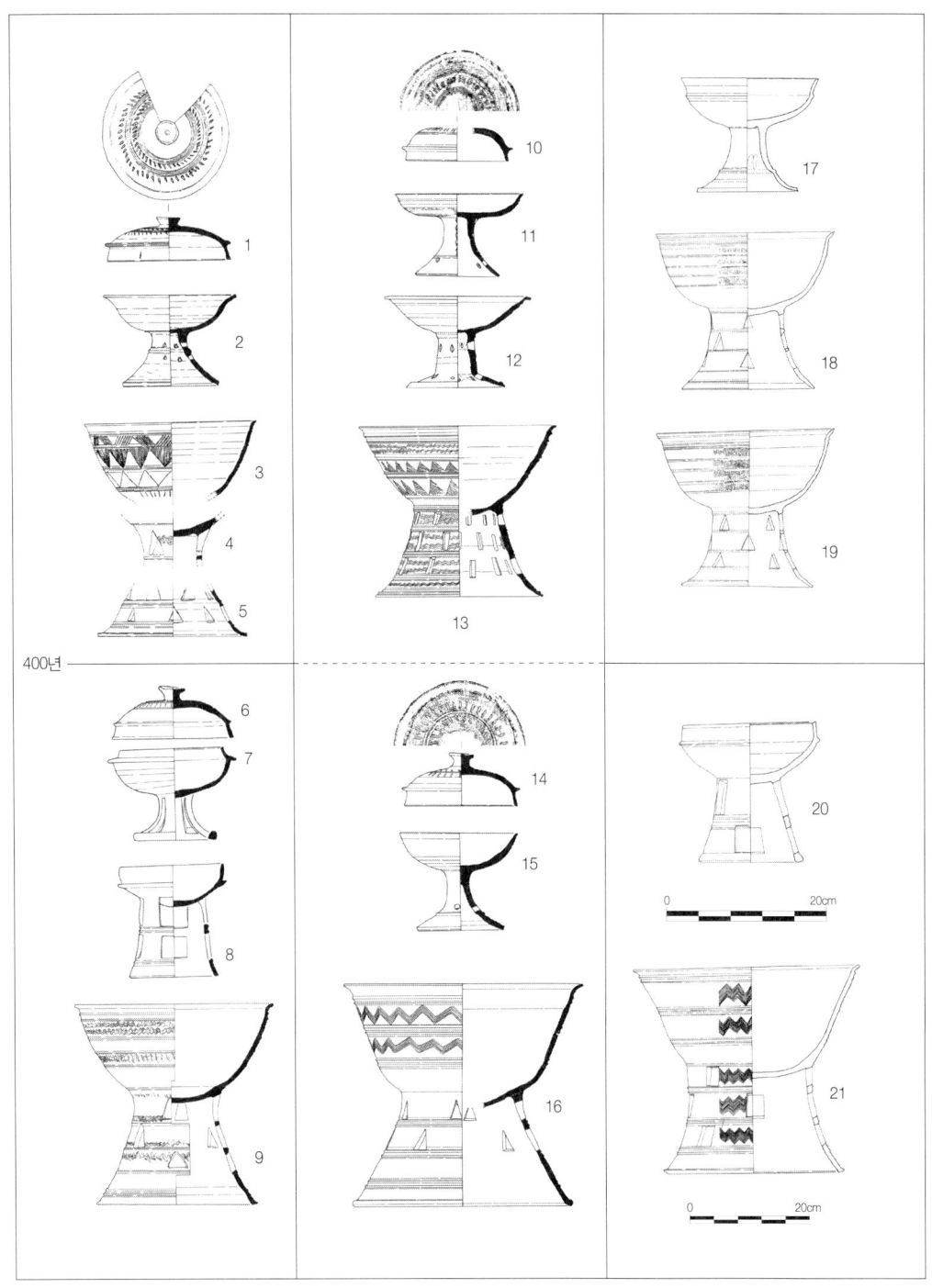

〈도4-4〉 초기 스에키의 편년과 병행관계

1~5 : 京都府 市街遺蹟, 6~9 : 京都府奈具岡北1號墳, 10~16 : 大庭寺TG232窯, 17~19 : 복천동21・22호분, 20, 21 : 10・11호분

동21·22호분과 병행하는 시기로 본다. 이와 관련하여 공주시 수촌리II-1호분에서는 합천군 옥전35호분 출토품과 동일 형식의 윤상부만을 철판으로 보강하고 답수부에 병鋲이 박힌 단면 5각형목심등자가 4세기 후반에 제작된 중국제 사이부호四耳附壺와 함께 출토되어 5세기 초 전후로 편년되는 것도 참고가 된다. 왜냐하면 옥전35호분은 토기와 마구로 볼 때 옥전23호분에 1단계 후행하는 시기로 판단되고, 이는 TK73형식의 스에키가 출토된 교토후 나구오카키타奈具岡北1호분과 같은 형식의 창녕양식 토기가 공반되고 있기 때문이다. 즉, 옥전23호분이 TK73형식보다 1단계 선행하는 복천동21·22호분, 황남동109호분3·4곽과 병행하는 것을 방증하는 것이다.

황남동109호분3·4곽과 같은 단계로 파악되는 월성로가13호분에서는 경판비가 출토되어 중국 동부지역 출토품과의 비교를 통하여 4세기 후반으로 보는 견해가 있다.[42] 그런데 신라지역에서는 월성로가13호분에 선행하는 시기인 임당동G6호분 단계에 이미 경판비가 확인되므로, 이러한 편년에 따르면 신라지역에서의 경판비 출현이 삼연三燕과 동시기 또는 선행하는 것이 되어버리는 모순이 발생한다.[43] 그래서 월성로가13호분을 4세기 중엽에 가까운 시기로 보기 어렵다.

황남동109호분3·4곽, 복천동21·22호분, 옥전23호분의 연대는 일본열도의 초기 스에키, 용원리9호분 출토 중국도자의 연대, 삼연지역의 마구 편년으로 볼 때 4세기 말로 편년된다.

3) 부산시 복천동10·11호분, 경산시 임당동7B호분, 고령군 지산동30호분〈도4-5〉

신경철은 복천동10·11호분의 연대에 대해 유사한 형식의 등자가 출토된 시가켄 신가이고분, 오사카후 시치칸고분의 연대관에 근거하여 5세기 중엽으로 설정하였다.[44]

종래 양 고분은 일본고분 편년에서는 5세기 중엽으로 비정되어왔다. 이는 신경철에 이어 김두철의 연대관에도 계승되어 그는 양 고분을 5세기 제2/4분기 말 또는 5세기 제3/4분기로 편년하고 있다.[45] 그러나 양 고분은 전방후원분 집성 편년의 6기에 해당하는 TK73형식의 스에키와 병행하는 시기이다. 시치칸고분 출토 용문대장식구는 신라산으로 황남대총 남분 출토품보다 형식학적으로 확실하게 1단계 이상 선행하는 것으로 경산시 임당동7B호분 출토품과 동일한 형식이다.[46] 임당동7B호분은 토기로 볼 때 황남동109호분3·4곽보다 1단계 후행하는 경주시 월성로나13호분과 병행하고 458년에 몰한 눌지왕의 무덤으로 추정되는 황남대총 남분보다 1단계 이상 선행한다. 또 경산시 임당동7B호분과 합천군 옥전35호분에서는 동일한 형식의 신라산 편원어미형행엽扁圓魚尾形杏葉이 부장되어 양자는 병행관계로 파악된다. 그래서 복천동10·11호분의 연대는 역시 5세기 초로 파악된다.

TK73형식의 스에키가 공반된 교토후 나구오카키타1호분의 창녕양식 토기는 부산시 가달5호분 출토품과 같은 형식이다. 또한 합천군 옥전35호분에서는 가달5호분과 같은 형식의 창녕지

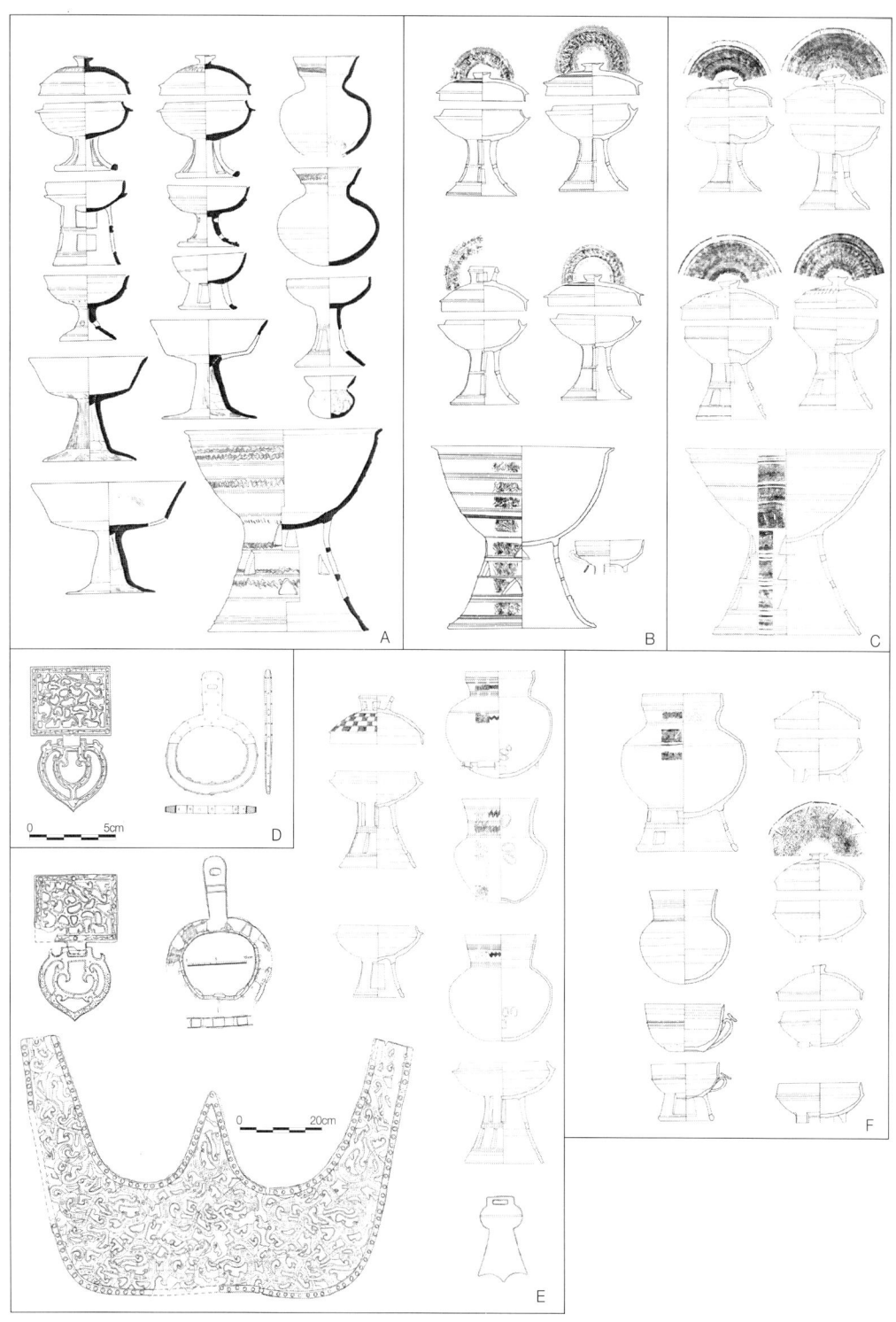

〈도4-5〉 신라 가야고분과 일본열도 고분의 병행관계(TK73형식 412년 전후)

A : 京都府奈具岡北1號墳, B : 부산시 가달5호분 C.창원시 도계동(경)6호분,
D : 大阪府七觀古墳・滋賀縣新開1號墳, E : 경산시 임당동7B호분 F.경주시 월성로 나13호분

역산 토기와 함께 병부 단면 5각형 등자가 부장되었다. 이러한 대가야문물은 필자가 5세기 전엽으로 편년해 온 지산동30호분과 병행하는 시기의 것이다.[47] 이는 TK73형식 스에키의 역연대가 412년을 전후하는 것과 함께 단면 5각형의 동일 형식의 등자가 출토되어 5세기 초 전후로 편년되는 공주시 수촌리Ⅱ-1호분의 연대와 부합한다.

지산동30호분은 35호분과 32호분의 사이에 조영된 고분이다. 지산동35호분과 32호분의 연대에 대해 김두철은 전자를 460년대, 후자를 480년대로 보고[48] 있으나 어떠한 근거로 이러한 역연대를 도출했는지 알 수 없다.

그런데 앞에서 언급한 바와 같이 TK73형식 스에키가 출토된 나구오카키타1호분과 부산시 가달5호분, 합천군 옥전35호분, 옥전5호분은 공반된 창녕양식 토기로 볼 때 병행관계로 파악되며, 옥전35호분, 옥전5호분 출토 병부 단면 5각형 등자는 답수부에 미끄럼 방지용 병鋲이 박힌 것으로 지산동30호분 출토 등자와 같은 형식인 점에서 후자는 크게 보아 TK73형식 스에키와 공반하는 것으로 파악된다. 또한 수촌리Ⅱ-4호분에서 지산동30호분 출토품에 1단계 후행하는 형식의 철판으로 윤 전체를 철판으로 보강하고 답수부에 병이 박힌 5세기 전엽 전후로 편년되는 목심등자가 부장된 것도 이를 방증하는 것으로 본다.

복천동10·11호분, 임당동7B호분, 지산동30호분의 연대는 황남대총 남분, 일본열도의 초기 스에키, 수촌리고분 출토 중국도자의 연대로 볼 때 5세기 초·전엽으로 판단된다.

4) 합천군 옥전M3호분, 사이타마켄 이나리야마고분 〈도4-6〉

김두철은 『일본서기』의 510년대에 보이는 기문己汶, 대사帶沙사건을 계기로 일본열도에 이입된 문물이 대가야에서 백제로 전환된 것으로 파악하고, 구마모토켄 에타후나야마고분의 가야계 마구를 6세기 제1/4분기, 이보다 형식학적으로 선행하는 사이타마켄 이나리야마고분 출토 철검의 신해년을 531년으로 보아야 한다고 주장하였다.[49]

그런데 에타후나야마고분에서는 TK23형식과 TK47형식의 스에키가 출토되었으며, 전자는 대가야산 문물에 공반된 것, 후자는 백제산 문물에 공반된 것으로 판단된다. 또 후자에는 웅진기에 제작된 것으로 파악되는 백제산 개배가 공반되었다. 그래서 필자는 이 고분의 대가야산 문물은 5세기 제3/4분기, 백제산 문물은 5세기 제4/4분기에서 6세기 초에 이입된 것으로 보았다. 이는 기문·대사 기사에 의거한 김두철의 연대관이 성립할 수 없음을 보여주는 것이다. 또 이 고분의 연대에 근거하여 옥전M3호분을 5세기 제4/4분기로 편년한 것도 마찬가지이다.

일본열도에서 대가야양식 마구는 시즈오카켄靜岡縣 다타오쯔카多田大塚 등에서 TK208형식 토기와 공반하여 출현하고 주로 TK23형식과 TK47형식의 스에키가 공반되는 점에서도 성립기의

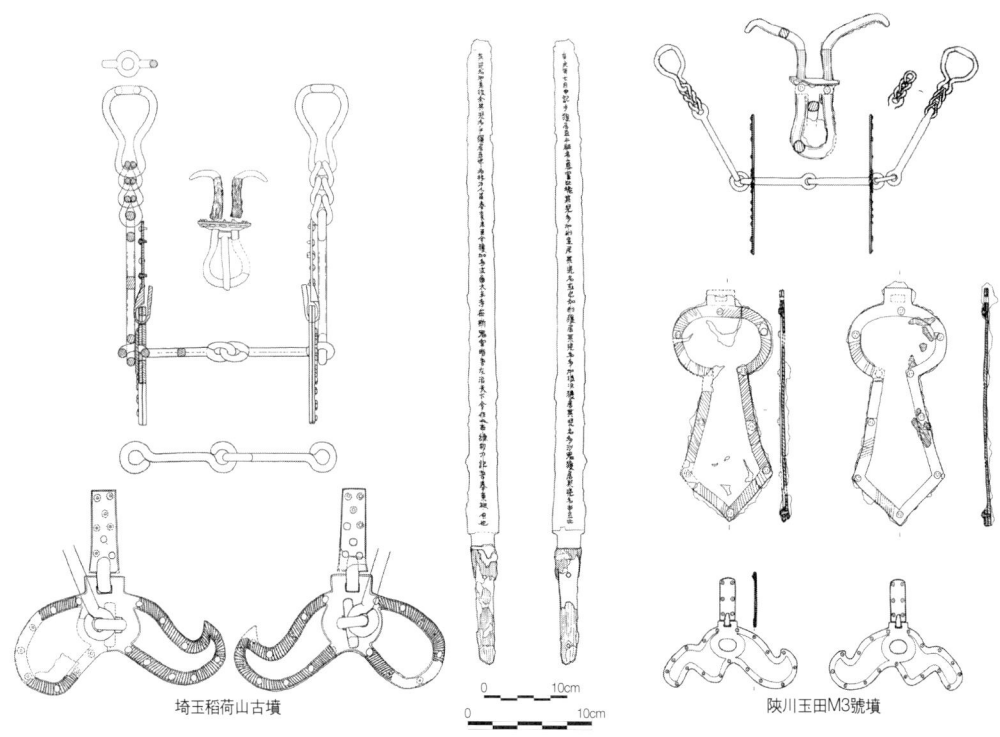

〈도4-6〉 합천군 옥전M3호분과 사이타마켄埼玉縣 이나리야마稻荷山고분의 병행관계(471년 전후)

　대가야양식 마구가 부장된 옥전M3호분의 연대를 5세기 말로 늦추어 볼 수 없다.
　옥전M3호분과 같은 형식의 마구가 출토된 f자형경판비와 검릉형행엽 등은 일본고분 편년과 병행관계를 파악할 수 있는 중요한 자료이다. 또 옥전M3호분의 f자형경판비의 경판은 전체를 강하게 굴곡시킨 점과 인수에 사슬과 별도로 제작한 인수호를 연결시킨 구조, 연금의 못의 수 등의 점에서 이나리야마고분 역곽 출토품과 유사하다.[50]
　이나리야마고분은 출토 대장식구의 반육조 용문이 옥전M3호분 출토 용문환두대도의 병두금구의 도상과 같은 점에서도 병행관계로 설정된다.
　옥전M3호분의 역연대는 이나리야마고분 역곽이 TK47형식에 병행하는 점에서 일본열도로의 마구의 이입, 보유, 매납 기간을 고려하여 이보다 한 단계 이른 시기인 철검명(471년)의 전후한 시기에 위치시킬 수 있다.
　더욱이 이나리야마고분에서는 군마켄群馬縣 하루나잔시부카와榛名山渋川 화산재(Hr-FA)가 스에키가 출토된 주구의 상층에 퇴적된 것이 확인되고, 그 분화가 MT15형식과 병행하는 것에서 신해년을 531년으로 볼 수 없음과 그 이전에 폐기된 TK47형식의 스에키가 6세기 초 이전으로 소급되는 것이 밝혀졌다.[51] 더욱이 근래 Hr-FA의 강하연대가 군마켄 하루나잔후타쯔타케榛名山二つ

岳 동쪽 산복에서 화산재에 피복된 채로 발견된 3본의 수목에 대한 AMS 측정치가 5세기 말로 판명되어 MT15형식의 출현이 6세기 이전으로 소급되는 것이 증명되었다.[52]

고령군 지산동(영)1-5호분과 합천군 봉계리20호분에서는 TK23형식의 스에키인 유공광구소호와 고배가 각각 출토되어 일본 고분시대 편년과 병행관계의 파악이 가능한 점에서 주목되었으나, 양 고분의 편년적 위치가 모호하여 그다지 활용되지 못하였다. 옥전M3호분의 연대와 관련하여 그 편년적 위치에 대해 살펴보고자 한다<도4-7>.

지산동(영)1-5호분은 경부가 곡선화된 장경호와 외면을 3구로 구획하고 그 중간에 1열로 점렬문을 시문한 개가 출토되어 동일한 형식의 개가 공반된 지산동(영)1-12호분, 1-18호분과 병행하는 것으로 파악된다. 합천군 봉계리20호분은 투창의 길이가 길어진 대가야양식의 1단투창고배가 출토되어 동일한 형식의 고배가 공반된 지산동(영)1-97호분과 동일한 시기로 본다. 이는 지

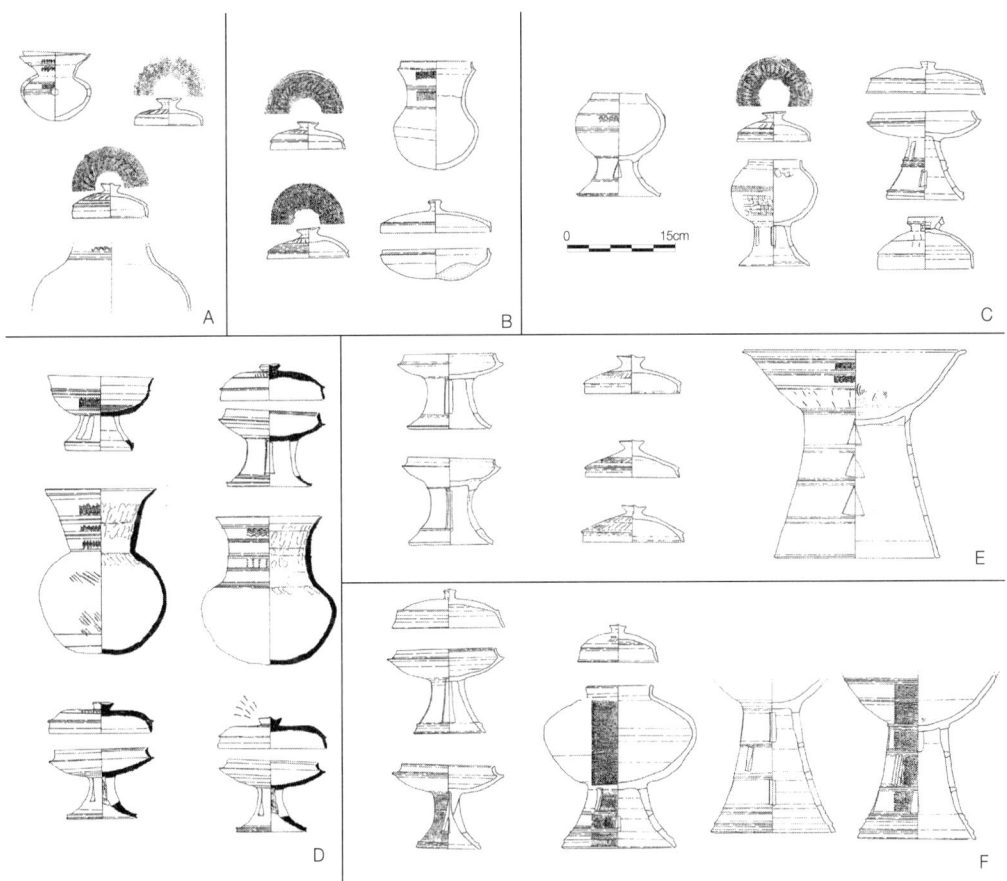

〈도4-7〉 스에키 출토 가야고분의 편년적 위치(TK23형식)

A : (영)고령군 지산동1-5호분, B : (영)지산동12호분, C : (영)지산동18호분, D : 합천군 봉계리20호분
E : (영)지산동97호분, F : 진주시 무촌리2구25호분

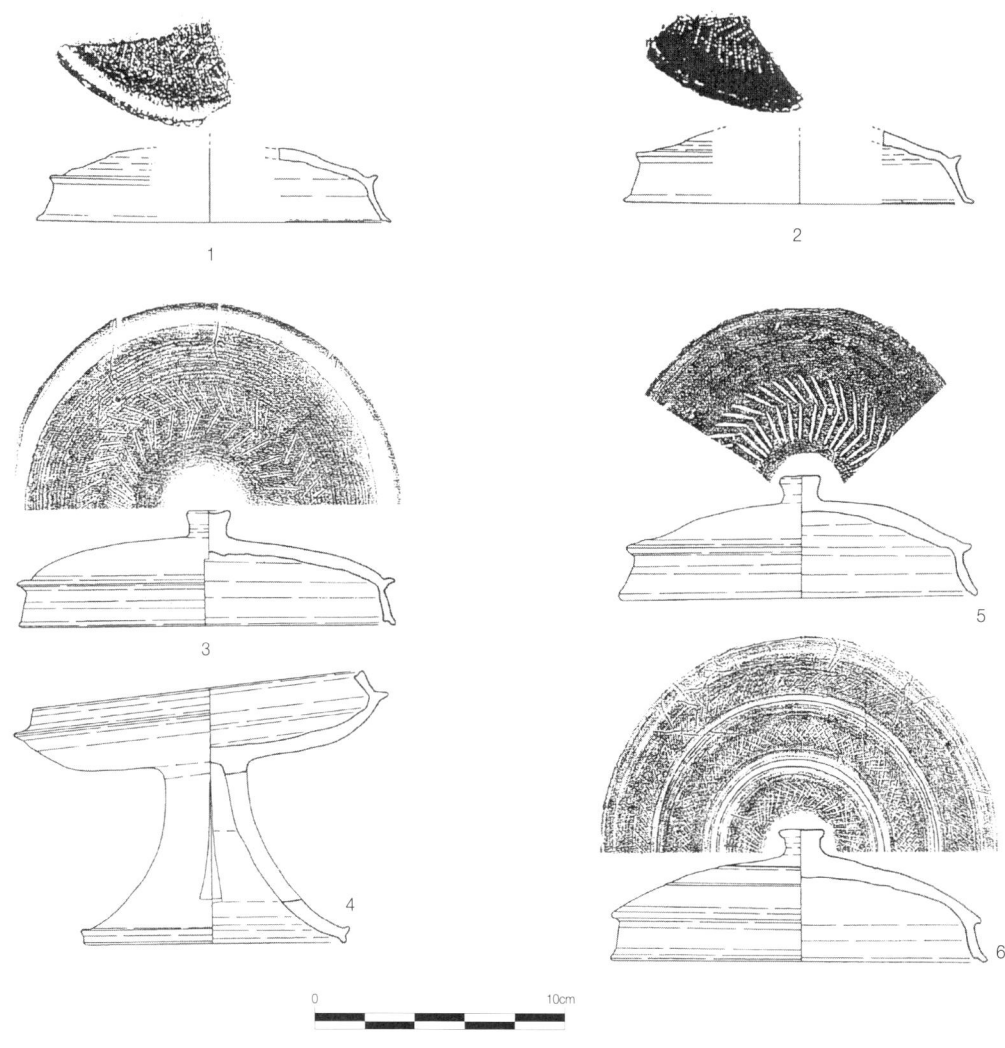

〈도4-8〉 서울시 풍납토성 경당지구 출토 소가야양식 토기와 관련 자료(1,2 : 풍납토성, 3-6 : 진주시 무촌리3구82호분, 475년 이전)

산동(영)1-97호분에서는 지산동(영)1-5호분 출토품과 같은 형식의 개가 공반된 점에서 지산동(영)1-5호분과 합천군 봉계리20호분은 병행관계로 파악된다. 양자는 지산동(영)1-97호분에서 합천군 옥전M3호분과 동일한 형식의 대가야양식 발형기대가 공반되어, 5세기 제3/4분기로 비정되는 옥전M3호분과 병행하는 것으로 본다.

　더욱이 서울시 몽촌토성3호저장공에서 출토된 TK23형식의 스에키는 백제토기와 공반되고 있고 당시의 고구려와 왜의 적대적인 관계로 볼 때 한성 함락 이전에 반입된 것이 분명한 점에서 TK23형식의 출현 연대와 그 이입 시기는 확실히 475년 이전으로 상정된다.

　이와 함께 서울시 풍납토성 출토 소가야양식 토기도 이 시기 역연대 설정에 중요한 기준이 된다. 왜냐하면 스에키와 같이 소가야양식 토기도 475년 이전에 이입된 것으로 판단되기 때문이다. 이는 475년 풍납토성이 폐성되는 것에서 더욱 그러하다. 풍납토성 출토 소가야양식의 개 2점은 구연부 내면에 홈이 형성되고 외반하는 것으로 종래 6세기 이후로 편년하던 형식이다<도 4-8>.

이 소가야양식 토기는 진주시 무촌리3구82호분, 3구145호분 출토 개와 유사한 것에서 이러한 형식의 토기가 475년을 전후한 시기임을 알 수 있다. 그래서 이에 1단계 선행하는 형식의 소가야양식 토기와 대가야양식 토기가 출토된 남원시 월산리M1-A호분은 5세기 중엽으로 편년된다.

옥전M3호분과 이나리야마고분의 연대는 이나리야마고분 출토 신해년철검명, Hr-FA의 강하연대, 몽촌토성 출토 스에키와 소가야양식으로 볼 때 5세기 후엽으로 판단된다.

5) 고령군 지산동45호분, 고성군 송학동1호분B호 <도4-9>

지산동 구39호분 출토 용문환두대도는 무령왕릉과 출토품과 유사한 것으로 파악되어왔다[53]. 구39호분은 발형기대가 무문계로 지산동45호분과 같은 2유형인 점, 또 사다모리 히데오定森秀夫가 지적[54]하였듯이 양 고분 출토 토기의 조합이 일치하는 점에서도 양자는 병행관계로 본다. 근래 지산동45호분과 같은 시기의 의령군 천곡리25호분에서는 MT15형식의 제병提瓶이 출토되었다.

산청군 생초9호분에서는 대가야양식의 토기와 함께 MT15형식과 TK10형식의 스에키인 고배, 개배 등이 출토되었다. 생초9호분의 대가야양식 토기는 지산동45호분에서 다음 단계의 합천군 삼가1호분A호석곽으로 가는 과도기적 양상을 보이고 있다. 즉, 생초9호분의 저평통형기대底平筒形器臺는 각부脚部가 직선화된 것으로 지산동45호분과 환형기대環形器臺가 출토된 삼가1호분A호석곽 사이로 편년된다. 장경호는 동부胴部가 경부頸部에 비해 축소된 것으로 지산동45호분 출토품에 후행하는 형식으로 삼가1호분A석곽 출토품과 동일한 형식이다.

고성군 송학동1호분B호석실에서도 MT15형식과 TK10형식인 유공광구소호有孔廣口小壺가 출토되었다. 이 고분에서는 지산동45호분 출토품과 같은 형식의 장경호, 천정부가 만곡한 개와 함께 삼가1호분A호석곽 출토품과 유사한 형식의 천정부가 납작한 개, 사이부호가 확인되었다. 전자는 MT15형식과 후자는 TK10형식과 공반하는 것으로 본다.

지산동45호분은 MT15형식과 병행하고 그 다음 단계는 TK10형식에 병행하는 것으로 파악된다. 45호분은 MT15형식의 스에키가 5세기 말부터 출현하고, 525년 축조된 무령왕릉, 531년 몰한 게이타이릉인 오사카후 이마시로쯔카고분에서 TK10형식, 528년 몰한 이와이묘인 후쿠오카켄福岡縣 이와토야마巖戶山고분에서 MT15형식과 TK10형식의 스에키가 출토되는 점에서 510년대를 전후한 시기의 연대가 설정된다.

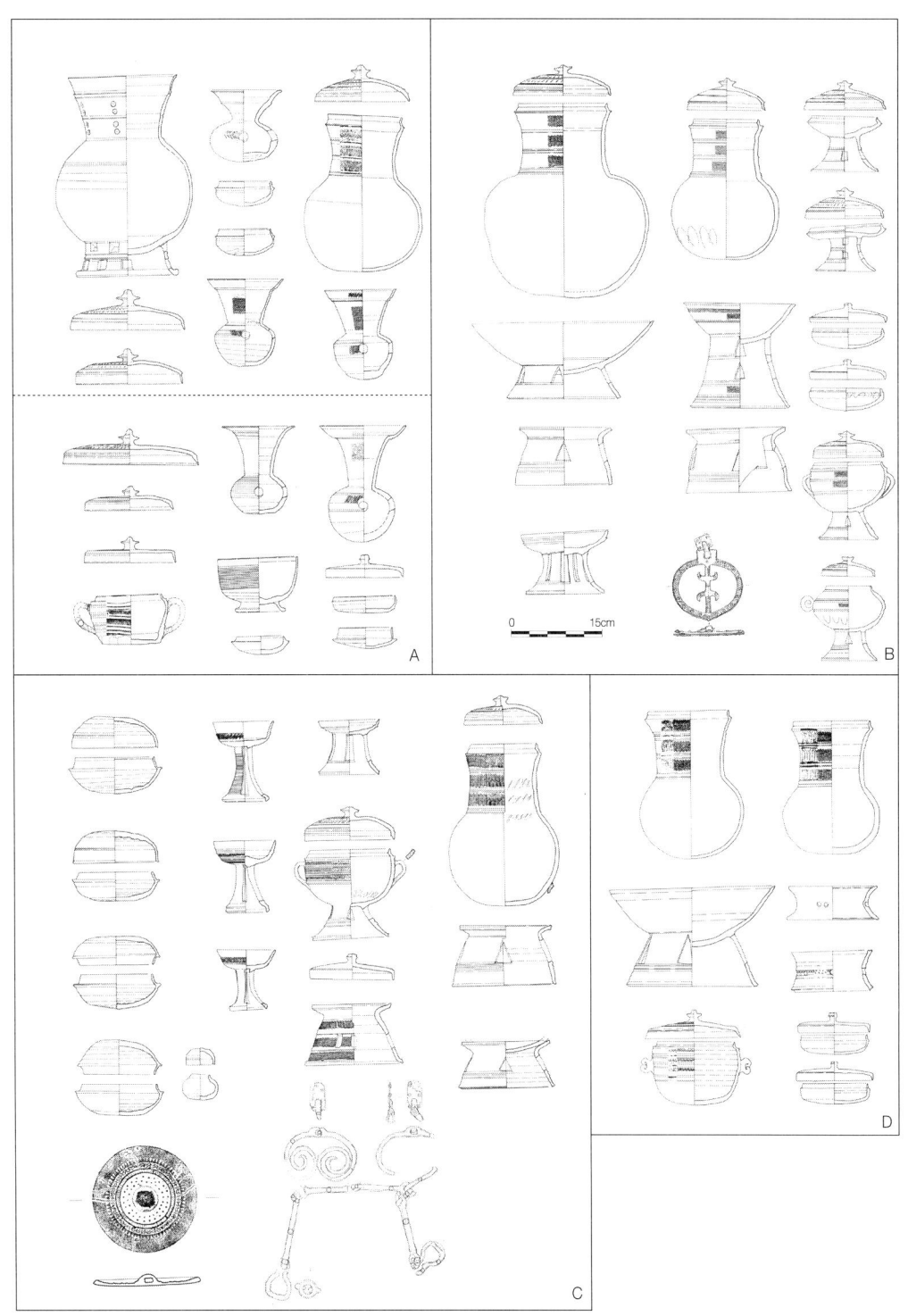

〈도4-9〉 스에키 출토 가야고분의 편년적 위치(MT15, TK10형식)

A : 고성군 송학동1호분B호석실, B : 지산동45호분, C : 산청군생초9호분, D : 합천군삼가1호분A석곽

지산동45호분, 송학동1호분B호의 연대는 무령왕릉과 MT15형식, TK10형식의 스에키의 연대로 볼 때 6세기 초, 전엽으로 각각 편년된다.

4. 역연대를 통해 본 금관가야의 향방에 대한 해석의 검토

신경철은 출현기의 회청색경질토기에 대하여 양이부호가 중국 북방에서 서진 무렵에 남방의 고월자의 영향에 의해 성립된 것으로 보았다. 그리고 『진서』 사이전 마한진한조 서진西晉교섭기사와 『통전通典』 동이전 부여조, 『진서』 사이전 부여조의 태강6년(285년)기록을 들고 있다. 특히 285년조 기록을 부여족 일파가 남하하는 것으로 보고 이에 동반하여 회청색경질토기의 제작기술이 이입되어 금관가야에서 영남지방 전역으로 전파된 것으로 주장하였다.[55] 즉, 북방기마민족의 이주에 의해 금관가야가 성립되고 회청색경질토기가 출현하였다는 논리이다.

그러나 대성동29호분의 연대가 그 이전 시기로 소급되고 고월자와 계통을 달리하는 회청색경질의 양이부호가 이미 3세기 전엽인 양동리235호분에서 출현한 점에서 그의 주장은 타당한 것으로 볼 수 없다. 더욱이 함안지역의 도항리(문)35호분과 경주지역의 황성동(동)22호분 출토 회청색경질토기가 대성동29호분 출토품과 시간차가 크지 않은 점에서, 부여족 남하에 의해 회청색경질토기가 김해지역에서 성립되어 영남지방 전역으로 전파되었다는 것도 인정하기 어렵다.

필자는 앞에서도 언급한 바와 같이 회청색경질토기가 재지在地적인 기술력 없이 갑자기 부여족 남하와 같은 민족이동에 의해 성립된 것으로 보지 않는다. 왜냐하면 민족이동에 동반한 공인의 이동에 의한 것이라면 가야계 공인의 이주에 의해 제작된 일본열도의 초기 스에키처럼 회청색경질토기의 여러 기종이 완성된 형태로 출현해야 할 것이기 때문이다. 그러나 최초의 회청색경질토기인 양동리235호분 출토 양이부호가 이미 3세기 전엽에 출현하고 그 기면의 박리剝離가 심한 것은 아직 기술적으로 완성되지 않은 상태에서 자체적으로 생산되었음을 방증하는 것으로 본다.

또한 대성동29호분의 출현이 하나의 획기인 것은 인정되나 이는 어디까지나 김해지역내의 사회적 변화를 반영하는 것으로, 이 고분군에 목관묘가 조영되고 그 후에도 연속적으로 목곽묘가 축조되는 가운데 이 고분이 출현한 것이 분명하기 때문에 이를 민족이동에 의한 것으로 볼 수 없다. 즉, 대성동 29호분은 대성동 가야의 숲1호목관묘에서 확인되듯이 1세기 후반에 이미 양동리고분군에 필적하는 대형 목관묘가 조영된 것에서 이를 계승한 해반천지구의 지속적인 사회발전의 산물로 보는 것이 합리적이다.

그리고 무엇보다도 신경철의 기마민족설은 고고자료의 분포를 특정민족의 거주지와 결부시키는 20세기 초의 전파론적 방법론에 의거한 점과, 더욱이 기마민족의 이주에 보이는 생업과 고고학적 문화의 변화가 전혀 인정되지 않는 점에서 논의의 여지가 없다. 특히 북방기마민족의 고지故地에서 일반적으로 부장되는 마구가 대성동29호분을 비롯한 출현기 고분에 부장되지 않는 것은 이를 웅변하는 것으로 본다. 왜냐하면 마구야말로 기마민족의 표상이기 때문이다. 대성동 고분군에 마구가 본격적으로 부장되는 것은 1세기가 지난 4세기 후엽 대성동2호분 단계이다. 그런데 이 시기는 신라·백제고분에 마구가 부장되는 시점과 일치하는 점에서 이 또한 금관가야의 특수한 현상으로 볼 수 없다.

더욱이 신경철은 오바데라TG232요 출토 스에키의 그 출현과 일본열도의 초대형 전방후원분이 나라 북부에서 오사카 남부로 이동하는 변화의 배경을 광개토왕비문에 보이는 경자년(400년)조의 고구려 남정에 의한 금관가야의 멸망에 따른 금관가야세력의 전면적이고 조직적인 이주에 의한 것으로 보고 있다.[56]

이와 같은 주장은 북방으로부터 가야지역에 이주했던 기마민족이 다시 일본열도로 이동하였다는 에가미 나미오江上波夫의 기마민족설[57]과 일치한다. 이는 일본학계에서 더 이상 논의조차 이루어지지 않고 있는 에가미 나미오의 기마민족설의 모방으로 볼 수 밖에 없다. 앞에서 언급한 바와 같이 일본열도 고분시대 중기의 고고학적 문화는 전기 이래의 묘제인 전방후원분이 지속적으로 조영되는 것이 상징하듯이 금관가야의 멸망에 따른 금관가야 세력의 전면적이고 조직적인 이주의 흔적은 전혀 찾아볼 수 없다.

물론 이 설의 대전제인 금관가야 멸망이 5세기 전반이라는 것도 받아들이기 어렵다. 또한 더욱이 필자가 밝힌 바와 같이 일본열도의 5세기 전반에 이입된 문물의 대부분은 신라산이며 그 후반에 이입된 문물은 대가야문물이기 때문이다.[58] 한편 금관가야인의 대규모 이동에 동반하였을만한 문물은 찾아보기 어렵다.

일본열도의 초대형 전방후원분의 이동에 대해 필자는 400년의 고구려 남정의 결과 금관가야와 동맹관계였던 나라 북부의 사기佐紀세력이 패퇴하고 4세기 말 신라와 동맹한 신흥세력인 오사카 남부세력이 왕권을 쟁탈한 것으로 본다.[59]

조영제는 발형기대와 2단일렬투창고배의 출현 시기를 소위 가야토기의 형식 난립기로 보고, 이는 고구려 남정 이후의 금관가야세력의 영남지역으로의 이동에 동반한 혼란상을 반영하는 것으로 파악하였다.[60]

이와 같은 주장은 금관가야의 한 일파가 일본열도로 이주하고 남은 일파는 영남지역 전역으로 이동하였다는 것이다. 그런데 먼저 형식 난립기라는 개념을 받아들이기 어렵다. 왜냐하면 신라를 포함한 영남지역 전역에 유사한 형식의 발형기대와 2단일렬투창고배가 출현하기 때문에 그의 표현에 의거한다면 형식 통일기라는 표현이 오히려 타당할 것이며 그 시기도 4세기 후엽으로 본다. 또한 되풀이하는 바이나 금관가야의 멸망은 문헌사료로 볼 때 532년이 분명하며 금관가야세력이 영남지역으로 이주한 흔적이 보이지 않고, 일본열도로의 집단적인 이주도 확인하기 어렵다. 더욱이『삼국지』위서 동이전 한조에 이미 변한12국 가운데 진왕辰王으로부터 우호優號를 받는 유력한 세력으로 등장하며『광개토왕비』에 보이는 아라가야가 금관가야 유민流民에 의해 건국된 것으로 보기 어렵고, 이러한 점은 소가야, 더구나 대가야의 경우 그러하다. 왜냐하면 만일 금관가야의 유민에 의해 후기 가야의 중심국이 건국된 중대사라면 마땅히 문헌에 그와 관련된 기록이 있어야 할 것이기 때문이다. 필자는 가야사회의 발전은 이주에 의해 이루어지기보다는 내부의 자체적인 동인과 외부의 자극에 의한 것으로 본다.

　김두철은 복천동21·22호분과 10·11호분을 각각 5세기 전엽과 중엽으로 보고, 이 시기에도 동래지역이 신라에 복속되지 않고 이 고분군 조영집단이 양 고분 출토의 금공품, 마구, 철기를 독자적으로 제작한 것으로 보고 이를 문화의 창조자, 전파자임을 역설하고 있다.[61]

　필자가 밝힌 바와 같이 복천동21·22호분과 10·11호분의 철정鐵鋌과 전자의 금동제 화살통과 후자의 금동관이 신라산인 것은 재론의 여지가 없다.[62] 또한 마구도 복천동31·32호분 이래의 복천동고분군의 마구는 대가야산인 23호분 출토품을 제외하면 모두 신라산, 신라형마구이다.[63]

　복천동고분군에서는 동래지역 집단이 독자적으로 제작한 금공품을 어디에도 찾아볼 수 없다. 5세기 초를 전후한 시기 한반도 남부에서 금공품 생산이 가능한 곳은 백제의 수도였던 서울과 신라의 수도였던 경주에 불과하기 때문이다. 또한 4세기 말 신라의 왕묘로 볼 수 없는 소아묘小兒墓인 경주시 월성로가13호분의 서역산 유리용기, 26점에 달하는 일본열도산 경옥제 곡옥硬玉製 曲玉, 금제용기, 금제 수식부이식金製 垂飾附耳飾과 하위 수장묘 또는 전사묘에 불과한 경주시 쪽샘지구C10호분 출토 마갑과 갑주는 같은 시기의 동래지역 최고 수장묘인 복천동21·22호분 출토품과 비교할 수 없는 신라의 우월성을 웅변하는 것이다.

　신경철은 같은 시각에서 400년 이전 금관가야를 영남지역의 패자로 보고 그 멸망이 신라의 흥기와 일본열도의 정치적변동의 배경으로 보고 있다.[64]

　그러나 이는 되풀이하여 언급하지만 금관가야의 멸망이 532년인 것과 금관가야가 단지 고 김해만에 면한 도시국가에 불과함을 인식하지 못한 것에 기인하며, 과연 금관가야가 신라와 왜를 초월한 영향력을 가지고 있었는지 의심스럽다.

　이제까지 100년에 가까운 시간차를 보이며 논의되고 있는 경주시 황남동109호분3·4곽, 부산시 복천동21·22호분, 오사카후 오바데라TG232요, 그리고 피장자에 대해 논의되고 있는 황남대총 남분과 한일 간 논의의 대상이 되고 있는 합천군 옥전M3호분, 사이타마켄 이나리야마고분의 역연대를 중심으로 검토하였다.

고구려 태왕릉 출토 마구, 중국 도자기와 함께 공반된 백제 마구, 일본열도의 연륜연대 자료를 통하여 검토한 결과, 황남동109호분3·4곽, 복천동21·22호분, 오바데라TG232요는 병행관계로 파악되어 4세기 말, 황남대총 남분은 5세기 중엽, 옥전M3호분, 이나리야마고분은 5세기 후엽으로 그 역연대가 설정되었다. 이는 역연대의 기준이 되는 3자가 모순 없이 정합整合성을 보여주는 점에서 신뢰성이 높은 것으로 판단된다<표4-2>.

가야 신라고분의 경우 백제 무령왕릉과 같은 역연대를 알 수 있는 자료가 전무하여 종종 역사적인 정황에 의거하여 그 연대가 비정되어왔다. 그 대표적인 예가 고구려 남정 기록에 의거하여 한반도 남부지방의 기마, 무구, 무기의 출현연대와 계기를 결정하여 온 것이다. 그러한 해석이 잘못된 것임이 이미 오래전에 밝혀졌다.

경주시 황남동109호분3·4곽과 이에 병행하는 부산시 복천동21·22호분을 5세기 중엽으로 보는 연대관은 400년 전후 광개토왕의 남정을 지나치게 의식한 것이며, 특히 복천동21·22호분의 경우는 신라의 영향력이 부산지역에 미친 시기를 늦추어 보고 이 지역의 독자성을 강조하려는 의도에 의한 것이다. 더욱이 복천동21·22호분과 병행하는 합천군 옥전23호분을 5세기 전엽으로 보는 것도 400년 전후 금관가야 쇠퇴 이후 그 이주민에 의해 다라국이 성립된 것으로 보는 것에 기인한 것이다. 한편 황남동109호분3·4곽을 4세기 중엽으로 보고, 황남대총 남분을 5세기 초로 보는 견해는 신라의 성장을 과대평가한 것에 기인한 것으로 판단된다.

그러나 양설은 여기에서 검토한 바와 같이 가야 신라고분의 편년과 이에 병행하는 일본열도고분과의 병행관계로 볼 때, 황남동109호분3·4곽, 복천동21·22호분, 옥전23호분은 4세기 말, 황남대총 남분은 5세기 중엽으로 편년되는 것에서 인정하기 어렵다.

이와 마찬가지로 기마민족이 김해지역으로 이주하고 또한 이들이 다시 일본열도와 영남내륙지역으로 이동하였다는 주장은 그 실제성과 해석의 방법론적 문제뿐만 아니라 그 근거로 제시한 역연대가 전혀 일치하지 않는 점에서 역사적 사실로 볼 수 없음을 분명히 하고자 한다.

필자가 비판하고자 하는 것은 역연대 그 자체가 아니라 실은 잘못된 역연대에 근거한 해석과 그 해석 틀에 있음을 환기시키고자 함이다. 역사적 사건과 결부시켜 고고자료의 역연대를 도출하는 경우에는 반드시 양자 간의 상관관계를 입증할 수 있는 명확한 증거가 제시되어야 한다. 양자를 잘못 결부시킨 경우, 그 역연대와 이에 따른 해석은 사상누각砂上樓閣에 지나지 않을 것이다.

본서에서는 역사적 맥락에 의해 선험적으로 역연대를 결정하는 것을 지양하고, 고고자료의 분석에 기초한 객관적인 역연대의 구축을 지향하고자 노력하였다. 이를 통하여 역사 해석의 합리적인 시간축이 제공될 것으로 본다.

앞으로 중국, 일본과의 교차편년과 국내에서의 연륜연대 측정법과 같은 과학적인 연대 측정법의 활용에 의한 삼국시대 역연대의 축적이 기대된다.

1) 崔秉鉉, 1993,「新羅古墳 編年의 諸問題 – 慶州·月城路·福泉洞·大成洞古墳의 상대편년을 중심으로」,『韓國考古學報』30, 韓國考古學會.
   李熙濬, 1995,「경주 황남대총의 연대」,『嶺南考古學報』17, 嶺南考古學會.

2) 朴天秀, 1998,「大加耶圈 墳墓의 編年」,『韓國考古學報』39, 大邱, 韓國考古學會.

3) 申敬澈, 1985,「古式鐙子考」,『釜大史學』9, 釜山, 釜山大學校史學會.
   金斗喆, 2001,「大加耶古墳의 編年 檢討」,『韓國考古學報』45, 韓國考古學會.

4) 李熙濬, 1995,「경주 황남대총의 연대」,『嶺南考古學報』17, 嶺南考古學會.

5) 金龍星, 1996,「토기에 의한 대구 경산지역 고대분묘의 編年」,『韓國考古學報』35, 韓國考古學會.
   桃崎祐輔, 2005,「高句麗太王陵出土瓦·馬具からみた太王陵説의 評價」,『海と考古學』, 六一書房.
   朴天秀, 2005,「가야고분의 편년」,『伽倻文化』18, 서울, 伽倻文化研究院.

6) 白石太一郎, 1985,「年代決定論2」,『岩波講座日本考古學1-研究의 方法』, 岩波書店.
   宮代榮一, 1996,「古墳時代における馬具의 曆年代 – 埼玉稻荷山古墳出土例を中心に –」,『九州考古學』第71號, 福岡, 九州考古學會.
   朴天秀, 1998,「大加耶圈 墳墓의 編年」,『韓國考古學報』39, 大邱, 韓國考古學會.

7) 洪潽植, 1993,「百濟 橫穴式石室墓의 型式分類와 對外傳播에 관한 研究」,『博物館研究論集』2, 釜山, 釜山直轄市立博物館.
   金斗喆, 2001,「大加耶古墳의 編年 檢討」,『韓國考古學報』45, 韓國考古學會.

8) 申敬澈, 1983,「伽耶地域における4世紀代の陶質土器と墓制 – 金海禮安里遺蹟の發掘調査を中心として」,『古代を考える』34, p.21, 古代を考える會.

9) 申敬澈, 1983,「伽耶地域における4世紀代の陶質土器と墓制 – 金海禮安里遺蹟の發掘調査を中心として」,『古代を考える』34, 古代を考える會.

10) 申敬澈, 1985,「古式鐙子考」,『釜大史學』9, 釜山, 釜山大學校史學會.

11) 申敬澈, 1985,「古式鐙子考」,『釜大史學』9, 釜山, 釜山大學校史學會.

12) 小野山節, 1966,「日本發見の初期の馬具」,『考古學雜誌』第52卷 第1號, 東京, 日本考古學會.

13) 都出比呂志, 1998,「總論-弥生から古墳へ-」,『古代國家はこうして生まれた』, 角川書店.

14) 李熙濬, 1995,「경주 황남대총의 연대」,『嶺南考古學報』17, 嶺南考古學會.

15) 李熙濬, 2006,「太王陵의 墓主는 누구인가」,『韓國考古學報』59, 韓國考古學會.

16) 金龍星, 1996,「토기에 의한 대구 경산지역 고대분묘의 編年」,『韓國考古學報』35, 韓國考古學會.
    咸舜燮, 1997,「大邱達城古墳群에 대한 小考-日帝强占期 調査內容의 檢討」,『碩晤尹容鎭教授停年退任紀念論叢』, 大邱, 碩晤尹容鎭教授停年退任紀念論叢刊行委員會.

17) 申敬澈, 1997,「日本初期 須惠器의 發現」,『동아시아 속의 韓·日關係』, 釜山, 釜山大學校韓國民族文化研究所.

18) 朴天秀, 1998,「大加耶圈 墳墓의 編年」,『韓國考古學報』39, 大邱, 韓國考古學會.

19) 光谷拓實·次山淳, 1999,「平城宮下層古墳時代の遺物の年輪年代」,『奈良國立文化財硏究所年報』1999-1, 奈良國立文化財硏究所.

20) 浜中邦弘·田中元浩, 2006,「宇治市街遺蹟(宇治妙樂55)古墳時代流路SD302について-出土須恵器と年代觀の檢討を主として-」,『第14回京都府埋藏文化財硏究會發表資料集-京都府內最新の硏究成果-』, 京都府埋藏文化財硏究會.

21) 朴天秀, 2006,「신라 가야고분의 편년-일본열도 고분과의 병행관계를 중심으로-」,『한일고분시대의 연대관』, 佐倉, 國立歷史民俗博物館.

22) 金斗喆, 2001,「大加耶古墳의 編年 檢討」,『韓國考古學報』45, 韓國考古學會.

23) 洪潽植, 1993,「百濟 橫穴式 石室墓의 型式分類와 對外傳播에 관한 硏究」,『博物館硏究論集』2, 釜山, 釜山直轄市立博物館.

24) 朴天秀, 2007,『새로 쓰는 고대한일교섭사』, 서울, 사회평론.

25) 河承哲, 2007,「스에키 출현과정을 통해본 가야」,『4-6세기 가야·신라고분 출토 외래계 문물』(제16回嶺南考古學會學術發表會), 嶺南考古學會.

26) 趙榮濟, 2009,「型式亂立期의 加耶土器와 年代論」,『한일 삼국·고분고분시대의 연대관Ⅲ』, 福岡, 國立歷史民俗博物館.

27) 申敬澈, 2010,「대성동고분군 발굴조사의 성과와 과제」,『대성동고분 발굴20주년기념 대성동고분군과 동아세아』, (제16회가야사국제학술회의), 김해, 김해문화원.

28) 諫早直人, 2009,「古代東北アジアにおける騎馬文化の考古學的硏究」, 京都, 京都大學院文學硏究科.

29) 李熙濬, 2006,「太王陵의 墓主는 누구인가」,『韓國考古學報』59, 韓國考古學會.

30) 穴澤咊光·馬目順一, 1993,「陝川玉田出土の環頭大刀群の諸問題」,『古文化談叢』30上, 北九州, 九州古文化硏究會.

31) 酒井淸治, 2004,「須恵器生産のはじまり」,『國立歷史民俗博物館硏究報告-古代東アジアにおける倭と加耶の交流』第110集, 國立歷史民俗博物館.
木下亘, 2003,「韓半島 出土 須恵器(系)土器에 대하여」,『百濟硏究』37, 大田, 忠南大學校百濟硏究所.

32) 成正鏞, 2007,「백제권역의 신라·가야계 문물」,『4-6세기 가야·신라고분 출토 외래계 문물』(제16回嶺南考古學會學術發表會), 嶺南考古學會.

33) 成正鏞, 2006,「백제지역의 연대결정자료와 연대관」,『한일고분시대의 연대관』, 佐倉, 國立歷史民俗博物館.

34) 和田晴吾, 2009,「古墳時代の年代決定法をめぐって」,『日韓における古墳三國時代の年代觀Ⅲ』, 福岡, 國立歷史民俗博物館.

35) 藤野一之, 2009,「Hr-FAの降下年代と須惠器年代」,『上毛野の考古學Ⅱ』, 高崎, 群馬縣考古學ネットワーク.

36) 白石太一郎, 1985,「年代決定論2」,『岩波講座日本考古學1-硏究の方法』, 岩波書店.

37) 和田晴吾, 2009,「古墳時代の年代決定法をめぐって」,『日韓における古墳三國時代の年代觀Ⅲ』, 福岡, 國立歷史民俗博物館.

38) 申敬澈, 1992,「金海 禮安里160號墳에 대하여」,『伽耶考古學論叢』1, pp.151~159, 서울, 駕洛國史蹟開發硏究院.

39) 高久健二, 1995,『낙랑고분문화의 연구』, pp.86~87, 서울, 학연문화사.

40) 朴天秀, 1998,「大伽耶圈墳墓의 編年」,『韓國考古學報』39, pp.89~124, 大邱, 韓國考古學會.

41) 申敬澈, 2010,「대성동고분군 발굴조사의 성과와 과제」,『대성동고분 발굴20주년기념 대성동고분군과 동아세아』, (제16회가야사국제학술회의), 김해, 김해문화원.

42) 李熙濬, 1996, 「경주 월성로가-13호 적석목곽묘의 연대와 의의」, 『석오윤용진교수 정년퇴임기념논총』, 대구, 정년퇴임기념논총간행위원회.

43) 諫早直人, 2009, 「古代東北アジアにおける騎馬文化の考古學的研究」, 京都, 京都大學院文學硏究科.

44) 申敬澈, 1985, 「古式鐙子考」, 『釜大史學』9, 釜山, 釜山大學校史學會.

45) 申敬澈, 1985, 「古式鐙子考」, 『釜大史學』9, 釜山, 釜山大學校史學會.
金斗喆, 2001, 「大加耶古墳의 編年 檢討」, 『韓國考古學報』45, p.180, 釜山, 韓國考古學會.

46) 朴天秀, 2006, 「3-6세기 한반도와 일본열도의 교섭」, 『韓國考古學報』61, 서울, 韓國考古學會.

47) 朴天秀, 2003, 「地域間 竝行關係로 본 加耶古墳의 編年」, 『가야 고고학의 새로운 조명』, 서울, 혜안.

48) 金斗喆, 2006, 「三國 古墳時代의 연대관」, 『한일 고분시대의 연대관』, 佐倉, 歷博國際硏究集會.

49) 金斗喆, 2001, 「大加耶古墳의 編年 檢討」, 『韓國考古學報』45, p.180, 釜山, 韓國考古學會.

50) 千賀久, 1994, 「日本出土初期馬具の系譜」, 『橿原考古學硏究論集』12, 東京, 吉川弘文館.

51) 酒井淸治, 2004, 「須惠器生産のはじまり」, 『國立歷史民俗博物館硏究報告』第110集, p.33~58, 佐倉, 國立歷史民俗博物館.

52) 藤野一之, 2009, 「Hr-FAの降下年代と須惠器年代」, 『上毛野の考古學Ⅱ』, 高崎, 群馬縣考古學ネットワーク.

53) 穴澤咊光·馬目順一, 1993, 「陜川玉田出土の環頭大刀群の諸問題」, 『古文化談叢』30上, 北九州, 九州古文化硏究會.

54) 定森秀夫, 1987, 「韓國慶尙北道高靈地域出土陶質土器の檢討」, 『岡崎敬先生退官記念論集東アジアの考古と歷史』上, pp.413~463, 京都, 同朋舍出版.

55) 申敬澈, 1992, 「金海 禮安里160號墳에 대하여」, 『伽耶考古學論叢』1, pp.151~159, 서울, 駕洛國史蹟開發硏究院.

56) 申敬澈, 1997, 「日本初期 須惠器의 發現」, 『동아시아 속의 韓·日關係』, 釜山, 釜山大學校韓國民族文化硏究所.

57) 江上波夫, 1991, 『騎馬民族國家』(改版), 東京, 中公新書.

58) 朴天秀, 2007, 『새로 쓰는 고대한일교섭사』, 서울, 사회평론.

59) 金斗喆, 2007, 「삼국 고분시대의 연대관Ⅱ」, 『한일 삼국·고분시대의 연대관Ⅱ』, 부산, 부산대학교박물관.

60) 朴天秀, 2009, 「考古學을 통해 본 新羅와 倭」, 『湖西考古學報』21, 조치원, 湖西考古學會.

61) 金斗喆, 2007, 「삼국 고분시대의 연대관Ⅱ」, 『한일 삼국·고분시대의 연대관Ⅱ』, 부산, 부산대학교박물관.

62) 朴天秀, 2009, 「考古學을 통해 본 新羅와 倭」, 『湖西考古學報』21, 조치원, 湖西考古學會.

63) 諫早直人, 2009, 「古代東北アジアにおける騎馬文化の考古學的研究」, 京都, 京都大學院文學硏究科.

64) 申敬澈, 2010, 「대성동고분군 발굴조사의 성과와 과제」, 『대성동고분 발굴20주년기념 대성동고분군과 동아세아』, (제16회가야사국제학술회의), 김해, 김해문화원.

〈표 4-2〉 加耶 新羅古墳 編年表 (朴天秀案)

	慶州	慶山	大邱	星州	尙州	義城	昌寧	咸安	昌原	金海	釜山	固城	高靈	陝川	陝川西部	竝行關係	曆年代
I	皇城洞22號 中山里1a74號	造永洞E1-3號						道項里(文)35號	道溪洞(東)31號	大成洞29號						壹奚(249-266年)	3世紀 中葉
II	九政洞3槨							道項里(愛)33號	道溪洞14號	大成洞59號		晉州武村里2丘13號					
III	中山里1a75號	造永洞1B-60號	深川里50號					宜寧禮屯里26號		龜旨路1號	福泉洞80號	武村里2丘124號					-300年
IV	九於里1號	造永洞1A-19 1B-74	飛山洞3號木槨				余草里A地區	窯跡里45號	三東洞2,4,5,12,14號	大成洞13-18號	福泉洞38號	武村里2丘23,26號		玉田54號	學浦里A31,50號		
V	竹里1號	造永洞C1-4號					余草里B地區	窯跡里44號	道溪洞25號	龜旨路6號	福泉洞60號	松鶴洞1E號	盤興洞採集	玉田27號			4世紀中葉
VI	鶴川里43號	林堂洞1A-9號						窯跡里36號	道溪洞(愛)17號 鷲洞14,40號	龜旨路15號	福泉洞48,54,57號	武村里2丘24號	快賓洞12號	玉田68號	學浦里B32號		
VII	月城路가6號 月城路가18號	林堂洞G5·6號					溟道鳳鶴只3號木槨	未山里(愛)10號		大成洞1號	福泉洞31·32號	山南玉山里2號	快賓洞1號		學浦里A47號		
VIII	月城路가13號 皇城洞109號3-4槨						溟道鳳鶴只5號木槨	梧谷計3號	道溪洞(昌)12號木槨	七山洞20號	福泉洞21,22號	山南玉山里29號	池山洞32號	玉田23號	鳳溪里3號木槨	TG232 (389年 前後)	-400年
IX	月城路나13號	林堂洞7A號 林堂洞7B號			新興里나39號		聖谷里7가7支石곽	道項里(文)36號	道溪洞(昌)39,6號木槨	七山洞33號 加達5號	福泉洞10·11,53號	南木里18號	池山洞35號	玉田35號	鳳溪里18號木槨	TK73 (412年 前後)	5世紀中葉
X	皇城洞110號	汶山里M2號			靑里40號	塔里1號 I 槨	聖谷里나1호木槨	道項里(愛)13號	道溪洞(昌)2號木槨	禮安里36號	福泉洞1號	武村里2丘85號	池山洞30號	玉田31號	學浦里A1號石槨	TK216	
XI	皇南大塚南墳	造永洞EIII-8號	內唐洞51號1·2槨 汶山里3號4槨	星山洞38號 星山洞59號	靑里40號	塔里1號 II 槨	校洞3號	道項里8號		禮安里35號	福泉洞4,15號	武村里3丘82號	池山洞32號	玉田M2 玉田M1號	鳳溪里M2 M1號 大塚角墳	TK208 宜寧大塚角墳(458年)	
XII	皇南大塚北墳	林堂洞5A號	飛山洞37號2槨	星山洞39號 星山洞57號	靑里59號	塔里III槨	校洞2號	道項里15號	茶戶里B1號	禮安里71號	鷲甲洞2區1號	武村里3丘145號	池山洞(嶺)1號	玉田M3號	盤溪堤7A號 鳳溪里20號石槨	TK23 (洪城降落475年前後 稻荷山鐵劍471年前後)	
XIII	金冠塚	林堂洞2號	內唐洞55號	星山洞58號	靑里37號	大里里3號	校洞11號	道項里(愛)13號		禮安里39號	林가1,2號	蓮堆里松鶴洞1A-1號	池山洞44號	玉田M4號	盤溪堤나A號	TK47	-500年
XIV	天馬塚	林堂洞6A號		八俊墳	鵪髭里1號		桂城里III-1號	道項里岩刻画古墳	茶戶里B27號	禮安里57號		蓮堆里松鶴洞1B-1號	池山洞45號	玉田M6號	盤溪堤다A號	MT15	
XV	普門里夫婦塚	林堂洞1B-9 1B-11號				靑里D3號	校洞31號1號	道項里(文)47號	盤溪洞13號			蓮堆里松鶴洞1B-1號(2次)	陝川三嘉1號墳A1號石槨	玉田M10號	鳳溪里D2-1號石室	TK100武寧王陵527年前後 (磐井의亂)	
XVI													高衙洞壁畵古墳	玉田M11號	學浦里D1-1號石室	大伽耶滅亡(562年)	6世紀中葉

V

토기로 본 가야

Ⅴ. 토기로 본 가야

1. 금관가야

1) 연구사 검토

금관가야에 대한 기존의 연구는 금관가야의 성립을 북방기마민족의 이주에 의해 성립되었다고 보는 관점과 구야국狗耶國 이래의 자체 발전으로 보는 관점이 있다. 또한 부산시 동래 복천동세력을 금관가야의 한 세력으로 보는 관점과 4세기 초부터 신라화된 세력으로 보는 관점으로 구분된다.

신경철은 『진서晉書』 사이전四夷傳 마한진한조馬韓辰韓條 서진西晉 교섭기사와 『통전通典』 동이전 부여조夫餘條, 『진서』 동이전 부여조의 태강太康6년(285년) 기록을 부여족 일파가 남하하는 것으로 보고 북방기마민족의 이주에 의해 대성동고분군이 축조되고, 즉 금관가야가 성립되며 회청색경질토기灰靑色硬質土器가 출현하였다고 보았다.[1]

이 설은 앞에서도 언급한 바와 같이 대성동고분군의 축조 시기가 3세기 중엽으로 소급되고 부장품을 통해서도 대성동고분군 축조세력을 북방기마민족으로 볼 수 없어 받아들이기 어렵다.

그리고 신경철은 동래 복천동세력을 금관가야의 한 세력으로 보는 관점에서 원삼국시대 김해에는 구야국, 동래에는 독로국瀆盧國이 존재하였으며 4세기대 김해시 대성동고분군과 부산시 복천동고분군에서 동일 양식의 토기와 통형동기筒形銅器를 공유한 것은 양국간의 정치적 연합이며 원삼국시대에서 삼국시대의 금관가야로 전환하는 고고학적 증거로 보았다. 5세기 초 고구려 남정으로 인해 대성동고분군 축조세력이 쇠퇴하여 금관가야의 패권이 복천동고분군이 소재하는 동래지역으로 옮겨진 것으로 파악하고, 이 시기부터 532년 멸망할 때까지 금관가야를 친親신라계 가야로 규정하였다.[2]

홍보식도 신경철과 같은 관점에서 금관가야양식의 대표적인 기종을 외절구연고배外折口緣高杯로 보고 김해-부산식 토기를 상징하는 것으로 보았다. 외절구연고배는 4세기 후반 초 대성동고분군과 복천동고분군에서 출현하고 그 후 동으로는 양산시 철마 고촌리고분군, 서로는 진해시 웅천패총貝塚, 창원시 가음정동 고분군과 도계동고분군까지 분포하는데, 그 분포범위가 금관가야의 최대 영역을 나타내는 것으로 파악하였다. 그래서 금관가야의 전성 시기는 4세기 후반이며 권역은 동으로는 철마-해운대, 북으로는 낙동강, 서로는 가음정동-도계동-웅천으로 연결되는 지역으로 보았다. 이와 같이 외절구연고배는 최대 권역, 파수부노형기대把手附爐形器臺의 분포는 중심권, 통형동기의 분포는 핵심권을 나타내는 것으로 보았다.[3]

한편 동래 복천동세력을 4세기 초부터 신라화된 세력으로 보는 관점에서 이희준은 동래 복천동고분군의 38호분·80호분 출토 경옥제硬玉製 곡옥曲玉을 3세기 말 신라를 통하여 이입된 것으로 보고 이 시기부터 신라의 영향력이 미치기 시작하여 4세기부터 이 지역이 완전히 신라화된 것으로 상정하였다. 김해시 예안리고분군과 부산시 가달고분군에서 4세기 말의 신라토기가 출현하는 것을 낙동강 서안의 전략적 요충지에 대한 신라의 거점확보에 의한 것으로 파악하였다. 옛 김해만 안쪽은 김해식 단각고배短脚高杯를 비롯한 신라양식 토기가 나타나지 않는 것으로 보고 5세기 전반까지 신라화되지 않았던 것으로 파악하였다.[4]

또한 같은 관점에서 김대환은 복천동고분군 성립기의 수장묘首長墓인 38호분의 압형鴨形토기, 유자이기有刺利器, 판갑板甲, 경옥제 곡옥 등을 신라산 또는 신라를 경유한 위신재威信財로 보고 이것이 종래 전자의 입장에서 주목해온 외절구연고배·파수부 노형기대와 같은 토기양식이나 통형동기보다 이 집단의 성격을 나타내는 것으로 파악하였다. 이는 신라의 팽창과정에서 낙동강 하류역의 교역권을 확보하기 위한 전략에 따라 이 고분군 축조세력이 성립된 것으로 보았다.[5]

양자의 견해차는 연대관의 차이와 함께 복천동집단의 우월성을 강조하려는 전자와 신라의 소국 병합 기사를 중시한 후자의 상반된 입장에서 비롯된 것이다.

전자는 동래지역이 금관가야가 아닌 별개의 독로국과 같은 하나의 소국인 점, 문헌사료에 5세기 초 금관가야가 동래지역으로 이동하였다는 기록이 전혀 보이지 않고, 또한 멸망시 금관가야의 위치가 김해지역임이 분명한 점, 4세기 후엽 복천동31·32호분, 복천동21·22호분 단계에 신라산 문물이 출현하는 것에 대한 해명이 필요할 것이다.

후자는 복천동고분군에서는 4세기 중·후엽까지 금관가야와 공통된 양식의 토기, 통형동기, 철제품이 부장된 점에 대한 설명이 필요하다. 또한 이와 관련하여 금관가야의 멸망시기가 532년이 분명한 점에서 김해지역의 토기양식이 경주양식과 유사한 것에 대한 논의가 필요하다고 본다. 그리고 신라의 거점 확보에 의한 것으로 본 가달고분군과 예안리고분군의 토기양상은 옛 김해만 안쪽과 근본적으로 다르지 않는 것과, 신라화의 근거로 든 경옥제 곡옥은 신라를 경유하기보다는 직접 또는 금관가야를 통해 이입되었을 가능성이 높은 점에서 이에 대한 재검토가 필요하다.

2) 토기양식〈도5-1, 도5-2〉

금관가야양식을 대표하는 특징적인 기종으로는 노형기대, 외절구연고배와 단경호短頸壺를 들 수 있다.

외절구연고배는 배신杯身 상부에서 한 번 꺾여 구연口緣이 외반하는 형태를 취한 것이 특징인데, 대각은 짧은 것에서 긴 것으로 변화하며 투창이 없는 것에서 뚫린 것으로 변한다.

노형기대는 전대의 와질瓦質토기에서 이어지는 것이나 다른 지역에서 보이는 것과는 달리 동체부에 손잡이가 부착되는 것이 특징인데 김해시 예안리160호묘와 부산 복천동38호분에서 출토된 것처럼 손잡이의 단면이 원형인 것에서 김해시 대성동13호분에서 출토된 장방형의 것으로, 다시 김해시 양동리107호분의 세細장방형의 것으로 변화한다. 또한 나중에는 삼각거치문鋸齒文과 사격자문斜格子文, 이중반원문 등 다양한 문양이 시문施文되며 특히 부산시 복천동57호분 출토품과 대성동3호분 출토품의 경우 문양이 일치한다. 이와 같은 문양은 발형기대鉢形器臺로 계승된다.

호壺는 격자타날문格子打捺文호가 주류를 이룬다.

일본열도의 하지키土師器를 모방한 연질토기가 하나의 기종으로 구성되는 것도 금관가야 양식 토기의 특징이다.

그런데 5세기가 되면 금관가야에서는 특징적인 토기양식이 확인되지 않으며 창녕지역산 토기

〈도5-1〉 김해 금관가야 양식 토기(3-4세기)

1 : 대성동47호분, 2 : 대성동39호분, 3 : 대성동18호분

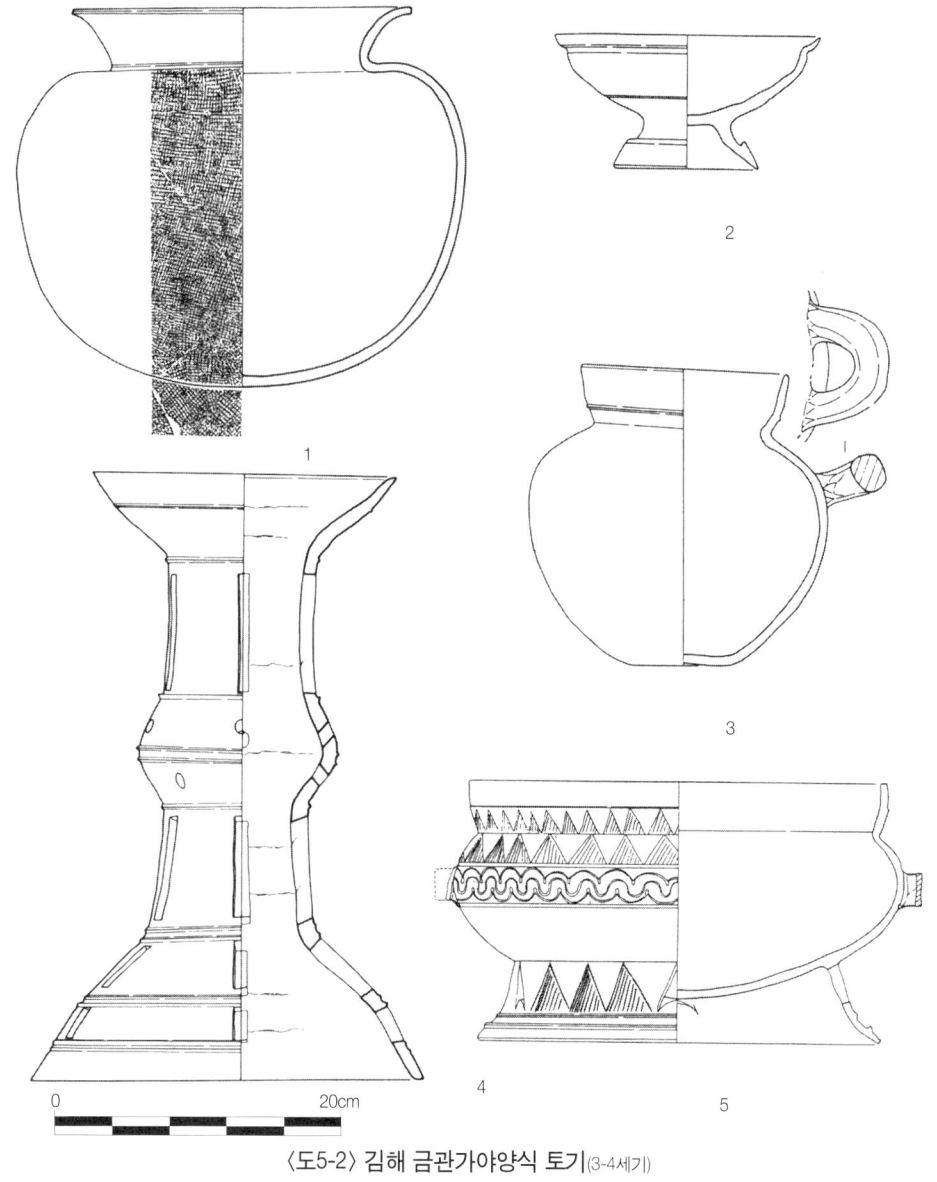

〈도5-2〉 김해 금관가야양식 토기 (3-4세기)

1 : 대성동29호분, 2, 4, 5 : 대성동2호분, 3 : 대성동39호분

와 함께 경주지역산 토기 그리고 양자를 모방한 토기가 제작된다. 그 가운데 장방형 투창을 가진 단각고배를 김해지역의 특징적인 토기로 보고 있다. 그러나 금관가야양식이라 부를 수 있는 형식의 기종조합을 갖춘 것으로 보기 어렵다. 이는 5세기 초 고구려 남정으로 인한 금관가야의 쇠퇴를 반영하는 것으로 볼 수 있으나, 그럼에도 역시 이를 금관가야의 멸망으로는 볼 수 없다.

3) 토기로 본 금관가야의 성립과 전개

금관金官이라는 이름은 『삼국유사三國遺事』 기이紀異편 5가야조伽耶條에 나온다. 『삼국사기三國史記』 지리지에는 김해소경金海小京을 옛 금관국이라 하고 또는 가락국伽落國, 가야伽耶였다고 한다. 가야라는 명칭이 『삼국지三國志』 위서魏書 동이전東夷傳 한조韓條에 보이는 구야국에서 유래되고, 『삼국사기』 파사니사금婆娑尼師今 23년조에서 동해안변의 나라인 음즙벌국音汁伐國과 실직곡국悉直谷國 사이에 벌어진 영토 분쟁에 신라가 금관국의 수로왕首露王을 초빙하여 해결을 주선하였다는 일화는 가야 성립을 전후한 시기 김해세력의 위상을 짐작케 한다.

김해 시가에서 배후 분지인 진례로 넘어가는 교통로상에 위치한 양동리고분군의 2세기 후엽에 조영된 길이 5m의 대형목곽묘인 162호분에서는 한경漢鏡과 일본열도 규슈산九州産 방제경倣製鏡, 판상철부板狀鐵斧가 40매가 출토되었다. 양동리235호분에서는 북방계의 동복銅鍑, 양동리322호분에서는 중국산 동정銅鼎, 일본열도산 광형동모廣形銅矛가 출토되었다.

『삼국지』 위서 변진조弁辰條의 "국으로부터 철을 산출한다. 한韓, 예濊, 왜倭가 모두 철을 구해 간다. 시장의 매매에서도 모두 철을 사용하고 이는 중국에서 전錢을 이용하는 것과 같으며 낙랑樂浪 대방帶方에도 공급하였다"는 기록과 양동리235호분 출토 북방계 동복, 양동리322호분 출토 중국산 동정과 일본열도산 동모는 철을 매개로 한 동아시아의 교역이 구야국을 중심으로 행해지고 있었던 것을 보여주는 것이다.

또한 양동리235호분에서는 최초의 회청색경질토기인 양이부호兩耳附壺가 부장되어 이 시기 양동리세력의 위상을 알 수 있게 한다.

3세기 후반

3세기 중엽부터 김해 시내 중심부에 위치한 대성동고분군에서 이전 시기의 양동리고분군을 능가하는 대형목곽묘의 조영이 개시되며 이때부터 이 고분군이 위치한 해반천변이 중심지로 성장한다.

대성동고분군은 가야의 건국설화가 깃든 구지봉과 봉황대의 중간에 위치하며, 동쪽으로 인접하여 수로왕릉이 있다. 이 고분군은 김해 공설운동장의 바로 북쪽 구릉 정상부에 독립된 묘역을 형성한다. 대형의 목곽에 북방계 동복, 중국산 거울, 일본열도산 위신재 등을 부장한 금관가야의 왕묘가 구릉의 낮은 쪽인 북쪽에서 높은 쪽인 남동쪽으로 순차 조영되었다<도5-3>. 대성동고분군의 북쪽 선단부先端部로부터 북동쪽의 저평한 구릉에 위치한 구지로고분군도 대성동고분군의 범위에 포함된다. 남쪽에 연접한 봉황토성은 대성동고분군 조영집단의 거관居館인 왕성으로 추정된다.

　3세기 중엽 처음으로 조영된 29호분(묘광 복원길이 960cm 폭560cm 깊이 130cm)에서는 시신이 안치되는 바닥면에 판상철부 100여 점을 열지어 깔았으며, 음식물을 공헌한 것으로 추정되는 수십 점의 토기가 북방계 동복과 함께 부장되었다. 3세기 전반까지 조영된 양동리고분군의 대형목곽묘에서는 철기가 주로 부장되었으나 이 시기부터 음식물을 공헌한 토기가 다수 부장된 것에서 가야인의 내세관 변화를 엿볼 수 있다. 이와 함께 대성동고분군에서는 양동리고분군에 보이지 않던 순장殉葬이 처음으로 실시되어 주목된다.

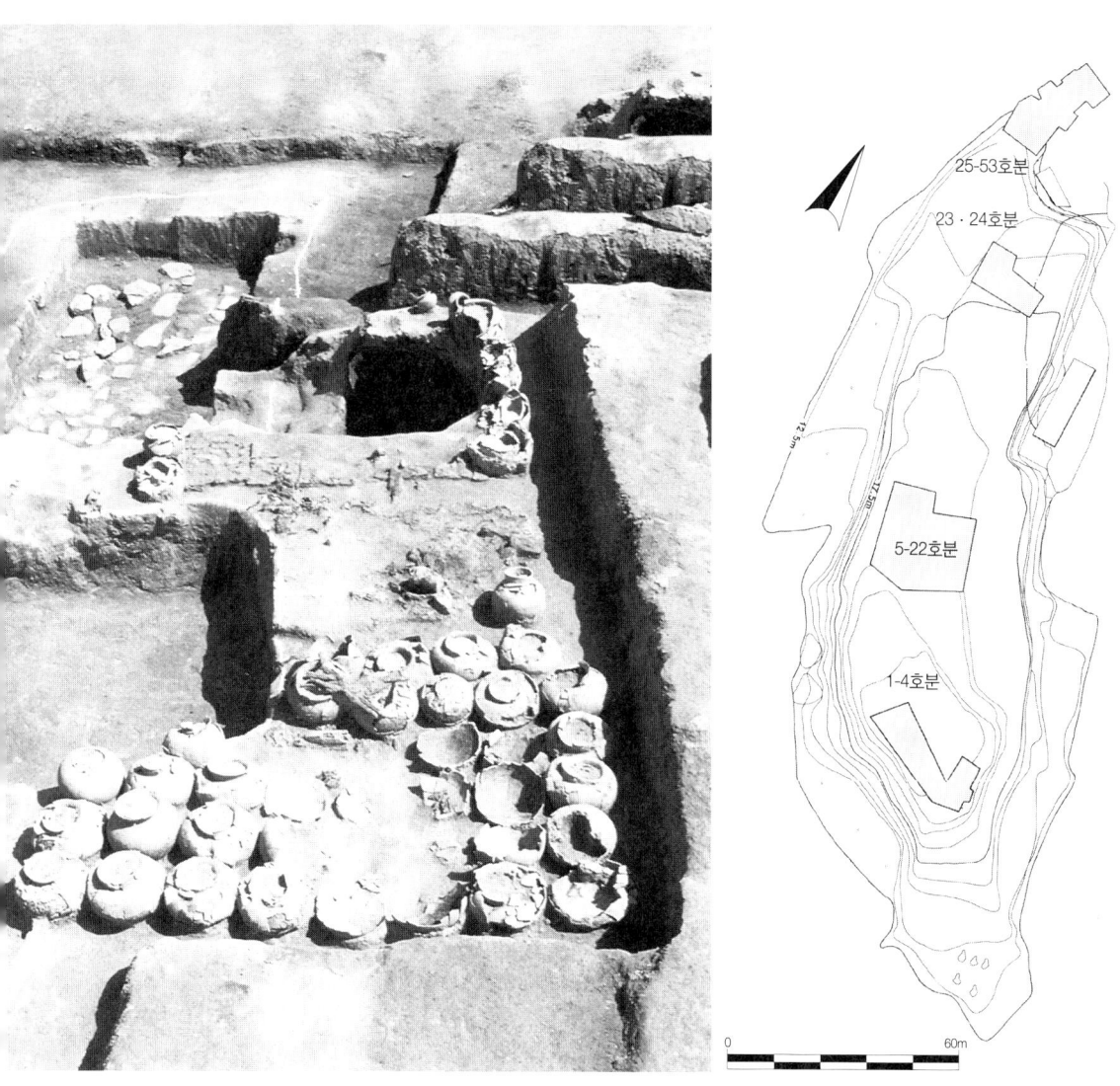

〈도5-3〉 김해시 대성동고분군과 29호분

이와 같이 구야국의 왕묘역이 양동리고분군에서 김해 시내 중심부에 위치한 대성동고분군으로 이동하고 양동리고분군에서 볼 수 없었던 구릉 정상부에 독립된 왕묘역이 형성되고 순장이 행해지는 것은 이 지역 사회의 큰 변화를 반영하는 것으로 본다. 그러나 이를 북방 기마민족의 이주로 보는 것은 곤란하다. 왜냐하면 대성동고분군 주변에 원삼국시대의 목관묘를 비롯하여 계기적으로 분묘가 조영된 것으로 보아 이는 자체적인 성장에 의한 것으로 파악되기 때문이다. 즉 원삼국시대에는 양동리고분군 축조세력에 비해 약체였던 대성동고분군 축조세력이 이 시기에 구야국의 중심세력으로 등장한 것으로 본다. 그리고 3세기 후반~4세기 전반 대성동고분군에 북방 기마민족이 일상적으로 사용하고 고분에 반드시 부장하는 마구가 전혀 부장되지 않는 것은 대성동고분군 축조집단이 기마민족이 아닌 구야국 이래의 토착세력임을 웅변하는 것이다.

4세기 전반

4세기 초에 조영된 대성동13호분에서는 주로 음식물을 공헌한 토기가 매납된 부곽副槨이 출현한다. 주곽主槨(묘광 길이 602cm 폭 394cm 깊이 145cm)에 3인이 순장되고, 특히 일본열도산의 석제품이 16점, 가죽방패에 부착되었던 6점의 파형동기巴形銅器가 출토되었다. 이 시기 일본열도에 통형동기가 이입되고 이와 같은 긴키近畿지역의 문물이 출현하는 것은 313년 낙랑과 대방 멸망 이후 금관가야와 새롭게 중심세력으로 등장한 나라奈良분지 북부의 사기佐紀집단과 관계가 형성되는 것을 반영하는 것으로 본다. 동래 복천동고분군 출토품으로 볼 때 이 시기 부산지역과 토기양식이 같아지고 위신재인 통형동기를 공유한다.

4세기 중엽에 조영된 39호분에서는 주곽(묘광 길이 560cm 폭 295cm 깊이 143cm)에서 2인이 순장되고 다수의 철제 갑주, 무기, 농공구와 함께 마구, 통형동기 2점이 출토되었다<도5-4>.

금관가야양식 토기의 출현은 대성동29호분 축조 다음 단계인 김해시 구지로1호분에서 환형파수부環形把手附 노형기대와 격자문타날호가 조합을 이루는 3세기 후엽으로 파악된다. 김해지역과 부산지역의 토기양식이 같아지는 시기는 복천동38호분에서 환형파수부 노형기대가 부장되는 것에서 4세기 초로 본다. 이는 복천동38호분에서 대성동고분군에 다수 출토된 통형동기가 부장되기 시작하는 것에서도 그러하다.

구야국에서 금관가야로의 발전은 토기양식과 위신재인 통형동기의 분포로 볼 때 낙동강 이동의 동래지역과 연맹관계를 맺고 진영분지, 창원분지, 진해·마산만까지 권역을 넓히는 4세기 초를 전후한 시기로 본다.[6] 즉 그 권역은 금관가야양식 토기의 분포로 볼 때 동으로는 복천동고분군이 조영된 부산지역, 북으로는 파수부노형기대가 출토된 김해시 퇴래리고분군이 조영된 진영지역, 서로는 파수부노형기대가 출토된 삼동동고분군이 위치하는 창원분지를 포함한다.

〈도5-4〉 김해시 대성동39호분과 대성동1호분 유물 출토 상태

이 시기를 획기로 보는 이유는 구야국이라는 옛 김해만 연안의 소국을 탈피하여 독로국를 비롯한 창원분지의 소국과 광역연맹체를 형성하고 그 교섭대상이 규슈지역을 벗어나 새롭게 일본열도의 중심지로 성장한 나라분지 북부의 사기세력으로 확대되는 시기로 파악되기 때문이다. 그 배경에는 313년 낙랑과 대방의 멸망을 계기로 한 동아시아 정치적 변화가 있었던 것으로 추정된다.

4세기 후반

4세기 후엽 최전성기에 마지막으로 조영된 왕묘인 1호분에서는 주곽(묘광 길이 790cm 폭 440cm 깊이 300cm)에 5인이 순장되고, 철정, 철제 무기, 농공구류가 다수 부장되었다. 또 통형동기가 8점, 마주馬冑, 등자鐙子, 안금구鞍金具, 행엽杏葉 등의 마구馬具 조합이 출토되었다. 1호분에서는 이 시기 가장 조형미가 뛰어난 발형기대와 유개장경호有蓋長頸壺를 조합한 토기류가 다수 부장된다.

봉황토성 내에서 이 시기의 토기가 확인되기 때문에 적어도 4세기 후반에는 본격적인 왕성이 축조된 것으로 본다. 봉황토성은 봉황대를 둘러싼 하단 폭이 20m에 달하고 내외면을 즙석葺石한 성벽을 가진 평지성으로『삼국유사』가락국기에 나오는 금관가야의 왕성으로 추정된다. 이는 금관가야의 위상을 보여주는 유적으로 파악되며 앞으로의 본격적인 조사가 기대된다.

400년『광개토왕릉비廣開土王碑』경자년조庚子年條에는 신라성을 침범한 왜倭가 고구려군에 패한 후 임나가야任那加羅로 도망하였다는 기록이 보여 주목된다. 임나가야는 김해지역으로 비정되어 이러한 고고자료와 문헌사료는 일본의 연구자가 주장하는 왜군의 독자적인 외정外征과 출병出兵이 아니라 그것은 어디까지나 금관가야, 나아가 백제와 관련된 것임을 웅변하는 것이다.

왜냐하면 왜의 독자적인 출병이었다면 퇴각한 곳, 즉 군선軍船을 정박한 곳이 경주에 가까운 영일만 또는 울산만이어야 하기 때문이다. 그럼에도 왜군이 옛 김해만으로 퇴각한 것은 금관가야와 왜의 공동작전임을 암시하는 것이다. 이 시기 왜가 동원된 배경은 복합적이나 그 중에서도 금관가야의 관계망 속에 포함되어 있던 동래지역, 즉 복천동세력에 대해 4세기 후엽부터 가해지는 신라의 영향력 증대와, 이를 넘어 김해지역에 가중되는 위협에 대한 금관가야의 적극적인 공세를 가장 직접적인 원인으로 본다. 금관가야는 대외적으로는 고구려·신라의 남진정책에 대항하고, 대내적으로는 아라가야세력을 견제하기 위해 왜와의 동맹관계를 활용한 것으로 추정된다.

그런데 앞에서 언급한 바와 같이 이제까지 동맹관계였던 동래지역의 복천동고분군에 신라 문물이 급격하게 출현하고 이 지역이 신라의 영향력 하에 들어가는 변화가 발생한다. 복천동고분군의 가장 높은 곳에 위치하는 구릉 상부에서 가장 먼저 조영되는 4세기 후엽의 31·32호분에서는 금관가야양식 토기가 주류를 이루는 가운데 유대파수부완有臺把手附碗 같은 신라양식 토기가 출현한다. 31·32호분은 그 구조가 목곽과 묘광 사이를 적석을 한 구조인 점에서 적석목곽분의 초기 형태로 보고, 이곳에 대형분을 축조한 집단은 이 지역 지배층 가운데 신흥 유력세력으로 신라의 영향력을 배경으로 등장한 것으로 파악된다.[7] 더욱이 이와 함께 주목되는 것은 이 고분에서 종래 부장되던 철정과는 전혀 다른 양 끝부분이 직선적이지 않고 전체적인 형태가 비대칭적인 신라산 철정이 출현하는 것이다.[8] 4세기 말 21·22호분에서는 신라토기가 본격 부장되고 신라산 철정, 신라산 금동제 성시구盛矢具, 착두형철촉鑿頭形鐵鏃 같은 위신재가 이입된다.

5세기 전반

400년 고구려 남정을 전후하여 대성동고분군의 왕묘인 대형목곽묘의 조영이 정지된다. 그 후 옛 김해만 일대에는 5세기 이후 가야지역에서 보편적으로 나타나는 대형 고총高塚이 조영되지 않는데 이는 금관가야의 쇠퇴를 상징하는 것이다. 그리고 동래지역의 복천동고분군에 토기를 비롯한 신라문물이 급격하게 출현한다. 즉 5세기 초의 10·11호분에서는 부장된 토기가 완전히 신라산으로 바뀌고 철정이나 신라산 금동세 관 같은 위신재가 이입되는 것으로 보아 이 시기 동래지역이 신라의 영향력 하에 들어간 것이다.

5세기 이후 금관가야에 대해서는 그 중심이 부산지역의 복천동고분군이 조영된 동래지역으로 이동되었다는 설과 6세기 이후에는 북정리고분군이 조영된 양산지역으로 이동하였다는 설이 있다. 그러나 『삼국사기』와 『일본서기』에는 금관가야가 532년이 되어서야 신라에 투항한 것으로 기록되어 있어 어떠한 형태로든 금관가야의 왕권이 그 권역 내에서 지속된 것으로 본다.

5세기 초 이래 김해지역의 부산시 가달5호분 등을 비롯한 김해 부산지역에는 특히 창녕양식 토기가 집중 유입된다. 즉 금관가야권역에 해당하는 부산시 복천동고분군, 당감동고분군, 김해시 칠산동고분군, 덕정고분군, 능동고분군, 내덕리고분군, 안영리고분군, 죽곡리고분군, 창원시 다호리고분군에서 출토된다. 이로 보아 옛 김해만 일대는 창녕지역 집단이 5세기 중엽까지 활동한 것으로 파악된다. 또한 가달고분군과 예안리고분군 등에서 신라양식 토기가 이입되나 이를 금관가야의 멸망으로 볼 수 없다. 왜냐하면 5세기 전반 왕묘는 아직 확인되지 않으나 왕성인 봉황토성이 건재하고 이를 중심으로 한 김해시 부원동, 관동리, 창원시 여래리 등의 거점 취락이 유기적으로 결합되어 가장 활발하게 기능하고 있었기 때문이다.

5세기 후반

이 시기 김해시 예안리고분군 출토 토기와 부산시 가달고분군 출토 토기는 신라양식의 범주에 속한다. 그러나 이 지역의 토기에 신라토기 양식의 영향은 인정되나 이를 금관가야의 멸망으로 볼 수 없다. 다만 봉황토성 내에 이 시기에 해당하는 유구가 그다지 확인되지 않고 거점 취락도 쇠퇴하는 양상이 보인다. 그럼에도 봉황토성은 왕성으로 의연하게 기능한 것으로 본다. 왜냐하면 위치상 봉황토성을 방어하는 것으로 파악되는 김해시 나전리 보루성이 6세기 전엽에도 왕성을 방어하는 기능을 하고 있었기 때문이다.

6세기 전반

이 시기의 옛 김해만 일대의 유적은 잘 알 수 없으나 앞에서 언급한 바와 같이 근래 조사된 나전리유적에서 6세기 전엽으로 편년되는 김해식 단각고배短脚高杯와 가야토기의 개蓋 등이 출토되는 보루성堡壘城이 확인되어 주목된다.

이 성은 주변의 다른 보루성과 연계하여 삼량진에서 봉황토성으로 들어오는 산간 교통로를 방어하는 역할을 담당하는 것에서 이 시기까지 금관가야의 왕성이 기능하였음을 알 수 있게 한다.

6세기 초에는 진영지역인 창원시 다호리고분군에서 대형 횡혈식석실분橫穴式石室墳이 조영된다. 특히 이 고분군의 수장묘인 B1호분에서는 대가야양식의 발형기대, 아라가야양식의 통형기대와 발형기대, 소가야양식의 통형기대, 신라양식의 토제 영락부장경호土製 瓔珞附長頸壺와 대옹大甕 같은 토기가 함께 출토되었다. 이는 다호리 일대에서 가야와 신라의 토기양식을 수용하여 제작된 것을 시사한다. 더욱이 토기뿐만 아니라 B1호분에서는 대가야산 금동제 검릉형행엽劍菱形杏葉, 안교鞍橋, 성시구, B27호분에서는 대가야산 금제수식부이식耳飾이 출토되었다. 따라서 이 지역 집단은 B1호분에서 대가야양식 토기가 압도적인 다수를 차지하고 대가야산 금공품金工品이 출토된 것과 영락부장경호와 대옹 같은 신라산 토기가 다수 출토된 것에서 대가야와 신라를 중심으로 아라가야·소가야와 교섭하였음을 알 수 있다. 이는 이 고분군 출토 대가야양식 토기와 신라양식 토기가 동일한 가마 내에서 제작된 것에 그러하다.

그런데 B1호분 이후 고총이 조영되지 않는 점, 대가야산 금공품이 이입되지 않고 가야양식 토기 대신 신라양식 토기만이 부장되며 또한 나전리 보루성이 이후에 사용되지 않는 것도 532년 금관가야의 멸망을 반영하는 것으로 본다.

2. 아라가야

1) 연구사 검토

함안양식 토기에 대해 처음으로 주목한 안재호·송계현은 노형기대와 고배를 통하여 4세기대의 영남지역의 토기가 부산·김해지역, 서부·경남지역, 경주를 중심으로 하는 세 지역으로 구분되는 것으로 보고, 이 시기 경남지역의 토기가 두 지역군으로 나누어지는 것은 각각 금관가야와 아라가야에 대응하는 것으로 보았다.[9] 그 후 함안지역 출토품과 유사한 장각 노형기대와 공工자형 또는 통형고배가 영남지역 전역에서 분포하는 것이 확인되었다. 더욱이 최근에는 승석문호繩蓆文壺도 함안지역을 중심으로 영남 전역에서 출토되는 것이 밝혀졌다.

그런데 4세기대 함안지역을 중심으로 영남지역 전역에 분포하는 승석문호, 노형기대, 공자형 고배의 제작지와 양식에 대해서는 아라가야산 또는 양식으로 보는 견해와 아라가야산 또는 양식으로 볼 수 없다는 견해로 나뉘어져 논의되고 있다. 전자는 이성주,[10] 이주헌,[11] 박천수,[12] 윤온식,[13] 이정근,[14] 정주희,[15] 후자는 김정완,[16] 우지남,[17] 조영제,[18] 홍보식[19]의 견해를 들 수 있다.

필자는 앞에서 언급한 바와 같이 5세기 중엽 대가야권이 경남 서부지역과 호남 동부지역에 걸쳐서 성립되는 배경에 대해 4세기 대가야권 형성 이전의 권역에 해당하는 지역에서 아라가야양식 토기가 집중 분포하는 것에 주목하였다. 그리고 이 시기 함안에서 생산된 아라가야양식 토기가 남강, 황강, 낙동강 중·상류역, 남해안 일대에 유통되고 또한 이러한 지역의 토기 생산에 영향을 미친 것은 아라가야가 낙동강 하류역을 제외한 지역의 관계망을 장악한 것으로 보았다. 따라서 이는 『삼국지』 위서 동이전 한조韓條의 진왕辰王으로부터 우호를 받았던 아라가야의 위상을 반영하는 것으로 보고 가야 전기의 정치구도를 금관가야와 아라가야 양대 구도로 파악하였다.[20]

홍보식은 4세기대 창녕군 퇴촌리·여초리, 함안군 묘사리·우거리요지의 출토품이 양식상 유사한 점에서 이러한 토기가 동시 다발적으로 생산된 것으로 보고 특정 지역, 즉 함안지역에서 토기가 제작되어 분배된 것으로 볼 수 없다고 주장하였다.[21]

그러나 퇴촌리·여초리요지와 묘사리·우거리요지 출토품 간에는 노형기대와 승석문호 등에서 형식차가 보이고, 창녕지역 요지에서는 함안지역 요지 출토품에 보이는 도부호陶符號가 시문된 토기가 확인되지 않는다. 부산시 복천동54호분·57호분, 합천군 옥전54호분, 합천군 저포리A50호분, 대구시 비산동3호분, 칠곡군 심천리50호분 등의 수장묘에 부장된 승석문호는 함안지역 요지 출토품과 형태가 흡사하고 도부호가 시문된 것으로 함안지역산이 분명하다. 그래서 승석문호와 장각노형기대, 공자형고배는 함안지역에서 출현하여 영남지역 전역에 유통되고 각 지역의 토기양식에도 영향을 미친 것으로 판단된다. 이는 가야 전기 금관가야 세력의 우위는 충분히 인정되지만 문헌에 보이는 아라가야의 위상을 일정 부분 반영하는 것으로 본다. 결국 이러한 4세기대 토기양식에 대한 이해는 이 시기의 정치구도를 어떻게 파악하는 것에 달려 있다고 할 수 있다.

이정근은 승문타날호繩文打捺壺를 중심으로 함안군 우거리토기가마 출토품과 각 지역 고분 출토품의 비교·검토를 통하여 함안산 토기가 남강과 낙동강수로를 통하여 유통된 것을 밝혔다.[22]

정주희는 승문타날호, 고배, 노형기대를 중심으로 아라가야양식 토기의 성립과정과 분포의 변화를 3단계로 정리하였다. 1단계는 3세기 후엽 아라가야양식 토기가 출현하여 주변 지역으로 유통이 개시되고 2단계로 4세기대가 되면 분포가 확대되나 3단계인 4세기 후엽 이래 분포가 축소되는 것으로 보았다. 각지에서 출토되는 아라가야양식 토기 제작기법의 분석을 통하여 함안지역산과 재지산在地産을 구분하고 각지의 수장묘를 중심으로 함안산 토기가 이입된 것을 분명히 하였다.[23]

2) 토기양식 〈도5-5, 5-6, 5-7, 5-8〉

함안지역의 특징적인 토기로는 4세기대의 공자형고배, 노형기대, 양이부승석문호兩耳附繩蓆文壺와 5세기대의 화염형투창고배火焰形透窓高杯, 발형기대, 승석문호 등이 있다. 4세기대 아라가야양식의 통형 또는 공자형고배, 노형기대, 승석문호는 남강수계, 황강수계, 낙동강 상·중류역의 교통로를 따라 가야토기 가운데 가장 넓은 분포권을 형성하였다.

승석문호는 양이兩耳를 가진 것에서 없는 것으로 변한다. 승석문호는 횡치橫置 소성에 의한 동부 측면의 함몰부 흔적, 이기재離器材와 이상재離床材의 흔적과 구연부口緣部의 왜곡이 관찰된다. 또한 다양한 형태의 도부호가 동부 하단에 시문된 것이 특징이다. 승문호는 이와 같은 특징과 함께 동체 상반부를 회전물손질로 지우는 것이 특징이다.

공자형고배는 이전 시기의 목제두木製豆를 모방·제작하였을 가능성이 높으며 통형의 대각이 끝부분에서 넓게 벌어지고 배신杯身은 매우 얕다. 대각에는 무늬가 없는 것도 있으나 삼각형이나 직사각형, 쐐기형으로 문양을 찍거나 투공透孔을 뚫어 장식한다.

화염형투창고배는 대형에서 소형으로, 대각에 화염형 투창이 뚫려 있는 것으로, 화염부가 횡타원형의 불꽃길이가 짧은 것에서 원형의 불꽃길이가 길어지는 것으로 변화한다.

노형기대는 김해지역과는 달리 기하학적 문양이 시문된 개蓋가 공반된 유개대부호有蓋臺附壺에서 변화한 것으로 금관가야양식과는 달리 손잡이가 없는 것이 특징이다. 배신에 비해 대각臺脚이 길고 나팔 모양으로 넓게 벌어지며 신부身部가 얕고 대각에는 삼각형이나 장방형의 투공을 뚫고 문양을 시문한다.

발형기대는 대각이 넓고 완만하게 벌어지는 것에서 점차 대각 상부가 축약되고 벌어지는 폭도 좁아들며 대각이 원통형으로 변화한다. 또 다른 지역과는 달리 늦은 시기까지 배신이 깊은 형태를 유지한다.

통형기대는 대각이 엎어놓은 바리 모양이고 수부受部는 깊은 접시 모양을 하고 있으며, 다른 지역의 기대에 비해 돌대가 강하게 돌출하며 몸통 부분에 사격자문斜格子文이나 삼각거치문을 시문

〈도5-5〉 함안 아라가야양식 토기(3~4세기)

1 : 함안군 윤외리1호분, 2 : 개인 소장, 3 : 함안군 황사리36호분

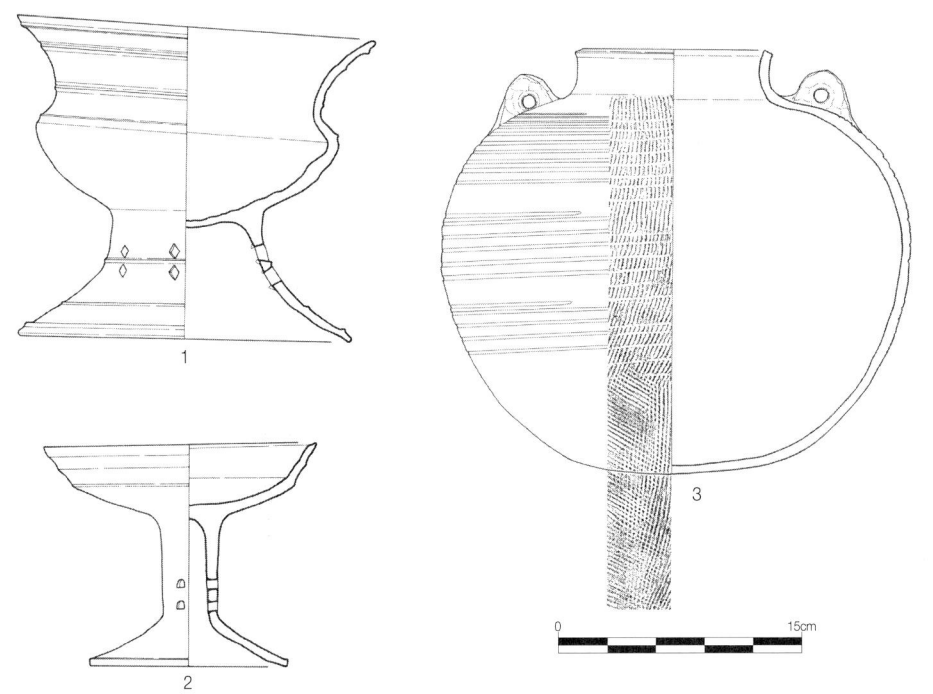

〈도5-6〉 함안 아라가야양식 토기(3~4세기)

1 : 함안군 도항리(경)33호분, 2 : 함안군 황사리38호분, 3 : 황사리14호분

하기도 하였다. 6세기대의 수부가 호형壺形이고 대각이 극도로 커진 아라가야양식의 통형기대는 송산리고분군, 능산리고분군 출토품과 같은 백제양식 기대의 영향에 의한 것으로 본다.

3) 토기로 본 아라가야의 성립과 전개

아라가야阿羅加耶는 『삼국사기』 지리지 함안군조에 아시량국阿尸良國 혹은 아나가야阿那加耶로 나오고, 『삼국유사』 5가야조에는 지금의 함안에 있었던 것으로 기록되어 있다. 『삼국지』 위서 동이전 한조에는 변한12국 가운데 안야국安邪國으로 나온다. 안야국은 이미 이 시기 김해의 구야국과 함께 진왕으로부터 우호優號를 받는 유력한 세력으로 성장하였다. 『광개토왕비』에는 안라安羅, 『일본서기』에는 안라국安羅國으로 표기되어 있다.

아라가야의 대표적인 유적은 함안군 함안읍 말이산에서 남북으로 길게 뻗은 구릉의 정상부를 따라 50여 기의 고총이 5~6세기를 중심으로 조영된 말산리·도항리고분군이다. 그런데 이 고분군에서는 김해시 양동리고분군과 대성동고분군에서 발굴된 4세기의 대형 목곽묘가 확인되지 않아 가야 전기 아라가야세력의 활동과 그 위상을 알 수 없으나 토기양식의 분포에서 그 내용을 살필 수 있다.

〈도5-7〉 함안 아라가야양식 토기(5세기)

1 : 도항리(문)38호분, 2 : 도항리54호분, 3 : 말산리 구34호분

3세기 후반

아라가야양식의 공자형고배, 통형고배, 노형기대, 승석문호는 3세기부터 4세기 후반까지 남강과 황강수계, 낙동강 상류역을 포함하는 광역분포권을 형성하며 금강수계의 공주시 남산리고분군, 천안시 두정동, 청주시 봉명동 등의 백제지역과 고성군 송학동고분군, 여수시 고락산성, 여수시 장도, 순천시 횡전면 등의 남해안 일대에서 출토된다.

승석문호는 다른 기종과는 달리 확실히 함안지역에서 제작되어 주목되는 기종이다. 함안 지역산 승석문호는 기벽이 매우 얇고 고화도高火度로 소성한 것이 특징이다. 동부의 함몰, 타원형의 구연부와 동부 측면의 중첩 소성흔痕으로 볼 때 횡치하여 소성한 것으로 파악된다. 더욱이 이 승석문호는 같은 시기의 창녕군 여초리요지, 대구시 신당동요지, 경산시 옥산동요지 등에서 보이지 않는 특수한 도부호가 시문된 경우가 많아 그 식별이 아주 용이하다.

도부호는 함안군 우거리요지에서 다수 출토되었으며 공인이 제작한 토기를 구별하기 위해 시문한 것으로, 그 종류는 최소 8종 이상으로 보고 있다.[24] 아라가야양식의 승석문호는 횡치 소성하는 것과 도부호를 새긴 것이 특징이다〈도5-9, 5-10〉.

〈도5-8〉 **함안 아라가야양식 토기**(5세기)

1~4 : 함안군도항리6호분, 5 : 도항리(경)13호분

　아라가야양식의 승석문호는 3세기 중엽 함안지역의 도항리(문)35호분에서 출현한다. 승석문호는 3세기 후엽 김해지역의 대성동59호분, 대구지역의 문양리65호분, 울산지역의 중산리75호분에서 확인된다. 이러한 승석문호가 함안산인 것은 다른 지역이 함안지역보다 늦은 시기에 부장되는 점에서도 방증된다. 그러나 이 시기는 아직 광역분포권을 형성하지 못한 것으로 본다.

　3세기 말 승석문호는 김해시 구지로1호분에서 보이고 경주시 구정동고분의 3호곽에서는 횡치소성흔이 보이는 함안산의 소문호素文壺가 확인되기 때문에 아라가야세력이 김해지역과 울산지역을 거쳐 경주지역을 연결하는 관계망을 형성한 것으로 본다. 이와 동시에 낙동강을 통하여 대

〈도5-9〉 함안군 우거리가마 출토 토기

〈도5-10〉 함안군 우거리가마 출토 토기의 도부호

구지역을 연결하는 관계망을 형성한 것으로 볼 수 있다.

4세기 전반

4세기 초 승석문호를 비롯한 함안산 토기가 영남지역 전역과 전남지역의 남해안일대와 전북지역의 호남동부지역에 출현한다.

횡치소성흔과 도부호가 시문된 승석문호는 김해지역의 대성동13호분, 퇴래리7호분, 예안리 92,93,118호분, 부산지역의 복천동54호분, 진주지역의 무촌리2구13호분, 2구39호분, 3구124호분, 합천지역의 옥전25호분, 저포리A지구8,30,31호분, 대구지역의 비산동1,3호분, 문양리20,30호분, 칠곡지역의 심천리50호분, 경주지역의 구정동3호 등에서 출토되었다. 그 외 도부호가 시문되지 않았으나 함안산으로 파악되는 승석문호는 김해시 대성동고분군, 합천군 옥전54호분, 경주시 구어리1호분 등이 있다.

칠곡지역의 수장묘인 심천리50호분에서는 도부호가 시문된 승석문호뿐만 아니라 기하학적 문양이 시문된 개가 공반된 대부호를 포함한 부장토기 대부분이 함안지역에서 이입된 것으로 보여 주목된다. 또한 대구시 비산동고분군(영)3호목곽묘에서도 마찬가지로 토기의 대부분이 함안지역산이고 합천군 옥전고분군의 수장묘인 옥전54호분에서도 동일한 양상이 관찰된다.

이와 같이 금관가야의 대수장묘인 대성동13호분, 동래지역의 대수장묘인 복천동38호분, 다라의 대수장묘인 옥전54호분, 대구지역의 수장묘인 비산동(영)3호목곽묘에 함안산 토기가 부장된다. 더욱이 이 시기 함안산 토기는 여수시 고락산성에서 확인된 고지성高地性취락의 3호주거지, 해남군 신금55호주거지, 남원시 아영지역, 공주시 남산리고분군 등에서도 출현한다<도5-11>, <도5-12>, <도5-13>. 이 시기는 3세기 말에 성립된 아라가야양식의 승석문호, 장각노형기대, 공자형고배가 영남 전역으로 이입되며 각지에서 이를 모방한 토기가 제작된다. 더욱이 함안산 토기는 가야지역뿐만 아니라 경주시 구정동3호분, 구어리1호분, 울산시 중산리75호분과 같은 신라지역의 수장묘에서도 부장되어 주목된다.

이와 같이 함안지역산 토기가 가야·신라지역의 수장묘와 낙동강수계, 남강수계, 황강수계와 남해안 일대의 교통로에 연한 거점 취락에 주로 이입되는 것은 아라가야를 중심으로 한 지역 간의 경제적인 관계망뿐만 아니라 수장 간의 정치적인 관계를 분명히 반영하는 것으로 본다. 아라가야를 중심으로 한 관계망의 성립은 4~5세기 이 지역의 고분에서 철정과 이를 가공한 유자이기가 다수 출토되는 것에서 철 생산과 지리적인 이점을 살린 유통을 배경으로 하는 것으로 추정된다. 이는 4세기대 왕묘인 대형 목곽묘의 조사에 의해 밝혀질 것으로 기대된다.

안야국에서 아라가야로의 성장은 아라가야양식 토기의 분포로 볼 때 함안지역을 중심으로 한 광역관계망이 이와 같이 남강수계, 황강수계, 섬진강수계, 낙동강수계, 남해안 일대에 형성되는 4세기 초를 전후한 시기로 본다.

4세기 후반

이 시기에는 함안산 토기의 이입이 줄어드나 각 지역에서 이를 모방한 토기가 활발하게 제작

〈도5-11〉 도부호가 각인된 함안지역산 승석문호(1: 승석문호, 2: 1의확대, 3: 1의확대)

된다. 이는 아라가야양식 토기가 일시적으로 이입되는 것이 아니라 각 지역의 토기 생산에까지 영향을 미쳤음을 알 수 있다. 4세기 후엽의 고성군 송학동1호분 분구 하층에서 발견된 1E호분에서는 아라가야양식의 통형고배, 장각노형기대, 통형기대가 부장되었다. 고령군 쾌빈동12호분에서도 아라가야양식의 장각노형기대와 양이부호가 부장된 것이 확인된다. 이는 5세기 전반 포상팔국浦上八國의 중심세력인 고성 소가야세력과 5세기 후반 가야의 중심국인 고령 대가야세력조차도 이 시기에는 아라가야의 관계망 속에 포함되어 있었음을 알 수 있다.

5세기 전반

5세기 초 아라가야양식 토기는 남강하류역을 제외하고 낙동강 상류역, 남강 상류역, 황강수계,

〈도5-12〉 함안지역산 승석문호(1: 경북대학교박물관, 2: 남원시 아영지역 출토품, 3: 공주시 남산리고분군)

남해안에 반출되지 않는다. 이 시기 아라가야를 중심으로 한 관계망이 쇠퇴하는 것은 5세기 초 『광개토왕비』 경자년庚子年의 안라인수병安羅人戍兵 기록 또는 『삼국사기』의 포상팔국난과 관련된 것으로 추정된다. 왜냐하면 이 시기를 전후하여 급격하게 아라가야를 중심으로 한 관계망이 쇠퇴하고 포상팔국난의 중심세력인 소가야가 이를 대신하는 것에서 그러하다.

이 시기 아라가야 권역은 함안분지와 진동만 주변으로 파악된다. 서쪽은 4세기대 아라가야양식 토기가 집중 이입되던 진주시 무촌리고분군 일대가 5세기에 소가야양식 토기의 분포권에 속하는 것으로 보아 이 부근을 경계로 하는 것으로 본다. 그 동쪽은 칠원분지에 5세기 전반 소가야양식 토기와 창녕양식 토기가 집중 출토되는 것에서 함안분지의 동변을 경계로 한다.

그런데 5~6세기 가야지역 내에서 함안군 말산리·도항리고분군이 고령지역의 지산동고분군 다음가는 대규모인 점에서 가야 후기에도 아라가야의 위상은 지속되었음을 알 수 있다<도5-14>. 5세기 전엽 경전선 철로에 의해 절단된 구릉 북쪽단부에 조영된 마갑총馬甲塚(묘광 잔존 길이 890cm 폭 280cm 깊이 110cm)에서는 마갑 2령領과 마주馬冑, 금동제 환두대도, 마구, 갑주, 무기가 출토되었다. 같은 시기 구릉 북쪽에 조영된 10호분(묘광 길이 710cm 폭330cm 깊이130cm)에서는 10매의 대형 철정과 유자이기, 마구가 부장되었다. 5세기 중엽에 조영된 36호분(묘광 길이 670cm 폭285cm 깊이100cm)에서는 40매의 중형철정과 유자이기, 마구, 갑주가 출토되었다. 이 시기 목곽묘에서는 철 소재인 철정과 이를 가공한 유자이기가 다수 출토되어 아라가야에서 철 생산이 성행하였음을 알 수 있다.

5세기 후반

5세기 후엽 구릉 중앙부에 조영된 아라가야의 왕묘급 고총인 말산리구34호와 도항리8호분·도항리6호분은 수혈식석곽의 규모가 10m 내외이고 5, 6인이 순장되었다. 도항리8호분에서는 금

〈도5-13〉 도부호가 각인된 함안지역산 토기(의성군박물관 소장품)

동제 대장식구帶裝飾具와 행엽, 마갑과 마주 2령, 갑주, 유자이기, 철정이 출토되었다. 그런데 3기의 왕묘급 고총高塚은 같은 소구릉상에 입지하고 모두 동일한 규모인 점이 주목된다. 또한 이와 같은 규모의 고총이 여러 소구릉에 분지하여 조영된 것이 특징이다.

이는 고령군 지산동고분군과 같이 5세기 후엽 이후 왕묘급 고총이 하나의 계열에 한정된 것과는 달리 왕권이 특정 수장계열에 고정되지 않았음을 보여준다. 더욱이 지산동고분군 왕묘급 고

〈도5-14〉 함안군 도항리고분군

총의 규모와 순장은 같은 시기 1기의 대형 주곽과 2기의 대형 부곽을 중심으로 주위에 방사상으로 32기의 순장곽과 주 부곽에 35인 이상이 순장된 대가야의 왕묘인 지산동44호분과 비교된다. 이는 순장자의 수에도 열세일 뿐만 아니라 지산동44호분에는 아라가야 왕묘에 보이지 않는 마구와 환두대도環頭大刀를 부장한 근시집단近侍集團이 순장된 점에서 아라가야세력의 한계를 어느 정도 반영하는 것으로 본다. 가야 후기의 아라가야의 권역이 함안분지와 진동만 일대에 국한된 대가야권에 비해 아주 좁은 것도 양자 간의 세력차를 반영하는 것으로 파악된다.

더욱이 왕묘급 고총인 구34(현4)호분, 8호분, 6호분 등에서는 마주, 행엽, 운주雲珠 같은 마구를 비롯한 신라산 문물이 부장되어 대가야의 토기, 금동제 용봉문龍鳳文환두대도, 마구, 무구武具와 장신구를 부장한 다라국多羅國의 왕묘인 합천군 옥전M3호분과 대비된다. 아라가야가 신라의 마구와 장신구를 도입한 것은 고고학적으로도 아라가야가 대가야와 뚜렷이 구분되는 세력임을 말해준다.

6세기 전반

6세기 이후에는 도항리고분군에도 대가야양식 토기가 다수 이입되고 6세기 전엽의 창원시 반계동고분군에서는 부장토기가 대가야양식 일색으로 변한다. 이는 금관가야의 고총인 창원시 다호리B1호분과 소가야의 고총인 고성군 송학동1호분에서 대가야양식 토기가 이입된 것과 궤를 같이한다.

아라가야는 함안 성산산성 목간으로 볼 때 562년 이전에 이미 신라에 의해 멸망한 것으로 파악되며 이와 함께 말산리·도항리고분군의 조영이 정지된다.

3. 소가야

1) 연구사 검토

소가야 지역 토기에 대한 연구는 사다모리 히데오定森秀夫가 사천시 예수리고분군과 고성군 오방리고분군 출토 고배, 광구호廣口壺, 개에 주목하여 사천 고성식으로 설정한 것을 효시로 한다.[25]

그 후 조영제는 수평구연호에 대한 연구를 통하여 사천 고성식 토기의 분포권이 진주지역까지 확대되는 것을 밝히고 사다모리 히데오의 토기양식 설정에 대한 문제를 제기하며 이를 가야 후기 경남 서부지역의 특징적인 기종으로 보았다.[26] 이와 함께 삼각투창고배가 수평구연호와 같이 진주를 중심으로 분포권을 형성한 것으로 보았다. 더욱이 삼각투창고배는 소가야와 관계없고 오히려 이른 시기에는 함안, 그 후에는 산청군 중촌리고분군과 관련된 토기이며 이는 소가야가 아니라 중촌리고분군을 조영한 모 가야소국을 상징하는 대표적인 토기로 주장하였다.[27] 이는 앞에서도 언급한 바와 같이 소가야양식 토기 분포의 중심은 어디까지나 고성지역이며 삼각투창고배의 조형도 함안지역에서 찾을 수 있으나 분포의 중심은 역시 고성으로 본다.

박승규는 삼각투창고배에 일단장방형투창고배를 부가하여 진주를 비롯한 경남 서부지역의 토기가 고령·함안지역과 구분되는 것으로 보고 사천·고성식을 진주식으로 명명하였다.[28] 이는 마찬가지로 소가야양식 토기의 분포의 중심은 고성지역으로 본다.

윤정희는 선행 연구에 의해 확인된 수평구연호, 삼각투창고배와 같은 경남 서부지역의 토기가 당시의 문헌에 보이는 고성지역을 중심으로 분포하는 것으로 보고 이를 소가야양식 토기로 설정하였다.[29] 이 연구에 의해 경남 서부지역의 토기 가운데 소가야양식 토기가 인식되게 되었다.

김규운은 고성과 통영지역에서 5세기 전반에 해당하는 소가야양식 토기가 출토되고 소가야형 묘제가 확인되는 점으로 미루어 고성지역이 5세기 전반 이후 멸망에 이르기까지 소가야의 중심지인 것으로 상정하였다. 또한 토기뿐만 아니라 고성지역에 분포하는 대형 고총군의 분포 역시 이를 시사하는 것으로 보고, 5세기 전반~6세기 중반 소가야 권역의 변천을 정리하였다. 먼저 5세기 전반에는 고성을 중심으로 경남 서남부지역을 비롯해 남원 아영지역, 전남 동남부지역까지 세력을 넓히게 되고, 5세기 중반에는 합천 서부지역과 남원 아영지역이 권역에서 벗어나는 반면 마산·창원·김해·칠원지역에 영향을 끼치게 된다. 즉 5세기 후반에는 기존의 권역을 유지하는 가운데 대가야에 의해 호남 동부의 제諸지역이 모두 권역에서 벗어나게 되며, 6세기에는 소가야의 권역이 급격하게 축소하게 되고 소가야 내 제지역 집단의 결속력 또한 완화되는 등의 변화를 보이는 것으로 상정하였다.[30] 이 연구에 의해 시기별 소가야권역의 변천이 어느 정도 밝혀지게 되었으나 포상팔국난과 5세기 소가야의 대외 교섭에 대해서는 아직까지 논의가 필요하다.

2) 토기양식 〈도5-15〉, 〈도5-16〉

삼각투창고배와 대각 하단에 돌대가 돌려진 일단장방형투창고배一段長方形透窓高杯는 소가야양식 고배의 특징적인 기종이다. 삼각투창고배는 시간이 지나면서 뚜껑받이턱의 돌출도가 약해지고 투창수가 줄어들며 소성도가 약해진다. 일단장방형투창고배는 대각 하단에 돌려진 돌대의 돌출도가 약한 것에서 강한 것으로 변화한다.

2단교호투창고배二段交互透窓高杯는 신라의 영향에 의해 제작된 것으로 본다. 이는 내산리고분군 출토품과 같은 신라양식의 대부장경호가 제작된 것에서도 추정이 가능하다.

수평구연호는 소가야양식 토기의 대표적인 기종으로 구연부 형태가 일정한 면을 가지고 수평을 이루는 특징을 갖고 있어 붙여진 이름이다. 시간이 지남에 따라 동부가 작아지고 구연부가 외경하는 형태에서 수평화 또는 외절하는 형태로, 경부가 곡선에서 직선으로, 저부가 원저에서 평저로 변화한다.

광구장경호는 소가야양식의 특징적인 기종으로, 경부의 외반도가 심해지고 동체에 비해 커지는 방향으로 변화한다.

대부직구호는 아라가야양식과 소가야양식에 존재하는 기종이다. 양자는 공통적으로 구연부와 대각이 축소되는 변화를 보이지만, 전자는 말산리구34호분 출토품과 같이 상하일렬上下一列투창이며 후자는 상하교호上下交互투창이라는 차이를 보인다.

발형기대는 배신과 대각의 접합부위가 좁은 것이 특징이다. 배신이 깊고 넓으며 완만하게 외반하는 대각을 가진 것에서, 점차 배신이 직선적으로 외반하고 구연이 수평으로 꺾이며 대각 지름이 좁은 것으로 변화한다.

통형기대는 직선으로 꺾이는 대각과 오목한 접시 모양의 수부가 특징적이다. 외형적으로는 신

〈도5-15〉 고성 소가야양식 토기(5~6세기)

1~3, 5 : 진주시 가좌동1호, 4 : 마산시 현동64호분

라의 기대와도 비슷한 점이 있으나 투창과 수부受部 모양에서 차이가 난다. 수부에 턱이 있는 것과 없는 것, 투창 모양이 삼각형인 것과 장방형인 것에 따라 세분된다. 대체적으로 몸통과 대각의 구분이 명확한 것에서 그렇지 못한 것으로 퇴화한다.

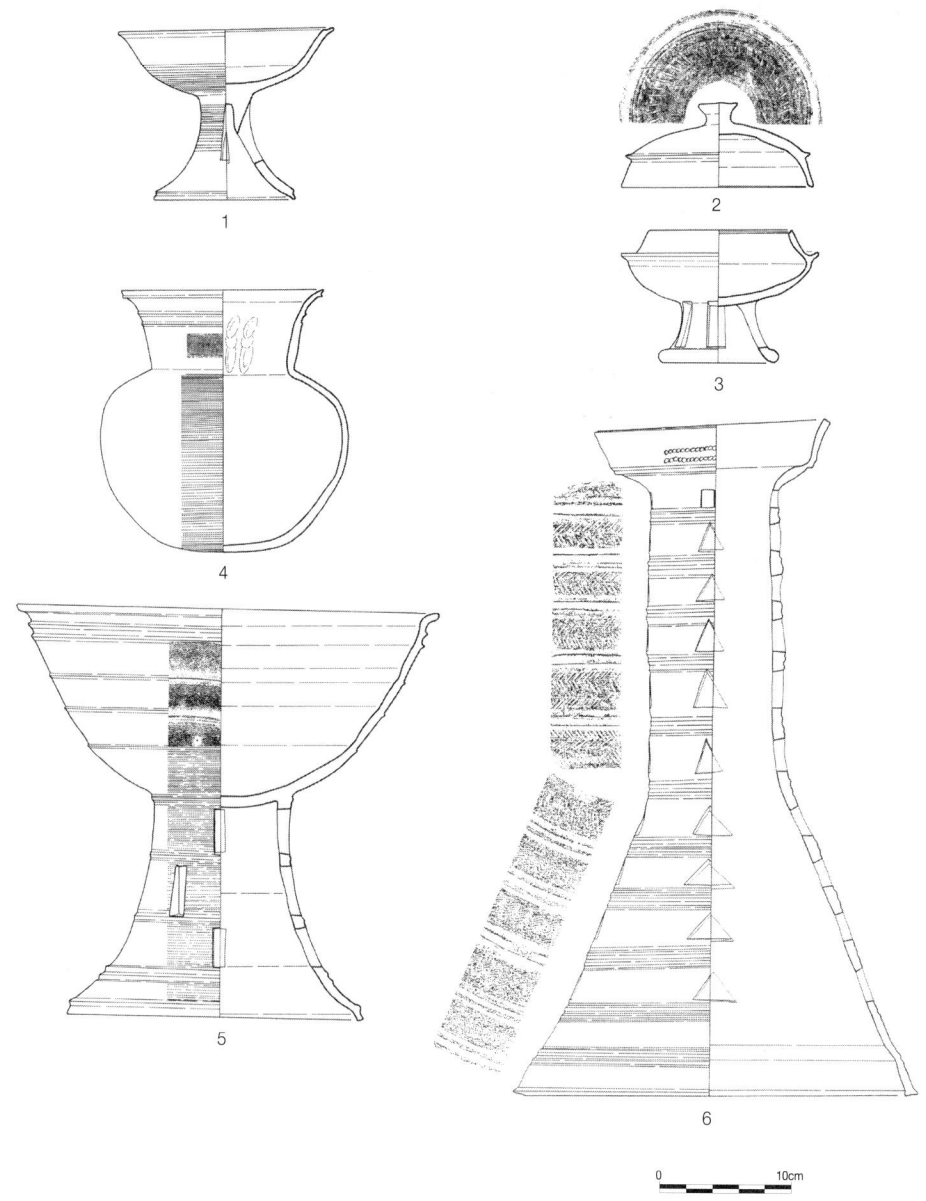

〈도5-16〉 고성 소가야양식 토기(5~6세기)

1 : 진주시 우수리18호분, 2, 3 : 고성군 연당리23호분, 4, 5 : 우수리16호분, 6 : 진주시 가좌동1호분

3) 토기로 본 소가야의 성립과 전개

소가야는 『삼국유사』 5가야조에 지금의 고성에 있었던 것으로 되어 있고, 『삼국사기』 지리지 고성군조에 본래 고자국古資國으로 경덕왕景德王 때 개명하였다는 기록으로 볼 때 소가야와 고자

국은 고성지역을 중심으로 한 남해안 일대의 동일한 가야소국을 지칭하는 것이다. 또 『삼국사기』 물계자전勿稽子傳에는 고사포국古史浦國, 『삼국지』 위서 동이전 한조에는 변진고자미동국弁辰古資彌凍國, 『일본서기』에는 고차국古嵯國 혹은 구차국久嵯國으로 나오는데 모두 음운표기상의 차이일 뿐 모두 고자국을 가리키는 것이다. 고자국을 소가야로 부른 것은 고령의 대가야에 비해 상대적으로 작은 가야란 의미로 쓰인 것으로 추측된다. 『삼국사기』 물계자전 등에 보이는 포상팔국난은 고자국을 중심으로 사천의 사물국史勿國, 보라국保羅國 등이 연합하여 유력국인 아라가야를 공격한 전쟁으로 당시 소가야의 위상을 알 수 있게 한다.

소가야권역은 5세기대 이 지역의 특징적인 토기인 삼각투창고배, 수평구연호, 기대의 분포로 볼 때 해상교통의 요지인 고성반도를 중심으로 남해에 면한 사천지역과, 산청·진주를 비롯한 남강 중류역을 포괄하는 지역으로 파악된다. 5세기 전반 소가야양식 토기가 남강 상·중류역과 황강 상·중류역을 따라 분포하고 있어, 소가야가 북서쪽의 남강지류에 연한 곡간 통로를 통해 내륙지역과 관계망을 형성하고 있었음을 알 수 있다.

소가야의 대표적인 유적은 5·6세기대 고성군 고성읍 서북쪽 구릉의 정상부에 10여 기의 고총으로 구성된 송학동고분군과 이곳에서 동쪽으로 약 15km 떨어진 동해면의 한려수도에 면한 60여 기 고총군으로 구성된 내산리고분군이다<도5-17>.

송학동고분군은 현재 10여 기에 불과하나 원래 수십 기의 고총이 존재하였던 것으로 추정되고, 북부 규슈산 광형동모와 야요이彌生토기가 출토된 동외동유적이 인접한 점에서 소가야의 중심지로 파악된다.

고성읍은 동쪽의 당항만과 서남쪽 고성만이 내륙 깊숙이 만입해 와서 서로 만나는 제방과 같은 구릉상의 지형을 이루고, 그 사이의 동쪽에는 거류산이 남해안을 막고 북서쪽에는 천왕산과 무량산이 병풍처럼 둘러져 있다. 그리고 그 중앙에는 양쪽 해안에 연접한 넓은 고성평야가 자리하고 있는데 이 평야 역시 고성읍내에 있는 동외동유적 등 주변 유적의 입지를 감안하면 삼국시대까지는 대부분이 해수역이었으나 뒷날 해수면의 후퇴로 육지로 변한 것으로 추정된다. 따라서 당시 송학동고분군이 위치한 지금의 고성읍은 육로보다는 남해안을 이용한 해로가 어느 지역보다 발달된 곳이었다.

4세기 동외동유적과 송학동1호분 하층에서 출토된 토기가 함안양식의 장각 노형기대, 통형고배, 승석문양이부호인 점에서 이 시기 고성세력이 아라가야의 관계망 속에 포함되어 있었음을 알 수 있다. 이는 5세기대 소가야양식 토기의 중심분포권에 속하는 진주시 무촌리고분군에서도 아라가야양식 토기가 형식변화를 같이하면서 4세기대에 부장되는 것에서도 그러하다.

〈도5-17〉 고성 송학동고분군(위)과 내산리고분군(아래)

5세기 전반

5세기 전엽 소가야양식 토기가 아라가야양식을 교체하듯이 산청군 중촌리고분군·묵곡리고분군, 남원시 월산리고분군, 거창군 말흘리고분군, 합천군 봉계리고분군·저포리 A지구고분군〈도5-18〉, 함양군 손곡리고분군, 김해시 죽곡리 고분군〈도5-19〉, 광양시 칠성리유적, 여수시 화장동나2호주거지, 죽포리고분군, 보성군 조성리유적 등 남강 중·상류역, 황강 중·상류역과 남해안에 걸쳐서 유통되고 또한 금강수계의 백제지역으로 통하는 교통로와 남해안에 출현한다.

그러나 앞에서 언급한 바와 같이 조영제는 삼각투창고배가 소가야와 관계없고 산청군 중촌리고분군과 관련된 토기이며, 이는 소가야가 아니라 중촌리고분군을 조영한 모 가야소국을 상징하는 대표적인 토기로 주장하였다. 그러나 소가야양식 토기 분포의 중심은 어디까지나 고성지역이며, 삼각투창고배 분포의 중심 역시 고성으로 본다. 이와 관련하여 고성지역에서는 아직 이 시기에 해당하는 자료가 확인되지 않았으나 인접한 통영시 남평리고분군에서 개의 형식으로 볼 때 5세기 초에 조영되었다고 생각되는 1호분에서 유개식 삼각투창고배와 수평구연호, 같은 시기의

V. 토기로 본 가야 167

3호분에서는 무개식 삼각투창고배, 13호분에서도 무개식 삼각투창고배가 출토되어 주목된다.[32] 이 지역이 고성에 인접한 남해안에 위치하고 묘제가 선분구先墳丘축조형에 다곽식多槨式인 고성지역의 소가야식 고분인 것에서 이러한 토기가 내륙의 산청군 중촌리 일대로부터 이입된 것으로 보기 어렵기 때문이다. 따라서 삼각투창고배도 다른 소가야양식 토기와 같이 고성지역에서 이입된 것으로 보는 것이 합리적이다. 또한 5세기 전반 이와 같은 토기가 남해안에 연하여 전남지역까지 분포하는 것에서 소가야양식 토기 분포의 중심은 역시 고성지역으로 본다. 이는 차후 4세기대 고성지역 목곽묘의 조사에 의해 판명될 것이다.

그러나 5세기 초 함양군 손곡리4호분에서는 우수리18호분 출토품과 병행하는 고식의 수평구

〈도5-18〉 합천군 저포리A1호석곽묘 출토 소가야양식 토기

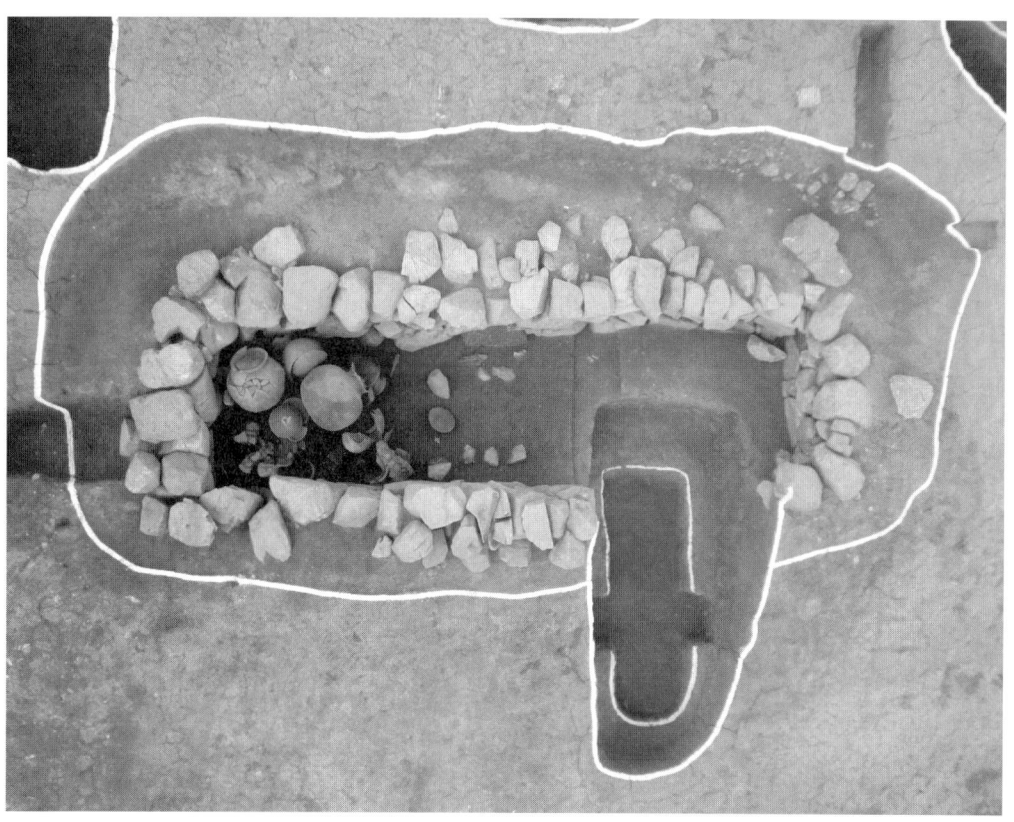

〈도5-19〉 김해시 죽곡리고분군 출토 소가야양식 토기(하 94호석곽묘)

연호가 부장되고 남원시 아영지역의 청계리고분군에는 그 형식이 진주시 우수리고분군 출토품과 유사하여 소가야계 토기로 파악되는 장각長脚의 발형기대가 확인되어, 이 시기 이미 소가야세력이 아라가야를 대신하여 남강 상류역에 관계망을 형성한 것으로 본다. 이는 역시 이전 시기의 아라가야와 같이 선진문물을 확보하기 위하여 백제지역으로의 교통로를 장악하기 위한 것으로 파악된다.

5세기 전엽 여수시 돌산도 죽포리고분군에서 수평구연호, 여수시 화장동나1호주거지에서 삼각투창고배, 보성군 조성리구상유구에서 수평구연호와 삼각투창고배, 장흥군 지천리나13호주거지에서 삼각투창고배가 확인된다. 이 시기 소가야양식 토기가 특히 여수·보성·장흥지역의 거점 취락에서 집중 출토되는 것은 소가야세력이 해상활동을 통하여 남해안 일대의 제 세력과 관계망을 형성한 것을 반영하는 것으로 본다.

이 시기 소가야의 성장은 고구려 남정 이후 대왜 교섭의 중심이던 금관가야가 쇠퇴하고 남해안 일대와 내륙지역에서의 아라가야를 중심으로 한 관계망의 해체를 배경으로 한다. 소가야의 성장은 고성지역을 중심으로 한 광역관계망이 아라가야를 대신하여 남강 상류역, 황강 상류역, 섬진강수계, 남해안 일대에 형성되는 5세기 초를 전후한 시기로 본다. 이 시기 소가야의 활동과 관련하여 주목되는 것은 『삼국사기』에 보이는 포상팔국난이다. 포상팔국난은 소가야를 중심으로 한 해상세력에 의한 것으로 파악되고 있다. 그러나 그 시기와 공격대상에 대해서는 주로 문헌사학에서 논의되고 있으나 명확하게 밝혀진 것으로 볼 수 없으며 이미 문헌사료로는 그 내용을 밝히기 어렵다. 이제까지 문헌사료를 논거로 대체로 3세기 후반~4세기 전반에 포상팔국난이 일어난 것으로 보고 있으나 문헌사료의 기년紀年도 불확실하며 특히 고고자료에서는 이 시기에 고성을 중심으로 하는 연맹체가 남해안 일대에 형성되었다는 어떠한 근거도 찾을 수 없다. 고고자료로 본다면 포상팔국난이 일어난 시기는 소가야를 중심으로 한 연맹체가 형성되는 5세기 초 또는 쇠퇴하는 5세기 중엽을 전후한 것으로 본다. 또한 그 공격대상은 남해안과 남강수계의 관계망을 둘러싸고 소가야가 아라가야와 경쟁하고 있는 점에서 역시 아라가야세력으로 추정된다. 그리고 포상팔국이 신라의 갈화성을 공격하였다는 기사도 흥미롭다. 왜냐하면 5세기 전반 일본열도와의 교역에서 신라와 소가야가 경쟁관계일 가능성이 높기 때문이다.

소가야권역은 5세기대 이 지역의 특징적인 토기인 삼각투창고배, 수평구연호, 기대의 분포로 볼 때 고성반도를 중심으로 남해에 면한 사천지역과 산청 남부와 합천 남부, 진주를 비롯한 남강 중류역을 포괄하는 지역으로 파악된다. 소가야는 고성을 중심으로 한 지역의 소국연합이나 고성지역에도 송학동고분군에 필적하는 내산리고분군이 존재하고 산청군 중촌리고분군에도 대형분이 조영된 점에서 연맹국 간에는 대가야권, 아라가야권과 같은 중앙과 지방 간의 명확한 상하관

〈도5-20〉 여수시 죽림리고분군 출토 소가야양식 토기(하 : 16호석곽묘)

계가 형성되지 않았던 것으로 본다. 포상팔국의 위치는 송학동고분군이 위치하는 고성읍, 사물국으로 비정되는 사천지역, 내산리고분군이 조영된 동해면 일대, 구영리고분군과 장목고분이 조영된 거제도 일대 등을 후보지로 본다.

5세기 후반

5세기 중엽 소가야양식 토기는 광양시 칠성리유적, 여수시 죽림리고분군<도5-20>, 광주시 동림동유적, 서울시 풍납토성 경당지구 등에서 확인된다. 그런데 칠성리유적과 동림동유적, 풍납토성에 인접한 몽촌토성에서 일본열도산 스에키須惠器가 출토되어 이 시기 소가야세력이 남해안의 제해권을 기반으로 일본열도를 연결하는 중계교역 활동을 한 것으로 상정한다. 즉 소가야세력은 남강 중류역의 산청군 옥산리·묵곡리유적 출토 백제문물과 서울시 풍납토성의 소가야양식 토기 및 몽촌토성의 스에키로 볼 때 함안세력을 대신하여 남강수계와 금강수계를 통해 백제지역과 교섭했을 뿐만 아니라 백제와 일본열도를 중계했음을 알 수 있다.

5세기 중엽 남강 상류역의 남원지역과 황강 중류역의 봉산지역에 소가야양식 토기가 유존하는 가운데 대가야 문물이 본격적으로 도입된다. 이는 이전 시기 소가야세력과 연계되었던 남강·황강수계의 기존 관계망에 대가야세력이 본격적으로 개입하는 상황을 반영하는 것이다. 그 후 5세기 후엽에는 종래 소가야와 연계되었던 황강 상·중류역, 남강 상류역과 남해안 일대의 관계망이 와해되고 대가야에 의해 새로운 관계망이 구축됨과 동시에 이 지역들이 권역에 편입된다.

6세기 전반

6세기 전엽에는 소가야 권역 내의 수장묘역인 고성군 송학동고분군·율대리고분군, 산청군 중촌리고분군, 진주시 옥봉·수정봉고분군에서는 대가야산 금제 수식부이식, 금동제 마구, 토기가 부장되고 대가야양식 토기와 소가야양식 토기가 함께 일본열도로 반입된다. 이는『일본서기』의 이른바 임나사현任那四縣, 기문己汶, 대사帶沙 사건에 대한 기록에서 알 수 있듯이 대외 교통로인 섬진강로가 백제에 의해 차단된 이후의 남해안에 새로운 출구를 확보하려던 대가야 활동과 관련된 것으로 본다.

내산리8호분에서 신라양식의 영락부장경호가 출토된 것을 들어 소가야의 멸망시기가 6세기 전엽으로 소급되는 것으로 본 견해도 있으나 타당한 것으로 볼 수 없다. 왜냐하면 이와 같은 형식의 장경호가 창원시 다호리B1호분과 송학동1호분B호석실에서도 가야양식 토기와 함께 부장된 것에서 소가야와 신라의 교섭에 의한 것으로 파악되기 때문이다.

송학동고분군에서 6세기 중엽 이후에 수장묘가 조영되지 않는 것으로 보아 소가야는 562년 대가야의 멸망을 전후하여 종언을 맞이한다.

4. 대가야

1) 연구사 검토

이희준은 대가야양식 토기의 시기별 분포를 바탕으로 고령세력이 5세기 중엽에는 황강유역과 남강의 상류역을 포함하는 연맹체의 맹주가 되어 5세기 후엽이 되면 그 지역을 간접적으로 지배하는 영역국가를 형성한 것으로 보았다. 그리고 대가야를 중심으로 한 연맹체의 성립배경에 대해서는 대가야의 권역이 황강과 남강을 위주로 교통로에 연하여 형성된 것에 주목하였다. 즉 대가야는 낙동강과 남해안을 통하여 필요물자를 교역하면서 일찍부터 선진지역으로 성장하였으나 그 후 신라의 영향력이 강화되어 낙동강을 통한 교통이 어려워지자 황강-남강상류-섬진강-남해안의 교통로를 장악하는 과정에서 그와 같은 정치적 결속이 이루어졌을 것으로 보았다. 대가야권역에 대해서는 황강 상류역 일대를 직접지배권역으로 보고 남원 아영분지와 함양지역을 간접지배권으로 보았다.[33]

이 연구에서는 대가야양식 토기 분포권의 의미와 분포의 변화를 통한 권역의 형성과정을 설명적으로 논하였다. 한편 대가야권역에 대해서는 섬진강수계를 언급하면서도 황강상류역 합천 서부, 거창, 남강 상류역의 운봉·함양·산청지역에 국한시킴으로써 이후의 연구에 적지 않은 영향을 미치게 되는 결과를 낳게 되었다.

김세기는 고령양식 토기의 분포권 변화에 의거하여 대가야권의 성립과정을 아래와 같이 설명하였다. 5세기 전반 성립한 고령양식 토기는 대가야세력이 서남방 진출을 시도하는 가운데 토기의 확산이 시작되고, 5세기 중반에는 합천을 통과하여 남원의 월산리지역에 출현한다. 처음에 수장묘에서만 출토하던 고령양식 토기는 대가야가 보국장군輔國將軍 본국왕本國王의 작위를 받게 되면서부터 소형석곽묘에도 출토된다고 하였다. 또한 진주 옥봉·수정봉과 고성 율대리고분군에 고령양식 토기가 출토하는 것을 근거로 6세기가 되면 남강 하류의 진주와 고성지역도 대가야권역에 포함된다고 상정하였다.[34]

다만 여기에서 진주지역은 고령지역과 달리 고아동식이 아닌 고성·함안 등의 지역에서 조영되는 옥봉·수정봉식의 횡혈식석실이 수장묘에 채택되고, 가좌동고분 등의 하위 고분군에 소가야양식 토기 일색으로 부장되는 것에서 대가야권으로 보기는 어렵다.

필자는 그때까지의 논의가 5세기 대가야 성장에 따른 권역의 형성과정을 논하는 것에 초점이 맞추어져 대가야권 성립의 전사인 4세기대 남강·황강수계에 걸친 가야세력의 동향에 대해서는 그다지 주목하지 않은 것을 문제점으로 인식하게 되었다. 그래서 어떠한 이유로 대가야권역이 남강수계, 황강수계, 섬진강수계, 금강수계에 걸쳐서 형성된 것인가에 대하여 통시적인 설명이 필요한 것을 인지하고 대가야권의 형성과정과 배경에 대해 다음과 같이 설명하였다. 즉 4세기대 남강유역 교통로의 결절점에서 아라가야·소가야양식 토기가 집중적으로 출토하고 또 이 지역에 백제문물이 나타나는 것에 착안하여 대가야가 진출하기 이전 시기 관계망을 형성한 양 세력의 활발한 백제지역과의 교섭을 상정하였다. 그 후 대가야양식 토기가 남강 하류역의 교통 결절점인 아영지역에 집중적으로 출토하는 것에 주목하여 대가야가 남강수계에 진출한 목적은 섬진강로를 통한 왜와의 교역로와 함께 금강 상류를 통한 백제지역과의 교역로를 확보하기 위한 것으로 파악하였다. 또한 대가야는 소가야와 아라가야가 행하였던 백제지역과의 교역을 차단하고 일본열도와의 교역을 주도함으로써 양 세력에 대해 압도적인 우위를 점할 수 있었던 것으로 보았다.[35]

조영제는 필자가 설정한 대가야 권역에 대해 대가야의 범위는 경남 서부지역과 호남 동부지역을 망라한 것으로 볼 수 없고 합천 서부, 거창, 함양, 운봉, 산청지역에 국한된 것으로 보았다. 특히 문헌에 보이는 대사, 즉 하동을 대가야와 관련된 지역으로 볼 수 없다고 주장하였다. 그리고 479년 대가야의 남제南齊 견사遣使 기록과 496년 대가야의 등장 기록에 의거하여 그 권역의 형성 시기를 5세기 제4/4분기로 보았다.[36]

이 견해에 따른 대가야권역은 이희준이 설정한 범위와 유사한데 실은 이에 따르면 남강상류역의 최대 고분군인 남원 아영분지의 두락리고분군의 축조 배경을 설명할 수 없게 된다. 즉 아영지역은 섬진강, 금강 양 루트의 결절점에 위치하고 있어 두락리 같은 대규모 고총군이 조영된 것으로 판단되기 때문이다. 대가야양식 토기가 고령에서 하동을 연결하는 반월형 교통로상에서 출토되고 특히 여수시 고락산성에서는 고배, 기대, 장경호 등의 대가야양식 토기가 조합을 이루어 다수 출토되었다. 또 대가야문물이 확인되지 않는 것을 강조한 고이리고분군은 행정구역은 하동에 속하나 실은 섬진강수계가 아닌 소가야권역에 속하고 우복리고분군은 섬진강수계의 대가야권역에 속하나 소가야권역에 인접한 섬진강의 지류인 주교천 상류에 입지하고 있어 대사, 즉 하동의 중심부라 할 수 없는 곳이다. 그럼에도 불구하고 대가야양식 토기가 출토된 것은 이 지역에 대한 대가야의 영향력을 보여주는 것이다. 더욱이 근래 그가 대가야문물이 보이지 않는 것으로 본 하동지역에서 대가야양식 토기를 부장한 석곽묘가 20여 기가 축조된 흥룡리고분군이 확인되어 이를 방증하고 있다.

필자는 이미 섬진강 서안에 위치한 순천시 운평리고분군에서 직경10~20m의 분구에 대가야식 수혈식석곽 내에서 대가야양식 금제수식부이식과 토기를 부장한 고총군이 확인되어 섬진강 수계가 대가야권역이었던 것이 증명되었다고 보았다. 그래서 이 지역으로 가기 위해서는 반드시 확보해야 하는 섬진강 동안의 하동지역은 필자가 이미 예견한 바와 같이 당연히 대가야권역에 포함되며 이제 새삼 이를 재론할 필요성을 느끼지 못한다.

박승규는 대가야권역을 합천 서부, 거창, 함양, 운봉, 산청지역에 국한된 것으로 보고 필자가 상정한 고령-합천-함양-남원-하동 경로는 백제와의 관계와 지리적 여건, 확산자료의 미확인으로 인해 남원-하동의 경로를 대외교통로로 볼 수 없다고 하였다.[37]

이 견해에 따르면 대가야권역은 앞에서 언급한 조영제와 마찬가지로 황강수계와 남강중상류역에 국한된 범위에 지나지 않게 된다. 그러나 앞에서 언급한 바와 같이 섬진강수계의 남원분지, 곡성, 구례, 순천, 광양, 여수지역에서 대가야양식 토기가 출토되고 특히 대가야양식 토기와 묘제가 확인된 순천시 운평리고분군과 하동지역의 흥룡리고분군은 섬진강수계와 그 하구역의 남해안 일대가 대가야권역임을 웅변하는 것으로 본다.

대가야양식 토기를 통한 일본열도와의 교섭에 대해서는 사다모리 히데오와 필자의 연구를 들 수 있다. 사다모리 히데오는 그의 대가야양식 토기에 대한 연구성과를 바탕으로 5세기 후반부터 6세기 전반에 걸친 시기에 일본열도 각지에서 대가야양식 토기가 출현하는 것을 밝혔다. 그 가운데 에히메켄愛媛縣에서 대가야양식 토기가 집중하는 것은 세토나이카이瀨戶內海를 통한 기나이畿內 세력과 대가야와의 교통에 의한 것으로 파악하고, 그 외 구마모토켄熊本縣, 기후켄岐阜縣, 도야마켄富山縣, 야마가타켄山形縣 등의 출토품은 대가야와 각지 호족세력의 교섭에 의한 것으로 파악하였다.[38]

필자는 5세기대 일본열도에 이입되는 문물이 금관가야계에서 대가야계로 전환하는 것과 이와 연동하여 왜계문물이 금관가야권에서 대가야권으로 옮겨지면서 이입되는 것을 밝혔다. 그리고 대가야권이 고령에서 남해안의 하동에 이르는 교통로 상에 형성되어 있는 것과 교통로 상에 일본열도에서 반입된 왜계문물이 존재하는 것에서 일본열도와의 교역을 대가야권 형성의 하나의 중요한 요인으로 상정하였다. 이는 한반도에서 가야를 대표하고 왜와의 교역과 교류를 장악한 중심지가 김해에서 고령으로 이동한 정치적 변화를 반영하는 것으로 5세기 후반 일본열도에 금관가야양식 토기가 반입되지 않고 대가야양식 토기가 반입토기의 주류를 보이는 것은 이를 상징하는 것으로 보았다.[39]

2) 토기 양식〈도5-21, 5-22〉

4세기대 고령지역의 노형기대는 저평형底平形과 장각형長脚形이 있다. 저평형은 대구·창녕 지역과 황강 중류역의 봉산지역에 분포하는 범汎낙동강 유역 양식이고 장각형은 아라가야양식의 영향을 받은 것으로 파악된다.

통형기대는 다른 지역의 기대에 비해 일찍부터 정형화되었으며 수부는 목항아리 모양이고 대각은 엎어놓은 바리나 종 모양을 하고 있다. 측면에 붙은 뱀 모양 장식띠가 특징이며 대각 및 몸통의 투창 모양, 장식띠를 통해 변화를 살펴볼 수 있다. 대각은 완만한 바리 모양에서 종 모양으로 높아지고 몸통의 투창은 방형에서 삼각형으로 변화한다. 장식띠의 끝부분 형태도 시간이 지남에 따라 평면 형태가 능형에서 사각형으로, 단면은 삼각형에서 장방형으로 변화한다.

발형기대는 배신이 깊은 것에서 얕고 크게 벌어지는 것으로 변화하며 구연은 노형기대의 흔적인 굴곡이 남아 있는 것에서 굴곡이 없는 것으로 변화한다. 대각은 완만하게 벌어지는 것에서 곧게 뻗어 내리는 것으로 바뀐다. 발형기대는 아라가야와 소가야 양식에 비해 대각의 폭이 넓어 전체적으로 안정감을 주고 대각에는 아치형투창을 장식하다가 삼각형투창으로 바뀐다. 배신에는 송엽문松葉文을 주로 시문되다가 무문화된다. 유문계는 각부에 비해 배신이 얕아지며, 무문계는 대각에 비해 배신이 깊어지는 변화 양상을 보인다.

고배는 4세기대에는 함안양식의 영향에 의한 통형고배가 제작되나 5세기 전엽에는 아라가야와 소가야 양식에 비해 대각의 폭이 넓어 전체적으로 안정감을 주는 유개식고배가 등장한다. 개의 손잡이는 보주형寶珠形, 단추형, 유두형乳頭形이 있으며 천정부는 불룩한 것에서 비스듬한 것을 거쳐 편평한 것으로 변화한다. 대각의 투창은 세장방형의 상하일렬투창에서 1단투창으로 바뀌고 종말기에는 원형투공으로 바뀐다. 그리고 시간이 지남에 따라 대각이 낮아지고 통통해지면서 전체적으로 납작해진다. 뚜껑의 손잡이는 단추형과 유두형이 있다.

장경호는 밀집파상문密集派狀文을 경부頸部에 시문한 유개식이 주류를 이루어 아라가야와 소가야 양식과 구별되는 특징을 갖고 있다. 장경호는 원저에서 평저로, 동체가 경부보다 큰 것에서 작은 것으로, 뚜껑받이턱은 돌출도가 높은 것에서 낮은 것으로 변화한다.

파수부완把手附碗은 대각이 있는 것과 없는 것 두 종류가 있으나 형식변화의 방향성은 일치한다. 즉 완의 형태는 곡선적인 것에서 직선화되고 장식된 파상문은 파수가 줄어드는 변화를 보인다. 대각은 동체보다 점차 작아지고 팔자형에서 사다리 모양으로 바뀌게 된다.

파수부옹把手附甕은 부착된 파수 끝부분이 C자상으로 말린 것이 특징이다. 이 기종은 적색연질에서 회청색경질로, 파수의 끝부분이 말린 것에서 퍼진 것으로, 동체가 길고 곡선적인 것에서 짧고 직선적인 것으로 변화한다. 그 외 저평底坪통형기대, 환형파수부연질개蓋, 유두형 손잡이 또는 보주형 손잡이가 달린 바닥이 넓고 납작한 개배蓋杯도 대가야양식의 특징적인 기종이다.

〈도5-21〉 고령 대가야양식 토기(5세기)

1: 지산동44호분, 2: 옥전M4호분, 3: 본관동36호분

3) 토기로 본 대가야의 성립과 전개

『삼국사기』 지리지와 『삼국유사』 5가야조에 대가야는 지금의 경상북도 고령에 있었던 것으로 기록되어 있다. 중국의 『남제서南齊書』에는 479년 대가야의 국왕 하지荷知가 남제에 통교하여 보국장군輔國將軍 본국왕本國王이라는 책호를 받은 기사가 보인다. 이는 대가야가 가야를 대표하여 동아시아 세계에 본격적으로 등장하는 것을 웅변하는 것이다. 이와 함께『신증동국여지승람新增東國輿地勝覽』고령현조高靈縣條에 인용된 최치원崔致遠의 석리정전釋利貞傳과 석순응전釋順應傳에 가야산신山神 정견모주正見母主가 천신天神 이비가夷毗訶에 감응하여 대가야왕 뇌질주일惱窒朱日과 금관국왕 뇌질청예惱窒靑裔을 낳았다고 한다. 이는 가야 후기의 중심국으로 등장한 대가야가 가야 전기의 중심국이었던 금관가야와의 형제관계를 자칭하며 정통성을 내세우기 위해 당대에 만들어

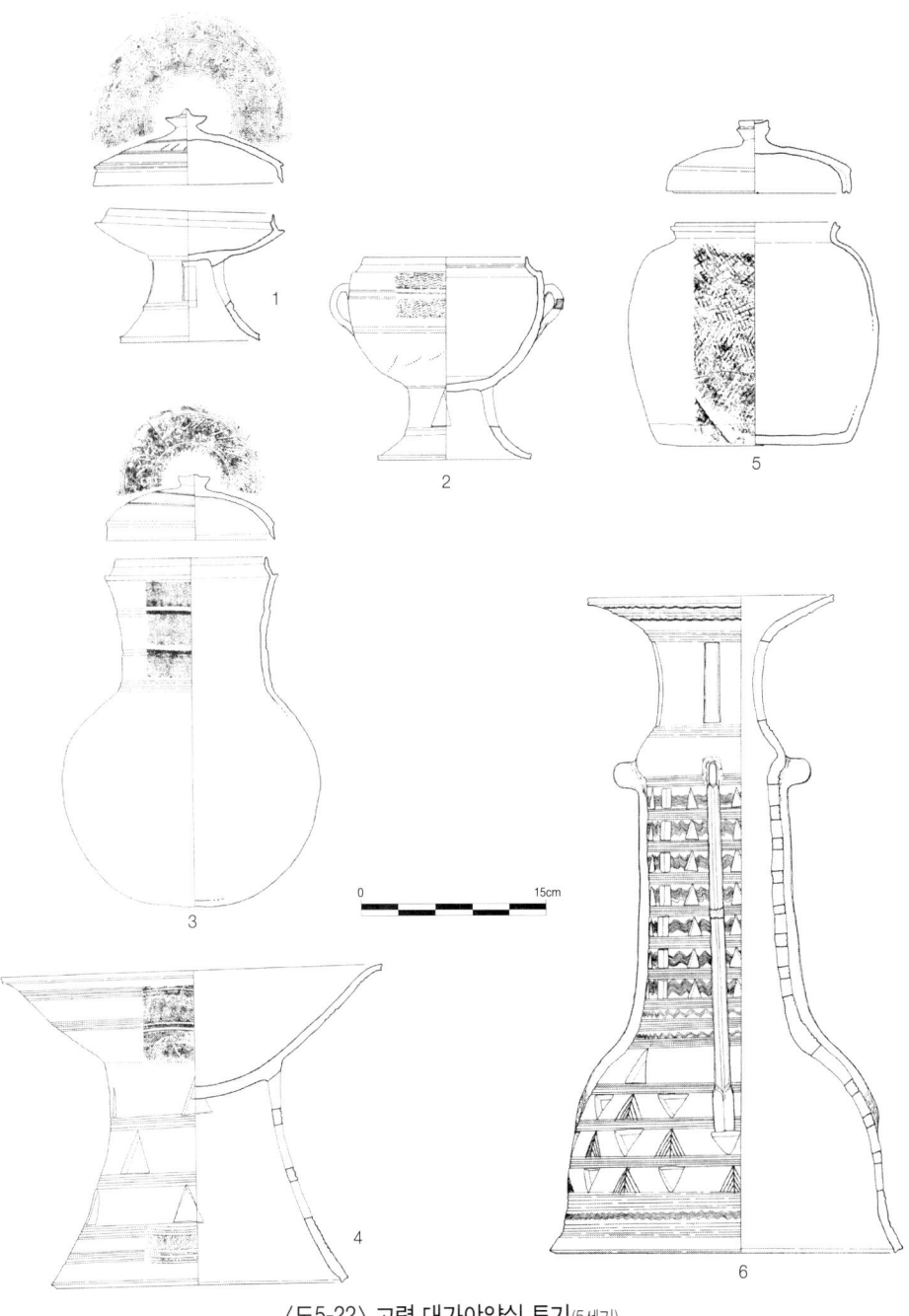

〈도5-22〉 고령 대가야양식 토기 (5세기)

1,6 : 합천군반계제가B호분, 2 : 반계제가6호분, 3~5 : 반계제가A호분

진 신화로 추정된다.

대가야의 대표적인 유적은 배후의 가야산을 배경으로 고령읍을 감싸는 주산에서 남쪽으로 뻗어 내린 높은 구릉의 정상부에 거대한 봉토분이 열을 지어 일대 장관을 이루고 있는 지산동고분군이다<도5-21>. 지산동고분군은 북쪽에서 흘러오는 대가천과 서쪽에서 흘러오는 안림천이 합류하는 고령분지의 배후 구릉 위 대가야의 도읍지였던 고령읍을 한눈에 내려다볼 수 있는 곳에 위치하고 있다. 지산동고분군의 북쪽 산 정상부에는 대가야의 거점 산성인 주산성이, 동쪽 구릉 기슭에는 대가야 왕궁지가 위치하고 고분군의 외곽에는 규모가 작은 본관리·월산리·도진리·박곡리고분군과 이에 연계된 산성이 포진하고 있다. 지산동고분군은 5세기 초부터 6세기 후반까지 조영된 가야지역 최대 규모의 왕묘를 포함한 대가야의 중심 고분군이다.

그런데 이 고분군에서는 김해시 대성동고분군에서 발굴된 대형 목곽묘와 같은 왕묘가 확인되지 않아 가야 전기 대가야세력의 활동양상과 그 위상을 알기 어렵다. 토기양식으로 볼 때 고령지역은 함안과 김해지역과 같은 독자적인 토기양식을 찾아볼 수 없고, 여타 낙동강 중류역과 같이 아라가야양식 토기의 분포권에 포함된 점에서 4세기대에는 아라가야를 중심으로 하는 낙동강수계의 관계망 내에 속하였음을 알 수 있다.

여기에서는 대가야양식 토기, 지산동고분군의 성립과 전개과정을 살피면서 대가야권역의 형성과정과 배경에 대해 논의하고자 한다.

5세기 전엽

지산동고분군에서는 남쪽 가지 능선 말단부에 중형분인 30호분과 73호분, 75호분이 축조된다. 척릉脊凌 말단부에 조영된 55호분도 위치로 볼 때 같은 시기로 추정된다. 이와 함께 서쪽 척릉 중하위에 위치한 35호분이

〈도5-23〉 고령군 지산동고분군

약간 이른 시기에 축조된다. 5세기 초로 편년되는 지산동35호분 단계에서는 대가야양식을 구성하는 주요 기종인 세로띠장식부 통형기대가 출현하지 않고 발형기대의 경우에도 대가야양식의 특징이 확인되지 않는다. 5세기 전엽으로 편년되는 지산동30호분에서는 대가야양식 토기, 즉 통형기대, 발형기대, 장경호, 고배가 기종을 이루어 부장된 것이 확인된다. 그래서 이시기야말로 대가야양식 토기의 성립기라 할 수 있으며 지산동고분군에 대규모 고총이 출현하는 시기인 점이 주목된다. 더욱이 소수이지만 이 시기에 남원시 아영지역, 장수군 삼고리고분군 출토품에서 알 수 있듯이 남강수계와 금강 상류역에 이입되는 것이 확인된다. 이는 대가야세력이 이미 5세기 전엽에 소가야세력과 관계망을 형성하고 있었던 양 지역과의 교섭을 개시한 것과 대가야의 진출 방향을 알 수 있게 한다.

이 시기는 지산동고분군에 30호분급 이상의 고총이 복수 존재하는 것이 주목된다. 즉 지산동고분군에 수장급 고총이 복수 조영된 것은 대가야의 대내외적 성장이 대가천·안림천·회천 수계의 제 집단의 통합에 의한 것임을 보여준다. 지산동고분군의 조영계기는 이 고분군의 성립기에 복수계열의 수장묘가 확인되어, 특정 세력이기보다는 각 수계의 여러 세력의 결집에 의한 것일 가능성이 높다.

왜냐하면 한 지구의 세력이 단독으로 조영한 것으로 보기에는 같은 시기 지산동고분군에서 수장묘의 수가 너무 많고 또한 주변 고분군에 이 시기의 수장묘가 확인되지 않기 때문이다. 즉 본관동고분군, 박곡리고분군, 월산리고분군, 도진리고분군 등에서는 5세기 후엽 이전의 수장묘인 고총이 확인되지 않는다.

그래서 이 시기 대가야 왕권은 복수의 집단에 의한 공립共立에 의한 것으로 특정 수장 계보에 고정되지 못했음을 나타내는 것으로 파악된다.

5세기 중엽

지산동고분군에서는 척릉 중하위에 32~34호분 등이 조영된다. 이 시기 고령 대가야양식 토기와 묘제, 매장의례, 장신구, 무기, 무구, 마구, 농공구 등이 경남 서부지역뿐만 아니라 호남 동부지역에까지 확산한다. 대가야 진출 이전 5세기 전엽에는 황강과 남강수계에 연하여 고성 소가야양식 토기가 분포하고 있었다. 이는 소가야와 연계된 관계망이 남강과 황강의 상·중류역에 걸쳐서 형성되어 있던 것을 반영하는 것이다.

이 시기 황강수계에서는 하류역의 옥전고분군에서 대가야양식 발형기대와 장경호가 확인되며 중류역의 봉산지역에서는 소가야양식 토기가 유존하는 가운데 봉계리고분군에서 대가야양식 토기가 출현한다. 봉산지역에서는 고총인 반계제나A호분이 출현하며 나A호분과 하위 분묘에서는 소가야양식 토기가 확인된다.

　남강유역의 남원 아영지역에서는 수장묘로서 고총인 월산리M1-A호분이 출현한다. M1-A호분에서는 소가야양식 발형기대가 유존하는 가운데 고령지역에서 제작된 발형기대를 포함한 대가야양식 토기와 이를 모방하여 재지에서 제작한 토기가 부장된다. 그 결과 대가야양식 토기가 다수파가 되고 소가야양식 토기가 소수파로 전락한다. M1-A호분에서는 내만타원형경판비內彎楕圓形鏡板轡를 비롯한 대가야산 마구와 종장판주縱長板冑를 비롯한 대가야산 갑주甲冑가 부장되었다. 또 이 시기 아영지역에서는 꺾쇠와 관정棺釘으로 결합한 목관을 안치한 세장방형석곽細長方形石槨과 같은 대가야형 묘제가 도입되는 것도 주목된다.

　이로써 필자는 5세기 중엽에 인접한 옥전 고분군과 반계제고분군이 소재한 황강수계에 선행하여 남원 아영지역에 가장 먼저 대가야의 영향이 미친 것에 주목한다. 왜냐하면 이를 통하여 대가야의 분명한 진출 방향과 의도를 알 수 있기 때문이다. 그래서 필자는 대가야가 남강 상류역의 아영지역을 확보하고 섬진강수계와 금강수계에 진출을 모색하기 위한 것으로 보며 이것은 대가야의 진출과정에서 가장 중시한 지역이 바로 이 지역임을 암시하는 것이다.

5세기 후엽

　지산동고분군에서는 32-35호분과 44호분 사이 척릉에 87호분·96호분·97호분이 조영되고 동시에 동쪽 가지 능선에 77호분 등이 축조되는 것으로 볼 때 아직까지 특정 수장계보에 의한 왕권의 장악은 확인되지 않는다.

　이 시기 황강수계에서는 하류역의 옥전M3호분과 70호묘에서, 중류역의 반계제고분군과 중반계고분군에서 확인되듯이 수장묘뿐만 아니라 일반 성원묘成員墓까지 대가야양식의 토기가 일색으로 부장된다. 또 반계제고분군에서는 봉토주변 제사유구에서 통형기대와 노爐, 옹, 시루가 공반되고 있어 고령지역과 동일한 묘전제사가 행해진 것으로 판단된다. 이 고분군에서는 대가야산의 금동제 관모부주, 금제 수식부이식, 은장 오각형환두대도, 내만타원형경판비 등이 출토되었다.

　그런데 무엇보다도 주목되는 것은 옥전고분군에서는 이제까지 창녕산 토기와 함께 신라산 금동제 위신재가 부장되었으나 이 시기 M3호분에서는 대가야산 토기와 함께 금동제 용봉문환두대도, 금동제 갑주, 마구, 철제 무구, 무기가 부장된다. 이는 대가야가 황강 하구를 통하여 낙동강 이동지역과 교섭하면서 독자적으로 활동해온 옥전집단, 즉 다라국多羅國에 대해 대가야가 영향력을 행사할 수 있게 된 것으로 본다. 이에 대해 대가야는 먼저 황강 중류역의 봉산지역에 진출하여 지금까지 그 하류역에 위치하면서 내륙과 교역활동을 해왔던 옥전세력, 즉 다라에 압박을 가하여 이 지역을 권역안에 넣었던 것으로 보았다.[40] 그러나 다라국이 대가야권역으로 편입된 이유는 M3호분과 반계제가A호분은 같은 시기인 점에서 봉산지역 진출에 의한 것으로 보기 어렵다.

　필자는 5세기 중엽 월산리M1-A호분에 대가야양식 토기를 비롯한 대가야문물이 집중 부장되는 것에 주목한다. 그래서 다라국이 대가야에 편입된 것은 옥전 집단이 섬진강수계와 금강수계를 연결하여 교역활동을 해왔으나 그 결절점인 남원 아영지역이 대가야의 영향하에 놓이게 됨에 따라 종래의 교역로가 단절된 것을 가장 큰 원인으로 본다.

　이 시기 남강 상류역에 위치하는 함양군 백천리1호분에서도 대가야양식 토기가 일색으로 부장되고 있고 제사유구에서 노와 함께 옹, 시루가 공반하는 것에서 볼 때 대가야와 같은 묘전제사가 행해진 것으로 파악된다. 백천리1호분에서는 대가야산의 금제 수식부이식, 은장 오각형환두대도, 내만타원형경판비 등이 출토되었다.

　남강 상류역의 임천강수계에서는 소가야양식 토기가 유존하나 같은 상류역인 위천수계와 황강수계에서는 대가야양식 일색으로 된다. 또 황강 중류역과 남강 상류역의 위천수계에서는 묘제와 묘전제사까지 대가야와 일치하는 현상이 관찰된다.

　5세기 말 지산동고분군에서는 척릉 정상부 직하에 44호분이 조영된다. 이 고분은 1기의 대형 주곽과 2기의 대형 부곽을 중심으로 주위에 방사상으로 32기의 순장곽을 배치한 구조로서, 순장자는 주곽과 부곽에서도 확인되어 모두 35인 이상이 순장된 것으로 파악된다. 또 부장품으로 일본 아마미오시마奄美諸島산 야광패夜光貝와 백제산 동완銅碗 등 외래의 위신재威信材가 포함되어 있다. 이 지산동44호분에서는 전시기의 지산동고분군에서 볼 수 없었던 비약적인 발전이 간취된다. 그 뿐만 아니라 이 고분은 대가야권의 같은 시기 다라국의 왕묘급 고총인 합천 옥전M4호분뿐만 아니라 아라가야의 왕묘급 고총인 함안 구말산리34호분과 소가야의 왕묘급 고총으로 추정되는 고성 송학동1호분에 비해 2기의 부곽을 가진 것, 순장, 부장품의 질과 양에서 격절한 존재인 점이 주목된다.

　그런데 44호분이 축조되는 시기에는 지산동고분군에서 이에 필적하는 대형분이 더 이상 가지 능선에서 조영되지 않는다. 더욱이 이 시기부터 본관동고분군, 박곡동고분군, 월산리고분군, 도진리고분군에서 수장묘인 고총의 조영이 개시되는 것이 주목된다. 이는 5세기 후엽까지 지산동고분군의 가지 능선에 고분을 조영하였던 대가천·안림천·회천수계의 수장이 본거지에 수장묘를 조영하기 시작한 것으로 파악된다.

　따라서 5세기 말부터 지산동고분군은 비로소 특정 수장계열의 왕묘역을 중심으로 기능하는 것으로 본다. 이는 복수 집단의 공립에 의했던 왕권이 특정 수장계열에 고정되어 세습화가 시작되는 과정을 반영하는 것으로 파악된다. 특히 이 시기는 대가야가 479년 남제에 견사한 직후인 점에서 대가야는 내외적으로 획기적인 발전기로 평가된다.

또한 이 시기를 전후하여 섬진강수계와 금강수계를 연결하는 교통의 결절점인 남강수계의 남원 아영지역에서 수장묘역인 월산리고분군의 조영이 정지되고 새로이 두락리에 고총이 조영된다. 이는 대가야가 종래 소가야의 관계망에 포함되어 있었던 월산리세력을 배제하고 새로이 두락리세력을 후원하는 것에 기인한 것으로 파악된다.[41]

더욱이 이 시기 순천시 운평리고분군에서는 이 시기의 대가야양식 토기와 금제 수식부이식, 묘제가 확인되어 주목된다. 왜냐하면 섬진강수계와 하구인 남해안 일대에 대해 아직도 대가야권역으로 보지 않는 견해가 있기 때문이다. 그래서 필자는 이 시기 섬진강수계의 상류인 임실군 금성리고분군과 운평리고분군에 대가야양식 토기가 부장되는 것에 주목한다. 금성리1호분은 구경부가 동부에 비해 상대적으로 큰 형식의 장경호가 출토되고 순장석곽을 가진 점에서 늦어도 5세

〈도5-24〉 장수군 삼봉리고분군의 대가야식 고총과 토기

기 후엽, 즉 그 이전에 대가야의 영향이 이 지역에 미친 것을 알 수 있게 한다. 운평리고분군은 직경 10~20m의 분구를 가진 수기의 고총과 다수의 목곽묘, 수혈식석곽묘로 구성된 고분군이다.

M1호분은 영산강유역과 인접한 소가야권역의 선분구축조형이 아닌 세장방형석곽의 대가야식 수혈식석곽을 축조한 후 봉토를 조영하는 방식인 점에서 대가야와의 관련이 상정된다.

M2호분에서는 고령지역산 대형 통형기대가 봉토상에서 출토되어 고령지역과 동일한 묘전제사墓前祭祀가 행해진 것으로 본다. 고령지역산 통형기대는 고령군 지산동30호분, 32호분, 44호분, 합천군 옥전M4호분, 반계제다A, 가B호분, 남원시 두락리1호분, 의령군 경산리1호분 등에서 출토된 대가야권역 수장묘의 제사에 사용되는 특수한 제기이다. 또한 이 고분에서는 고령지역산 금제 수식부이식이 출토되어 주목된다. 금제 이식은 종래 출토된 장수군 봉서리고분군 출토품과 곡성군 방송리고분군 출토품이 대가야산인 점과 대가야산 위신재가 섬진강수계를 따라 남해안 일대까지 이입된 것을 방증하는 것이기 때문이다.

최근 하동군 흥룡리고분군에서 5세기 말 대가야양식의 토기가 부장된 대가야형 수혈식석곽이 20여기 확인되어 주목된다. 특히 대가야양식 토기는 고령지역에서 제작된 토기가 다수를 차지하는 점이 흥미롭다. 이로써 섬진강수계와 남해안이 연계되어 대가야권역을 형성하였음이 증명된 것이다.

5세기 후반 전성기의 대가야권역은 토기양식과 묘제의 분포로 볼 때 고령을 중심으로 황강수계의 합천·거창, 남강수계의 함양·산청·운봉·아영, 섬진강수계의 남원·임실·곡성·하동·광양·남해안의 여수·순천, 금강수계의 장수·진안에 걸친 지역이다<도5-24>, <도5-25>. 그 북쪽은 대가천 상류역의 성주지역에서 신라, 금강 상류역의 진안지역에서 백제와 국경을 형성한다. 동쪽은 낙동강을 경계로 신라와 국경을 형성한다. 남쪽으로는 남강 중류역 생초지역에서 소가야, 남강 하류역 의령지역에서 아라가야와 경계를 형성한다. 서쪽으로는 섬진강수계의 임실·순창·구례·순천 지역에서 백제와 국경을 형성한다. 근래 고흥지역에서 백제에 의해 이식된 왜인이 조영한 안동고분이 확인되어 5세기 후반 대가야권역의 서쪽 국경이 고흥반도의 이동인 것이 확인되었다.

6세기 전엽

6세기 초 지산동고분군의 척릉 정상부에 구39호분을 위시한 일계一系의 누세대적累世代的인 왕묘역이 형성되는 것은 아라가야나 소가야와는 달리 이전 시기 세습화가 시작된 왕권이 안정되었음을 보여준다.

이 시기 남원시 두락리1호분은 고령지역에서 제작된 대가야양식 발형기대·통형기대가 반입된다. 두락리1호분의 제사유구에서 노爐와 옹이 확인되어 대가야형과 같은 묘전제사가 행해진 것

〈도5-25〉 순천시 운평리고분군의 대가야식 고총과 토기(M1호분)

V. 토기로 본 가야

으로 본다. 더욱이 대가야양식 토기는 남강 중·상류역의 경호강수계에 분포하는 산청군 생초고분군과 그 직하의 평촌리고분군, 주변의 옥산리고분군, 묵곡리고분군에서 확인되듯이 수장묘와 하위 분묘에서 출토된다.

생초M13호분에서는 대가야산의 금동제 용봉문환두대도와 검릉형행엽劍菱形杏葉을 비롯한 마구가 출토되었다. 또한 생초고분군은 대가야형의 주·부곽을 축조한 후 봉토를 조영하는 방식인 점으로 보아 소가야권역의 선분구 축조형과 구분되어 남강수계에서는 생초지역까지를 대가야권역에 속하는 것으로 본다.

한편 남강 중류역의 산청군 중촌리고분군, 합천군 삼가고분군과 진주시 수정봉·옥봉고분군에서는 수장묘에 대가야양식 토기가 부장되지만 중촌리고분군 직하의 명동고분군, 삼가고분군 직하의 의령군 천곡리고분군, 수정봉·옥봉고분군 직하의 가좌동고분군에서는 지속적으로 소가야양식 토기가 부장되어 대가야권과 다른 특징을 보이고 있다. 또한 수정봉·옥봉고분군과 중촌리고분군의 횡혈식석실은 대가야형의 고아동식과 다른 재지형이어서, 토기양식뿐만 아니라 횡혈식석실도 고아동식 석실이 채용된 대가야권역의 합천 봉산지역과 남원 아영지역과 다른 점으로 보아 이 지역은 소가야권역으로 설정된다. 이는 대가야가 남강 상류역에 진출한 후 남하하여 새로이 남강 중류역의 수장과 관계를 맺은 것을 의미하며 이 지역이 대가야권역 내에 포함되지 않는다는 것을 보여준다.

6세기 중엽

6세기 중엽 함안군 도항리4호분에서 대가야양식 통형기대가 출토되는 것으로 보아 남강 하류역까지 반입되었음을 알 수 있다. 게다가 고성군 송학동1호분, 고성군 율대리고분군, 창원시 다호리고분군, 창원시 반계동고분군 등에서도 대가야양식 토기가 확인된다. 특히 소형석곽묘로 구성된 반계동고분군에서는 대가야양식 토기 일색으로 부장된 것이 특징이다.

더욱이 대가야산 위신재인 금제 수식부이식과 금·은장 마구인 f자형경판비, 내만타원형경판비, 검릉형행엽, 금동장 주胄는 5세기 후반에는 황강수계와 남강 상류역, 금강 상류역, 섬진강수계에 분포하다가 6세기 전반에는 소가야권역의 진주, 고성 그리고 금관가야권역의 창원 진영분지로 확산된다. 이는 소가야권역에 속하는 산청군 중촌리고분군에 고아동형의 횡혈식석실분인 3호분이 출현하는 것에서도 그러하다.

이와 같은 대가야산 위신재의 분포와 대가야양식 토기의 분포가 궤를 같이하는 점에서 양자는 대가야에 의한 권역의 확대와 영향력 증가를 반영하는 것으로 본다. 또한 필자는 대가야권역의 형성이 이제까지 생각되어온 바와 같이 시간의 흐름에 따라 주변지역으로 서서히 확대된 것으로 볼 수 없고, 대가야의 의도와 진출방향에 따라 이원적으로 진행되어온 것으로 본다. 즉 대가야가 인접한 황강수계의 합천지역에 비해 상대적으로 먼 남강 상류역의 남원 아영지역에 선행하여 진출한 점, 또한 인접한 남강 중류역의 산청지역에 비해 상대적으로 원격지인 순천지역에 같은 시기 또는 이에 선행하는 시기에 진출한 것은 이를 웅변하는 것이다.

6세기 중엽에는 대가야양식 대왕大王명 장경호와 함께 합천군 저포리E지구4호분 출토 하부下部명 단경호가 제작되어 주목된다. 하부명 토기의 명문에 대해서는 유물이 봉토바닥에 깨진 상태로 매납된 것으로 보아 대가야 멸망 직전 저포리지역에 밀려왔던 백제 계통의 문물이나 인물에 대한 반감으로 보고 이를 백제의 부로 보는 견해[42]가 있으나 이는 전적으로 자의적인 판단에 불과하다. 왜냐하면 하부명 토기는 경부에 돌대가 형성된 전형적인 대가야양식이고, 대가야의 경우 매장의례에 사용한 토기를 파쇄하기 때문에 대가야와 직접 관련된 토기로 파악되기 때문이다.

무엇보다도 황강 중류역 재지 수장세력의 단절과 같은 시기인 점, 대왕명 토기가 거의 같은 시기에 제작된 점, 그리고 지산동고분군의 왕묘 축조 양태에서 왕권이 확립된 시기인 것에 주목하여 대가야의 부로 판단된다.

6세기 전엽 대가야는 황강 중류역 일대를 하부로 편제하고 대왕을 칭하며 종래 아라가야권, 소가야권, 금관가야권으로 나뉘어져 독자적인 활동을 계속하여왔던 가야의 제 세력에 대한 구심체로서 결집을 시도였으나 6세기 전엽 백제가 섬진강 하구를 점령하게 되면서 남해안의 제해권과 교역항을 상실한다. 이후 대가야와 일본의 교역도 퇴조하는데, 이는 대가야의 쇠퇴 및 멸망 요인의 하나였을 것이다. 신라가 낙동강을 넘어 가야지역에 진출하고 금강 상류역과 섬진강수계에 백제세력이 압박해 들어오는 가운데 562년 대가야는 신라에 멸망한다.

그런데 대가야 멸망 이후의 정황을 나타내는 토기가 확인되어 주목된다. 즉 대가야권에서 수백킬로미터 떨어진 강원도 동해시 추암동고분군에서 대가야양식 토기가 신라후기양식 토기와 함께 수기의 분묘에서 출토되었다. 추암동고분군 가지구 가운데 34·38·40·42·43·44호분에서 대가야양식 토기가 6세기 후엽의 신라후기양식 토기와 함께 확인되었다. 위 고분의 피장자는 대가야 멸망 이후 대가야권에서 사민徙民된 사람들로 파악된다. 이는 562년 이후 구 대가야권에 대한 신라의 지방지배 방식의 일단을 나타내는 것임과 동시에 1세기 이상 지속된 대가야권의 해체를 웅변하는 것이다.

5. 창녕지역

1) 연구사 검토

사다모리 히데오定森秀夫는 개의 손잡이에 돌대를 돌린 것을 창녕지역 토기의 특징으로 보고 계남리1호분 출토 유대파수부단경호를 가야토기로 파악하였다. 또 문헌에 기록된 신라의 하주 설치기사를 근거로 창녕지역 토기를 6세기 중엽을 경계로 그 이전은 가야토기, 그 이후는 신라토기로 구분하였다.[43]

이 연구에 의해 창녕지역 토기의 양식적 특징이 부각되었으나 지나치게 문헌기사를 의식하여 토기양식을 구분한 점은 문제점으로 들 수 있다.

후지이 카즈오藤井和夫는 창녕지역 토기를 편년하면서 현재의 행정구역 단위인 창녕지역에 대해 교동고분군 축조집단과 계성면 계성고분군 축조집단과의 차이를 지적하면서 양 집단을 분리하였다.[44]

이 연구는 경주지역과의 병행관계를 통하여 계남리1·4호분을 비롯한 창녕지역 고분의 편년적 위치를 설정한 점은 평가되나 계성지역을 창녕지역 정치체와 분리하는 것은 양 지역의 토기양식으로 볼 때 수긍하기 어렵다.

필자는 4~6세기의 창녕지역 토기를 7단계로 편년하고 양식과 분포 분석을 통하여 창녕지역 집단의 성격과 그 변화를 밝히려고 시도하였다. 여기에서는 먼저 토기양식을 근거로 창녕지역이 4세기에서 5세기 전엽까지는 가야지역에 속했던 것으로 파악하였다. 또한 5세기 중엽~6세기 전엽의 토기양식을 신라·가야양식을 절충한 복합양식으로 설정하고 이 시기 창녕지역 집단의 성격은 토기의 양식이 복합적이고 신라·가야의 양대세력에 걸쳐서 교류가 이루어진 것으로 파악하였으며 기존의 견해처럼 단순히 이 집단을 신라 또는 가야세력에 속한다고 볼 수 없다고 보았다.[45]

이 연구에서는 발굴 자료가 부족한 시점에도 불구하고 통시적인 관점에서 창녕지역 집단의 변천과정을 파악하고자 하였으나, 이 지역의 독자성을 지나치게 강조하고 주변지역과 관계사적인 측면에서 접근하지 못한 점은 문제점으로 지적된다.

정징원·홍보식은 5세기 제2/4분기 창녕양식 토기의 성립을 비화가야非火伽倻가 지역 국가체의 형성을 나타내는 것으로 보고 신라형 위신재를 동반한 대형봉토분이 출현하며 창녕지역양식 토기가 확산되는 5세기 제3/4분기를 비화가야가 가장 발전하는 가운데 신라의 영향력이 미치는 시기로 파악하였다. 그리고 5세기 제4/4분기가 되면 중심고분군이 계남리에서 교동으로 이동하는 가운데 신라토기의 영향이 나타나고 6세기 제1/4분기 창녕양식 토기가 소멸되며 신라토기화 되

는 것을 비화가야의 해체로 보았다.[46]

이 연구는 계남리고분군과 교동고분군의 구조, 축조시기의 분석을 통하여 창녕지역에서의 중심지 이동 가능성을 지적한 점에서 주목되나 비화가야의 개념과 존재, 신라의 영향력이 미치는 시기를 비화가야가 가장 발전하는 시기로 파악한 것은 문제점으로 지적된다.

이희준은 창녕지역에 대해 교동고분군을 중심으로 남쪽의 영산과 북쪽의 현풍을 포괄하는 지역을 그 정치체의 범위로 보고 신라계 위신재가 출토된 계남리1·4호분을 4세기 제4/4분기로 편년하며 이 지역이 4세기 후엽 신라에 의해 간접 지배화된 것으로 판단하였다. 그리고 합천군 옥전고분군의 창녕계·경주계문물의 이입은 신라가 창녕지역을 통하여 다라多羅를 회유한 것으로 보고 창녕계 토기의 낙동강 하류역 이동은 신라가 낙동강로를 확보하는 가운데 행해진 것으로 이를 신라의 지방 지배가 지역별 각개격파의 수준을 넘어 여러 지역을 연계하여 실시한 수준에 달한 표징으로 파악하였다. 또 부산시 가달고분군에 창녕계 토기가 집중 출토되는 것을 신라화 과정에 수반된 사민으로 추정하고, 이는 창녕의 약화와 낙동강 하구 지역의 강화라는 측면에서 파악하였다.[47] 그리고 창녕지역은 원래 가야였으나 5세기 이전에 이미 신라화되었으며 이 지역 정치체의 범위는 현풍에서 영산에 이르는 네 개의 읍락으로 구성되었으며 4세기 말 남쪽의 계성 고총군이 최초로 조영되고 창녕양식 토기가 낙동강 하류역에 확산되는 것은 신라가 하류역 진출의 중요한 역할을 담당한 것을 보여준다고 하였다.[48]

이 연구는 신라와의 관계사적인 관점에서 창녕지역 집단의 성격을 파악하려고 한 점은 평가되나 토기양식이 전혀 다른 현풍지역을 같은 정치체로 본 것은 수긍하기 어렵다. 또한 창녕지역이 4세기 후엽 일거에 신라의 간접 지배하에 들어갔다는 근거는 충분하다고 할 수 없고 창녕지역양식 토기가 신라권역뿐만 아니라 가야지역 및 남해안 일대 전역에 광범위하게 분포하는 것에서 이를 단순히 신라의 진출에 수반하는 것으로 보기 어렵다.

2) 토기양식〈도5-26, 5-27〉

이 지역에서 확인되는 4세기 전반의 공工자형 고배는 함안 아라가야양식 토기의 표지적인 기종이다. 소장미 고분군 출토 노형토기爐形土器도 유사한 형식이 합천군 옥전54호묘과 함안군 황사리1호묘에 공자형 고배와 공반되고 있어 아라가야 양식으로 파악된다. 그리고 A지구 출토품 가운데 노형토기는 창녕교육청 소장품과 합천군 저포리A지구 50호묘과 고령군 반운동 출토품에 유례가 확인된다. 4세기 후반에는 공자형 고배가 사라지고 새로이 소형 투창이 뚫린 통형 대각을 가진 고배가 출현한다. 창녕군 여초리B지구 토기가마 출토품 가운데 투창이 뚫린 노형토기는 대각에 산각형과 원문이 시문된다. 고배와 노형토기에서 나타나는 이러한 변화는 함안지역과 합천 저포리지역 등 아라가야 양식 토기 분포권에서 나타나는 양상으로 파악된다. 그리고 B지구토기 가마 출토 승석문호와 양이부호는 4세기대 낙동강유역 양식으로 파악[49])되는 것으로, 전자는 좁게 보아 아라가야 양식으로 파악된다. 이 지역은 4세기 중엽까지 낙동강 중·상류역의 다른 지역과 같이 함안양식 토기의 분포권 내에 속했던 것으로 파악된다.

4세기 후엽에는 청도군 봉기리7호묘 출토품과 같은 신부에 점렬문點列文이 시문되고 그에 비해 낮고 저경이 짧은 삼각형투창의 대각을 갖춘 발형기대, 장각상하일렬투창고배 등이 제작된다. 그러나 4세기 말 황남동 109호분 3·4곽에서는 경주양식의 상하교호투창을 가진 제형梯形대각의 고배가 출현하여 대구·경산·울산·양산·부산지역에 분포권을 형성하나 창녕지역에는 이러한 경주양식의 영향이 그다지 확인되지 않는 점이 주목된다.

〈도5-26〉 4세기 창녕양식 토기(합천군 옥전68호분 출토품)

〈도5-27〉 5세기 창녕양식 토기(합천군 옥전M2호 출토품)

　5세기 전반에도 창녕양식 토기는 제작기법에 경주지역의 영향이 보이지 않고 더욱이 이 시기 신라토기에 보이지 않는 유충문幼蟲文 개, 유개식 상하일렬투창고배, 무개식 상하일렬투창고배, 직립구연 유개식장경호, 파상문 발형기대가 제작되는 것에서 가야토기 양식에 속하는 것으로 본다.

　5세기 초 창녕지역에서 제작되어 이입된 김해시 가달5호분 출토 토기가 창녕양식 토기의 특징을 잘 보여주고 있다.

　개는 단추형 손잡이를 가진 개에는 점렬문이 시문된 것으로 그 형태가 유충문으로 불릴 정도로 폭이 넓은 것이다.

　유개식고배는 뚜껑받이턱이 U자형에 가깝게 깊게 파인 것과 기고에 비해 배신 지름의 비율이 넓은 것도 특징이다.

　무개식고배는 창원시 (경)도계동1호분 출토품과 같이 대각의 형태는 유개식과 동일하나 그 가운데 상당수가 연질에 가까운 소성으로 제작된 것이 특징이다.

　다투창고배는 창녕지역의 출토품 가운데 확인되고 마산시 현동22호분 출토품과 같은 형식으로 이 지역 고배의 한 특징으로 볼 수 있다.

　유개식장경호는 구경부가 직선적인 점과 함께 대각이 달리지 않은 것이 특징이다.

　무개식장경호는 창원시 (경)도계동37호분 출토품과 같이 경부에 점렬문이 시문되거나 대각의 투창이 횡장방형으로 넓은 것이 특징이다.

발형기대는 파상문을 주로 시문하며 투창은 삼각형에서 세장방형으로 변한다. 배신과 대각의 경계부에 유충문이 시문되는 것과 배신뿐만 아니라 대각에도 파상문이 시문되는 것이 하나의 특징이라 할 수 있다.

이로 보아 창녕양식의 성립을 종래 개의 통형 손잡이에 의거하여 5세기 중엽으로 보아왔으나 그 이전 시기로 소급될 수 있으며 또한 다양한 기종에서 특징이 확인된다. 5세기 전엽 개의 통형 손잡이는 중간에 1조의 돌대를 돌린 것으로 형태는 경주양식의 영향에 의한 것이나 시문된 유충문과 독특한 형태로 볼 때 이 지역에서 재지화한 것으로 본다. 이와 함께 상하교호투창을 가진 사다리꼴 대각의 고배가 출현하며 이는 역시 경주양식 토기의 영향에 의한 것이다.

5세기 후엽 창녕 양식의 토기가 유개 고배와 같은 일부 기종에 국한되어 제작되는 가운데 각 기종에 신라양식화가 진행된다. 창녕군 교동3호분에서는 뚜껑받이턱이 없어지고 격자문과 원문이 조합된 기하학문양이 시문된 경주양식의 유대파수부완과 같은 기하학문양이 시문된 장경호와 발형기대가 공반되고 있다. 2호분에서는 상부가 직선적으로 외반하고 대각이 직선적으로 넓어지는 경주양식의 통형기대가 출토되었다. 이 시기는 창녕양식의 쇠퇴기라 할 수 있다.

5세기 말 창녕 양식의 토기가 완전히 경주양식화되는 가운데 개의 꼭지와 같은 한 기종내 일부 요소가 유존한다. 와권渦卷상의 도차陶車에 의한 성형흔이 나타나는 것으로 볼 때 경주지역의 토기 제작기술이 도입된 것으로 판단된다. 그 후 창녕양식의 토기가 유개고배와 같은 일부 기종에 국한되어 제작되는 가운데 전 기종에 신라 양식화가 진행된다.

3)토기로 본 창녕지역 정치체의 성립과 전개

창녕지역은 낙동강 중류역의 동안東岸의 화왕산 산록山麓에 위치한다. 창녕은 불사국不斯國이 있었던 곳으로 추정되며, 『일본서기』 신공 49년조(369년) 가라 7국 가운데 비자발比自鉢은 창녕에 비정되고 있다.

『삼국사기』권34 지리지 화왕군조에 "화왕군은 본래 비자화군比自火郡 또는 비사벌比斯伐으로 진흥왕 16년(555년)에 하주下州를 설치하고, 진흥왕 26년(565년)에 주를 폐하였다가 경덕왕때 개명하여 창녕군으로 하였다"고 기록되어 있다.

4세기 창녕지역 토기양식은 고배, 노형토기, 승석문호의 형식으로 볼 때 크게 보아 낙동강유역 양식[50]으로, 좁게 보아 아라가야 양식[51]으로 파악된다. 이는 창녕지역 집단이 낙동강을 매개로 남강 하구와 황강 하구, 회천 하구를 통하여 가야세력과 밀접하게 교통하고 있었음을 나타내는 것으로 판단된다.

토기 양식과 고분의 분포로 볼 때 5세기를 중심으로 한 협의의 창녕지역 정치체의 범위는 서쪽과 남쪽은 낙동강에, 동쪽은 산지에 면하고 북쪽은 현풍지역을 관류하는 차천과 우포늪을 거쳐 낙동강에 합류하는 토평천의 분수계를 이루는 현풍 정녕리와 창녕 십이리 일대의 현재 도계를 형성하는 나지막한 산지로 파악된다. 그런데 문제가 되는 것은 현풍·청도지역과의 관계이다. 흥미로운 것은 북쪽의 현풍지역과는 낮은 산지를 사이에 두고 토기양식이 전혀 다른데 비해 서쪽의 청도지역과는 높은 산지를 사이에 두고 있으나 토기양식이 1세기 이상 동일한 점이 주목된다. 그래서 현풍지역은 같은 정치체로 볼 수 없고 광의의 창녕지역 정치체의 범위는 청도 이서지역을 포함하는 것으로 본다.

4세기 후엽

4세기 말을 전후한 시기에는 경주세력이 낙동강 이동지역에 영향력을 행사하는 것이 각지의 토기양식에서 관찰되나 창녕지역에서는 이와 같은 현상이 확인되지 않고, 합천군 옥전고분의 68호분·23호분 등 특히 옥전고분군과 대안의 의령군 유곡리고분군에 창녕지역산 토기가 집중 이입된다. 옥전68호분 출토 발형기대는 발부에 비해 낮고 저경이 짧은 대각이 특징인데 이러한 형태의 기대는 창녕권역 내에 속하는 청도군 봉기리3호목곽묘 출토품과 동일한 기형으로 발부에 시문된 점렬문도 동일하다. 이와 흡사한 기대는 대각만이 잔존하고 있으나 창녕군 봉화골7호 주거지에도 확인된다. 봉기리3호목곽묘 출토 유개식 2단일렬투창고배도 약간의 차는 인정되나 옥전68호분 고배와 같은 형식으로 보며, 이와 유사한 형식의 고배로는 창녕군 퇴촌리 출토품과 청도군 고철동 출토품이 있다. 따라서 옥전68호분 출토 토기는 창녕지역산으로 판단된다. 이 고분에서는 일본열도산으로 추정되는 삼각판혁결판갑三角板革結板甲이 출토되어 주목된다.

그런데 앞에서 언급한 바와 같이 옥전23호분의 구조와 부장품이 김해·부산지역과 관련되는 것으로 파악하여 다라국이 금관가야의 이주민에 의해 성립되었으며 또한 옥전23호분 출토 상하일렬투창고배도 김해지역의 영향에 의해 성립된 것으로 보는 견해[52]가 있으나, 이미 4세기 초에 다라국의 성립을 보여주는 대형목곽묘인 옥전54호분이 축조된 것과 이 지역과 창녕지역과의 관계, 옥전23호분의 부장품이 대부분 경주산과 백제산이 주류임을 고려할 때도 수긍하기 어렵다.

옥전23호분 출토 상하일렬투창고배의 대다수는 창녕산으로 이는 4세기 후엽의 옥전68호분 출토 고배의 기형을 계승한 것이다. 또한 이 고배는 김해지역의 예안리117호분 고배와 옥전 재지의 고배에 비해 뚜껑받이턱이 U자형에 가깝게 깊게 파인 것이 특징이다. 또 옥전23호분의 창녕산 고배는 김해지역산에 비해 기고器高에 비해 배신 지름의 비율이 넓은 것도 특징이다. 옥전 재지 고배는 배신이 얕고 대각이 팔자형이며 각단이 곡선적으로 처리되는 것이 특징인 점에서

〈도5-28〉 청도군 송서리고분군 출토 창녕양식 토기(국립경주박물관 소장품)

창녕산 고배와는 분명하게 구분된다. 그래서 이희준이 계보가 불확실한 것으로 본 부산시 가달5호분 출토 고배[53]는 고배를 비롯한 모든 기종이 창녕산이다. 이와 같은 형식의 고배가 창녕군 우강리고분군 출토품이 있고 또한 창녕지역과 같은 토기양식권에 속하는 청도군 송서리고분군 일괄 출토품에서 확인된다〈도5-28〉. 더욱이 근래 창녕지역에 인접한 청도군 봉기리·성곡리고분군에서 이러한 형식의 고배가 다수 출토되어 종래 금관가야양식 또는 아라가야양식으로 파악되어 온 낙동강하류역 일대에 광범위하게 분포하는 이 형식의 고배가 창녕산 또는 창녕계임은 재론의 여지가 없다〈도5-29〉.

〈도5-29〉 청도군 봉기리 · 성곡리고분군 출토 장경양식 토기의 형식변화

1-2 : 봉기리 4호목곽묘, 3 : 봉기리 2호목곽묘, 4-5 : 성곡리 나1호목곽묘, 6 : 성곡리 가25호석곽묘
7-10 : 성곡리 가47호석곽묘, 11-14 : 성곡리가134호석곽묘, 15-18 : 성곡리 가21호석곽묘, 19-22 : 성곡리 가18호석곽묘

옥전23호분에는 합천 쌍책 재지산 고배와 함께 창녕산 고배가 부장되는 가운데 경주산 고배와 고령산의 발형기대도 1점 확인된다. 23호묘 출토 목심철판木芯鐵板 등자는 그 형식으로 보아 경주지역산으로 추정된다. 그리고 여기에서는 백제지역산으로 파악되는 금제 수식부이식과 함께 관모가 출토되었다. 옥전23호분의 경주산 문물, 창녕산 토기, 고령산 토기와 함께 백제계 문물은 쌍책의 다라세력이 황강상류를 통해 가야 내륙을 비롯한 낙동강 이서지역과 이동지역을 연결하는 중계역할을 수행하였음을 나타내는 것으로 파악된다. 또한 이 시기 쌍책지역의 창녕산 토기의 존재는 다라의 낙동강 이동지역의 교섭 창구가 창녕지역인 것과 창녕세력이 낙동강 이동지역에서 이서지역을 연결하는 다라국과 같은 중계역할을 담당한 것을 알 수 있게 한다.

5세기 전엽

5세기 초에도 이 지역 토기양식이 여전히 가야양식의 범주에 속하는 가운데 창녕지역의 특징적인 양식이 출현한다. 대표적인 기종은 유충문 개, 유개식 상하일렬투창고배, 무개식 상하일렬투창고배, 직립구연 유개식장경호, 파상문 발형기대 등이다. 청도군 성곡리나1호목곽묘는 유개식 상하일렬투창고배로 볼 때 이 시기에 해당하는 고분이다. 이 시기의 옥전35호분에는 재지산 토기와 함께 수 점의 창녕산 고배와 개, 대가야양식의 장경호, 소가야양식의 발형기대가 출토되었다. 옥전35호분의 창녕산 고배는 하단투창의 길이가 짧고 배신이 깊은 것으로 창녕양식이 일괄 출토된 청도군 이서면 송서리 일괄품과 대구시 현풍 내리4호 출토 창녕산 토기에 유례가 확인된다. 그리고 여기에서는 경주산 편원어미형扁圓魚尾形 행엽과 장봉철모長鋒鐵鉾, 고령산 금제 수식부이식, 단봉문상감환두대도單鳳文象嵌環頭大刀가 출토되었다. 또 옥전5호분에서도 창녕산 토기 수점과 대가야양식 기대 1점이 확인되었다. 옥전35호분의 창녕·경주산 문물과 대가야·소가야· 일본열도산 문물의 존재는 다라국이 황강상류를 통해 가야 내륙을 비롯한 낙동강 이서지역과 이동지역을 연결하는 중계역할을 담당하고 있었음을 보여주는 것으로 판단된다.

이와 함께 지속적으로 창녕세력은 낙동강 이동지역에서 그 이서지역을 연결하는 중계역할을 담당한 것으로 파악된다. 더욱이 5세기 전반 창녕양식 토기가 부산시 복천동고분군, 당감동고분군, 가달고분군, 김해시 칠산동고분군, 덕정고분군, 능동고분군, 내덕리고분군, 안영리고분군, 지사리고분군, 죽곡리고분군, 창원시 도계동고분군, 마산시 합성동고분군, 현동고분군, 함안군 오곡리고분군, 통영시 남평리고분군, 해남군 일평리토성 등에서 출현한다.

창녕양식 토기는 진주시 무촌리고분군 출토품을 볼 때 칠원분지, 마산지역 이동에 집중적으로 이입되는 것에서 그 분포가 확연하게 구분되는 것을 알 수 있어 흥미롭다. 이를 신라에 의한 사민과 같은 해석으로 설명할 수 없으며 앞으로 이입 배경에 대한 해명이 기대된다.

〈도5-30〉 부산시 가달5호분 출토 창녕양식 토기

또한 창녕양식 토기가 소가야양식 토기와 같이 해남지역에 걸친 남해안 일대 전역에 출토되는 것이 주목된다. 양자간 관계는 창녕양식 토기가 현동64호분, 합성동77호분, 오곡리(경)11호분, 남평리고분군 등에서 소가야양식 토기와 공반되며, 창녕세력이 낙동강 중·하류역을 중심으로 활동하고 한편 소가야세력이 남해안을 중심으로 활동하는 것에서 상호 보완적으로 본다.

특히 부산시 가달5호분에서는 부장토기의 대부분이 창녕산이며 이후 약 반세기간 계속하여 이 고분군에 창녕산 토기가 반입된다<도5-30>. 그런데 가달고분군에서의 이러한 현상을 이희준은 4세기 후반 경주세력에 의한 신라화 과정에서 창녕지역 집단을 사민하는 것에 의한 것으로 파악하고 있다.[54] 그러나 가달고분군을 비롯한 김해시 칠산동고분군, 덕정고분군, 능동고분군, 내덕리고분군, 안영리고분군, 지사리고분군, 내촌리고분군, 함안군 오곡리고분군, 창원시 도계동고분군, 외촌리고분군 등과 같은 가야지역에서 집중적으로 창녕양식 토기가 출토되는 것에서 그 고분군의 피장자를 사민한 것으로 보기 어렵다. 상기 논고에서의 4세기 후반은 계남리1·4호분 단계로서 본서의 5세기 중엽에 해당하는 시기이며 경주양식의 영향력이 나타나기 시작하는 단계이고, 가달5호분 단계는 토기 조성에서 알 수 있듯이 경주양식이 영향이 미약한 시기로 파악된다.

5세기 중엽

이 시기에 조영되는 계남리1호분 출토 경주산 금동제 관과 관식, 은제 과대銙帶와 금제 이식은 전형적인 신라의 착장형着裝型 위신재로 인정된다. 이와 함께 상하교호투창고배와 대각도치형臺脚

倒置形 손잡이의 개가 출현하는 것은 경주양식의 영향으로 본다. 창녕지역으로의 경주산 위신재의 이입과 토기양식의 영향은 신라가 이 지역 정치체를 회유하기 위한 것으로 추정된다. 이 시기 남쪽의 계성고분군에 조영되던 대형분이 북쪽의 교동고분군에서 조영되는데, 이는 5세기 전반까지 그 중심지가 남쪽이었으나 이후 북쪽이 중심지로 대두하는 것을 보여준다. 교동고분군 가운데 가장 이른 시기에 조영된 것으로 추정되는 3호분이 경주산 위신재인 마구, 무기를 부장한 점에서 종래 중심지였던 계성지역이 쇠퇴하고 새롭게 경주세력과 결탁한 교동지역 세력이 흥기하는 것으로 파악된다<도5-29>. 그리고 같은 시기 옥전M1호분, M2호분, 28호분에는 경주지역에서 이입

〈도5-31〉 창녕군 교동고분군 전경

〈도5-32〉 김해시 죽곡리고분군 출토 창녕양식 토기

된 유리잔, 마구가 반입된다. 옥전고분군에서의 이러한 현상을 이미 4세기 후엽에 신라의 간접 지배하에 들어간 창녕지역 집단을 통해 5세기 중기를 전후하여 옥전의 다라를 외교적으로 회유하는 것에 의한 것으로 파악되고 있다.[55] 그러나 다라에 이 시기 경주계 문물이 이입되는 것은 앞에서 살펴본 바와 같이 일방적이고 갑작스런 경주세력의 압력과 회유에 의한 것으로 볼 수 없으며, 오히려 4세기 이래 창녕세력의 지속적이고 독자적인 활동의 연장선상에서 이해된다. 교동3호분에서는 편원어미형행엽, 심엽형행엽心葉形杏葉, 목심철판 등자와 유담 철모鐵鉾 등과 같은 신라의 마구·무기와 함께 삼각판·횡장판병용정결판갑三角板·橫裝板兵用釘結板甲이 출토되어 주목된다. 이 판갑은 교토후京都府 우지후타코야마宇治二子山古墳 출토품에 유례가 확인되며, 한반도 내에서는 함양군 상백리 출토품과 유사성이 지적되었다.[56] 이 판갑은 일본열도에서 이입된 것으로 파악되며, 교동 3호분 출토 관모형 주冑는 전 창녕 출토 관모형 주와 함께 합천군 반계제고분군의 출토 예로 볼 때 대가야에서 이입된 것으로 생각된다.

이는 5세기 중엽에도 창녕양식 토기가 전시기에 이어 지속적으로 부산시 복천동고분, 당감동고분군, 가달고분군, 김해시 칠산동고분군, 덕정고분군, 능동고분군, 내덕리고분군, 안영리고분군, 죽곡리고분군, 마산시 현동고분군, 합성동고분군, 창원시 도계동고분군, 함안군 오곡리고분군, 여수시 화장동11-14주거지, 고흥군 방사유적, 장흥군 상방촌A-3호 주구묘, 나2-3호주거지, 상방촌B13호주구 등에서 확인되기 때문이다〈도5-32〉, 〈도5-33〉.

〈도5-33〉 마산시 합성동고분군 출토 창녕양식 토기(84호석곽묘)

5세기 후엽

5세기 후엽에는 창녕양식토기의 각 기종에 신라양식화가 진행되고 경주산 위신재의 사여賜與가 본격화되며 신라의 영향력이 극대화되는 전환기로 파악된다. 그런데 이 시기 옥전M3호분에는 종래 이입되던 창녕산 토기가 전혀 부장되지 않고 대가야양식의 토기로 교체되어 부장토기의 대부분을 차지하는 양상이 확인된다.

이와 같이 양 지역에 동시에 나타나는 변화, 즉 창녕지역에 대한 신라의 견제와 쌍책지역에 대한 대가야의 견제가 상호 연동된 것일 가능성이 높다. 이 시기 대가야는 황강 중류역에 진출하여 그때까지 그 하류역에 위치하면서 그 수계를 통해서 내륙과 교역활동을 해왔던 옥전세력, 즉 다라에 압박을 가하여 그 지역을 권역 안에 넣게 된다. 이와 같은 낙동강 이서지역의 변화는 종래 다라에 교섭창구를 가지고 있었던 창녕지역 정치체의 쇠퇴를 초래한 것으로 파악된다.

필자는 이 시기야말로 신라와 대가야가 낙동강을 국경선으로 본격적으로 대치하게 되는 단계로 판단된다. 이는 5세기 말을 전후하여 낙동강 양안에 산성 축조가 본격화되는 점에서 방증된다.[57] 즉 낙동강 동안에 위치하는 창녕지역의 동북쪽 산성인 위천리 보루와 석문성에서 5세기 후엽 이후에 주로 조영되는 원형의 적석망루積石望樓가 확인되고, 대안의 대가야 보루와 산성인 봉화산 보루와 도진리 산성과 고분군이 5세기 말 이후에 축조된 것으로 파악되기 때문이다. 또 적포리 산성의 대안에 위치하고 석문성에서 확인된 적석망루가 조영된 등림리 산성, 신반천 하구를 방어하는 성전성, 낙동강에서 창녕지역으로 들어가는 교통로를 방어하는 선소리 산성의 축조 시기도 출토유물과 축조기법으로 볼 때 5세기 말 이후로 추정된다.

그런데 이 시기 교동 89호분의 직호문녹각장검直弧文鹿角裝劍은 일본열도산으로 대가야, 쌍책지역의 다라多羅 또는 직호문녹각도장구直弧文鹿角刀裝具가 출토된 함안 아라가야의 중계에 의해 창녕지역에 이입된 것으로 추정된다. 이와 함께 교동11호분 출토 금동제 용봉문환두대도는 용문의 의장意匠과 제작기법으로 볼 때 옥전M3호분 출토품과 같이 대가야에서 제작되어 이입된 것으로 추정된다. 옥전M4·M6호분 출토품에서 유례가 보이는 계성A1호분1관과 교동31호분 출토 산치자형수식山梔子形垂飾을 가진 금제 수식부이식垂飾附耳飾은 주환主環이 굵고 중간식에 신라적인 요소가 보이나, 수식의 형태와 전체적인 의장이 대가야양식이고 이 시기 대가야 마구의 의장에 신라의 영향이 보이는 것에서 대가야에서 제작되어 창녕지역으로 이입된 것으로 파악된다. 이는 6세기 초까지 신라에 의한 창녕지역의 통제가 관철되지 못했음을 반영하는 것으로 본다.

6. 현풍지역

1) 연구사 검토

현풍지역에 대한 고고학적 조사는 일제강점기 이래 몇 차례의 분포조사와 약간의 소규모 발굴조사에 불과하여 고분에서의 토기 출토 상황을 잘 알 수 없는 한계가 있다.

필자는 현풍지역의 지표조사를 통하여 채집된 유물과 전 현풍출토 토기의 검토를 통해 현풍지역만의 독특한 토기양식을 설정하고 4단계로 편년하였다.

1단계는 가야양식의 범주에 해당하고, 2단계는 신라양식 토기가 부분적으로 출현하는 시기이며, 3단계에 신라양식 토기가 본격적으로 영향을 미치고, 4단계가 되면 완전히 신라양식화되는 가운데 소수의 대가야양식 토기가 반입된다고 보았다. 현풍지역은 신라와 가야양식이 혼재된 절충적인 요소가 보이며 이 지역 토기가 고령지역과 창녕지역으로 반출되고, 또한 고령과 창녕의 토기가 활발하게 이 지역으로 반입되는 것으로 분석하여 양지역과 밀접한 교섭을 행한 독자적인 정치체인 것으로 파악하였다.[58]

이희준은 양리고분군 주변 채집 토기가 창녕식 토기보다 다소 다르고 이형토기異形土器 등이 많은 점 등에서 현풍지역 토기의 독특한 지역성을 인정하고 이 일대가 낙동강이 굽이치는 곳에 입지하여 낙동강로를 통한 교통을 통제하기 쉬운 곳이라는 지리적 이점 등을 들어 소별읍을 이루었으리라 하면서도 『삼국사기』 지리지에 의거해 창녕지역의 한 지구이었을 것이라고 판단하였다.[59]

그러나 현풍지역 토기는 이와 같이 자연 지형상으로 차천과 현풍천수계의 유역분지에 대구·고령·창녕지역 토기와 명확히 구분되는 분포권을 형성한다. 이 지역은 8기의 직경 30m급 봉토분을 정점으로 하는 양리고분군이 존재하고 주변의 대구, 고령, 창녕지역과 구별되는 토기 양식으로 볼 때 주변지역 특히 창녕지역과 구분되는 독자적인 정치체로 판단된다.

2) 토기양식 〈도5-34〉, 〈도5-35〉

4세기 현풍지역 토기는 자료가 부족하여 신라, 가야 또는 지역 양식으로 파악할 수 없으나 다만 이 시기 인접지역인 창녕지역 토기가 가야양식으로 판단되고 이 시기에 주로 가야지역에서 무개식의 고배와 타래문이 문양으로 사용되고 있는 것을 감안하면 가야양식의 범주에 들어가는 것으로 파악된다.

5세기 전엽 전반까지 상하일렬투창고배가 제작되다가 후반이 되면 다투창무개식고배가 나타나는데 배신의 돌대와 형태에서 볼 때 앞 시기의 상하일렬투창고배와 유사하나 교호투창과 대각의 직선화는 경주양식의 영향에 의한 것으로 파악된다.

〈도5-34〉 현풍양식 토기

(1 : 숭실대학교박물관, 2, 4 : 삼성미술관 Leeum, 3 : 국립김해박물관)

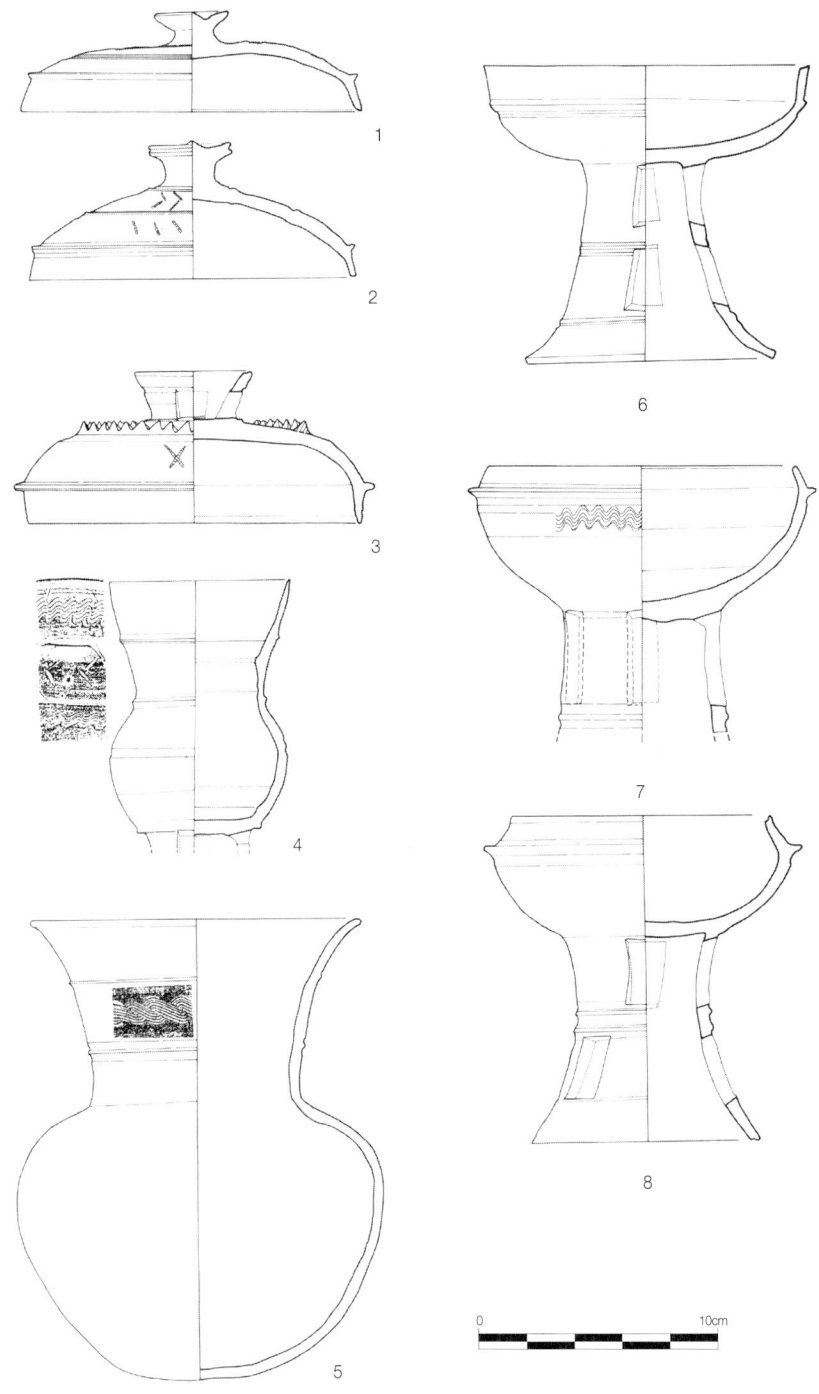

〈도5-35〉 현풍양식 토기

(1~4, 7 : 경북대학교고고인류학과실습실, 5 : 대구시달성군현풍면한정리출토품, 6,8 : 현풍여자고등학교소장품)

5세기 중엽 전반이 되면 다투창유개식고배가 나타나는데 이는 전 시기의 다투창무개식고배와 대각형태가 유사하나 개가 공반된다. 그 후반의 상하교호투창고배는 이전 시기의 다투창유개식고배와 대각형태가 유사하나 대각하위에 단이 형성되어 있는 점이 특징이다. 이는 의성지역 양식의 토기에서도 확인되나 개신 중간의 톱니 모양 장식대와 고배 배신의 파상문과 함께 현풍지역 양식의 특징적인 요소이다. 수장묘의 매장의례에 사용되는 통형기대가 가야양식인 점이 주목된다. 또 상하교호투창고배의 경우에도 개는 신라양식의 대각도치형도 있으나 가야양식의 단추형도 다수 확인되고, 단추형의 경우에는 가야양식과 같이 기고가 낮고 톱니 문양과 같은 독특한 장식이 보인다. 기종상으로는 영배의 존재와 상형토기가 활발하게 제작 사용된 점도 주목되는 특징이다. 고배의 각부의 파상문과 대각도치형 손잡이가 달린 개는 창녕양식 토기의 영향에 의한 것으로 본다.

5세기 후엽이 되면 개에 시문되던 유충문이 사라지고 새로이 집선문集線文이 시문되는 신라양식화가 진행된다.

영배鈴杯는 잔의 밑부분에 토제 구슬을 넣고 그 윗부분을 막아 흔들면 소리가 나게 한 것으로 대각이 없는 것에서 대각이 부착되는 것으로 변화한다. 이 기종은 대구시 문산리고분군에서도 출토되어 낙동강 중류역 동안 일대에서 주로 제작된 것으로 본다.

4세기 후엽~5세기 전엽 현풍지역의 토기양식은 상하일렬투창고배와 타래문이 문양으로 사용되고 인접한 창녕지역의 토기양식을 참조하면 가야양식의 범주에 들어가는 것으로 파악된다. 그 후 5세기 중엽 신라양식으로 파악되는 상하교호투창고배가 출현하지만 이 형식 고배의 경우 개는 신라양식의 투창이 뚫린 통형 손잡이와 함께 가야양식의 단추형도 다수 확인되고, 가야양식과 같이 기고가 낮고 톱니 문양과 같은 독특한 장식이 베풀어진 차이점이 보인다. 신라토기의 영향이 본격적으로 미치게 되는 것은 5세기 후엽으로 파악된다.

3) 토기로 본 현풍지역 정치체의 성립과 전개

현풍지역은 대구의 서남부에 위치하고 있고 동으로 유가면, 남으로 구지면과 접해 있다. 동으로는 비슬산괴로 둘러싸여져 있고 북으로는 논공의 위천리 보루성, 화원의 설화산성, 남으로는 창녕의 왕령산성, 화왕산성, 그리고 서로는 낙동강에 의해 뚜렷한 경계를 이루고 있다. 이 지역에서 지금까지 확인된 유적으로는 양동산성 주변에 양리고분군과 용리·부리·성하리 고분군, 낙동강과 접하는 곳에 석문성, 수문진성, 내리토성이 위치하며 주변에 내리고분군이 있다. 그리고 창녕지역에 인접해 평촌리고분군과 한정리고분군이 입지하고 있다.

현풍은 삼국시대에는 화왕군의 영현이었고 통일신라시대에는 지방 군사조직인 십정十停 중 삼량화정參良火停이 설치될 정도로 교통과 정치·군사적 요충이었다. 현풍지역의 양리고분군은 대규모 고총군으로 구릉 정상부에 축조된 입지가 가야고분과 유사하고 더욱이 이 고분군에서 출토된 상형토기는 신라·가야토기 가운데 가장 조형미가 뛰어난 점에서 주목된다.

이렇듯 현풍지역에는 많은 삼국시대의 고분과 성곽 등의 유적이 분포하고 있고 지리적으로 낙동강 중류역 동안에 입지하면서 대구와 창녕 등 삼국시대 거점 지역을 잇는 교통의 결절지임에도 불구하고 자료적인 한계로 인해 이 지역 정치체에 대한 연구는 이루어질 수 없었다.

현풍지역 토기는 이와 같이 자연지형상으로 구분되는 차천과 현풍천 수계의 유역분지에 대구·고령·창녕지역 토기와 명확히 구분되는 분포권을 형성한다. 이와 같은 토기 분포권의 중심에는 직경 30m급 8기의 수장묘를 중심으로 한 양리고분군이 입지하고 있다<도5-36>.

자연지형상으로 구분된 분지에 위치한 이 지역은 독자적인 토기양식과 고총의 위상으로 볼 때 주변지역과 구별되는 단위 정치체로 판단된다.

5세기 전반

5세기 전엽에 조영된 현풍 내리4호석곽묘에서는 상하일렬투창고배, 유대파수부완, 상하교호투창고배, 영배가 출토되었다. 전자는 창녕지역산이고, 후자는 현풍지역산이다. 이 시기 김해시 능동13호분에서 현풍산 토기가 창녕산 토기와 함께 출토된 것은 현풍지역과 창녕지역의 관계를 반영하는 것이다. 이는 이 지역과 인접한 고령지역과 낙동강을 사이에 두고 마주하고 있는 대구시 성산고분군과 현격한 차이를 보이고 있다. 즉 5세기 말에 조영된 것으로 파악되는 성산동1호분에서는 대가야양식 토기가 출토되지 않고 토기양식도 신라양식과 유사하기 때문이다. 그리고 이 지역에서는 낙동강 이서지역의 토기와 유사한 가형토기家形土器, 신발형토기, 차륜형토기, 마형토기馬形土器가 다수 제작된 것도 주목된다.

이 시기 현풍지역 정치체는 토기양식이 신라·가야양식이 혼재된 절충적인 요소가 보이며 이 지역의 토기가 박곡동 출토품 등에서 확인되듯이 고령지역과 창녕지역으로 반출되고, 한편 고령지역 토기와 창녕지역 토기가 활발하게 이 지역으로 반입되는 것으로 볼 때 양자 간의 밀접한 교섭을 행하였다고 본다.

5세기 후반

5세기 후엽에 조영된 현풍 내리25호석곽묘 출토 고배는 대각에 파상문波狀文이 시문된 점이 특징이다. 고배의 파상문은 창녕지역에서 5세기 중엽부터 보이는 요소로서 창녕양식의 영향이 상

〈도5-36〉 대구시 달성군 현풍면 양리고분군

정된다. 그러나 이 고분 출토품은 형태와 소성으로 볼 때 현풍지역에서 제작된 것으로 본다. 이 고분에는 경부에 돌대가 돌려진 창녕양식의 단경호가 확인된다. 대부장경호는 경주양식이다.

　5세기 말에 조영된 현풍 내리16호석곽묘에서는 개, 고배, 대부장경호에서 경주양식의 영향이 확인된다.

　5세기 후반은 현풍지역 양식이 남아 있는 가운데 경주지역 토기양식의 영향이 미치는 시기이다. 이 시기는 중심고분군인 양리고분군의 척릉에서 대형분의 조영이 정지되고 주변의 중소형고분군이 활발하게 조영되는 점이 주목된다. 이는 신라의 영향에 의해 지역사회의 재편이 이루어진 것을 반영하는 것으로 본다.

　현풍지역은 창녕지역과 같이 낙동강 동안지역 가운데에서 대구·양산·부산지역과 다른 지역상을 보이고 있어 주목된다. 앞으로의 정식조사에 의해 현풍지역 토기의 지역상과 상형토기가 집중 제작된 배경에 대한 해명이 기대된다.

1) 申敬澈, 1992,「金海 禮安里160號墳에 대하여」,『伽耶考古學論叢』1, pp.151～159, 서울, 駕洛國史蹟開發研究院.

2) 申敬澈, 1995,「三韓·三國時代의 東萊」,『東萊區誌』, pp.182～243, 釜山, 東萊區誌編纂委員會.

3) 洪潽植, 2000,「考古學으로 본 金官加耶」,『考古學을 통해 본 가야』(한국고고학회학술총서1), pp.1～48, 부산, 한국고고학회.

4) 李熙濬, 1998,『4～5世紀 新羅의 考古學的 硏究』(서울大學校文學博士學位論文), 서울, 서울大學校大學院.

5) 金大煥, 2000,「부산지역 금관가야설의 검토」,『嶺南考古學』, pp.72～97, 嶺南考古學會.

6) 洪潽植, 2000,「考古學으로 본 金官加耶」,『考古學을 통해 본 가야』(한국고고학회학술총서1), pp.1～48, 부산, 한국고고학회.

7) 李熙濬, 1998,『4～5世紀 新羅의 考古學的 硏究』(서울大學校文學博士學位論文), p.163, 서울, 서울大學校大學院.

8) 박천수, 2007,『새로쓰는 고대한일교섭사』, pp.305～308, 서울, 사회평론.

9) 宋桂鉉·安在晧, 1986,「古式陶質土器에 關한 若干의 考察―義昌大坪里出土品을 通하여―」,『嶺南考古學』第1集, pp.17～54, 大邱, 嶺南考古學會.

10) 李盛周, 2000,「考古學을 통해 본 阿羅加耶」,『考古學을 통해 본 가야』(한국고고학회학술총서1), pp.49～90, 부산, 한국고고학회.

11) 李柱憲, 2000,「阿羅加耶에 대한 考古學的 檢討」,『가야 각국사의 재구성』, 서울, 혜안.

12) 朴天秀, 1999,「기대를 통해 본 가야세력의 동향」,『가야의 그릇받침』, 국립김해박물관.

13) 尹溫植, 2006,「4세기대 함안지역 토기의 변천과 영남 지방 토기의 樣式論」,『東垣學術論文集』第8輯, pp.5～26, 서울, 韓國考古美術研究所.

14) 李政根, 2006,『咸安地域 古式陶質土器의 생산과 流通』(嶺南大學校大學院文學碩士學位論文), 慶山, 嶺南大學校大學院.

15) 鄭朱喜, 2008,『咸安樣式 古式陶質土器의 分布定型에 관한 硏究』(慶北大學校大學院文學碩士學位論文), 大邱,

慶北大學校大學院.

16) 金正完, 2000,「咸安圈域 陶質土器의 編年과 分布變化」,『伽耶考古學論叢』3, pp.93~138, 서울, 駕洛國史蹟開發研究院.

17) 禹枝南, 2000,「考察-咸安地域 出土 陶質土器」,『道項里 末山里 遺蹟』, pp.135~172, 晋州, 慶南考古學研究所.

18) 趙榮濟, 2003,「加耶土器의 地域色과 政治體」,『가야 고고학의 새로운 조명』, pp.500~501, 서울, 혜안.

19) 洪潽植, 2006,「토기로 본 가야고분의 전환기적 양상」,『가야와 그 전환기의 고분문화』(제15회 문화재연구학술회의자료집), pp.164~200, 창원, 국립창원문화재연구소.

20) 박천수, 2004,「가야토기에서 역사를 본다」,『가야, 잊혀진 이름 빛나는 유산』, pp.49~77, 서울, 혜안.

21) 洪潽植, 2006,「토기로 본 가야고분의 전환기적 양상」,『가야와 그 전환기의 고분문화』(제15회 문화재연구학술회의자료집), p.168, 창원, 국립창원문화재연구소.

22) 李政根, 2006,『咸安地域 古式陶質土器의 生産과 流通』(嶺南大學校大學院文學碩士學位論文), 慶山, 嶺南大學校大學院.

23) 鄭朱喜, 2008,『咸安樣式 古式陶質土器의 分布定型에 관한 研究』(慶北大學校大學院文學碩士學位論文), 大邱, 慶北大學校大學院.

24) 李政根, 2006,『咸安地域 古式陶質土器의 生産과 流通』(嶺南大學校大學院文學碩士學位論文), 慶山, 嶺南大學校大學院.

25) 定森秀夫, 1985,「韓國慶尙南道泗川固城式土器について」,『角田文衛博士古稀記念古代學論叢』, 京都, 角田文衛博士古稀記念論文刊行會.

26) 趙榮濟, 1985,「水平口緣壺에 대한 一考察」,『慶尙史學』1, 진주, 경상대학교사학과 .
    趙榮濟, 1990,「三角透窓高杯에 대한 一考察」,『嶺南考古學』7, pp.43~70, 嶺南考古學會 .

27) 趙榮濟, 2006,『西部慶南 加耶諸國의 成立에 대한 考古學的 研究』(부산대학교대학원박사학위논문), pp.155~156, 부산, 부산대학교.

28) 朴升圭, 1990,『一段長方形透窓高杯에 대한 考察』(東義大學校大學院碩士學位論文), 釜山, 東義大學校大學院.

29) 尹貞姬, 1997,『小加耶土器의 成立과 展開』(慶南大學校大學院碩士學位論文), 馬山, 慶南大學校大學院.

30) 金奎運, 2009,『考古資料로 본 5~6세기 小加耶의 變遷』(慶北大學校大學院文學碩士學位論文), 大邱, 慶北大學校大學院.

31) 趙榮濟, 2006,『西部慶南 加耶諸國의 成立에 대한 考古學的 研究』(부산대학교대학원박사학위논문), pp.155~156, 부산,부산대학교.

32) 동서문화재연구원, 2007,『통영 산양스포츠파크 조성부지내 유적 발굴조사』, 김해, (재)동서문화재연구원.

33) 李熙濬, 1995,「土器로 본 大伽耶의 圈域과 그 변천」,『加耶史研究-대가야의 政治와 文化-』, pp.365~444, 대구.

34) 金世基, 1998,「고령양식 토기의 확산과 대가야문화권의 형성」,『伽耶文化遺蹟調査 및 整備計劃』, pp.83~114, 대구, 伽耶大學校附設 伽耶文化研究所.

35) 朴天秀, 1999,「기대를 통해 본 가야세력의 동향」,『가야의 그릇받침』, 국립김해박물관.
    朴天秀, 2000,「考古學으로 본 加羅國史」,『가야각국사의 재구성』, 서울, 혜안.

36) 趙榮濟, 2002,「考古學에서 본 大加耶聯盟體論」,『盟主로서의 금관가야와 대가야』(제8回加耶史學術會議), pp.47~60, 金海, 金海市.

37) 朴升圭, 2003,「大加耶土器의 擴散과 관계망」,『韓國考古學報』49, pp.108~110, 대구, 한국고고학회.

38) 定森秀夫, 1989,「日本出土の"高靈タイプ"系陶質土器(1)-日本列島における朝鮮半島系遺物の研究-」,『京都文化博物館研究紀要朱雀』第2集, pp.25~41, 京都, 京都府京都文化博物館.

39) 朴天秀, 1995,「渡來系文物からみた加耶と倭における政治的變動」,『待兼山論叢』史學編29, pp.53~84, 大阪, 大阪大學文學部.
朴天秀, 2004,「大加耶と倭」,『國立歷史民俗博物館研究報告』第110集, pp.461~480, 佐倉, 國立歷史民俗博物館.

40) 이희준, 1995,「토기로 본 대가야의 권역과 그 변천」,『가야사연구―대가야의 정치와 문화―』, pp.422~423, 대구, 경상북도.

41) 趙榮濟, 2002,「考古學에서 본 大加耶聯盟體論」,『盟主로서의 금관가야와 대가야』(第8回加耶史學術會議), 金海, 金海市.

42) 김태식, 2002,『미완의 문명 7백년 가야사』2, p.46, 서울, 푸른역사.

43) 定森秀夫, 1981,「韓國慶尙南道昌寧地域陶質土器の檢討」,『古代文化』, 33-4, 京都, 古代學協會.

44) 藤井和夫, 1981,「昌寧地方古墳出土陶質土器の編年について」,『神奈川考古』12, 橫濱, 神奈川考古同人會.

45) 朴天秀, 1994,「三國時代 昌寧地域 集團의 性格硏究」,『嶺南考古學』13, 釜山, 嶺南考古學會.

46) 鄭澄元·洪潽植, 1995,「昌寧地域의 古墳文化」,『韓國文化硏究』7, 부산대학교 한국민족문화연구소.

47) 李熙濬, 1998,『4~5世紀 新羅의 考古學的硏究』(서울大學校文學博士學位論文), pp.104~110, 서울, 서울大學校大學院.

48) 李熙濬, 2005,「4-5세기 창녕지역 정치체의 읍락 구성과 동향」,『嶺南考古學』37, pp.5~42, 釜山, 嶺南考古學會.

49) 尹溫植, 2001,『3세기대 동해 남부 지역 토기 양식의 형성과 변천』(慶北大學校大學院文學碩士學位論文), 大邱, 慶北大學校大學院.

50) 尹溫植, 2001,『3세기대 동해 남부 지역 토기 양식의 형성과 변천』(慶北大學校大學院文學碩士學位論文), 大邱, 慶北大學校大學院.

51) 朴天秀, 2001,「고고자료를 통해 본 가야시기의 창녕지방」,『가야시기 창녕지방의 역사, 고고학적 성격』, 창원, 창원문화재연구소.

52) 趙榮濟, 2000,「多羅國의 成立에 대한 硏究」,『가야각국사의 재구성』, 부산, 부산대학교한국민족문화연구소.

53) 이희준, 2007,『신라고고학연구』, pp.153, 서울, 사회평론.

54) 李熙濬, 1998,『4~5世紀 新羅의 考古學的硏究』(서울大學校文學博士學位論文), pp216~225, 서울, 서울大學校大學院.

55) 李熙濬, 1998,『4~5世紀 新羅의 考古學的硏究』(서울大學校文學博士學位論文), p.223, 서울, 서울大學校大學院.

56) 高久健二, 1992,「綜合考察-鐵製遺物」,『昌寧校洞古墳群』, pp259~260, 부산, 東亞大學校博物館.

57) 趙晶植, 2005,『洛東江 中流域 三國時代 城郭 硏究』(慶北大學校大學院文學碩士學位論文), 大邱, 慶北大學校大學院.

58) 朴天秀, 2000b,「三國時代 玄風地域 土器의 地域相」,『慶北大學校 考古人類學科 20周年 紀念論叢』, 大邱, 慶北大學校 考古人類學科.

59) 李熙濬, 2005,「4~5세기 창녕지역 정치체의 읍락 구성과 동향」,『嶺南考古學』37, pp.5~42, 釜山, 嶺南考古學會.

VI
토기를 통해 본 가야와 왜

Ⅵ. 토기를 통해 본 가야와 왜

1. 3~4세기 일본열도의 가야토기

1) 금관가야양식

기후켄岐阜縣 아쇼비즈카遊塚고분은 4세기 후엽에 조영된 전장 80m의 대형 전방후원분前方後圓墳으로 이곳에서 출토된 파수부단경호把手附短頸壺의 개蓋는 일찍부터 부산시 화명동7호분 출토품과 유사한 것으로 파악되어왔다[1]<도6-1>. 이 토기는 아쇼비즈카고분의 철제 농공구와 함께 금관가야에서 이입된 것이다. 인접한 길이 82m의 대형 전방후원분인 기후켄 요로이쯔카鎧塚고분에서 채집된 통형기대筒形器臺는 4세기 후엽의 김해시 대성동11호분 출토품에서 유례가 확인되고, 이 고분군에서 토우土偶의 부착 예가 보이는 점으로 보아 김해지역산으로 파악된다. 또 시즈오카켄靜岡縣의 길이 110m의 대형 전방후원분인 쇼린잔松林山고분에 바로 접한 신메이神明고분군에서 출토된 통형기대는 종래 초기 스에키로 파악[2]되어왔으나 황갈색의 색조, 기형과 토우가 부착된 점에서 역시 김해지역산으로 판단된다.

오사카후大阪府 구메다久米田고분의 발형기대鉢形器臺는 황갈색의 색조, 배신杯身의 타래문·집선문集線文·파상문波狀文의 구성, 각부脚部의 즐치문櫛齒文을 세로로 나열하여 시문施文한 점 등 그 세부에 이르기까지 김해시 대성동1호분, 부산시 복천동31호분 출토품과 유사하다.[3]

나라켄奈良縣 취락유적인 야마타미찌山田道유적 출토의 무개식無蓋式고배는 김해·부산지

〈도6-1〉 4세기 일본 출토 금관가야양식 토기
(岐阜縣游塚古墳)

역에 분포하는 외절구연外折口緣 고배로서 부산시 화명동2호분·7호분 출토품과 유사하다.

　오사카후의 취락유적인 야오미나미八尾南유적 SE21출토의 호는 구연부에 돌대를 돌리고 타날打捺한 후 나선상침선螺旋狀針線을 돌린 것으로 복천동21·22호분의 토기와 유사하다.[4] 이 형식의 호는 오사카후 오바데라大庭寺유적에서도 확인되는 것으로 스에키須惠器 공인工人의 출자出者 파악에도 단서를 제공한다.

　후쿠오카시福岡市 서쪽 해안 사구상砂丘上에 입지한 대규모 취락유적인 니시신마찌西新町유적과 오사카후 규호지久宝寺유적 출토 노형기대는 원삼국시대 후기의 신식 와질토기瓦質土器를 모방하여 현지에서 제작된 것이다. 이러한 토기의 계통은 규호지유적에서 노형기대와 공반된 첨저옹尖底甕이 부산시 노포동고분군 출토품과 유사하고, 이 시기 일본열도에 이입된 문물의 대부분이 낙동강하류역산인 점에서 김해·부산지역으로 본다.

　오바데라유적의 가마유구인 TG231요窯, TG232요 출토 토기는 일본열도에서 지금까지 최고 형식으로 설명되었던 스에무라陶邑 TK73형식보다 확실히 1단계 선행하는 초기 스에키로 평가된다[5] <도6-2>. 즉 일본열도에서 최초로 회청색경질토기灰靑色硬質土器를 생산하는 가마가 오사카 남부에서 조업을 개시한 것이다.

　통형기대는 부산시 화명동7호분 출토품과 유사하다. 발형기대는 배신의 문양이 대부분 파악되어 이 유적의 초기 스에키 공인의 계통을 파악하는 데 중요한 자료이다. TG232폐기장에서 출토된 발형기대는 격자문格子文, 거치문鋸齒文, 결승문結繩文의 복합한 문양구성이 주류를 이루는 가운데 새롭게 파상문波狀文이 시문된 기대가 출현하는 양상을 관찰할 수 있다. 이러한 문양 조합은 복천동21·22호분과 거의 일치하는 것으로 판단된다. 또 그 가운데에는 복천동10·11호분 출토의 '산山'자형 변형파상문을 가진 것이 확인된다.

　오바데라유적은 폐기장의 규모가 크고 수백 개체의 대옹大甕이 발견되는 점으로 볼 때 일정 기간 동안 조업한 것으로 파악되는데 이 기대는 4세기 말부터 5세기 초에 걸친 시기에 제작된 것으로 파악된다.[6] 오바데라유적 출토 초기 스에키 중에서 수장묘首長墓에 사용되는 제기祭器인 기대류器臺類는 김해·부산지역에서, 고배 등은 함안·고성 등의 경남 서부지역에 출자를 가진 공인에 의해 제작되었을 가능성이 높다.

2) 아라가야양식

　오사카후 규호지久宝寺유적에서 약 500m 떨어진 가미加美1호묘 출토 승석문호繩席文壺는 와질토기에서 회청색경질토기로 전환하는 시기에 제작된 것이다. 이 토기는 동부에 함몰흔이 있고 구연부가 타원형인 점에서 횡치소성橫置燒成에 의해 제작된 것으로 파악된다. 가미1호묘 출토 토기

고배

이상재

기대

기대세부

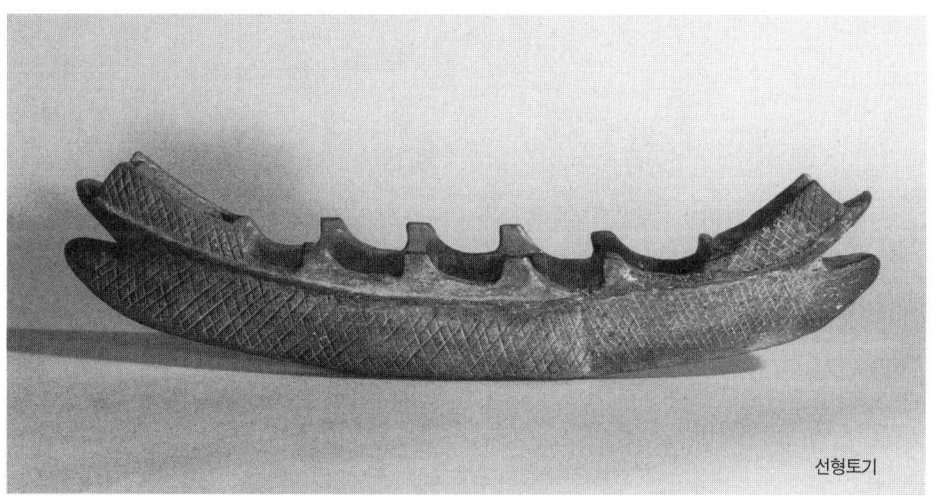

선형토기

〈도6-2〉 오사카후大阪府 오바데라大庭寺유적 출토 초기 스에키

는 이러한 기법이 3~4세기 함안지역에서만 확인되는 점에서 아라가야양식 토기로 본다.

나가사키켄長崎縣 쓰시마對馬의 해안에 입지하는 석관묘石棺墓인 다이쇼군야마大將軍山고분에서

Ⅵ. 토기를 통해 본 가야와 왜 215

〈도6-3〉 4세기 일본출토 아라가야양식 토기(長崎縣大将軍山古墳)와 관련자료(도항리(경)33호분)

출토된 승석문양이부호繩席文兩耳附壺는 직립하는 구연부를 가지고 저면底面에 타원형의 선각線刻이 있다〈도6-3〉. 이 토기는 발견 당시 백제토기로 파악[7]되었으나 함안지역산 토기로 판단된다. 그 근거는 이 형식의 호가 도항리고분군을 비롯한 함안지역에서 집중적으로 출토하고 있고 이제까지 주목하지 못했던 저면의 선각은 이 지역에서 주로 보이는 도부호陶符號이기 때문이다. 따라서 이 토기는 3세기 제2/4분기 전후의 함안지역산으로 판단된다.

후쿠오카켄 히가시시모타東下田유적에서도 함안지역산으로 보이는 4세기대의 승석문호가 출토되었다. 이 토기는 저면에 배船모양으로 파악된 선각이 있어 주목된다. 왜냐하면 이러한 선각은 함안지역에서 확인되는 반월형半月形의 도부호로 판단되기 때문이다.

아라가야양식의 양이부승석문호는 나가사키켄 아사히야마朝日山고분, 미네三根유적, 세토바루瀬戸原유적, 고후노사에コフノサエ유적, 하루노쯔지原の辻유적, 후쿠오카켄 니시신마찌유적, 미쿠모三雲유적, 돗토리켄鳥取縣 아오키이나바青木稲場유적 등 서일본 전역에서 출토되었다. 4세기 말과 5세기 전엽 에히메켄愛媛県의 후나카다니船ヶ谷고분과 사루카다니猿ヶ谷2호분의 분구에서 소형기대와 고배高杯, 기대器臺, 광구소호廣口小壺 등의 함안지역산 토기가 확인되었다. 5세기 전엽 일본열도에서 확인된 가장 이른 스에

키요인 오바데라유적에 이어 시코쿠四國지방에서 초기 스에키요에 의한 조업이 개시된다. 시코쿠지방의 초기 스에키 가마인 가가와켄香川県 미야야마宮山요, 미타니사부로이케三谷三郎池요 공인의 계통은 통형 각부에 능형 혹은 원형의 투공透孔을 가진 통형고배가 출토되고 같은 시코쿠의 에히메켄 사루카타니2호분과 후나카타니유적에서 집중적으로 아라가야양식 토기가 출토되고 있어 함안지역의 공인일 가능성이 더욱 높아졌다.

오바데라유적의 고배는 대각투창臺脚透窓의 형태에 따라 삼각형, 장방형, 능형菱形으로 분류할 수 있다. 그 중에서 삼각형투창의 고배는 소가야양식으로 파악되는데 고성을 중심으로 하는 경남 서부지역에서 계통을 찾을 수 있으나 4세기대에는 함안지역에 주로 분포하는 것에서 아라가야양식일 가능성이 높다. 장방형의 다투창고배와 소형투창을 가진 통형고배는 함안지역에 주로 분포하고 있으며 그 계통은 아라가야양식에서 찾아진다. 오바데라유적 출토 선형토기도 측면에 새겨진 사격자문으로 볼 때 함안지역 출신의 공인에 의해 제작된 것으로 파악된다.

더욱이 교토후京都府 우지시가이宇治市街유적에서 출토된 389년을 전후한 시기의 초기 스에키는 발형기대가 소형인 점과 시문된 삼각거치문이 함안군 오곡리3호분, 마갑총 출토품과 유사한 점에서 기나이畿內지역에서 아라가야계의 공인에 의해 제작된 것으로 본다.

2. 5세기 일본열도의 가야토기

1) 아라가야양식

나라켄奈良縣 시죠오타나카四條大田中유적에서는 제사에 사용된 것으로 추정되는 금琴, 양산형 목제품 등과 함께 소형투공이 천공된 함안지역산 소형 기대가 시루, 심발형 토기와 같은 한식계토기漢式系土器와 함께 출토되었다. 나라켄 신토新堂유적에서는 유로에서 화염형火焰形투창고배 2점, 원통형배 1점이 송풍관, 노재爐滓, 철재鐵滓, 시루 등의 한식계토기와 함께 출토되었다<도 6-4>.

에히메켄 사루카타니2호분 분구 출토품은 발형기대, 통형고배, 삼각투창고배, 광구소호, 소형기대, 통형기대의 조합을 이루고 있으며 기대와 고배의 형식으로 볼 때 5세기 초에 제작된 것으로 추정된다. 사루카타니2호분 발형기대는 사격자문斜格子文이 시문된 전형적인 아라가야양식의 기대이다. 고배는 원형투공이 뚫린 통형고배와 삼각투창고배가 있는데 전자는 아라가야양식의 표지標識적인 기종이며 후자의 삼각형투창의 고배도 유사한 것이 함안지역에서도 출토되고 있어 양자 모두 아라가야양식으로 파악된다. 그리고 이 고분에서 출토된 나가사키켄 에비스야마惠比

〈도6-4〉 4세기 말 5세기 초 일본 출토 아라가야양식 토기

1,2 : 愛媛縣船ヶ谷古墳, 3-5 : 奈良縣堂山遺蹟)

須山고분 출토품과 유사한 소형기대와 광구소호는 영남지역의 비교적 넓은 범위에서 분포하고 있으나, 함안지역에서도 확인되고 있고 공반된 기종이 이 지역산인 점에서 아라가야양식으로 본다. 더욱이 4세기 말을 전후하여 이입된 에히메켄 후나카타니유적 출토 2점의 소형 통형기대는 기형과 화염형투창의 형태로 볼 때 함안지역산으로 파악되어 이 시기 아라가야양식 토기가 이 지역에 집중적으로 이입된 것을 알 수 있다.

나라켄 미나미야마南山4호분의 기마騎馬인물형토기는 동일한 형식의 이양선李養璿 수집 경주박물관 소장품이 김해지역 출토품으로 추정되어 이 지역에서 이입된 것으로 생각되어 왔다. 그런데 이 토기는 각부형태와 능형의 소형투공과 공반된 소형 통형기대와 동일한 형식이 합천군 저포리A지구47호분에서 아라가야양식의 고배, 발형기대와 함께 출토되고 있어 아라가야양식일 가능성도 있다. 나라켄 후루布留유적의 화염형투창고배는 일찍부터 아라가야양식으로 파악되어 왔다.

영남지역 전역에서 분포하는 파수부단경호把手附短頸壺는 그 계통의 구별이 어려우나 투공의 형태와 소성상태로 볼 때 나가사키켄의 구와바루クワバル고분, 고후노사에コフノサエ유적, 후쿠오카켄 미쿠모三雲유적, 히로시마켄廣島縣 이케노우찌池の內2호분, 스나시리砂走유적 출토품은 아라가야양식으로 파악된다. 이는 미쿠모유적에서는 아라가야양식의 승석문호가 공반된 점에서도 그러하다. 그리고 오사카후 노나카野中고분 출토품 가운데 동체에 사격자문을 시문한 3점의 파수부단경호는 김해지역산에 비해 소형인 점, 자연유의 색조, 각부의 능형투공 등으로 볼 때 아라가야양식으로 본다.

오이타켄大分縣 시모고우리下郡유적 출토 발형기대는 삼각형투창과 각부의 크기가 배신보다 비교적 작은 점에서 아라가야양식으로, 타래문의 폭이 비교적 넓은 점에서 산청지역과 같은 남강 중류역에서 제작된 것으로 추정된다.

와카야마켄和歌山縣의 구스미楠見유적 등 통형 각부에 능형의 작은 투공을 가진 통형고배도 아라가야양식으로 파악된다. 나라켄 신토유적 출토 무개식無蓋式화염형투창고배 2점과 사격자문이 시문된 원통형토기는 그 특징으로 볼 때 아라가야양식 토기로 파악된다.

2) 소가야양식〈도6-5〉

오사카후 노나카고분 출토품 중 파상문이 시문된 대부단경호는 근래 남강 유역에서 발견되고 있는 소가야양식으로 파악된다.

나가사키켄 에비스야마2호분, 고우노사에유적, 도우토고야마トゥㅏㅋ山유적, 미시마箕島고분군, 오이타켄 후나오카야마船岡山유적 출토 삼각형투창고배는 소가야양식으로 경남서부지역에서 반입된 것이다.[8]

5세기 전엽 후쿠오카켄 고테라古寺고분군·이케노우에池の上고분군에서는 삼각투창고배와 함께 수평구연호水平口緣壺, 발형기대, 유공광구소호有孔廣口小壺가 출토되었다. 고배의 삼각투창, 호의 수평구연에 가까운 구연부 처리와 동하부의 타날, 유공광구소호의 경부 돌대와 발형기대의 파상문 형태 등으로 보아 소가야양식 토기와 유사하다. 이러한 토기는 형식과 기종의 구성에서 소가야양식으로 파악되나 세부형태가 다른 점에서 후쿠오카켄 아사쿠라朝倉요산窯産으로 본다. 그런데 오바데라유적과 달리 소가야양식과 세부적인 차이가 보이는 이유는 이러한 토기가 1세대 공인에 의해 생산된 것이 아니라 오사카후 스에무라TK73호 출토품과 같이 2세대 공인에 의해 제작된 것이기 때문이다. 장차 아사쿠라지역을 포함한 규슈지역에서 오바데라유적과 같은 조업 개시기 가마의 발견이 기대된다.

가고시마켄鹿兒島縣 진료神領10호분 출토 통형기대와 발형기대는 소가야양식 토기이나 시코쿠지방의 이찌바미나미구미市場南組가마에서 제작된 것으로 파악된다. 미야자키켄宮崎縣 치쿠이케築池횡혈묘 출토 통형기대도 소가야양식으로 같은 가마에서 제작된 것으로 보고 있다. 그러나 이 가마는 소가야양식 토기가 다수 확인되는 것에서 소가야 공인의 이주에 의해 성립된 것으로 판단된다.

사카켄佐賀縣 스즈구마鈴熊유적의 ST001·002고분 출토 소가야양식의 유공광구소호도 태토분석 결과 아사쿠라산朝倉産으로 파악되었다. 이러한 초기 스에키는 당시 규슈지역과 밀접한 관계가 있는 소가야 지역의 공인에 의해 제작된 것으로 판단된다.

〈도6-5〉 5세기 일본출토 소가야양식 토기(福岡縣池の上고분군과 古寺고분군)

〈도6-6〉 일본열도 출토 창녕양식 토기 (京都府奈岡北1호분출토 창녕양식 토기와 스에키)

3) 창녕양식

나가사키켄 미시마箕島고분군 1호분 출토 배신에 유충문幼蟲文이 시문된 무개식고배, 무문 무개식고배와 31호분 출토 각부 하단에 돌대가 돌려진 1단투창고배는 그 형태, 문양과 시문위치, 흑색의 색조로 볼 때 창녕지역산으로 판단된다. 교토후 나구오카키타奈岡北1호분 출토 발형기대는 김해시 가달5호분 출토 창녕양식 토기와 흡사한 점에서 창녕지역산으로 판단된다. 그 외 상하일렬투창고배와 유충문이 시문된 개蓋도 같은 지역 양식이다. 미에켄三重縣 다이니찌야마大日山 1호분 출토 고배는 성주지역산으로 보고[9] 있으나 기형과 각부의 파상문으로 볼 때 확실한 5세기 후엽의 창녕지역산으로 판단된다(도6-6).

돗토리켄 나가세타카하마長瀨高浜유적 출토 한반도산 토기 가운데 유충문 개는 기형, 흑색의 색조와 유충문의 형태로 볼 때 5세기 중엽의 창녕지역산으로 파악된다.

시마네켄島根縣 미타카타니弥陀ヶ谷유적 출토 대부장경호臺附長頸壺 또한 각부脚部의 형태로 볼 때 창녕지역산일 가능성이 높다. 시마네켄 이주모코쿠후出雲國府유적 출토 고배도 기형과 색조로 볼 때 같은 지역양식으로 본다.

오카야마켄岡山縣 사이토미齋富유적 출토 고배 개는 시문된 유충문과 흑색 색조로 볼 때 5세기 중엽의 창녕지역산이며, 기후켄岐阜縣 히다飛彈지역 출토 1단투창고배, 니이카타켄新潟縣 미야노이

VI. 토기를 통해 본 가야와 왜　221

〈도6-7〉 일본열도 출토 창녕양식 토기

(1 : 新潟縣宮ノ入유적, 2 : 岐阜縣飛弾지역)

리宮ノ入유적 출토의 상하교호투창고배 나라켄 오미야大宮 신사의 제사유적의 개와 장경호도 5세기 중엽의 창녕산 토기이다(도6-7).

4) 대가야양식〈도6-8〉

에히메켄 기노모토樹之本고분에서 출토된 대가야양식의 경부에 파상문을 가진 유개식장경호는 가라코다이唐子臺 80지점에서 출토된 2점의 고배와 함께 5세기 중엽에 제작된 것으로 파악된다. 또한 기노모토고분 출토 장경호는 사다모리 히데오에 의해 고령지역 양식으로 추정되어온 같은 시기의 가라코다이80지점 출토 고배가 대가야양식임을 방증하고 대가야와 왜의 교류가 이 시기에 개시된 것을 증명하는 중요한 자료로 평가된다.

오사카후 니시코야마西小山고분에서는 금동제 미비부주眉庇附冑와 함께 5세기 중엽의 유개장경호가 출토되었다.

취락유적인 효고켄兵庫縣 군계郡家유적에서는 5세기 말 고령군 지산동44호분 단계의 개배蓋杯가 출토되었다. 이 토기는 군계유적에서 온돌상의 부뚜막 유구가 확인되어 대가야지역의 이주민이 반입한 것으로 추정된다.

이시카와켄石川縣 야타矢田유적에서는 가야양식 토기가 출토되었다. 야타유적은 나나오七尾만에 면한 충적평야에 위치한 취락유적으로, 이 유적의 H군 스에키 가운데 가야양식 토기는 소가야양식으로 파악되어져왔다.[10] 그러나 열점문列點文과 구연부 형태로 볼 때 대가야양식으로 판단된다. 또 동반한 격자타날문格子打捺文 토기가 고령지역의 자비煮沸용 토기에 보이는 점에서 이들은 대가야지역에서 이주한 1세대 이주민에 의해 제작된 것으로 추정된다.

도야마켄富山縣의 후쿠이福居고분 출토 장경호는 6세기 중엽의 대가야양식으로 파악되어왔다[11]. 그런데 이 토기는 고령군 지산동44호분과 45호분 사이에 편년되는 것에서 5세기 말 또는 6세기 초로 추정된다.

후쿠오카켄 요시타케吉武유적 출토 중형 장경호는 고령군 지산동44호분 단계의 대가야양식이다.

〈도6-8〉 에히메켄愛媛縣 출토 대가야양식 토기와 관련자료(상: 오노, 토죠고분, 키노모토고분, 하: 고령군 지산동44호분)

3. 6세기 일본열도의 가야토기

1) 대가야양식

6세기대에도 대가야양식 토기는 일본열도 전역에서 출토된다. 경부에 파상문을 가진 유개식이 특징적인 대가야양식의 장경호는 후쿠오카켄 요시타케유적, 에히메켄 하리마쯔카播磨塚고분·토죠東條고분, 시가켄 이리에나이코入江內湖유적, 기후켄 곤켄야마權現山유적·가미마찌히사나카上町久中유적 등 넓은 범위에서 출토되었다.

고배는 후쿠오카켄 이케우라池浦고분·오니노마쿠라鬼の枕고분, 에히메켄 시로카타니城ヶ谷고분, 시가켄 이리에나이코유적, 야마카타켄山形縣 히가시카나이東金井유적에서 확인되었다.

단경호는 사가켄 도쯔케藤附C유적ST008고분, 에히메켄 이세야마오쯔카伊勢山大冢고분, 기대는 시마네켄 모리카쇼네森ヶ曾根고분에서 출토되었다.

오사카후 우에마찌上町출토 대가야양식 토기는 연질로서 취락에서 사용되었을 가능성이 높다.

구마모토켄熊本縣 모노미야구라物見櫓고분에서는 6세기 초의 MT15형식 스에키와 함께 대가야양식 파수부유개완把手附有蓋碗, 단경호, 사슬과 금구슬을 조합한 금제 수식부이식이 출토되었다.

2) 소가야양식

시가켄 이리에나이코유적과 후쿠오카켄 요시타케유적에서 출토된 일단장방형투창고배는 대각 하위에 1조의 돌대를 돌린 형식으로, 고성지역 등 소가야권에서 반입된 것이다.

구마모토켄 모노미야구라고분 출토 유공광구소호는 경부에 돌대를 돌린 것으로, 최근 고성군 내산리고분군과 송학동고분에서 집중적으로 출토되고 있어 소가야양식으로 판단된다. 그런데 이리에나이코유적과 요시타케유적, 모노미야구라고분에서는 소가야양식 토기가 대가야양식 토기와 공반되거나 인접하여 출토되어 흥미롭다<도6-9>.

4. 3-6세기 가야지역의 일본열도 토기 <도6-10>

3-4세기 가야지역의 일본열도 토기는 하지키土師器와 이를 모방한 연질토기이다. 이 토기는 옛 김해만을 중심으로 부산·진해지역과 같은 동남해안에서 주로 출토되고 있는 점이 특징이다.

부산시 복천동고분에 접한 동래패총에서는 일본열도의 북부 규슈九州산, 산인山陰산, 호쿠리쿠北陸산 등의 하지키옹甕이 확인된다. 현재 이 유적은 수영만에서 약 5km 들어간 곳에 입지하고 있

〈도6-9〉 시가켄滋賀縣 이리에나이코入江內湖
출토 대가야양식과 소가야양식 토기

으나 패총이 해수성 조개로 구성되어 있어 당시 해안이었던 것으로 추정된다. 그리고 동래패총은 수영강과 온천천이 합류하는 곳으로 그 배후에는 울산 단층대를 따라 올라가는 내륙 교통로가 개설되어 있는 요충에 위치하는 대규모 유적이다. 이 패총유적이 위치한 곳은 하지키뿐만 아니라 이중구연호와 같은 백제지역의 토기와 대구 또는 경주지역산으로 보이는 영남 북부지역산 흑색 마연토기가 출토되어 후쿠오카의 니시신마찌유적과 같은 성격의 국제교역항으로 파악된다. 인근 내성유적의 단야유구鍛冶遺構에서 야요이토기彌生土器가 다수 출토되고 있어 전통적으로 왜인이 거주한 곳으로 3~4세기에도 왜인이 이주 정착하여 생활한 것으로 추정된다. 그 목적은 동래패총에서 단야로鍛冶爐와 철재鐵滓, 소토가 확인된 것에서 니시신마찌유적의 한반도계 이주민과 동일하게 철을 둘러싼 교역이었을 가능성이 높다. 이와 같은 성격의 유적은 김해지역의 대성동고분군에 인접한 봉황대유적에서도 확인되고 있어 앞으로의 전면적인 조사가 기대된다.

취락유적인 봉황대유적과 부원동유적에서 하지키와 이를 모방한 연질토기가 다수 출토되었다. 양兩유적은 지금은 육화되었으나 옛 김해만의 북안에 위치하며 동래패총과 같은 입지에 형성된 취락이다.

진해시 용원유적은 김해지역과 거제도를 연결하는 해상 교통로의 요충에 위치하는 4세기대 취락유적으로 하지키로 추정되는 토기가 5점, 하지키계 연질토기가 11점 출토되었다. 하지키계 토기는 북부 규슈산 또는 그 계통의 것으로 취락 전역에 분포하며 어느 정도 시간차를 보이는 점에서 왜인이 취락의 일정 부분을 차지하여 정주하였을 가능성이 높다.

이 시기 한반도와 일본열도의 교섭은 후쿠오카켄 니시신마찌유적과 부산시 동래패총, 김해시 부원동유적, 진해시 용원유적에서 확인되는 것처럼 문물의 이동만이 아니라 사람의 상호 왕래와 거주를 동반한 것이었다. 또 그 이주는 니시신마찌유적에서 보듯이 양자간의 이주 정착이 취락

〈도6-10〉 가야지역 출토 일본열도 토기

① 부산시 동래패총 ② 김해 용원유적 ③ 합천군 봉계리20호분 ④ 의령군 천곡리21호분

내의 부뚜막과 노(爐)의 관계와 같이 상호적이며 점진적인 관계하에 이루어진 것으로 추정된다. 또 진해시 용원유적에서도 점진적으로 이주 정착하여 현지인과 공존하는 왜인이 모습이 엿보인다.

5세기 일본열도 토기는 소가야권과 대가야권역에서 주로 출토된다. 합천군 봉계리20호분에서는 소가야양식 토기, 대가야양식 토기와 함께 TK23형식에 병행하는 무개고배 1점이 출토되었다. 소가야권역인 산청군 명동22호분에서는 개배 3점이 출토되었다. 그리고 고령군 지산동(영)1-5호분에서도 TK23형식에 병행하는 스에키인 유공광구소호가 출토되었다. 광양시 칠성리 유적에서는 소가야양식 토기와 함께 TK208형식의 스에키가 출토되었다. 함안군 오곡리M1호분에서는 TK23형식의 스에키가 소가야양식 토기와 함께 출토되었다. 이 시기 소가야권에 스에키가 이입되는 것은 소가야의 활발한 교역활동을 반영하는 것으로 본다. 특히 풍납토성에 소가야양식 토기가 이입되는 것에서, 몽촌토성 출토 스에키도 소가야세력의 중개에 의해 반입된 것으로 본다. 이는 소가야가 남해안 일대와 남강수계의 교통로를 장악함으로써 가능하였던 것으로 파악된다.

6세기 일본열도 토기는 소가야권과 대가야권역에서 주로 출토된다. 의령군 천곡리21호분에서는 MT15형식의 제병提瓶이 출토되었다. 고성군 송학동1호분 출토의 개배·유공광구소호는 TK47~MT15형식이다. 산청군 생초고분군9호분에서는 MT15형식과 TK10형식의 스에키인 개배·무개고배가 일본열도산 주문경珠文鏡과 함께 출토되었다. 창원시 여래리유적에서 TK10형식의 스에키가 출토되었다.

5. 토기를 통해 본 가야와 왜

1) 3~4세기 가야와 왜

2세기까지 한반도 문물은 일본열도 가운데 관문지역인 북부 규슈지역에 집중되고 이 시기까지 한반도에서 발견되는 일본열도산 문물은 북부 규슈산이 대부분이다. 그런데 3세기 후반부터 한반도 문물이 이제까지 관문이었던 북부 규슈지역을 경유하지 않고 세토나이카이瀨戶內海를 통과하여 오사카 주변의 긴키近畿지역에 집중된다. 이와 함께 금관가야지역에는 긴키지역의 문물이 북부 규슈산 문물을 대신하여 출현한다. 이는 이 시기 일본열도 내에서 긴키세력이 한반도와의 교섭에서 결정적인 우위를 차지하였음을 보여주는 것이다.

그러나 이 시기 후쿠오카켄 니시신마찌유적과 같은 국제교역항이 기나이畿內에서 확인되지 않고 같은 시기의 동래패총에는 북부 규슈산, 산인山陰산, 호쿠리쿠北陸산 하지키가 확인되나 기나이산은 보이지 않는다. 또 용원유적·부원동유적과 대성동·양동리·복천동고분군 등에서 출토된 하지키와 이를 모방한 연질토기가 북부 규슈와 동해 연안의 산인계인 점이 주목된다. 물론 이 시기 일본열도 내에서 한반도와의 교섭에서 결정적인 우위를 차지한 기나이세력이 북부 규슈세력를 매개로 한 것은 충분히 상정된다. 그러나 왜왕권이 선진문물과 필수 물자의 도입 루트를 독점적으로 장악한 것으로 볼 수 없다.

왜냐하면 일본열도에서 긴키지방의 동쪽에 위치한 도카이東海지방 등에서도 한반도 문물의 출토 빈도가 높기 때문이다. 즉 기후켄岐阜縣의 대수장묘大首長墓인 전장 80m의 기후켄 아쇼비쯔카遊塚고분에서는 금관가야산 파수부단경호의 개와 함께 철병부수부와 철부 등 다수의 농공구가 부장된다. 다음 시기에 조영된 대수장묘인 요로이쯔카鎧塚고분에서는 금관가야산 통형기대가 분구에서 출토되었다.

시즈오카켄靜岡縣의 대수장묘인 쇼린잔松林山고분에서는 판상철부板狀鐵斧와 함께 철부가 부장되었다. 이와 인접한 신메이神明고분군에서는 금관가야 지역산 통형기대가 출토되었다.

양 지역에서는 공통적으로 금관가야산 토기가 출토되고 철제품 또한 김해지역에서 반입된 것으로 추정된다. 도카이지방의 한반도 문물은 여러 세대에 걸쳐 지속적으로 김해지역에서 이입된 점에서 이러한 한반도산 문물은 왜왕권을 경유하지 않고 도카이지방의 수장이 독자적으로 금관가야와 교섭하는 가운데 입수하였을 가능성이 높다.

따라서 긴키세력의 중추인 왜왕권이 한반도에서의 군사적 활동을 통하여 철과 같은 필수 물자의 도입 루트를 독점적으로 장악하고, 이를 통해 얻은 물자를 각 지역에 분여함으로써 일본열도 내의 패권을 확립한 것으로 본 해석은 재검토가 필요하다.

일본열도에서 가장 먼저 성립된 오바데라TG232가마의 초기 스에키의 출현 배경에 대해 신경철은 광개토왕비문에 보이는 경자년庚子年(400년)조의 고구려 남정에 의한 김해 대성동세력의 동요에 따른 공인의 이주에 의한 것으로 보고 있으나, 오바데라TG232가마가 4세기 말에 조업을 개시한 것은 금관가야를 비롯한 이 시기 한반도 문물과 공인이 일본열도에 들어간 것은 전쟁으로 인한 이주 망명보다는 역시 정치적인 교섭에 의한 것임을 보여준다. 왜냐하면 당시 첨단 기술을 가진 가야지역 출신 공인은 망명, 약탈보다는 왕권간의 정치적인 교섭에 의해 이주한 것으로 보는 것이 순리적이기 때문이다.

그리고 4세기 가야지역에서 가장 넓은 분포권을 형성하는 함안지역 토기가 나가사키켄 쓰시마와 이키壹岐를 비롯하여 서일본 전역에 활발하게 이입되고 있어 주목된다. 이는 금관가야양식 토기가 일본열도에서 주로 오사카를 중심으로 한 긴키지방과 도카이지방에 주로 출토되는 것과 대비되는 것으로 아라가야의 독자적인 관계망과 일본열도와의 교섭으로 볼 때 일본열도와의 교섭 독점과 이를 기반으로 하여 가야 전 지역을 통괄하였다는 금관가야를 중심으로 하는 단일 연맹체설은 성립될 수 없다. 이 시기 금관가야와 함께 가야 전기의 중심국인 아라가야도 일본열도와 교섭의 한 축을 형성하였을 가능성이 높기 때문이다. 이와 관련하여 교토후 우지시가이유적에서 아라가야계 공인에 의해 제작된 초기 스에키가 출토되어 긴키지역과 아라가야의 관계도 주목된다<도6-11>.

2) 5세기 가야와 왜

5세기 전엽 일본열도에서 확인된 가장 이른 스에키요인 오바데라유적에 이어 시코쿠四國지방과 규슈지방에서 초기 스에키요에 의한 조업이 개시된다. 긴키지역의 대표적인 요인 오바데라유

〈도6-11〉 교토후京都府 시가이市街遺蹟 출토 초기 스에키와 목제품

적은 김해·부산지역의 공인 파견에 의해 시작된 것으로 파악된다. 한편 시코쿠지방 동부의 가가와켄香川縣 미야야마宮山요, 미타니사부로이케三谷三郞池요의 공인의 계통은 같은 시코쿠지방의 에히메켄 사루카타니2호분과 후나카타니유적에서 집중적으로 아라가야양식 토기가 출토되고 있어 함안지역의 공인일 가능성이 더욱 높아졌다. 그리고 5세기 전엽 후쿠오카켄의 고테라고분군·이케노우에고분군 출토 삼각투창고배와 수평구연호, 고배형기대, 유공광구소호는 소가야양식 토기로 파악되나 세부형태가 달라 후쿠오카켄 아사쿠라요산으로 판단된다. 또한 시코쿠지방 서부의 이찌바미나미구미市場南組가마 출토 초기 스에키는 당시 규슈지역과 밀접한 관계를 가진 소가야지역 공인에 의해 제작된 것으로 본다.

여기에서 주목되는 것은 4세기 말에서 5세기 초 일본열도에서 초기 스에키의 생산이 다원적으로 개시되었고 더욱이 각 지역마다 가야지역의 다른 곳으로부터 공인을 초빙하여 생산한 점이다. 즉 금관가야권역에서 주로 공인을 초빙한 왜왕권과는 달리, 독자적으로 각 지역의 호족, 즉 규슈 외 시코쿠 서부지방의 호족은 소가야, 시코쿠 동부지방의 호족은 아라가야와 교섭하여 초기 스에키의 공인을 초빙한 것이다. 따라서 4세기 대에 이어 5세기 전반까지도 왜왕권이 각 지역의 호족세력들의 독자적인 교섭 활동을 통제하지 못한 것으로 파악된다.

5세기 중엽 조영된 시코쿠 동부지방의 에히메켄 기노모토고분에서 대가야양식 장경호가 출토되어 주목된다. 이 장경호는 고분의 축조 연대와 일치하며, 이는 필자가 주장해온 대가야와 왜의 교류가 이 시기에 개시된 것을 증명하는 중요한 자료로 평가된다. 그리고 이 지역에서는 사루카타니2호분의 분구 출토품과 같이 5세기 전엽까지 확인되던 아라가야양식 토기 대신 5세기 중엽부터 대가야양식 토기가 아라가야양식 토기를 교체하듯이 반입되어 흥미롭다. 더욱이 대가야양식 토기가 에히메켄에서 우와宇和→마쯔야마松山→이마바루今治→요시우미吉海라는 세토나이카이의 남안에 면한 교통로와, 후쿠오카켄→시마네켄→도야마켄富山縣→이시카와켄石川縣→야마카타켄山形縣이라는 창녕산토기를 비롯한 낙동강 이동지역 토기가 분포하던 동해연안의 교통로상에 출현하는 점이 주목된다. 그 후 5세기 후엽 이래 대가야양식 토기의 출토 예가 증가하며 일본열도 전역에 반입된다. 5세기 후반 일본열도 출토 한반도산 토기 가운데 이 지역 양식 토기가 넓은 범위에 걸쳐 이입된 것은 이 시기에 대가야와 왜의 인적·물적교류가 활발하였음을 보여주는 것이다. 또한 후쿠이켄福井縣 니혼마쯔야마二本松山고분 출토품을 비롯한 정치적 지위를 상징하는 위신재威信材인 금동관과 일본열도 전역에서 출토되는 금제 수식부이식垂飾附耳飾이 대가야계이고, 신라계와 백제계 장신구가 수점에 불과한 것은 5세기 후반 대가야가 왜와의 교역에서 중심적인 역할을 담당하였다는 것을 알 수 있게 한다. 특히 이 시기의 유력수장묘인 사이타마켄埼玉縣 이나리야마稻荷山고분, 와카야마켄和歌山縣 오타니大谷고분, 구마모토켄熊本縣 에타후나야마江田船山

고분 등에서 대가야형의 위신재가 주류를 형성한다.

한편 대가야권에는 고령군 지산동32호분, 지산동1-3호분, 함양군 상백리고분군의 갑주甲冑, 지산동44호분의 야광패제용기夜光貝製容器, 지산동45호분의 방제경倣製鏡, 고령군 지산동(영)1-5호묘의 유공광구소호 등이 일본열도에서 이입된다. 특히 대가야의 왕묘역이 존재하는 지산동고분군에 왜계 문물이 집중하는 것, 또 대가야의 최고수장묘인 지산동44호분에 부장된 아마미오시마奄美大島산 야광패제용기는 당시 대가야의 원격지교역을 상징하는 것이었다.

이는 5세기 중엽 가야 후기의 중심국으로 대두한 대가야가 긴키지역을 중심으로 교섭한 신라뿐만 아니라 세토나이카이 연안을 중심으로 교섭한 아라가야, 동해연안을 중심으로 교섭한 창녕세력을 대신하여 전 일본열도와의 교역을 장악한 것을 보여주는 것이다. 내륙에 위치한 대가야가 일본열도와의 교역을 장악할 수 있었던 것은 백제지역으로 가는 금강로를 확보하고 섬진강로을 통하여 남하하여 하동의 대사진帶沙津과 이른바 임나사현任那四縣으로 비정되는 여수반도를 포함한 제해권의 장악을 배경으로 한다.

그리고 5세기 후반에는 종래의 철과 관련된 이주민과 토기생산 공인 이외에 마필馬匹 생산에 종사한 특수한 기능을 가진 공인집단이 출현하는 것과 이제까지 규슈지역 등 특정 지역에만 한정되던 이주민이 동일본을 비롯한 일본열도 전역에 이주하는 점도 주목된다.

군마켄群馬縣 겐자키나가도로니시劍崎長瀞西유적에서는 말이 순장된 13호 구덩이 주변 10호분에서 대가야산 수식부이식과 연질토기가 공반되어 출토되었고 적석총과 함께 주거지에서는 부뚜막 유구가 확인되었다. 또 나가노켄長野縣 아라이하라新井原12호분의 마구는 합천군 옥전M3호분 단계의 반입품이고, 나가노켄 미야가이토宮垣外유적 64호구덩이에서 출토된 f자형경판부비字形鏡板附轡와 검릉형행엽劍菱形杏葉, 환형운주環形雲珠는 전형적인 대가야산 마구의 조합이다. 지바켄千葉縣 다이사쿠大作31호분에서 출토된 내만타원형 경판비도 전자와 같은 대가야산의 마구이다. 돗토리켄鳥取縣 나가세타카하마長瀬高浜유적에서도 말의 순장갱坑과 창녕지역산 토기가 출토되었다.

이와 같은 마필 생산 거점지역에서는 한반도계의 묘제와 문물이 이입되어 초기의 마필 생산자의 주체가 한반도에서 건너온 이주민임을 보여준다. 특히 5세기의 마필 생산에는 아라이하라新井原12호분, 미야가이토유적, 다이사쿠大作31호분 등에서 출토된 f자형경판부비와 검릉형행엽, 환형운주와 같은 마구가 공반되는 것으로 볼 때 대가야지역 마사집단馬飼集團이 이주하였을 가능성이 높다. 더욱이 간토關東지역의 겐자키나가도로니시10호분에서는 대가야산 수식부이식과 연질토기를 출토되어 이러한 동일본의 이주민의 원향原鄉은 대가야지역으로 추정된다.

이와 같이 5세기 후반에는 대가야지역의 이주민이 일본열도에 대거 출현하며 그 이주민이 마필생산에 종사하였으며, 이는 이 시기 일본열도의 한반도계 문물의 대부분이 대가야계인 점과 부합한다.

2) 6세기 가야와 왜

이 시기 일본열도에는 가야토기가 지속적으로 이입되고 가야지역에도 일본열도산 토기가 이입된다. 더욱이 가야지역에서 재지在地의 묘제와 그 계통을 완전히 달리하는 왜계고분이 출현하여 주목된다. 의령지역의 경산리1호분의 석옥형石屋形석관, 문지방석門地枋石, 판석폐쇄, 복실 구조의 요소와 운곡리1호분의 돌선반石棚와 배부름식胴張式 석실구조 등은 재지의 옥봉·수정봉식의 횡혈식석실과는 계통을 전혀 달리하는 것이다. 의령군 경산리1호분에서는 즙석葺石이 확인되었다. 사천시 선진리고분은 대형의 자연석을 사용하고 문주석과 요석腰石을 갖춘 지상식의 횡혈식석실로서 재지의 석실과 계통이 연결되지 않는 구조이다. 거제시 장목고분도 문주석門柱石, 요석腰石과 팔八자상의 묘도, 분구의 즙석, 그리고 하니와埴輪를 모방한 원통형토기를 수립한 가장 전형적인 북부 규슈형 횡혈식석실분이다. 또한 가야지역의 왜계고분의 출현 과정을 살펴볼 때 송학동1호분 B호석실을 제외하고 그 피장자는 영산강유역 전방후원분의 출현과정과 유사한 것에서 재지 수장으로 볼 수 없다.

즉 의령군 경산리1호분은 동남쪽의 낙동강중류 좌안에 위치하는 5세기대를 중심으로 조영된 유곡리고분군에서 떨어진 지점에 다른 1기의 봉토분과 함께 돌연 출현한다. 유곡리고분군은 직경10~20m급의 분구을 가진 고분이 구릉 정상부에 열을 이루며 누세대에 걸쳐서 조영된 재지의 수장묘역이다.

의령군 운곡리1호분은 경산리에서 남쪽으로 10km 정도 떨어진 낙동강의 대지류인 남강 하류역의 우안에 위치한다. 이 고분은 동남쪽에 입지한 누세대에 걸쳐 조영된 재지 수장묘역인 죽전리 산성고분군과 남쪽의 남강을 사이에 두고 위치하는 옥봉·수정봉식 횡혈식석실을 내부 주체로 하는 재지 수장묘역인 중동리고분군과 같은 의령남부 지역의 중심 고분군에서 떨어진 지점에 돌연 출현한다. 운곡리고분군은 묘역이 시작되는 곳에 위치한 왜계 고분인 1호분의 조영을 계기로 형성된 것으로 추정된다.

사천시 선진리고분은 북동쪽에 위치한 재지 수장묘역인 두량리고분군에서 떨어진 사천만 우안에 단독으로 돌연 출현한다.

거제시 장목고분은 재지수장묘인 구영리고분군에서 떨어진 나가사키켄 쓰시마가 조망되는 항구의 배후 구릉에 단독으로 입지하고 있다.

그런데 고성 일대의 왜계 문물에 주목하여 가야 후기 소가야를 대왜 교섭의 주체로 파악하려는 견해가 제시되었다.[12] 이와 같이 경남 서부지역의 왜계 문물에만 주목하여 대가야를 배제하고 소가야를 대왜 교섭의 주체로 파악하려는 주장은 영산강유역에 전방후원분을 비롯한 왜계문물이 집중하는 것에만 주목하여 백제를 배제하고 재지세력을 대왜 교섭의 주체로 파악하는 입장과 근본적으로 동일하다. 왜냐하면 가야 후기인 6세기 전엽 소가야의 대왜 교섭에서의 중심적인 역할은 고고자료와 문헌사료에서 인정되지 않기 때문이다. 소가야의 대왜 교섭의 전성기는 앞에서 살펴본 바와 같이 소가야양식 토기가 경남 서부지역과 전남 해안지역에 분포하고 규슈지역에 반입되는 5세기 전엽이다. 이 시기를 전후하여 문헌에 기록된 포상팔국浦上八國난이 발생한 것으로 파악된다. 한편 6세기 전엽에는 소가야양식 토기의 분포권이 고성·사천 일대로 국한되고, 문헌에서 소가야로 비정되는 고자국古自國은 이른바 임나부흥회의에 참가하는 하위 구성국에 불과하기 때문이다.

이 시기 수장묘역인 송학동고분군과 인접한 율대리고분군, 산청군 중촌리고분군, 진주시 옥봉·수정봉고분군에서 고령양식 토기와 대가야산의 금제 수식부이식과 마구가 일방적으로 소가야권역으로 집중 유입되는 것은 이 시기 대가야와 소가야 간의 상하관계를 추정하게 한다. 그리고 남강 중류역의 교통의 결절점에 위치한 산청군 생초고분군에서는 구릉 사면에 조영된 일반성원묘成員墓인 9호분에서는 대가야양식 토기와 함께 스에키와 주문경이 출토되었다. 이 고분은 지산동45호분 단계의 대가야양식 토기와 MT15형식과 TK10형식의 스에키가 출토되어 6세기 전엽으로 파악된다. 이 고분의 피장자는 소형분임에도 복수의 스에키를 부장하고 일본열도산 거울과 대도를 보유한 점에서 왜인일 가능성이 지적된다. 이와 관련하여 최근 조사된 고령군 지산동44호분 단계인 5세기 말 M13호분에서 대가야의 주부곽식 묘제와 대가야양식 토기, 고령지역산 금동제 용봉문환두대도, 마구가 다수 출토되어 산청 생초지역이 이미 5세기 후반 대가야권에 편입된 것과 그 이후에 조영된 9호분의 왜계 문물이 대가야와의 관계망을 통하여 반입된 것을 알 수 있게 되었다. 또 의령군 천곡리21호분의 스에키 제병提瓶은 이 고분군에 인접한 수장묘역인 합천군 삼가1호분에서 대가야양식 토기가 집중 출토되어 생초지역과 같은 맥락에서 스에키가 반입된 것으로 추정된다. 그리고 송학동1호분에서는 1A-6호묘에서 옥전M3호분에 후행하는 5세기 말 지산동44호분 단계의 대가야산 검릉형행엽劍菱形杏葉과 f자형경판비字形鏡板轡가 출토되고, 6세기 초의 1A-1호묘에서는 자체적으로 형식 변화하여 대형화된 대가야산 검릉형행엽과 f자형경판비가 출토되었다. 이와 함께 1-B호의 부장토기 중 다수가 대가야양식 토기인 점을 고려 할 때 송학동1-B호분의 피장자는 대가야와 관련된 왜인일 가능성이 크다.

이와 같은 왜계 고분과 스에키가 출토된 고분은 고령지역에서 남강수계를 거쳐 남해안으로 가는 교통로 상에 집중하는 경향이 뚜렷하다. 즉 스에키와 방제경이 출토된 생초9호분이 위치하는 산청지역은 대가야가 남강에 연하여 상류역인 함양에서 중류역인 진주로 내려가는 교통로의 요충이고, 스에키가 출토된 의령군 천곡리21호분의 상위 취락의 수장묘가 위치한 합천 삼가지역은 황강 중류역에서 내륙 통로를 거쳐 진주로 내려가는 교통로 상에 있다. 진주는 대가야의 교통로인 삼가를 거치는 육로와 남강에 연한 수로의 결절점이며, 사천만과 고성만에 접근이 용이한 경남 서부지역 최대의 교통 요충이다. 이 지역은 중안동고분군의 수장묘역인 옥봉·수정봉고분군에서 대가야와 지방 수장과의 관계를 상징하는 대가야양식의 통형기대가 부장된 것에서 대가야와 연계된 곳으로 파악된다. 사천시 선진리고분은 진주에서 가장 근접한 항구인 사천만의 우안右岸에 입지하고 송학동1호분은 남해안 해상 교통의 요충인 고성반도의 중심에 위치한다. 경산리1호분이 위치하는 의령 북부지역은 대가야가 낙동강을 따라 남하하는 교통로의 요충이며 운곡리1호분은 남강 하류역의 교통로상에 입지한다.

6세기 전엽 백제가 공략해오는 가운데 섬진강 하구의 교역항인 대사帶沙, 즉 하동지역을 통한 교통이 어려워진 대가야는 섬진강로를 대신하여 남강로를 택하고 소가야권역의 각 지역 수장과의 연계를 통하여 고성만과 사천만 같은 항구를 확보한 것으로 상정된다. 이와 관련하여 이 시기 일본열도에서 대가야양식 토기와 함께 소가야양식 토기가 후쿠오카켄 요시타케유적, 구마모토켄 모노미야구라고분, 시가켄 이리에나이코유적에서 공반되어 출토되는 것은 이러한 상황을 반영하는 것이라 여겨진다. 이 시기 대가야권과 소가야권에 왜계 고분의 피장자인 왜인이 배치되는 것은 마찬가지로 이와 관련된 것으로 본다.

고성군 송학동1호분B호석실, 의령군 경산리1호분, 운곡리1호분에서는 백제·신라의 문물이 출토된다. 즉 송학동1호분B호석실에서는 백제와 신라토기, 경산리1호분에서는 신라토기, 2호분에서는 백제 마구, 운곡리1호분에서도 신라토기, 거제시 장목고분에는 백제산 대장식구가 부장되었다. 이러한 문물은 영산강유역의 전방후원분에 보이는 대가야계 문물과 같이 왜계 고분 피장자의 생전의 활동을 나타내는 것으로 대가야 왕권 하에서 왜·백제·신라 교섭에 활약한 왜인의 존재를 상정케 한다. 가야지역의 왜인은 백제가 이식한 영산강유역의 전방후원분 피장자와 같이 대가야와 이에 연계된 소가야에 의해 백제, 일본열도, 신라 외교 및 군사 활동을 위하여 이식된 것으로 본다. 경산리1호분 직하 다수의 중소형 석곽묘에서 대도, 철모, 철촉과 같은 무기의 부장이 탁월하며, 운곡리1호분에서도 대도가 복수 부장되고 장목고분에서는 일본열도산 경갑頸甲, 충각부주衝角附胄, 횡장판정결판갑橫裝板釘結板甲과 괘갑挂甲 같은 갑주와 대도, 철모, 철촉과 같은 무기가 부장된다. 가야지역의 왜계고분 피장자는 무기와 무구의 부장이 탁월한 점에서 백제 측에서 활동한 영산강유역 전방후원분 피장자의 활동을 견제하기 위한 군사적인 역할을 수행한 것으로 추정된다.

6세기 전엽 이입문물의 박재지가 대가야에서 백제로 전환하는 가운데에서도 대가야와 관련

〈도6-12〉 6세기 전엽 일본 열도의 대가야양식토기와 금공품이 출토된 일본열도의 고분
(1,2 : 구마모토켄熊本縣 모노미야구라物見櫓고분, 3,4 : 후쿠오카켄福岡縣 요시타게吉武9호분과 주변)

된 지역에 왜계 고분이 축조되고 구마모토켄 모노미야구라고분 등에서 대가야양식의 토기와 이식이 부장<도6-12>되는 것에서 대가야와 특정 지역의 교섭이 일정 부분 지속된 것을 알 수 있다. 즉 아직까지 왕권의 교섭과 별개로 지방호족 세력이 독자적인 교섭 관계를 유지한 것을 보여주는 것이다.

1) 定森秀夫, 1982,「韓國慶尙南道釜山金海地域出土陶質土器の檢討」,『平安博物館硏究紀要』7, pp.63~96, 京都, 平安博物館.
   申敬澈, 1983,「伽耶地域における4世紀代の陶質土器と墓制－金海禮安里遺蹟の發掘調査を中心として」,『古代を考える』34, 大阪, 古代を考える會.

2) 鈴木敏則, 1999,「靜岡縣內における初期須惠器の流通とその背景」,『靜岡縣考古學硏究』No.31, pp.71~86, 靜岡, 靜岡縣考古學會.

3) 定森秀夫, 1994,「陶質土器からみた近畿と朝鮮」,『ヤマト王權と交流の諸相』, p.90, 東京, 名著出版.

4) 米田敏幸, 1993,「古式土師器に伴う韓式系土器について」,『韓式系土器硏究』Ⅳ, pp.98~106, 大阪, 韓式系土器硏究會.

5) 朴天秀, 1993,「韓半島からみた初期須惠器の系譜と編年」,『古墳時代における朝鮮系文物の傳播』(第34回 埋葬文化財硏究集會), pp.109~123, 奈良, 埋葬文化財硏究會.

6) 朴天秀, 1998,「大伽耶圈墳墓의 編年」,『韓國考古學報』39, pp.89~124, 大邱, 韓國考古學會.

7) 小田富士雄, 1978,「西日本發見の百濟系土器」,『古文化談叢』第5集, p.115, 北九州, 九州古文化硏究會.

8) 趙榮濟, 1990,「三角透窓高杯에 대한 一考察」,『嶺南考古學』7, pp.43~70, 嶺南考古學會.

9) 定森秀夫, 1993,「日本出土の陶質土器－新羅系陶質土器を中心に－」,『MUSEUM』No.503, p.19, 東京, 東京國立博物館.
   白井克也, 2000,「日本出土の朝鮮産土器·陶器－新石器時代から統一新羅時代まで－」,『日本出土の舶載陶磁－朝鮮·渤海·ベトナム·タイ·イスラム－』, p.103, 東京, 東京國立博物館.

10) 定森秀夫, 1999,「陶質土器からみた東日本と朝鮮」,『靑丘學術論集』15, pp.50~51, 東京, 財團法人韓國文化振興財団.

11) 定森秀夫, 1999,「陶質土器からみた東日本と朝鮮」,『靑丘學術論集』15, pp.48~49, 東京, 財團法人韓國文化振興財団.

12) 趙榮濟, 2004,「小加耶(聯盟體)와 倭系文物」,『嶺南考古學會 九州考古學會 第6回合同考古學大會－韓日交流의 考古學－』, pp.187~221, 釜山, 嶺南考古學會·九州考古學會.

VII

토기로 본 가야인의 삶과 죽음

Ⅶ. 토기로 본 가야인의 삶과 죽음

여기에서는 상형토기와 토기에 담겨진 음식물, 그리고 매장의례에 사용된 토기를 통하여 가야인의 삶과 죽음에 대하여 살펴보고자 한다.

1. 삶

1) 의衣

신라토기와는 달리 토우가 거의 제작되지 않은 가야토기에는 복식을 알 수 있는 자료가 없어 그 양상을 알기 어렵다. 다만 신발형토기가 여러 점 존재하여 이에 대해 살펴보고자 한다<도 7-1>.

짚신형토기는 대표적인 것이 숭실대학교 한국기독교박물관, 아모레퍼시픽 미술관 소장품과 복천동53호분 출토품이다. 앞의 양자는 잔 끝부분의 톱니 모양 장식과 각부의 돌대로 볼 때 5세기 후엽 현풍지역에서 제작된 것으로 판단된다. 복천동53호분 출토품은 부산지역에서 출토되었으나 각부 형태와 색조로 볼 때 5세기 전엽의 함안지역산이 틀림없다. 전자는 짚을 두 가닥으로 꼬았으나 후자는 꼬지 않고 두 가닥으로만 하였다. 복천동53호분 출토품은 길이 16cm이고 나머지 짚신형토기도 소형인 점에서 명기明器로 추정된다.

삼성미술관 Leeum 소장품은 가죽신발을 모방한 것으로 측면에 시문된 문양으로 볼 때 현풍지역산으로 판단된다. 이 토기는 짚신형토기가 소형인데 비해 길이 24cm로서 실물을 그대로 본뜬 것이다.

이와 같이 가야인은 가죽신과 짚신을 사용한 것을 알 수 있다. 그런데 신발형토기는 복천동53호분 출토품이 부곽의 토기군 최상단에 올려진 상태로 출토된 것으로 볼 때 단순한 부장품으로 볼 수 없고 특별히 공헌된 것으로 본다. 근래까지도 무덤에 신발을 부장한 점으로 볼 때 이는 망

〈도7-1〉 신발형토기 (1 : 부산시 복천동53호분, 2 : 아모레퍼시픽 미술관, 3 : 삼성미술관 Leeum)

자亡者가 명계冥界로 가는 머나먼 길에 사용하기 위함이거나 그 영혼을 운반하는 도구로서 공헌한 것으로 추정된다.

2) 식食

가야고분 출토 토기에서 동물 뼈, 패류, 과실 등을 찾아볼 수 있어서 원래는 대부분의 토기에 생전에 섭취하던 음식물이 공헌된 것으로 보인다〈도7-2〉.

〈도7-2〉 토기내 음식물 공헌 (1 : 고령군 지산동34SE3호분, 2 : 지산동34호분연결석곽, 3,4 : 함안군 오곡리5호분)

VII. 토기로 본 가야인의 삶과 죽음 241

〈도7-3〉 대구시 현풍면 양리고분군 출토 압형토기의 목고리와 현대 중국의 가마우지 어로

    상형토기에는 압형토기鴨形土器가 다수를 점하고 그 가운데 목 부분에 고리를 표현한 것이 있어 오리를 사육하였음을 알 수 있다. 소수이지만 계형鷄形토기가 보이고 닭뼈가 토기 안에서 출토되는 것에서 오리와 함께 식용으로 닭이 사육된 것으로 보인다.

    그리고 압형토기의 목 부분의 고리와 관련하여 오리를 가마우지와 같이 어로漁撈에 사용하였을 가능성이 상정되어 주목된다. 이는 『수서隋書』 왜국전에 "以小環挂鸕鷀項令入水浦漁日得百餘頭", 즉 '목에 작은 고리를 걸고 끈으로 묶은 가마우지를 물에 넣어 물고기를 잡았는데, 하루에 100여마리에 달한다'라는 기록이 보이기 때문이다〈도7-3〉.

    고령군 지산동고분군에서 대구뼈와 고둥이 출토되어 내륙에서도 해산물이 교역된 것을 알 수 있다. 지산동44호분에서는 담수어인 누치가 토기에 담겨진 채로 출토되었고, 합천군 저포리B지구29

〈도7-4〉 가형토기(1,2 : 삼성미술관 Leeum, 3,4 : 국립중앙박물관 → 3은 4의 복원)

호분에서는 어망추가 1벌 출토되어 담수어로도 성행한 것으로 보인다.

함안군 오곡리5호분에서는 고배 내에서 민어과의 조기류와 돔이 출토되었다. 과실류로는 지산동고분군에서 복숭아의 씨가 출토되었다.

3) 주住

가야의 주거지는 수혈주거竪穴住居, 지상주거, 고상주거高床住居로 구분된다. 대부분 주거지의 바닥부분만이 출토되어 그 상부구조를 알 수 없으나 가형토기家形土器를 통하여 그 형태를 복원할 수 있다<도7-4>.

가야의 가형토기는 대부분 초가이며 지상주거와 고상창고를 본뜬 것이다. 지상주거형 토기에는 고상창고형 토기에는 보이지 않는 출입구에 사다리가 걸려 있어 매우 흥미롭다. 이는 사다리의 유무가 주거지와 창고를 구분하는 기준이 되기 때문이다. 그래서 지상건물이나 사다리가 표현되지 않고 앞부분이 개방된 가형토기는 헛간과 같은 지상식 창고로 추정된다.

그런데 지상주거형 토기의 출입구에 사다리가 걸려 있는 것과 관련하여『후한서後漢書』동이전東夷傳 한조韓條에 作土室如冢開戶在上, 즉 흙으로 방을 만들었으며 그 방의 모양은 마치 무덤과 같고 위에 문을 만들었다라는 문구가 매우 흥미롭다. 이는 타원형인 초가집의 형태와 사다리를 타고 올라가서 내려가는 출입 구조를 기술한 것으로 보인다. 이는 삼성미술관 Leeum 소장 현풍산 가형토기는 출입구에 사다리가 표현되어 있고, 사다리를 올라가면 열려진 상태의 문이 보이는 것에서 그러하다. 또 하나의 삼성미술관 Leeum 소장품에는 한 쌍의 여닫이 널문이 표현되어 있고 문짝을 돌출시킨 손잡이가 보이고 문지방도 잘 표현되어있다[1]<도7-5>.

와즙瓦葺건물로 추정되는 가야토기가 1점 확인되어 주목된다. 삼성미술관 Leeum 소장의 가형토기는 처마를 막새기와의 모습으로 처리하고 지붕에는 굵은 음각선으로 기와골을 사실적으로 나타낸 것이다. 이 토기는 출토지를 알 수 없으나 토기의 색조가 흑갈색을 띠고 있고 소성도가 높고 자연유가 부착된 것에서 백제토기나 신라토기로 보기 어렵다. 그리고 이 가형토기는 형태가 합천군 반계제다A호분 출토 장군형토기와 유사하고 대가야 추정 궁성지에서 와즙건물이 존재했을 가능성이 제기[2]된 것에서 6세기 초 전후의 대가야 토기로 추정한다. 그래서 이 토기는 길이 36cm, 높이 35cm의 대형이고 형태가 일반적인 가형토기와는 달리 세장방형細長方形에 가깝고 큰 출입구와 창문이 묘사된 점에서 ○○의 건물과 같은 특수한 건물을 본뜬 것으로 생각된다.

1 : 삼성미술관 Leeum 소장품 A, 2 : 삼성미술관 Leeum 소장품 B, 3 : 살림집 추정복원 출입시설

<도7-5> 가형토기와 출입시설 복원(함순섭 2008)

〈도7-6〉 고상창고형 토기와 현대 고상창고

1 : 아모레퍼시픽 미술관, 2 : 경북대박물관, 3 : 국립중앙박물관(창원시 다호리고분군 출토품 복원)
4 : 와카야마켄 무쇼타니고분군, 5 : 중국 요녕성

〈도7-7〉 **주형토기** (1 : 합천군 옥전99호분, 2 : 아모레퍼시픽 미술관, 3 : 삼성미술관 Leeum)

고상창고형 토기는 창고를 본뜬 것으로 추정되며 현풍지역산으로 추정되는 오구라小倉 반출 동경국립박물관 보관품은 문에 빗장이 잘 표현되어 있다. 이러한 토기는 당시 가장 소중한 곡식을 넣은 곡식창고로 추정되어 곡령穀靈 신앙과의 관계도 주목된다〈도7-6〉.

와카야마켄和歌山縣 무쇼타니六十谷 출토의 고상창고형 토기는 측면에 시문된 연속 삼각문으로 볼 때 가야지역 공인에 의해 일본열도에서 제작된 것이나 정확한 공인의 계통을 알기 어렵다.

가형토기는 망자의 생전에 살던 집의 의미가 생각되나 영혼의 주처住處로서 부장하였을 가능성도 상정된다.

4) 이동수단

이동수단을 엿볼 수 있는 상형토기에는 선船형토기, 차륜형토기, 마馬형토기 등이 있다.

선형토기는 통나무배와 이에 판을 추가한 준구조선으로 구분된다〈도7-7〉. 조선후기와 일제강점기에 사용된 배와 유사하다〈도7-8〉.

합천군 옥전99호분 출토품과 태평양박물관 소장품은 통나무를 그대로 파낸 것으로 강에서 사용한 1~2인용의 통나무배이다.

삼성미술관 Leeum 소장품은 측면에 장식된 문양으로 볼 때 현풍지역산으로 판단된다. 편편한 통나무 바닥에 양 측면에 현판舷板, 전후에 비우판鼻羽板을 세우고, 양 현판의 상단에는 횡판橫板을

〈도7-8〉 선형토기와 일제 강점기의 배(1, 2 : 삼성미술관 Leeum, 3 : 호림미술관, 4,5 : 일제강점기 엽서)

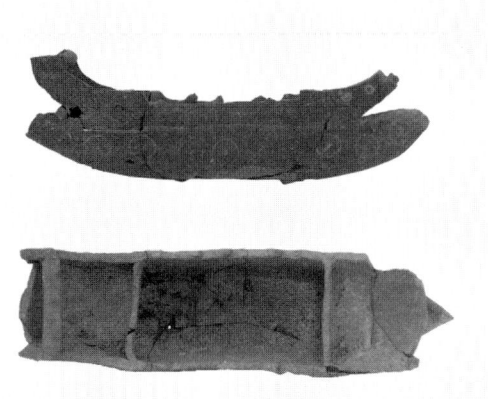

〈도7-9〉 선형토기 (대구시 현풍 평촌리 출토)

가로질렀다. 이물의 비우판은 둥근 곡선을 이루어 물살을 잘 가를 수 있게 하였고 고물의 비우판은 직선형을 하고 있다. 현판의 상단에는 세 개씩의 짧게 돌출된 삼각형의 노걸이가 마련되어 있다. 이 배는 준구조선의 형태를 하고 있으나 바닥이 편평하고 구조가 간단한 점에서 낙동강에서 사용한 나룻배를 본뜬 것이다.

준구조선인 선형토기는 삼성미술관 Leeum 소장품 가운데 차륜과 결합된 토기는 그 형태로 볼 때 함안지역산으로 파악된다. 호림미술관과 삼성미술관 Leeum 소장품은 색조와 소성분위기로 볼 때 현풍지역산으로 보인다.

호림미술관 소장품은 노걸이가 6개씩 있고 선수와 선미가 발달한 점에서 항해용선박을 본뜬 것이다. 이러한 선형토기와 유사한 것으로는 오사카후大阪府 오바데라大庭寺유적 출토 토기와 다카마와리高廻り2호분에서 선형 하니와埴輪가 있다.

대구시 현풍 평촌리유적 출토품은 노걸이가 3개 있는 것으로 취락 내 제사장에서 확인된 드문 예로서 상형토기의 용도를 알 수 있게 한다<도7-9>.

오바데라유적 출토품은 가야지역의 토기제작 공인이 제작한 것으로 아마도 이주민들이 타고 간 배를 본뜬 것으로 추정된다. 또한 타카마와리2호분 출토품도 한반도의 이주민들이 집중 거주한 나가하라長原지역에서 출토된 것으로 호림미술관 소장품 선형토기와 매우 유사한 점에서 가야지역의 배를 모방한 것으로 본다. 다카마와리2호분 출토품을 복원한 배가 오사카-부산 간의 항해에 성공함으로써 이러한 선형토기가 고대 한일 간의 왕래에 실제 사용된 배를 본뜬 것이 확인되었다.

가야의 차륜형토기는 경주시 계림로25호분 출토품과 같이 수레 전체를 본뜬 것은 찾아 볼 수 없고 각배 또는 잔과 결합된 점에서 엄밀한 의미에서는 이동수단이라기보다는 차륜이 가진 상징성을 강조한 의기로 추정된다<도7-10>.

차륜형토기는 함안군 말산리구34호분 출토품과 의령군 대의면 출토품으로 볼 때 함안지역에서 활발하게 제작된 것으로 생각된다. 구舊 오구라 반출 동경국립박물관 보관의 차륜형토기도 대각의 형태와 고사리문장식으로 볼 때 함안지역산으로 판단된다. 동경국립박물관 보관의 차륜형토기와 말산리구34호분 출토품으로 볼 때 바퀴의 살은 많은 것에서 적어지는 것으로 변한다.

그리고 호림미술관과 삼성미술관 Leeum 차륜형토기는 대각형태로 볼 때 현풍지역산으로 판단

〈도7-10〉 **차륜형토기**(1 : 동경국립박물관, 2 : 국립진주박물관, 3 : 계명대학교행소박물관)

되는 것으로 함안지역산과 달리 각배가 아닌 잔을 두 개씩 부착시킨 것이 특징이다.

마형토기는 착장구著裝具로 볼 때 크게 마갑馬甲을 착장한 기마騎馬, 행엽杏葉과 등자鐙子를 착장한 식마飾馬, 안장만을 갖춘 역마役馬로 구분된다.

기마형토기는 이양선李養璿 기증 경주박물관 소장품, 대구 개인 소장품, 태평양박물관 소장품을 들 수 있다<도7-11>.

식마형토기는 삼성미술관 Leeum, 대구시 시지유적, 대구박물관 소장품을 들 수 있다. 3점은 모두 행엽과 등자가 착장되어 있다. 대구박물관 소장품은 문양과 소성 분위기로 볼 때 현풍지역산으로 판단된다.

역마형토기는 삼성미술관 Leeum 소장 2점, 구 오구라 반출 동경국립박물관 보관품이 있다. 이러한 토기는 모두 등자가 착장되지 않아 기승용騎乘用보다는 역마를 본뜬 것이 분명하다. 삼성미술관 Leeum 소장품 가운데 점렬문이 시문된 것은 대구박물관 소장품과 같이 현풍지역산으로 보인다.

〈도7-11〉 마형토기

(1 : 대구 개인 소장품, 2 : 국립경주박물관, 3 : 아모레퍼시픽 미술관, 4 : 동경국립박물관, 5 : 삼성미술관 Leeum, 6 : 국립대구박물관)

2. 죽음

앞에서 실생활에서의 이동수단으로 배모양토기, 차륜형토기, 마형토기를 들었으나 실은 이러한 토기를 부장한 이유가 새모양토기와 함께 망자의 영혼을 인도하는 매체로서의 의미가 내포된 것으로 추정되고 있다.

배는 유럽의 고대 선장船葬과 이집트의 장송선에서도 알 수 있듯이 오래전부터 망자의 영혼을 명계로 보내는 역할을 하는 것으로 인식되어왔다. 이는 창녕군 송현동7호분에서 녹나무제 배의 저판을 관재로 전용한 목관이 확인된 점에서도 그러하다.

가야의 차륜형토기는 수레 전체를 본뜬 것은 찾아볼 수 없고 각배 또는 잔과 결합된 점에서 엄밀한 의미에서는 이동수단이라기보다는 망자의 영혼을 운반하는 태양차太陽車 사상에 의한 것으로 보기도 한다.

마형토기도 기능별로 제작된 것에서 실생활에 이용한 말을 본뜬 것으로 생각되나 당시 말의 순장이 성행한 것에서 영혼을 인도하는 매개로서 부장되었을 가능성이 있다. 이는 일본열도의 규슈지역의 고분 벽화에 말이 배, 새와 함께 등장하는 것에서도 그러하다.

새모양토기는 망자의 식량으로서의 오리와 새를 공헌한 것으로 생각할 수 있으나『위서魏書』동이전東夷傳 한조韓條의 "大鳥羽送死", 즉 '새의 깃을 무덤에 넣었다'는 기사와 솟대에 사용된 것으로 추정되는 새모양 목제품이 출토되는 것으로 볼 때 영혼을 인도하는 매개로서 인식되어 부장되었을 가능성이 매우 높다. 특히 가야지역에서는 철새인 오리가 많이 제작된 것에서 그러하다<도7-12>.

신라·가야고분에서는 매장시설 이외에 부장품으로 생각되지 않는 특이한 상태에서 토기가 출토되고 있다. 고분에서 출토된 제사토기는 장송의례의 최종 상태를 나타내는 것이지만 출토상태, 기종, 관련시설의 분석을 통하여 가야와 신라의 고분에서의 제사 내용을 살펴보고자 한다.

신라·가야고분에서 토기를 사용한 제사유구는 다음과 같다.

1) 고령군 지산동32-34호분 합사유구

5세기 중엽 지산동고분군의 수장묘인 3기의 고분의 중간에 해당하는 곳에서 통형기대筒形器臺, 고배高杯, 장경호長頸壺, 옹甕, 완碗, 대옹大甕이 깨어진 상태로 출토되었다. 이러한 토기는 출토위치와 3점의 통형기대가 사용된 점에서 합사유구合祀遺構로 파악된다. 제사에 사용한 토기는 모두 파쇄破碎한 것으로 추정된다.

〈도7-12〉 압형토기 (1 : 동경국립박물관, 2 : 계명대학교행소박물관, 3 : 호림미술관, 4 : 삼성미술관 Leeum)

2) 고령군 지산동30호분

5세기 전엽 지산동고분군의 수장묘인 고분 봉토의 남쪽 사면을 감싸며 약 10m 떨어진 곳에 돌려진 주구에서 통형기대, 고배, 장경호 등이 파쇄된 상태로 출토되었다.

3) 고령군 본관동34-36호분

5세기 말 6세기 초 본관동고분군의 수장묘首長墓인 3기 고분의 호석 주변에서 ㄷ자형으로 만든 석조유구가 출토되었다. 석조유구의 용도는 그 내부에서 소토燒土와 연질토기軟質土器가 확인되어 부뚜막으로 추정된다.

4) 합천군 반계제다A호분

5세기 후엽 반계제고분군의 수장묘인 고분의 동쪽 호석 부근 소토층에서 고배, 발형기대, 고령지역산 통형기대, 대옹, 연질옹, 시루 등이 파쇄된 상태로 출토되었다.

5) 합천군 반계제가B호분

5세기 말 이 고분군 수장층의 무덤으로 봉토에서 통형기대와 연질옹이 파쇄된 상태로 출토되었다.

6) 함양군 백천리1호분

5세기 후엽 수장층의 무덤으로 봉토 내 2개소에서 장송의례와 관련된 유구가 확인되었다. 주곽의 서북부에서 약 2m 범위에 이르는 넓은 소토층에서 연질옹, 그 동북부에서 노爐로 보이는 원형의 자갈과 함께 연질옹이 출토되었다.

7) 남원시 두락리1호분

5세기 말 수장층의 무덤으로 석곽 남쪽의 수혈에서 목탄과 함께 연질옹이 출토되었다. 석곽 동벽의 주변에서 목탄과 함께 고배, 장경호, 발형기대, 고령지역산 통형기대가 출토되었다.

8) 남원시 두락리3호분

6세기 초 수장층의 무덤으로 석곽의 남쪽 수혈 내에서 목탄과 함께 시루가 출토되었다.

9) 순천시 운평리M2호분 〈도7-13〉

5세기 말 수장층의 무덤으로 석실 입구 부근의 봉토 내에서 3점의 통형기대가 파쇄된 상태로 출토되었는데, 그 가운데 2점은 고령지역산이다.

10) 고성군 율대리2호분

6세기 전엽 수장층의 무덤으로 주구에서 고배, 발형기대, 대옹, 개배가 파쇄된 상태로 출토되었다.

11) 창원시 다호리B1호분 〈도7-14〉

6세기 초의 수장묘로 봉토封土를 둘러싼 주구周溝 내의 수혈竪穴에서 통형기대, 발형기대, 고배, 대옹, 개배蓋杯와 마구가 출토되었다. 토기는 대부분 정치한 상태로 출토된 것으로 볼 때 파쇄하지 않은 것으로 본다. 한편 일부 호는 천공하여 의식적으로 훼기한 토기가 확인된다. 이 고분에서는 수혈 내에서는 고상창고형토기와 마구가 출토되어 주목된다. 또한 주구 내에서 마구가 출토된 것으로 보아 말의 순장이 행해진 것으로 추정된다.

12) 합천군 저포리D1-1호석실분

6세기 중엽 저포리고분군의 수장묘로서 연도 동쪽 봉토상의 대옹 속에 고배가 이중으로 겹쳐져 매납된 상태로

〈도7-13〉 순천시 운평리M2호분과 출토 고령지역산 통형기대

〈도7-14〉 창원시 다호리B1호분과 제사토기

출토되었다.

13) 경주시 황남대총

남분의 봉토 상단에서 고배를 넣은 대옹, 북분의 목곽 상부에서 이식耳飾과 토기 그리고 봉토 상단에서 금동제마구와 고배가 출토되었다.

14) 경주시 월성로가1호분

중형급 적석목곽분의 북쪽에 접한 수혈에서 도치한 대옹에 토기가 매납된 상태로 출토되었다.

15) 경주시 미추왕릉지구C-1호분

중형급 적석목곽분의 동쪽 호석에 접하여 발형기대, 장동옹長胴甕으로 구성된 제사유구가 발견되었다. 대옹 내에서는 조개 등의 음식물이 확인되었다.

16) 안동시 조탑동2호분

이 고분군의 수장층의 무덤으로 파괴되어 주체부는 명확하지 않으나 횡구식석실橫口式石室의 가능성이 높으며 원형 석조유구 내에서 마구와 토기가 출토되었다. 마구는 출토상태로 볼 때 마두馬頭를 매납한 것으로 추정된다.

17) 성주군 성산동58호분

이 고분군의 수장묘로서 남서쪽 부곽 주변의 수혈에서 다량의 토기가 매납된 상태로 출토되었다.

이상 살펴본 결과 신라·가야지역의 분묘제사에서 차이점이 확인된다. 가야고분에서는 대부분 토기만을 사용하고 그 후 파쇄하는 경우가 대부분이나, 신라지역에서는 토기와 함께 마구가 사용되며 토기를 파쇄하지 않고 수혈 또는 석조구조물 속에 매납한다. 제기인 토기를 파쇄하는 것은 용도의 소멸을 의미하나 매납하는 것은 용도의 지속을 의미하고 공헌적인 의도가 내포된 것으로 본다. 또한 가야지역에서는 자비구煮沸具인 옹과 시루가 매장 주체부에 부장되지 않으나 신라지역에서는 옹과 시루가 부장되어 주목된다.

더욱이 가야지역 내에서도 분묘제사의 차이가 보여 흥미롭다. 즉 대가야권역에서는 부뚜막과 조리용 도구인 시루와 옹이 반출되는데 비해 다른 지역에서는 확인되지 않는다. 그리고 대가야권역에는 특히 수장층의 분묘제사에 제기로서 동일한 형태의 통형기대를 사용하고 음식의례가 공통되게 행해진 점에서 다른 지역과 구별되는 통합성을 엿볼 수 있다<도7-15>. 특히 순천시 운평리M2호분에서는 봉토상에서 고령지역산 통형기대가 파쇄된 채로 출토되어 이 지역에서 대가야형 묘전제사가 행해진 것이 밝혀짐으로서 순천지역을 비롯한 이른바 임나사현지역이 대가야권역임을 보여주는 하나의 유력한 단서를 제공했다고 볼 수 있다.

그런데 금관가야권인 창원시 다호리고분군에서는 마구가 사용되고 토기는 파쇄하지 않고 매납하는 점에서 신라의 분묘제사가 도입되었다는 점이 주목된다. 이는 이미 이 시기에 신라토기가 부장되고 금관가야 멸망 직전인 점과 관련되는 것으로 보인다. 더욱이 합천군 저포리 D1-1석실분 단계에는 주목할 만한 변화가 보인다. 이 석실분의 남동쪽의 분구상에서 발형기대를 뒤집어 덮은 완형의 대옹이 출토되었다. 대옹의 내부에서는 완형完形의 유개고배 4점이 함께 출토되었다. 토기는 모두 대가야양식이나 이전 시기의 제사형태와 달리 대옹·고배 같은 제기를 폐기하지 않고 봉토 속에 매납하였다.

이와 같은 제사형태는 경주시 월성로 가-1호와 미추왕릉지구C-1호 등에서 그 계통을 찾아볼 수 있다. 또 합천군 삼가3호분 F호의 남쪽에 위치한 J유구에서는 60㎝ 방형 석조시설 속에서 다수의 토기가 출토되었는데, 이러한 매납형태도 이전에 보이지 않는 것이다. 석조의 위곽시설의 형태에 다소의 차이는 있지만, 토기를 매납하는 기본적인 구조는 신라권의 경주시 미추왕릉지구와 안동시 조탑동2호분 예와 일치한다. 즉 562년 대가야 멸망 직후 대가야양식 토기에서 신라양식 토기로 변하는 물질적인 변화와 함께 신라식의 분묘제사도 도입된 것을 보여준다.

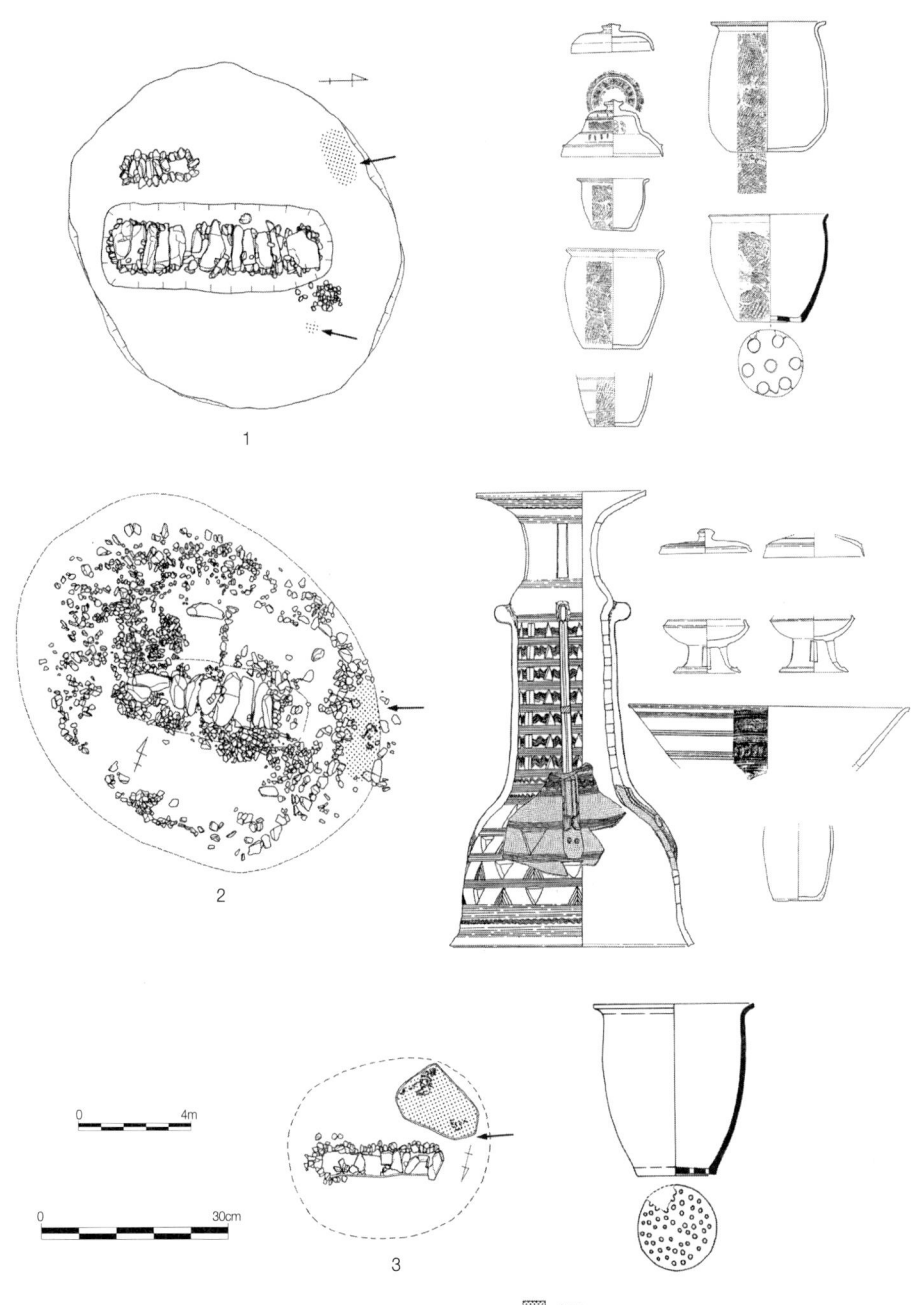

〈도7-15〉 대가야형 분묘제사 (1 : 함양 백천리1호분, 2 : 합천 반계제다A호분, 3 : 남원 두락리3호분)

1) 함순섭, 2008, 「嶺南地方 三韓 三國時代 살림집의 復原研究」, 『東垣學術論文集』, 서울, 韓國考古美術研究所.
2) 박천수·박경예·이인숙·정주희, 2006, 『傳大加耶宮城址』(慶北大學校博物館學術叢書34), 大邱, 慶北大學校博物館.

VIII

토기 양식의 분포 변화로 본 가야의 정치적 동향

Ⅷ. 토기 양식의 분포 변화로 본 가야의 정치적 동향

1. 3~4세기 아라가야양식 토기의 확산과 그 의미

3세기부터 4세기 후반 아라가야양식 토기의 특징적인 기종은 노형기대爐形器臺, 고배高杯, 양이부승석문호兩耳附繩蓆文壺이며 그 분포의 중심은 함안분지를 둘러싼 남강 하류역 양안과 진동만 일대이다. 아라가야양식 토기는 남강유역의 경우 중류역의 산청·삼가지역에서 출토되며 황강유역에서도 그 중류역의 합천군 저포리지역에서 노형기대, 발형기대鉢形器臺, 고배, 양이부승석문호 같은 기종조합이 일치하고 그 형식변화가 아라가야양식과 유사하여 남강, 황강수계와 남해안 일대를 포함하는 광역분포권을 형성하였음을 알 수 있다.

더욱이 아라가야양식 토기는 금관가야권과 신라권인 경주지역을 비롯한 영남 전역에 걸쳐서 확산되고 이들 지역의 토기 제작에도 영향을 주었다. 특히 부산시 복천동54호분·57호분·60호분, 김해시 대성동13호분·18호분, 합천군 옥전54호분, 대구시 비산동(영)2호목곽묘, 칠곡 심천리54호분, 경주시 구정동3곽, 구어리1호분<도8-1>, 울산시 중산리75호분과 같은 수장묘에서 다수 출토되는 것으로 보아 아라가야양식 토기는 수장간 정치적 교섭에 의해 유통된 것으로 본다. 그리고 여수시 고락산성과 순천시 횡전면, 해남군 신금55호주거지 등 남해안에 연하여 분포하는 것이 주목된다<도8-2>. 또한 공주시 남산리유적에서 출토된 바 있어 금강수계의 백제지역으로까지 반출된 것으로 파악된다.

이와 함께 승석문양이부호繩蓆文兩耳附壺를 비롯한 아라가야양식 토기가 나가사키켄長崎縣 다이쇼군야마大將軍山고분, 하루노쯔지原の辻유적, 후쿠오카켄福岡縣 미쿠모三雲유적, 히가시시모타東下田유적, 니시신마찌西新町유적, 돗도리켄鳥取縣 아오키이나바青木稲場유적, 에히메켄愛媛縣 사루카타니猿ヶ谷2호분 분구, 후나카타니船ヶ谷유적, 가가와켄香川縣 미야야마宮山요窯, 교토후京都府 시가이市街유적 등에서 확인된다. 이는 금관가야양식 토기가 일본열도에서 주로 기나이畿內와 도카이東海지

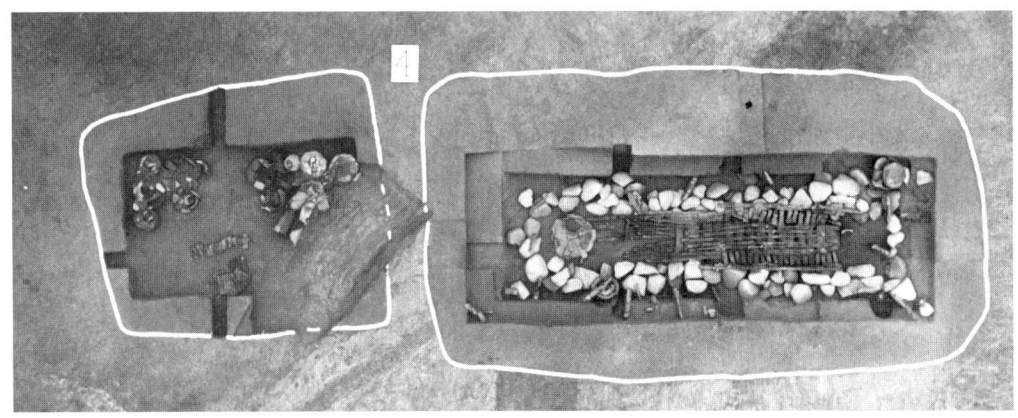

〈도8-1〉 경주시 구어리1호분 출토 함안지역산토기

방에 주로 출토되는 것과 대비되는 것으로, 이 시기 금관가야와 더불어 가야 전기의 중심국인 아라가야도 일본열도와의 교류의 한 축을 형성한 것을 보여준다.

아라가야양식 토기가 낙동강 중·상류역, 남강·황강수계와 남해안 일대에 걸쳐 광역분포권을 형성하였던 데 반해, 금관가야양식 토기의 특징적인 기종인 노형기대와 고배는 옛 김해만 일대, 진영 일대, 낙동강 하류역의 동안, 온천천 주변의 동래지역, 진해 부근으로 국한되는 좁은 분포권을 형성하고 있는 것이 주목된다.

한편 5세기대 대국으로 성장하는 고성 소가야와 고령 대가야의 경우도 아라가야양식 토기의 분포로 상정되는 관계망 속에 속해 있는 점에서 이 시기 아라가야 세력의 위상을 알 수 있다.

아라가야양식 토기의 광역분포권은 그 세력이 남강하류역에서 수계를 거슬러 올라가 금강상류를 통해 백제지역과 교섭하였을 뿐만 아니라, 동시에 일본열도와도 활발히 교섭하였음을 보여준다. 더욱이 아라가야세력은 내륙교역의 회랑과 같은 남강수계를 통해 금강유역과 남해를 연결해 백제와 왜를 중계하는 역할을 한 것으로 본다.

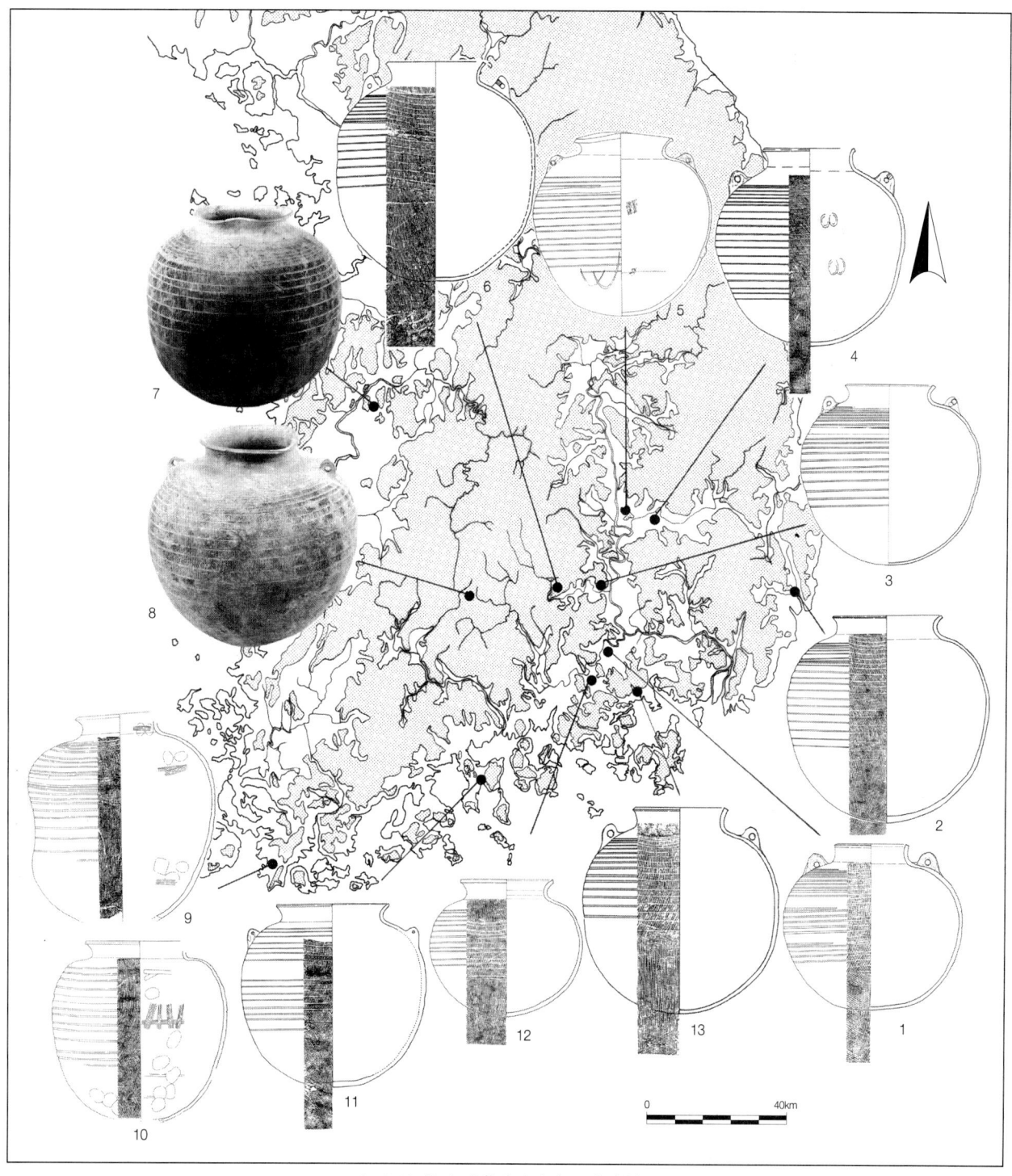

〈도8-2〉 함안 아라가야양식 토기의 분포

1 : 함안 도항리33호분, 2 : 부산 복천동54호분, 3 : 합천 옥전54호분, 4 : 대구 비산동2호분, 5 : 칠곡 심천리54호분
6 : 합천 저포지A지구31호분, 7 : 공주 남산리 고분군, 8 : 남원 아영 출토품, 9,10 : 해남 신금 55호주거지, 11 : 여수 고락산성3호주거지
12 : 진주 무촌리3구39호분, 13 : 마산 대평리고분군

아라가야양식 토기의 분포권으로 유추되는 광역 관계망은 아라가야가 금관가야와 함께 가야 전기에 양대 세력이었음을 보여준다. 특히 아라가야양식 토기가 가야뿐만 아니라 신라의 수장묘에 다수 부장된 것은 이를 방증하는 것이다. 그래서 이와 같은 한반도 남부에 형성된 아라가야의 독자적인 광역 관계망과 일본열도 각지에 출토되는 아라가야양식 토기로 볼 때, 금관가야를 중심으로 한 일본열도와의 교섭 독점과 이를 기반으로 한 단일 연맹체설 및 금관가야 중심의 연맹체설은 인정하기 어렵다. 이는 아라가야가 『삼국지』 위서 동이전 한조韓條에 변한12국 가운데 안야국安邪國으로 나오며, 안야국은 이미 이 시기 김해의 구야국狗耶國과 함께 진왕辰王으로부터 우호優號를 받는 유력한 세력이기 때문이다. 그래서 함안양식 토기의 확산은 종래 고고자료에 의존한 일방적인 금관가야 우위론에 배치되는 것으로서, 문헌사료에서 유추되는 아라가야를 중심으로 한 광역 관계망의 성립를 보여주는 것으로 평가된다.

근래 교토후京都府 우지시가이宇治市街유적에서 아라가야계 공인에 의해 제작된 초기 스에키가 확인되어 긴키近畿지역과 아라가야와의 관계도 주목된다. 따라서 일본열도와의 교섭의 독점과 이를 기반으로 하여 가야 전 지역을 통괄하였다는 금관가야를 중심으로 하는 단일 연맹체설은 성립될 수 없으며 이 시기 금관가야와 함께 가야전기의 중심국인 아라가야도 일본열도와의 교섭의 한 축을 형성하였을 가능성이 높다.

2. 5세기 전반 소가야양식 토기와 창녕양식 토기의 확산과 그 의미

5세기 초 아라가야양식 토기는 남강하류역을 제외하고 낙동강상류역, 남강상류역, 황강수계, 남해안에 반출되지 않는다. 이 시기 아라가야를 중심으로 한 관계망이 쇠퇴하는 것은 400년 『광개토왕비』 경자년庚子年의 안라인수병安羅人戍兵기사와 관련된 것으로 추정된다.

이 시기부터 아라가야양식 토기는 남강유역과 황강유역에서는 유통되지 않고 대신 소가야양식 토기가 이를 구축하듯이 남강 본류와 그 상류의 경호강과 임천강과 황강 상·중류역을 따라 집중적으로 이입된다. 이 시기 소가야양식 토기는 남해안에 연하여 이입되던 아라가야양식 토기를 대신하여 광양시 칠성리유적, 여수시 죽포리유적, 보성군 조성리구상유구, 장흥군 인암리유적 등에서 출토된다. 이는 아라가야가 구축한 관계망이 와해되고 새로이 소가야에 의한 관계망이 남강수계와 남해안 일대에 형성되었음을 의미한다<도8-3>.

더욱이 주목되는 것은 후쿠오카켄福岡縣 아사쿠라朝倉窯산의 삼각투창고배三角透窓高杯와 수평구연호水平口緣壺, 발형기대鉢形器臺, 유공광구소호有孔廣口小壺가 소가야양식인 점과, 나가사키켄長崎縣

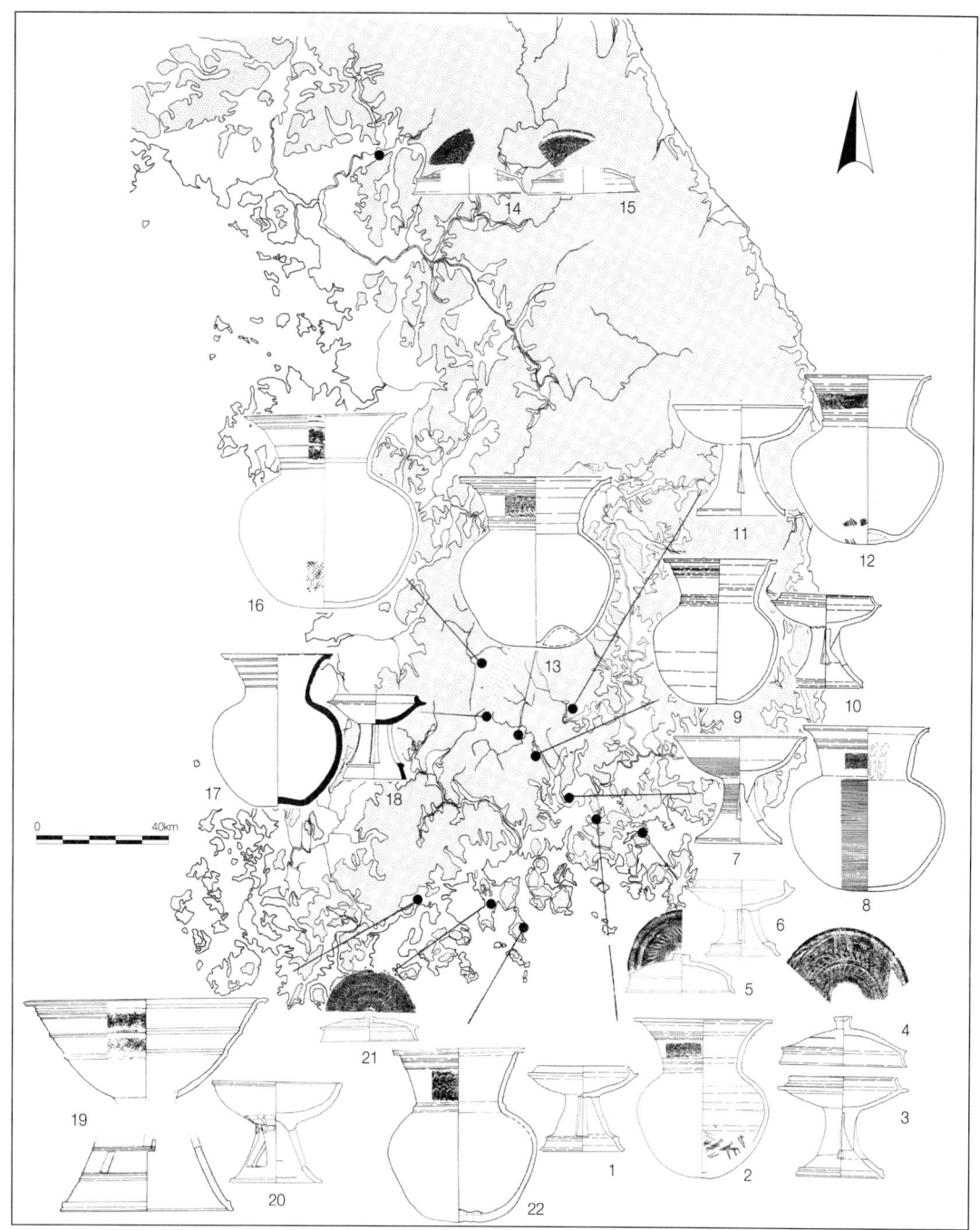

〈도8-3〉 고성 소가야양식 토기의 분포

1~4 : 고성 연당리18호분, 5,6 : 고성 내산리8호분6곽, 7,8 : 진주 우수리18호분, 9,10 : 산청 묵곡리고분군
11,12 : 합천 저포리A지구1호분, 13 : 함양 손곡리2호분, 14,15 : 서울 풍납토성 경당지구, 16 : 장수 삼고리13호분
17 : 남원 월산리M1호분G호분, 18 : 남원 월산리M1호분 A호분, 19,20 : 보성 조성리 구상유구, 21 : 여수 화장동 나2호주거지
22 : 여수 죽포리

에베스야마惠比須山2호분, 고후노사에コフノサエ유적, 도우토고야마トウトゴ山유적, 미시마箕島고분군, 오이타켄大分縣 후네오카야마船岡山유적에서 소가야양식 토기가 집중 출토되는 것이다.

소가야 권역의 남강 중류역에 위치하는 산청군 옥산리유적에서는 백제토기, 스에키須惠器, 하지키土師器계 연질토기軟質土器, 금박유리구슬 등이 출토되고 황강 중류역의 합천군 봉계리20호분과 남해안의 광양시 칠성리유적 등에서는 스에키가 공반되어 출토되었다. 더욱이 서울시 풍납토성에서 고성지역산 토기가 출토된 것에서 소가야세력은 아라가야세력을 대신하여 남강수계를 통해 백제지역과 교섭하였을 뿐만 아니라 동시에 일본열도 특히 규슈지역과도 활발하게 교섭한 것으로 본다.

이러한 소가야의 활동과 관련하여 주목되는 것은 『삼국사기』에 보이는 포상팔국浦上八國난이다. 이제까지 문헌사료를 논거로 3세기 후반~4세기 전반 포상팔국난이 일어난 것으로 보고 있으나 고고자료에서는 이 시기에 고성을 중심으로 하는 연맹체가 남해안 일대에 형성되었다는 근거를 찾기 어렵다. 고고자료로 본다면 포상팔국난이 일어난 시기는 소가야를 중심으로 한 연맹체가 쇠퇴하는 5세기 중엽을 전후한 것으로 본다.

그리고 이 시기에는 낙동강 중류역 동안의 교통의 요충인 창녕지역산 토기가 낙동강 하류역과 남해안 일대에 확산되는 것이 주목된다. 창녕산토기는 낙동강 서안의 합천군 옥전고분군과 의령군 유곡리고분군에 4세기 후엽부터 이입되기 시작한다. 특히 5세기 전반에는 창녕양식 토기가 낙동강 하류역의 부산시 복천동고분군, 당감동고분군, 가달고분군, 김해시 칠산동고분군, 덕정고분군, 능동고분군, 내덕리고분군, 안영리고분군, 죽곡리고분군, 함안군 오곡리고분군, 마산시 현동고분군, 창원시 도계동고분군, 외촌리고분군 등에 집중 부장된다. 더욱이 여수시 화장동 11-14주거지, 고흥군 방사유적, 장흥군 상방촌A-3호 주구묘, 나2-3호주거지, 상방B13호주구, 해남군 일평리토성 같은 남해안 일대와 서울시 풍납토성 경당지구에서 출토되어 주목된다. 이러한 창녕산 토기의 이동을 신라가 교통로를 확보하는 가운데 이루어진 것으로 보고 신라에 의한 창녕의 약화와 특히 낙동강 하구에 대한 영향력 강화로 파악하고 있으나 이를 그렇게 볼 수 없다. 왜냐하면 창녕양식 토기가 낙동강 이서지역으로 이입되기 시작하는 4세기 후엽 이래의 연동하는 일련의 현상으로 파악되기 때문이다. 이는 창녕세력의 교역활동에 의해 낙동강 하구에서 해남지역에 걸친 남해안 일대 전역에 이입된 것으로 본다<도8-4>. 특히 이 시기 일본열도에서 활발하게 창녕양식 토기가 이입된 것에서도 그러하다. 즉 일본열도의 나사사키켄長崎縣 미시마箕島고분군, 시마네켄島根縣 이주모코쿠후出雲國府유적, 미타카타니弥陀ヶ谷유적, 돗토리켄鳥取県 나가세타카하마長瀬高浜유적, 교토후京都府 나구오카키타奈具岡北1호분, 니이카타켄新潟縣 미야노이리宮ノ入 유적 등이 동해에 연하여 출토된다. 이와 함께 창녕군 교동3호분과 창녕산토기가 출토된 옥전68

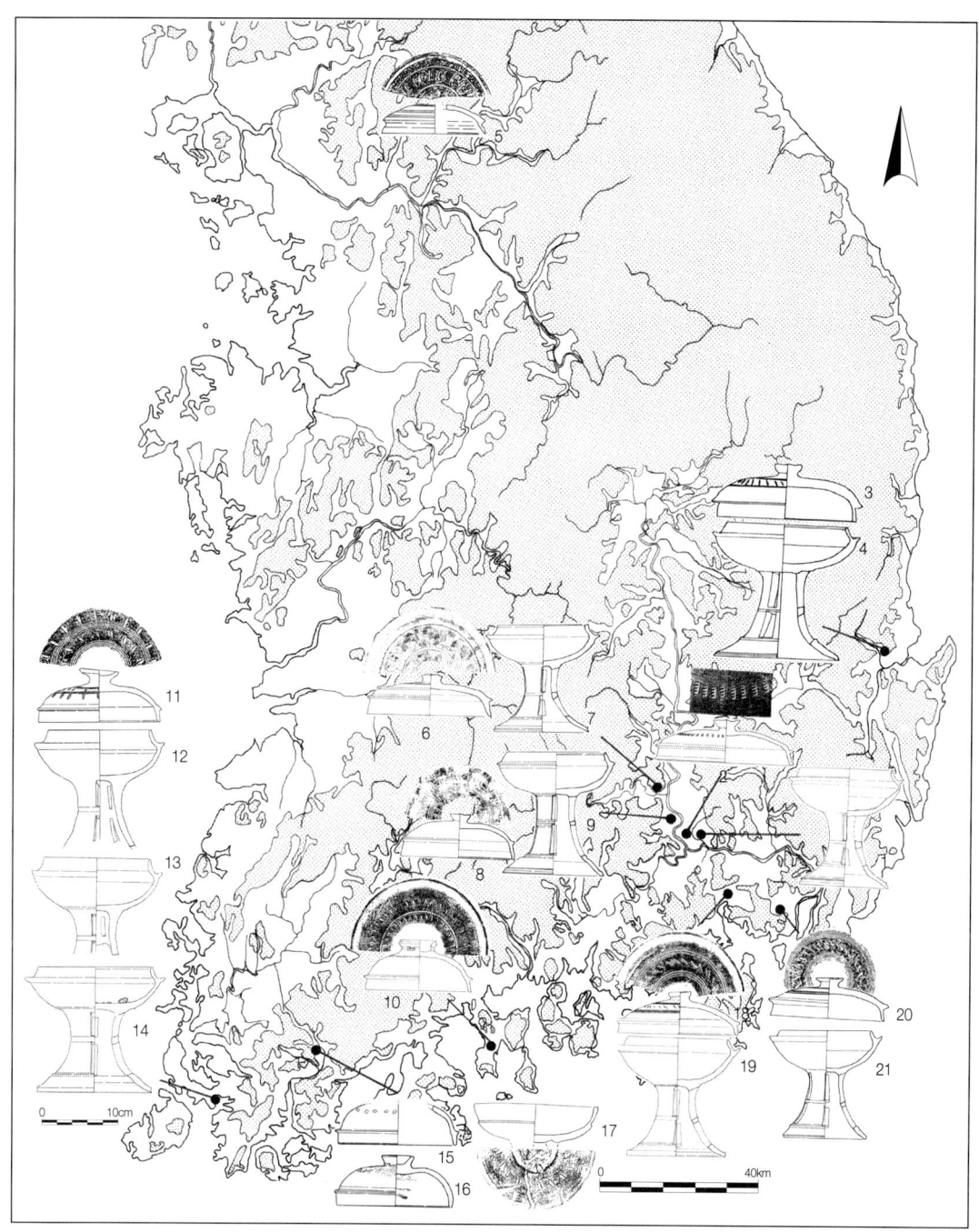

〈도8-4〉 창녕양식 토기의 분포

1 : 창녕 우강리가군20호, 2 : 창녕 강리Ⅲ지구, 3,4 : 영일 안계리190호분, 5 : 서울 풍남토성 경당지구, 6,7 : 합천 옥전23호분
8,9 : 의령 유곡리고분군, 10 : 여수 화장동, 11~14 : 해남 일평리, 15 : 장흥 상방촌A유적 3호주구묘
16 : 장흥 상방촌A유적 나2-3호 주거지, 17 : 장흥 상방촌B유적13호 주구, 18,19 : 창원 도계동39호분, 20,21 : 김해 가달5호분

〈도8-5〉 창원시 도계동고분군 출토 창녕양식 토기

1,5 : 37호 목곽묘, 2~4 : 6호 목곽묘

〈도8-6〉 창녕양식 토기와 일본열도산 판갑의 공반(상 : 창녕 교동 3호분, 중 : 부산 복천동4호분, 하 : 김해 가달5호분)

호분, 가달4호분, 두곡43호분, 죽곡리94호분에서 대금계帶金系의 일본열도산 갑주甲冑가 공반되는 것에서 이러한 판갑板甲은 창녕세력을 중심으로 이입·유통된 것으로 본다<도8-5>, <도8-6>.

 5세기 전반 소가야양식 토기는 이전 시기의 아라가야양식 토기를 교체하듯 남해안과 황강유역, 남강 중·상류역까지 분포권이 확대된다. 이는 아라가야를 대신하여 남강수계와 남해안 일대에서 소가야가 짧은 기간이지만 가야의 중심세력으로 등장하였음을 보여주는 것이다. 이와 함께 창녕양식 토기가 경남 서부지역에서 소가야양식 토기와 공반되는 것은 양자의 연계에 의한 활동으로 추정된다.

3. 5세기 후반~6세기 전반 대가야양식 토기의 확산과 그 배경

5세기 중엽이 되면 남강·황강수계에 지속적으로 소가야양식 토기가 반입되는 가운데 금강 상류의 장수지역과 남강 상류의 아영지역에서는 고령지역에서 제작된 다수의 대가야양식 토기가 출현한다. 이와 함께 세장방형석곽細長方形石槨과 순장殉葬을 포함한 대가야형 묘제가 본격적으로 도입된다. 이는 전시기 이래 소가야세력과 연계되었던 남강·황강수계의 기존 관계망에 대가야세력이 본격적으로 개입하는 상황을 반영한다<도8-7>.

 5세기 후엽에 황강수계 전역과 남강 상류역에서는 수장묘의 토기양식, 부장품, 묘제, 매장의례까지 대가야와 일치하고 또 일반 성원묘成員墓까지 대가야양식 토기가 부장된다. 이는 종래 소가야와 연계되었던 황강 중·상류역과 남강 상류역의 관계망이 와해되고 대가야에 의해 새로운 관계망이 구축됨과 동시에 이 지역들이 그 권역에 편입되었음을 의미한다. 5세기 말 대가야양식 토기는 경호강수계의 산청지역에서 다수 출토되어 대가야권이 남강 중·상류역까지 확대된 것으로 파악된다.

 이 시기 대가야는 남강 상류역 교통의 결절점인 남원지역을 그 지배하에 두고 아라가야와 소가야가 남강수계를 통해 행하였던 백제와의 관계망을 차단하여 백제와의 교역과 교섭을 독점한 것으로 파악된다. 그리고 대가야가 남강 상류역으로 진출한 5세기 중엽부터 대가야형의 금동제 관식冠飾, 금제 수식부이식垂飾附耳飾, 금동제 마구, 철모가 일본열도에 출현하고 후엽에는 본격적으로 도입된다. 대가야양식 토기는 서일본 전역에서 확인된다.

 특히 이 시기의 유력 수장묘인 사이타마켄埼玉縣 이나리야마稻荷山고분, 와카야마켄和歌山縣 오타니大谷고분, 구마모토켄熊本縣 에타후나야마江田船山고분 등에서는 대가야형 위신재威信財가 주류를 형성한다. 한편 대가야권에는 고령군 지산동32호분, 지산동(영)3호분, 함양군 상백리고분군의

〈도8-7〉 전북 동부지역 토기양식의 변화

(1~6 : 남원아영지역출토품, 7 : 장수삼고리출토품, 8 : 장수동촌리출토품)

VIII. 토기양식의 분포 변화로 본 가야의 정치적 동향　271

갑주, 지산동44호분의 패제용기貝製容器, 지산동45호분의 경鏡, 지산동(영)5호분의 유공광구소호 등이 일본열도에서 이입된다. 특히 대가야의 왕묘역이 위치하는 지산동고분군에의 왜계 문물 집중과 대가야의 왕묘인 지산동44호분에서 출토된 아마미오시마奄美大島산 야광夜光패제용기 등은 당시 활발한 대가야의 원격지 교역활동을 상징한다.

　대가야는 남강 상류역을 확보하게 됨에 따라 남하하여 남원과 구례를 거쳐 섬진강 하구의 교역항인 하동을 통하여 금관가야, 아라가야, 소가야가 행해온 왜와의 교역과 교섭을 주도하면서 아라가야와 소가야의 두 세력을 제압하고 가야의 맹주로서 군림할 수 있게 되었다.

　종래 대가야의 발전은 주로 고령과 안림천수계로 연결된 야로지역의 철산 개발에 의한 것으로 파악되어왔다. 그 후 필자는 이를 기반으로 한 섬진강로의 확보, 특히 대사진의 장악을 통한 대일본열도 교역을 그 원동력으로 보았다.[1] 필자는 섬진강로와 대사진의 확보만으로는 5세기 후반 일본열도에 이입된 대부분의 문물이 대가야산이라는 사실을 설명할 수 없으며 이와 동시에 백제가 그토록 집요하게 섬진강 하구뿐만 아니라 남해안의 위치하는 소위 임나사현을 공략한 배경이 무엇인가에 대해 주목하게 되었다.

　그래서 필자는 대가야가 남강상류역으로 진출한 후 남원분지로 남하하여 구례를 거쳐 섬진강 하구의 교역항인 하동을 확보함과 동시에 이제까지 그다지 주목하지 못했던 남해안의 순천·광양·여수지역을 장악한 것으로 본다[2]<도8-8>.

　그런데 순천·광양·여수지역은『일본서기』에 보이는 소위 임나사현任那四縣으로 비정된다.[3] 임나사현은 종래 임나일본부와 관련하여 설명되어왔으나 실제로는 대가야권역으로 파악되며 이는 임나사현의 다리哆唎와 기문己汶이 대가야의 권역을 나타내는 우륵于勒12곡曲의 달이達己와 상기물上奇物, 하기물下奇物로 각각 비정되는 점에서 그러하다.[4]

　섬진강 하구 서안의 순천시 운평리고분군, 여수시 고락산성 출토 대가야양식 토기는 5세기 말~6세기 전엽의 것으로 백제 진출 이전 섬진강 양안이 대가야권역이었음을 웅변하는 것이다<도8-9>. 따라서 대가야는 전성기에 소백산맥을 넘어 금강 상류지역과 노령산맥 이남의 섬진강유역 및 광양만·순천만 일대의 호남 동부지역을 영유한 것으로 파악된다.

　이 가운데 특히 여수는 남해안의 중앙에 위치하고 길게 돌출한 반도상의 지형을 형성하고 있다. 그 앞에는 크고 작은 섬들이 옆으로 펼쳐져 있어 풍랑을 막아주는 방파제 역할을 해주며 영산강 하구와 낙동강 하구 사이의 수심이 깊은 천혜의 양항良港이다. 더욱이 조선시대 수군절도사가 설치되어 좌수영이 들어서고 3도수군 통제영이 이곳에 포진한 것에서 알 수 있듯이 군사적인 요충이다. 그래서 대가야는 하동의 확보만으로는 남해안의 안전한 교통이 불가능하여 해상 교통과 군사적 요충인 여수반도를 장악한 것으로 본다. 남해안의 제해권을 확보함으로써 아라가야와 소

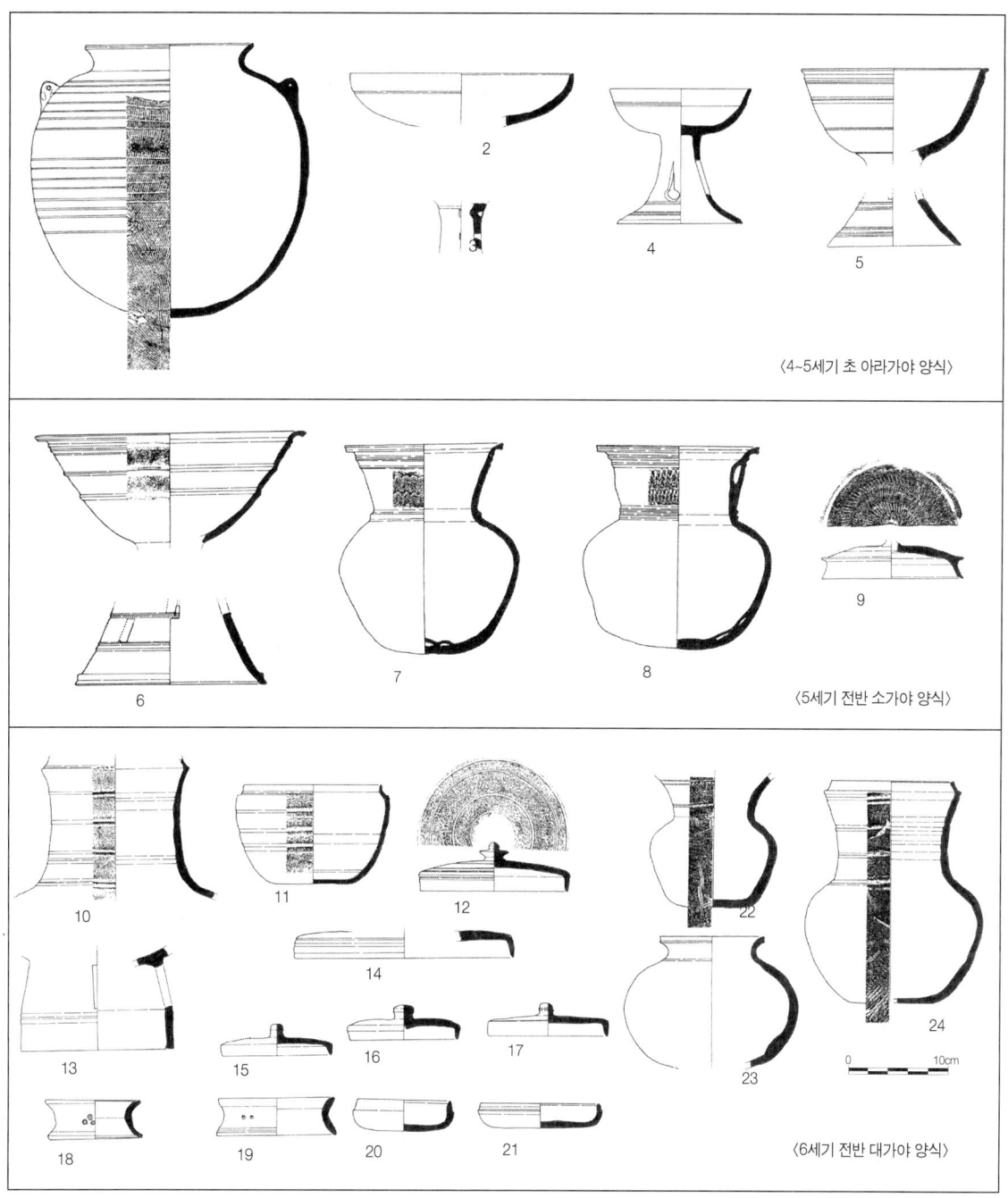

〈도8-8〉 전남 동부지역 토기양식의 변화

1 : 여수 고락산성3호주거지, 2-4 : 광양 용강리 기두유적2호수혈, 5 : 용강리 기두유적3호주거지, 6 : 보성 조성리유적, 7, 8 : 여수 돌산 죽포리유적
9 : 여수 화장동 나1호주거지, 10-21 : 여수 고락산성 구상유구, 22-24 : 여수 미평동유적

〈도8-9〉 여수시 고락산성과 대가야양식 토기

가야의 내륙 회랑인 남강로뿐만 아니라 양 세력이 활동하던 남해안로를 차단할 수 있게 된 것이다. 더욱이 백제와 왜의 교통뿐만 아니라 왜의 중국 교통에도 일정한 영향력을 행사할 수 있게 된 것이다. 이제까지 설명할 수 없었던 4세기까지 이입되던 금관가야산 문물과 5세기 전반에 이입되던 신라산 문물 대신에 대가야산 문물이 5세기 후반 일본열도에 유입되는 배경은 바로 여기에 있는 것이다.

    이로써 대가야는 금관가야와 신라를 대신하여 일본열도와의 교역과 교섭을 주도하며 대외관계에서도 가야의 맹주로서 군림하게 된다. 즉 대가야는 북쪽 금강로, 서쪽 영산강로와 남쪽 남해안의 해상교통을 장악함으로써 대 일본열도 교역에서 금관가야뿐만 아니라 신라와의 경쟁에서도 우위에 선 것이다. 479년 대가야에 의한 남제南齊로의 독자적인 견사遣使는 이와 같은 남해안의 해상활동을 기반으로 한 것이다.

종래 대가야권의 형성시기에 대해 문헌사학뿐만 아니라 고고학에서도 479년 남제 견사 기록에 의거하여 5세기 후엽으로 보았으나 필자는 대가야 문물이 남강 상류역에 출현하고 일본열도의 대가야산 문물과 대가야권역에 일본열도산 문물이 이입되는 5세기 중엽으로 판단된다. 왜냐하면 당시 적대국인 신라가 낙동강 하구를 장악하고 경쟁상대인 소가야가 사천만과 고성만에 포진하고 있어 대가야는 반드시 섬진강로를 확보하여야만 비로소 양자 간 교통이 가능하였기 때문이다. 이는 451년 대가야인 가라加羅가 『송서宋書』 왜국倭國전에 돌연 등장하는 시점과 부합한다.

대가야는 임나사현을 확보하고 남해안의 제해권을 장악함으로써 백제와 왜의 교통뿐만 아니라 왜의 중국 교통에도 일정한 영향력을 행사할 수 있게 되었다. 이로써 대가야가 대 일본열도 교역에서 신라·백제와의 경쟁에서도 우위에 설 수 있게 되었다. 5세기 후반 일본열도에 이전 시기 이입되던 화려한 신라산 문물을 대신하여 금제 장신구와 금동제 마구, 토기를 비롯한 대가야산 문물이 집중 유입되고 백제산 문물이 이입되지 않는 것은 이를 웅변하는 것이다. 이 시기 5세기 중엽 일본열도의 대가야 문물은 섬진강수계의 호남 동부지역이 대가야권역에 포함된 것을 웅변하는 것이다.

5세기 후반 고령을 중심으로 형성된 대가야권은 황강수계, 남강수계, 소백산맥, 섬진강수계를 넘어서 고령에서부터 남해안 일대에 걸치는 가야사상의 최대 판도를 형성하였다. 이는 당시 금강수계와 영산강수계를 포함하는 백제의 영역과 큰 차이를 보이지 않는 면적이라 할 수 있다<도8-10>.

대가야권역은 토기의 생산과 유통으로 볼 때 대가야를 중심으로 한 동일한 경제권역이며 또한 수장묘의 묘제와 위신재의 분포로 볼 때 이를 중심으로 한 정치권역으로 설정된다. 이와 관련하여 『일본서기』 게이타이繼體23년(529년)의 가라왕, 즉 대가야왕이 대사진帶沙津, 즉 하동지역을 대가야 진으로 주장하는 것과 신라의 왕녀를 여러 현縣에 분산시켰다는 기사는 대가야에서의 영역 관념의 형성과 그 영역을 중앙과 지방으로 편제하였음을 보여주는 것이라 할 수 있다. 이는 하동을 포함한 임나사현의 광양, 순천, 여수 그리고 기문의 남원지역이 대가야영역이었음을 보여주는 것으로 토기양식과 묘제가 일치하는 것도 이를 방증한다. 특히 최근 확인된 하동군 흥룡리고분군의 고령지역산 토기와 이를 모방한 대가야양식 토기는 문헌사료와 부합하는 고고자료인 점에서 주목된다<도8-11>.

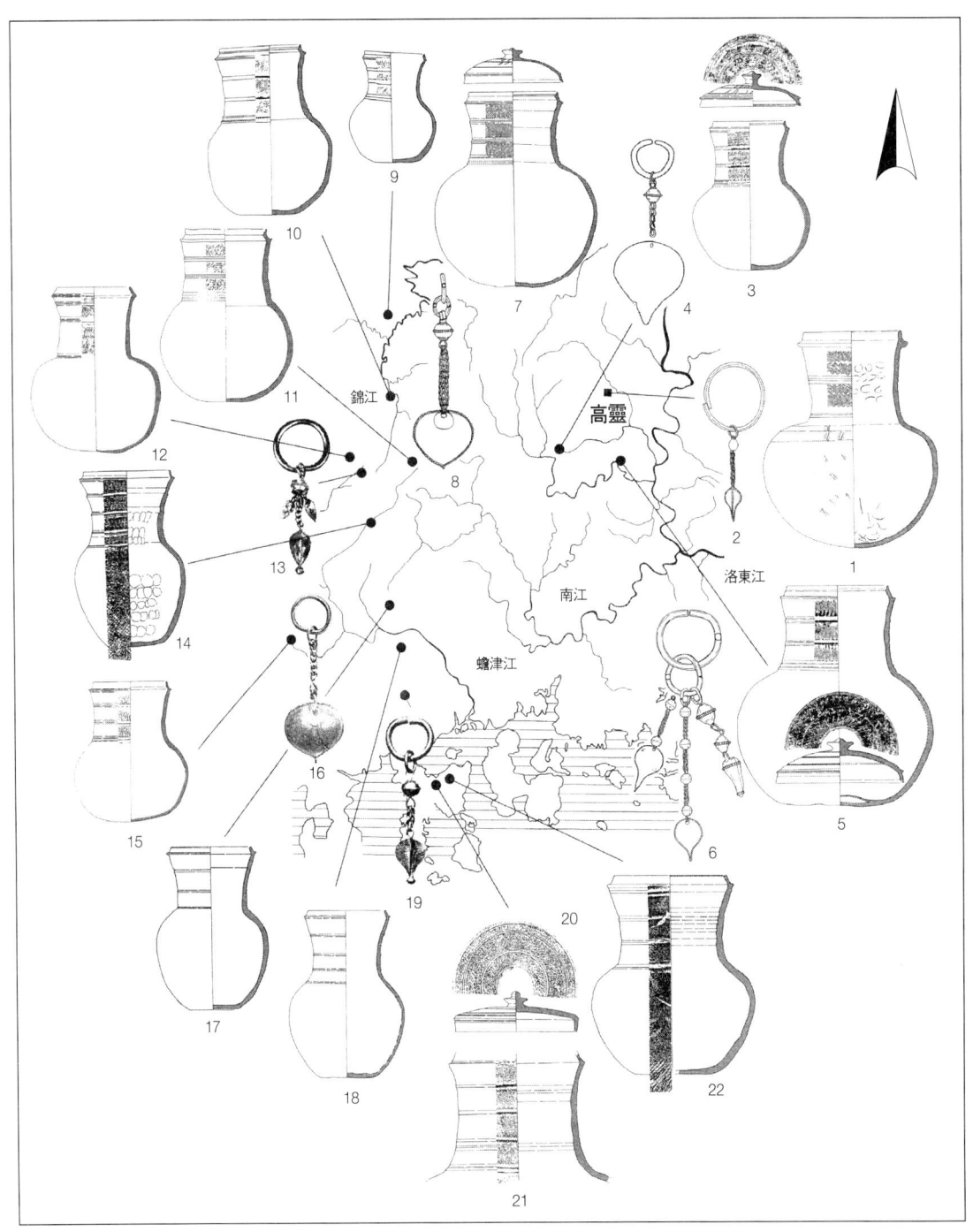

〈도8-10〉 토기와 장신구로 본 대가야권역

1,2 : 고령 지산동(영)40호석곽묘, 3,4 : 합천 반계제가A호분, 5 : 합천 옥전M3호분, 6 : 옥전28호분, 7,8 : 함양 백천리1호분
9 : 진안 황산리고분군, 10 : 장수 삼고리5호분, 11 : 남원 두락리1호분, 12 : 임실 금성리1호분, 13 : 장수 봉서리고분군
14 : 남원 호경리고분군, 15,16 : 곡성 방송리고분군, 17 : 구례 용두리고분군, 18 : 순천 회룡리고분군, 19 : 순천 운평리M2호분
20,21 : 여수 고락산성, 22 : 여수 미평동고분군

대가야권역은 지방관을 파견하여 지배하는 직접 지배와 재지 수장층을 통하여 지배하는 간접 지배로 구분된다. 대부분의 지역은 간접 지배한 것으로 추정되나 5세기 말 이후 수장묘역이 돌연 이동하는 것에서 재지 수장조직이 해체된 것으로 추정되는 합천군 봉산지역과 수장묘가 현저하지 않은 하동·여수·광양 등과 같은 전략적 요충지는 직접 지배한 것으로 추정된다.

대가야의 군사권과 관련하여 『일본서기』 게이타이8년(514년) 반파, 즉 대가야가 사졸과 무기를 모아 신라를 공격하고 또 대사강帶沙江 즉 섬진강 하구에서 군사를 일으켜 모노노베노무라지物部連를 공격하였다는 기사와 『삼국사기』 진흥왕15년(553년) 대가야가 백제와 함께 관산성을 공격한 기사가 주목된다. 이는 대가야가 대외 전쟁에 권역내의 병사와 무기를 징발하여 신라·왜와 교전할 수 있는 군사권을 확립한 것을 보여주며, 더욱이 대가야군의 작전범위가 금강수계, 낙동강수계, 섬진강 하구에 걸치는 광범위한 것임을 알 수 있게 한다. 대가야 왕권은 이와 같은 군사력과 토기, 위신재의 생산과 유통에서 추정되는 물자유통기구를 통하여 그 권역 내 각 지역의 수장층을 장악하고 편제한 것으로 파악된다.

6세기 초를 전후하여 고령분지, 합천지역 및 의령지역을 포함한 낙동강 중류역 서안에서 대가야식 산성이 연계하여 집중 조영된 것이 확인되었다. 이를 고령지역 내의 역역力役동원만으로는 불가능한 것으로 볼 때 대가야가 그 권역 내의 민을 동원할 수 있는 역역체제를 구축한 것으로 판단된다. 이와 관련하여 『일본서기』에 보이는 대가야에 의한 대사지역 등의 산성 축조 기사도 역역체제의 존재를 암시하는 것이다.

이 시기의 대가야는 당시 백제에 필적할 수 있을 정도의 넓은 영역과 이를 통제할 수 있는 군사권, 479년 남제로의 견사, 왜와의 교섭에서 확인되는 외교권, 그리고 산성의 축조에서 파악되는 역역동원 체제를 갖춘 점에서 초기 국가 단계에 도달하였다고 판단된다.

6세기 초 『일본서기』 게이타이6년(512년)에는 백제가 왜에 사신을 파견하여 임나사현을 청하고, 게이타이7년에는 기문·대사를 청하는 기사가 보인다. 이는 대가야의 영역을 공략하고 이를 국제적으로 승인받으려는 것으로 해석된다. 이와 같이 백제가 집요하게 섬진강 하구를 공략하는 이유는 무엇일까? 이는 『일본서기』 게이타이27년(529년) 백제왕이 왜계 백제 관료인 하다리下哆唎국수國守 호즈미노오미오시야마穗積押山臣에 일러 사자使者들이 항상 섬을 돌아올 때마다 풍파에 시달려 가지고 가는 것이 파손되므로 가라의 다사진을 청하게 하였다는 것에서 잘 알 수 있다.

백제는 일본열도와의 교통의 어려움을 남해안의 제해권 장악과 섬진강 하구의 교역항 확보를 통하여 극복함과 동시에 대가야에게 결정적인 타격을 가하고자 한 것이다. 6세기 전엽 이후 특히 임나사현으로 비정되는 여수·순천·광양지역에 백제산성이 집중 조영되는 것은 이를 증명한다.

6세기 전엽 대가야양식 토기는 남강 중류역의 삼가지역과 진주지역, 그 하류역의 함안지역,

〈도8-11〉 하동군 흥룡리고분군의 수혈식석곽과 대가야양식 토기

남해안의 고성지역, 창원시 다호리고분군과 반계동고분군에서 출현한다. 이 시기 대가야가 진주와 고성지역 수장과 밀접한 관계를 가지게 된 것은 백제가 섬진강수계의 남원분지와 남해안의 요충인 임나사현의 여수·순천·광양과 하동을 점령하면서 남해안의 새로운 출구를 모색하기 위한 것으로 파악된다. 일본열도 후쿠오카켄福岡縣 요시타케吉武유적, 시가켄滋賀縣 이리에나이코入江內湖유적, 구마모토켄熊本縣 모노미야구라物見櫓고분에서 대가야양식의 토기와 소가야양식의 토기가 공반되어 출토되는 것은 이러한 정황을 반영하는 것이다.

6세기 중엽에 제작된 저포리E지구4호분 출토 하부下部명 단경호에 대해서는 백제의 부로 보는 견해도 있으나, 황강 중류역의 재지 수장 세력이 단절되는 것과 시기가 같고 충남대학교 소장 대왕大王명 토기가 거의 같은 시기에 제작되었다는 사실을 통해 볼 때 대가야의 부로 판단된다<도8-12>.

이 시기 대가야는 대왕을 칭하며 황강 중류역 일대를 하부로 편제하고 종래 아라가야권, 소가야권, 금관가야권으로 나뉘어 독자적인 활동을 계속해 온 가야 세력들의 구심체로서 그 결집을 시도하였다. 6세기 후엽 고령·합천·의령 지역 등에서는 가야양식 토기가 신라양식 토기로 교체되는 급격한 변화가 관찰되며 이는 문헌에 보이는 562년 대가야 멸망 기사와 일치하는 것으로 파악된다.

---

1) 박천수, 1997, 「정치체의 상호관계로 본 대가야왕권」, 『加耶諸國의 王權』, 서울, 圖書出版新書苑.
2) 박천수, 2006, 「대가야권의 성립과정과 형성배경」, 『토기로 보는 대가야』, 고령, 대가야박물관.
3) 全榮來, 1985, 「百濟南方境域의 變遷」, 『千寬宇先生還曆記念 한국사학논총』, p.146, 서울, 정음문화사.
4) 김태식, 2002, 『미완의 문명 7백년 가야사』3, pp.262-263, 서울, 푸른역사.

〈도8-12〉 대가야양식 대왕명 토기와 합천군 저포리E4호분 출토 대가야양식 하부명토기

IX
그림출처 및 참고문헌

그림 출처

<도1-1> 가야의 유적으로 본 지역 구분(저자작성)

<도2-1> 최초의 가야토기
(1.김해시양동리235호분 : 林孝澤·郭東哲, 2000, 『金海良洞里古墳文化, 東義大學校博物館』, 2~5.김해시대성동29호분 : 申敬澈·金宰佑, 2000, 『金海大成洞古墳群Ⅰ』, 慶星大學校博物館)

<도2-2> 한漢의 회도灰陶(山口縣立萩美術館, 2004, 『松村實コレクッション』 山口縣立萩美術館)

<도2-3> 취락에 사용된 가야토기(상:진주시 평거동53호주거지, 경남문화재연구원 제공)

<도2-4> 무덤에 공헌된 가야토기(김해시 예안리77호목곽묘, 부산대학교박물관 제공)

<도2-5> 타날기법과 타날도구
(좌. 1970년대 토기제작 풍경 : 太陽, 平凡社, 우. 오사카후大阪府 히오키쇼日置莊유적 출토품 : 大阪文化財センター外, 1989, 『第2回發掘速報展』)

<도2-6> 토기가마
(좌. 근대 옹기 가마 : 神光社, 1930, 『日本地理風俗大系』第16巻朝鮮 上, 神光社, 우. 창녕군 여초리 토기요지 : 金誠龜·金正完·權相烈·姜炅希, 1991, 『昌寧余草里土器窯跡(Ⅰ)』, 國立晋州博物館)

<도2-7> 토기가마
(李政根, 2007, 『咸安于巨里土器生産遺蹟』, 國立金海博物館圖錄)

<도2-8> 이상재와 이기재
(좌. 지산동44호분9호석곽 : 경북대학교박물관, 우. 동해시 추암동고분군 : 저자촬영)

<도2-9> 5세기 가야토기와 신라토기(고배와 장경호)
(1, 3 : 최종만촬영(고령군 지산동(영)3호분, 합천군 반계제가A호분), 2, 4. 강릉시 하시동고분군 : 京都文化博物館, 1989, 『海を渡って来た人と文化-古代日本と東アジア-』)

<도2-10> 5세기 신라토기와 가야토기(발형기대와 통형기대)
(1. 고령군지산동35호분 : 계명대학교행소박물관, 2004, 『개교50주년기념 신축박물관 개관전시도록』, 2. 상주시헌신동고분군 : 국립대구박물관, 3. 고령군 지산동30호분 : 저자촬영, 4. 대구시 내당동55호분 : 대구시향토역사관, 2007, 『달성 잊혀진 유적의 재발견』)

<도2-11> 성립기의 가야토기(4세기전반)
(1. 함안군황사리14호분 : 함안박물관 , 2004, 『咸安博物館』, 2. 김해시대성동18호분 : 申敬澈·金宰佑, 2000, 『金海大成洞古墳群Ⅰ』, 慶星大學校博物館, 3. 청도군소라동고분군출토품 : 慶北大學校博物館, 2003, 『慶北大學校博物館所藏遺物圖錄』)

<도2-12> 발전기의 가야토기(4세기후반)
(1. 김해시대성동1호분 : 申敬澈·金宰佑,2000,『金海大成洞古墳群Ⅰ』,慶星大學敎博物館, 2. 김해시대성동1호분 : 國立金海博物館,1999,『가야의 그릇받침』, 3. 김해시대성동3호분 : 國立金海博物館,1999,『가야의 그릇받침』)

<도2-13> 발전기의 가야토기(5세기) : 최종만촬영
(1 : 고령군지산동(영)1-3호분, 2 : 남원시아영출토품´ 3 : 합천군옥전M4호분)

<도2-14> 쇠퇴기의 가야토기(6세기)
(1. 합천군 옥전M4호분 : 합천박물관, 2005,『황강, 옥전 그리고 다라국』, 2. 고령군지산동45호분 : 계명대학교행소박물관, 2004,『개교50주년기념 신축박물관 개관전시도록』, 3. 경북대학교박물관:慶北大學校博物館,2003,『慶北大學校博物館所藏遺物圖錄』, 4.합천군 저포리 D-1호분 : 합천박물관,2005,『황강, 옥전 그리고 다라국』, 5. 합천군 창리 A-80호분 : 합천박물관,2005,『황강, 옥전 그리고 다라국』)

<도3-1> 금관가야권 고분편년(저자작성)
1기(1-8대성동29호분) 2기(9-16대성동59호분) 3기(17-24구지로1호분) 4기(25-32대성동18호분) 5기(33-39구지로6호분) 6기(40-43구지로15호분) 7-8기(44-51대성동2호분) 8기(52-61대성동2호분)

<도3-2> 아라가야권 고분편년(저자작성)
1기(1-5도항리(문)35호분) 2기(6-10도항리(경)33호분) 3기(11-14예둔리26호분, 15황사리32호분) 4기(16-18황사리45호분) 5기(19-22황사리44호분) 6기(23-26황사리36호분) 7기(27-30말산리(경)10호분) 8기(31-36오곡리(문)36호분) 9기(37-41도항리(문)36호분) 10기(42-47도항리(경)13호분) 11기(48-53도항리8호분) 12기(54-57도항리15호분)

<도3-3> 소가야권 고분편년(저자작성)
1기(1-4무촌리2구13호분) 2기(5-7무촌리2구124호분) 3기(8무촌리2구26호분,9-12무촌리2구23호분) 4기(13-15송학동1E호분)
5기(16,17무촌리2구24호분) 6기(18-21중촌리21호분부곽) 7기(22-24옥산리29호분) 8기(25-27우수리18호분) 9기(28-32무촌리2구85호)
10기(33-34무촌리2구82호분, 35-37우수리16호분) 11기(38-41연당리23호분) 12기(42-45연당리18호분) 13기(46-48연당리18호분)

<도3-4> 대가야양식 통형기대의 세로띠 형식분류(저자작성)

<도3-5> 대가야양식 통형기대의 편년(저자작성)

<도3-6> 대가야권 고분편년(저자작성)
1기(1-4반운동출토품)2기(5-7쾌빈동12호목곽묘)3기(8-12쾌빈동1호목곽묘)5기(13-16지산동35호분)6기(17-20지산동30호분)7기(21-24지산동33호분,25지산동32호분,26지산동32-34합사유구)8기(27,31백천리1호분,28-30옥전M3호분,32반계제가B호분)9기(33-38지산동45호분)10기(39,44,45옥봉7호분,40-42지산동45호분,46수정봉2호분)11기(47-49삼가1호분A호석곽묘)12기(50,53저포리D1-1호석실분,51,52지산동(경)14호석곽묘,53저포리D1-16호석곽묘

<도3-7> 창녕양식 토기편년(저자작성)
합천군옥전23호분 부산시 가달5호분 옥전31호분 창녕군 교동3호분

<도3-8> 창녕지역 고분편년(저자작성)
1기(1청도각남,2,4대합면,3창락초교,5여초리A지구,6소장미고분군,7여초리A지구) 2기(8대합면,9-12여초리B지구) 4기(13-19청도봉기리3호목곽) 5기(20-26청도봉기리5호목곽) 6기(27-34부산가달5호분) 7기(35-40합천옥전31호분,41합천옥전M2호분) 8기(42-47교동3호분,48계남리1호분) 9기(49-55교동2호분) 10기(56-60교동11호분) 11기(61-67계성A지구1호분1관)

<도3-9> 지역간 병행관계(부산시복천동54호분, 저자작성)
금관가야5기 아라가야5기

<도3-10> 지역간 병행관계(마산시합성동77호분, 합성동보고서 사진으로 저자 작성)
창녕8기(1,2) 경주11기(3,4) 소가야10기(5,6) 아라가야11기(7)

<도3-11> 지역간 병행관계(함안군오곡리23호분, 오곡리보고서 사진으로 저자 작성)
아라가야11기(1,2) 창녕8기(3,4) 경주11기(5,6) 소가야10기(7)

<도3-12> 지역간 병행관계 (함안군도항리(문)47호분, 저자작성)
소가야14기(1-4) 아라가야15기(5-9) 대가야11기(10-13)

<도4-1> 중국도자와 공반된 백제마구와 병행관계(저자작성)
(1. 杭州市老和山東晋光字二年墓(364년): 浙江省博物館, 2000,『浙江省紀年瓷』, 2,3. 천안시 용원리9호분 : 國立公州博物館·忠清南道歷史文化院, 2006,『漢城에서 熊津으로』, 4. 부산시 복천동21·22호분 : 鄭澄元(外),1990,『東萊福泉洞古墳群Ⅱ』釜山大學校博物館, 5. 新昌縣東晋太元18年墓(393년) : 浙江省博物館, 2000,『浙江省紀年瓷』, 6, 7. 공주시수촌리 Ⅱ-1호분 : 國立公州博物館·忠清南道歷史文化院, 2006,『漢城에서 熊津으로』, 8. 고령군 지산동30호분 : 嶺南埋藏文化財研究院,1998,『高靈池山洞30號墳』, 9. 杭州市謝溫墓(406년) : 金鍾徹, 1981,『高靈池山洞古墳群 32~35號墳·周邊石槨墓』, 계명대학교박물관. 10, 11. 공주시 수촌리Ⅱ-4호분 : 國立公州博物館·忠清南道歷史文化院, 2006,『漢城에서 熊津으로』, 12. 고령군 지산동32호분 : 金鍾徹, 1981,『高靈池山洞古墳群 32~35號墳·周邊石槨墓』, 계명대학교박물관

<도4-2> Hr-FA층하 群馬縣多田山69수혈 출토 MT15형식 스에키
(藤野一之,2009,「Hr-FA의 降下年代と須惠器年代」,『上毛野の考古學Ⅱ』,群馬縣考古學ネットワーク)

<표4-1> 한일고분의 병행관계와 역연대(저자작성)

<도4-3> 大庭寺TG232窯, 복천동21·22호분, 10·11호분 출토 발형기대의 문양구성 비교(저자작성)

<도4-4> 초기 스에키의 편년과 병행관계(저자작성)
(1~5 : 京都府 市街遺蹟, 6~9 : 京都府奈具岡北1號墳, 10~16 : 大庭寺TG232窯, 17~19 : 복천동21·22호분, 20~21 : 10·11호분.

<도4-5> 신라 가야고분과 일본열도 고분의 병행관계(TK73형식 412년 전후, 저자작성)
(A : 京都府奈具岡北1號墳, B : 부산시가달5호분, C : 창원시도계동(경)6호분, D : 大阪府七觀古墳, 滋賀縣新開1號墳, E : 경산시 임당동7B호분, F : 경주시월성로나13호분)

<도4-6> 합천군 옥전M3호분과 사이타마켄埼玉縣 이나리야마稻荷山고분의 병행관계(471년 전후, 저자작성)

<도4-7> 스에키 출토 가야고분의 편년적 위치(TK73형식, 저자작성)
(A : 고령군지산동(영)1-5호분, B : 지산동(영)1-12호분, C : 지산동(영)1-18호분, D : 합천군봉계리20호분, E : 지산동(영)1-97호분, F : 진주시무촌리2구25호분)

<도4-8> 서울시 풍납토성 경당지구 출토 소가야양식 토기와 관련자료(저자작성)
(1,2 : 풍납토성, 3~9 : 진주시 무촌리3구82호분)

<도4-9> 스에키 출토 가야고분의 편년적 위치(저자작성)
(A : 고성군송학동1호분B호석실, B : 지산동45호분, C : 산청군생초9호분, D : 합천군삼가1호분A석곽)

<표4-2> 가야·신라고분의 편년(저자작성)

<도5-1> 김해 금관가야 양식 토기
(1.대성동47호분 : 申敬澈·金宰佑,2000,『金海大成洞古墳群Ⅰ』, 慶星大學敎博物館, 2.대성동39호분 : 申敬澈·金宰佑,2000,『金海大成洞古墳群Ⅰ』, 3 : 慶北大學校博物館, 2003,『慶北大學校博物館所藏遺物圖錄』)

<도5-2> 김해 금관가야 양식 토기(저자작성)
(1 : 대성동29호분, 2, 4, 5 : 대성동2호분, 3 : 대성동39호분)

<도5-3> 김해시 대성동고분군과 29호분
(申敬澈·金宰佑, 2000,『金海大成洞古墳群Ⅰ』, 慶星大學校博物館)

<도5-4> 김해시 대성동39호분과 대성동1호분 유물 출토상태
(申敬澈·金宰佑, 2000,『金海大成洞古墳群Ⅰ』, 慶星大學校博物館)

<도5-5> 함안 아라가야양식 토기(3-4세기)
(1. 함안군윤외리1호분 : 함안박물관, 2004,『咸安博物館』, 2. 개인소장: 저자촬영, 3. 함안군황사리36호분 : 함안박물관, 2005,『안라국의 상징 불꽃무늬토기』)

<도5-6> 함안 아라가야양식 토기(저자작성)
(1 : 함안군도항리(경)33호분, 2 : 함안군황사리38호분, 3 :황사리14호분)

<도5-7> 함안 아라가야양식 토기
(1. 도항리(문)38호분 : 함안박물관, 2005,『안라국의 상징 불꽃무늬토기』, 2. 도항리54호분 : 함안박물관, 2004,『咸安博物館』, 3. 말산리구34호분 : 김세기·노중국·저자·이명식·이희준·주보돈, 1998,『가야문화도록』, 경상북도)

<도5-8> 함안 아라가야양식 토기(저자작성)
(1 -4: 함안군도항리6호분, 5: 함안군도항리(경)13호분)

<도5-9>함안군 우거리가마 출토 토기
(李政根, 2007,『咸安于巨里土器生産遺蹟』, 國立金海博物館)

<도5-10> 함안군 우거리가마 출토 토기의 도부호
(國立金海博物館, 2008,『國立金海博物館圖錄』)

<도5-11> 함안지역산 승석문호(저자촬영)

<도5-12> 함안지역산 승석문호
(1 : 慶北大學校博物館, 2003,『慶北大學校博物館所藏遺物圖錄』, 2. 남원시 아영지역출토품 : 全北大學校博物館, 1997,『博物館圖錄』, 3. 공주시 남산리고분군:百濟文化開發硏究院, 1984,『百濟土器圖錄 − 百濟遺物圖錄 第2輯 −』)

<도5-13> 함안지역산 토기(의성군박물관소장품, 저자촬영)

<도5-14> 함안군 도항리고분군(저자촬영)

<도5-15> 고성 소가야양식 토기(5세기)
(1-3, 5진주시 가좌동1호), 4(마산시 현동64호분) : 김세기·노중국·저자·이명식·이희준·주보돈, 1998,『가야문화도록』, 경상북도)

<도5-16> 고성 소가야양식 토기(저자작성)
(1 : 진주시 우수리18호분, 2,3 : 고성군 연당리23호분, 4,5 : 우수리16호분, 6 : 진주시 가좌동1호분)

<도5-17> 고성 송학동고분군과 내산리고분군(저자촬영)

<도5-18> 합천군 저포리A1호석곽묘 출토 소가야양식 토기
(김세기·노중국·저자·이명식·이희준·주보돈, 1998,『가야문화도록』,경상북도)

<도5-19> 김해시 죽곡리고분군 출토 소가야양식 토기
(하:94호석곽묘, 동아세아문화재연구원 제공)

<도5-20> 여수시 죽림리고분군 출토 소가야양식 토기(저자촬영, 마한문화재연구원 제공)

<도5-21> 고령 대가야양식 토기
(1. 지산동44호분 : 경북대학교박물관 제공, 2. 옥전M4호분 : 합천박물관, 2005,『황강, 옥전 그리고 다라국』,
3. 본관동36호분 : 國立金海博物館,1999,『가야의 그릇받침』)

<도5-22> 고령 대가야양식 토기(저자작성)
(1,6 : 합천군반계제가B호분, 2 ; 반계제가6호분, 3~5 : 반계제가A호분)

<도5-23> 고령군 지산동고분군(안상호촬영)

<도5-24> 장수군 삼봉리고분군의 대가야식 고총과 토기
(군산대학교박물관,2005,『전북동북지역의 가야유물』)

<도5-25> 순천시 운평리M1호분의 대가야식 고총과 토기
(順天市 ,2007,『順天 文化財이야기』)

<도5-26> 4세기 창녕양식 토기(합천군옥전68호분출토품, 최종만촬영)

<도5-27> 5세기 창녕양식 토기(합천군 옥전M2호분 출토품)
(1, 3 : 최종만 촬영, 2 : 김세기·노중국·저자·이명식·이희준·주보돈,1998,『가야문화도록』, 경상북도)

<도5-28> 청도군 송서리고분군 출토 창녕양식 토기(저자작성)

<도5-29> 청도군 봉기리·성곡리고분군 출토 창녕양식 토기의 형식변화
(보고서 사진과 경상북도문화재연구원 제공 사진으로 저자 작성)

<도5-30> 부산시 가달5호분 출토 창녕양식 토기
(김세기·노중국·저자·이명식·이희준·주보돈,1998,『가야문화도록』,경상북도)

<도5-31> 창녕군 교동고분군(저자촬영)

<도5-32> 김해시 죽곡리고분군 출토 창녕양식 토기
(동아세아문화재연구원 제공)

<도5-33> 마산시 합성동고분군 출토 창녕양식 토기(84호석곽묘)
(禹枝南(外), 2007,『馬山合城洞遺蹟』, 三江文化財硏究院)

<도5-34> 현풍양식 토기
(1:숭실대학교한국기독교박물관,2004,『숭실대학교한국기독교박물관』, 2, 4 : 湖巖美術館, 1996,『湖巖美術館 名品圖錄Ⅱ』, 3 : 國立金海博物館, 1999,『가야의 그릇받침』)

<도5-35> 현풍양식 토기(저자작성)
(1~4,7:경북대학교고고인류학과실습실, 5 : 대구시달성군현풍면한정리출토품, 6,8 :현풍여자고등학교소장품)

<도5-36> 현풍 양동고분군(저자촬영)

<도6-1> 4세기 일본출토 금관가야 양식 토기(저자촬영)

<도6-2> 오사가후大阪府 오바테라大庭寺유적 출토 초기 스에키
(吹田市立博物館,1993,『海を渡ってきた陶人たち』)

<도6-3> 4세기 일본출토 아라가야양식 토기(長崎縣大將軍山古墳)와 관련자료(도항리(경)33호분)
(1 : 저자촬영, 2 : 함안박물관,2004,『咸安博物館』)

<도6-4> 4세기말 5세기 초 일본출토 아라가야양식 토기
(1. 愛媛縣船ケ谷古墳 : 高尾和生 ,2003,『船ケ谷遺蹟4次調査Ⅱ福音小學校構內遺蹟Ⅲ』, 松山市敎育委員會·松山市埋藏文化財センター , 2, 3. 奈良縣堂山遺蹟 : 奈良縣立橿原考古學硏究所附屬博物館,2006,『海を越えたはるかな交流-橿原の古墳と渡來人-』)

<도6-5> 5세기 일본출토 소가야양식 토기
(京都文化博物館,1989,『海を渡って來た人と文化-古代日本と東アジア-』)

<도6-6> 일본열도 출토 창녕양식 토기
(京都府奈岡北1호분출토 창녕양식 토기와 스에키 : 河野一隆, 1997,「奈具岡北古墳群」,『京都府遺蹟調査槪報』,京都府埋藏文化財センター)

<도6-7> 일본열도 출토 창녕양식 토기
(1. 新潟縣 宮ノ入유적 : 저자촬영, 2. 岐阜縣飛彈지역 : 저자촬영)

<도6-8> 에히메愛媛縣 출토 대가야양식 토기와 관련자료
(상(오노, 토죠고분, 키노모토고분), 하(고령군 지산동44호분) : 高尾和生,2003,『船ケ谷遺蹟4次調査Ⅱ福音小學校構內遺蹟Ⅲ』,松山市敎育委員會·松山市埋藏文化財センター)

<도6-9> 시가켄滋賀縣 이리에나이코入江內湖 출토 대가야양식과 소가야양식 토기(안상호촬영)

<도6-10> 가야지역 출토 일본열도 토기
(1.부산시동래패총 : 김세기·노중국·저자·이명식·이희준·주보돈, 1998,『가야문화도록』,경상북도, 2(진해용원유적), 3(합천군봉계리20호분), 4(의령군천곡리21호분) : 福泉博物館, 2002,『古代동아시아의 文物交流』)

<도6-11> 교토후京都府 시가이市街遺蹟 출토 초기 스에키와 하지키(저자촬영)

<도6-12> 6세기 전엽 일본열도의 대가야양식토기와 금공품
(1,2구마모토켄熊本縣 모노미야구라物見櫓고분 3,4후쿠오카켄福岡縣 요시타게吉武9호분 주변: 朴天秀,2009,『日本列島속의 大加耶文化』,대구,고령군·경북대학교)

<도7-1> 신발형토기
(1. 부산시복천동53호분:김세기·노중국·저자·이명식·이희준·주보돈,1998,『가야문화도록』,경상북도, 2.아모레퍼시픽 미술관:디 아모레뮤지움,2005,『디 아모레뮤지움 소장품 도록』, 3.삼성미술관 Leeum: 湖巖美術館,1996,『湖巖美術館名品圖錄Ⅱ』)

<도7-2> 토기내 음식물 공헌
(1.고령군지산동34SE3호분, 2.지산동34호분연결석곽) : 김세기·노중국·저자·이명식·이희준·주보돈,1998,『가야문화도록』,경상북도, 3,4. 함안군오곡리5호분:저자촬영)

<도7-3> 대구시 현풍면 양리고분군 출토 압형토기의 목고리와 현대 중국의 가마우지어로(상:신유섭촬영, 하:인터넷 자료)

<도7-4> 가형토기
(1.삼성미술관 Leeum:湖巖美術館,1996,『湖巖美術館名品圖錄Ⅱ』, 2.삼성미술관: Leeum:Edward B. Adams,1994,Koreas Pottery HeritageⅠ,Seoul,Seoul International Publishing House, 3.국립중앙박물관:신유섭촬영,4.국립중앙박물관:저자촬영)

<도7-5> 가형토기와 출입시설 복원
(함순섭,2008,「嶺南地方 三韓 三國時代 살림집의 復原硏究」,『東垣學術論文集』9, 韓國考古美術硏究所·國立中央博物館)

<도7-6> 고상창고형 토기와 현대 고상창고
(1.아모레퍼시픽 미술관:디 아모레뮤지움, 2005,『디 아모레뮤지움 소장품 도록』, 2.경북대박물관:경북대박물관 제공, 3.국립중앙박물관:저자촬영 4.와카야마켄 무쇼타니고분군(국립동경박물관소장품) : 和歌山市立博物館, 2001,『渡來文化の波-5～6世紀の紀伊國を探る-』, 5. 중국 요녕성 : 저자촬영)

<도7-7> 주형토기
(1.경상대학교박물관:합천박물관,2005,『황강, 옥전 그리고 다라국』, 2.아모레퍼시픽 미술관:태평양박물관,2001,『한국의 토기잔』, 3.삼성미술관 Leeum:湖巖美術館,1996,『湖巖美術館名品圖錄Ⅱ』)

<도7-8> 선형토기와 일제 강점기의 배
(Ⅰ.湖林博物館: 湖林博物館, 1990,『湖林博物館名品選集Ⅱ』, 2, 3.삼성미술관 Leeum:湖巖美術館,1996,『湖巖美術館 名品圖錄Ⅱ』, 4,5저자소장엽서)

<도7-9> 선형토기(대구시 현풍 평촌리유적 출토, 경상북도문화재연구원)

<도7-10> 차륜형토기
(1.東京國立博物館: 김세기·노중국·저자·이명식·이희준·주보돈,1998,『가야문화도록』, 경상북도, 2.의령군대의 면출토품(국립김해박물관) : 김세기·노중국·저자·이명식·이희준·주보돈, 1998,『가야문화도록』,경상북도, 3.계명대학교행소박물관:계명대학교행소박물관, 2004,『개교50주년기념 신축박물관 개관전시도록』)

<도7-11> 마형토기
(1.개인소장:최종만촬영, 2.국립경주박물관: 김세기·노중국·저자·이명식·이희준·주보돈,1998,『가야문화도록』, 경상북도. 3.아모레퍼시픽 미술관: 디 아모레뮤지움,2005,『디 아모레뮤지움 소장품 도록』, 4 : 東京國立博物館: 김세기·노중국·저자·이명식·이희준·주보돈,1998,『가야문화도록』, 경상북도. 5.삼성미술관 Leeum: 國立中央博物館, 1997,『韓國古代의 土器』,6.국립대구박물관:김세기·노중국·저자·이명식·이희준·주보돈,1998,『가야문화도록』, 경상북도.)

<도7-12> 압형토기
(1.東京國立博物館:김세기·노중국·저자·이명식·이희준·주보돈,1998,『가야문화도록』,경상북도,2.계명대학교행소박물관:계명대학교행소박물관,2004,『개교50주년기념 신축박물관 개관전시도록』, 3.湖林博物館 : 湖林博物館, 2001,『韓國土器의 아름다움』, 4.삼성미술관 Leeum:湖林博物館, 2001,『韓國土器의 아름다움』)

<도7-13> 순천시 M2호분과 제사에 사용된 고령지역산 통형기대(순천대학교박물관 제공)

<도7-14> 창원시 다호리B1호분과 제사토기
(국립김해박물관 현장설명회 자료 사진)

<도7-15> 대가야형 분묘제사(저자작성)

<도8-1> 경주시 구어리1호분과 출토 함안산토기
(상:저자촬영, 하:영남문화재연구원,2002,『경주구어리고분군Ⅰ』,(영남문화재연구원학술조사보고제42집)

<도8-2> 함안 아라가야양식 토기의 분포(저자작성)
 1 함안 도항리33호분 2 부산 복천동54호분 3 합천 옥전54호분 4 대구 비산동2호분 5 칠곡 심천리54호분 6 합천 저포리A지구31호분 7 공주 남산리고분군 8 남원 아영출토품 9,10 해남 신금55호주거지 11 여수 고락산성3호주거지 12 진주 무촌리3구 39호분 13 마산 대평리고분군

<도8-3> 고성 소가야양식 토기의 분포(저자작성)
1-4 고성 연당리18호분 5,6 고성 내산리8호분6곽 7,8 진주 우수리 18호분 9,10 산청 묵곡리고분군11, 12 합천 저포리 A지구1호분 13 함양 손곡리2호분 14,15 서울 풍납토성경당지구 16 장수 삼고리 13호분 17 남원 월산리 M1호분G호묘 18 남원 월산리 M1호분A호묘 19,20 보성 조성리구상유구 21 여수 화장동나2호주거지 22여수 죽포리고분군

<도8-4> 창녕양식 토기의 분포(저자작성)
1 창녕 우강리가군 20호분 2 창녕 강리Ⅲ지구 3,4 영일 안계리190호분 5 서울 풍납토성 경당지구 6,7 합천 옥전23호분 8,9 의령 유곡리고분군 10 여수 화장동주거지 11-14 해남 일평리토성 15 장흥 상방촌A유적 3호주구묘 16 장흥 상방촌A유적 나2-3호주거지 17 장흥 상방촌B유적 13호주구 18,19 창원 도계동39호분 20,21 김해 가달5호분

<도8-5> 창원시 도계동고분군 출토 창녕양식 토기
(慶南發展研究院歷史文化센터, 2004,『昌原道溪洞遺蹟』)

<도8-6> 창녕양식 토기와 일본열도산 판갑의 공반(저자작성)
(상 : 창녕 교동3호분, 중 : 부산 복천동4호분, 하 : 김해 가달5호분)

<도8-7> 전북 동부지역 토기양식의 변화
(1~6. 남원아영지역출토품, 7. 장수삼고리출토품, 8. 장수동촌리출토품 : 全北大學校博物館, 1997,『博物館圖錄』, 全北大學校博物館·군산대학교박물관, 2005,『전북동북지역의 가야유물』, 군산대학교박물관)

<도8-8> 전남 동부지역 토기양식의 변화(저자작성)
1,2고령 지산동(영)40호석곽묘 3,4합천 반계제가A호분 5합천 옥전M3호분 6옥전28호분 7,8함양 백천리1호분 9진안 황산리고분군 10장수 삼고리5호분 11남원 두락리1호분 12임실 금성리1호분 13장수 봉서리고분군 14남원 호경리고분군 15,16곡성 방송리고분군 17구례 용두리고분군 18순천 회룡리고분군 19 순천 운평리M2호분 20, 21여수 고락산성 22여수 미평동고분군

<도8-9> 여수시 고락산성과 대가야양식 토기(상 순천대학교박물관 제공 하 저자촬영)

<도8-10> 토기와 장신구로 본 대가야권역(저자작성)

<도8-11> 하동군 흥룡리고분군의 수혈식석곽과 대가야양식 토기(저자촬영)

<도8-12> 대가야양식 대왕명 토기와 합천군 저포리E4호분 출토 대가야양식 하부명토기
(김세기·노중국·저자·이명식·이희준·주보돈, 1998,『가야문화도록』, 경상북도)

가야토기 명품출처

1. 화로모양그릇받침爐形器臺
國立金海博物館,1999,『가야의 그릇받침』, 국립김해박물관 제공

2. 바리모양그릇받침鉢形器臺
호림박물관,2001,『한국토기의 아름다움』,호림박물관 제공

3. 바리모양그릇받침鉢形器臺
호림박물관,2001,『한국토기의 아름다움』,호림박물관 제공

4. 긴목항아리와 바리모양그릇받침長頸壺와 鉢形器臺
國立金海博物館,1999,,『가야의 그릇받침』, 국립김해박물관 제공

5. 항아리와 바리모양그릇받침壺와 鉢形器臺
호림박물관,1990,『호림박물관명품선집Ⅱ』,호림박물관,2001,『한국토기의 아름다움』, 호림박물관 제공

6. 원통모양그릇받침筒形器臺
호림박물관,2001,『한국토기의 아름다움』,호림박물관 제공

7. 원통모양그릇받침筒形器臺
福泉博物館,2009,『복천동 고분문화』, 국립김해박물관 제공

8. 장식뚜껑항아리鳥形裝飾有蓋壺
호림박물관,2001,『한국토기의 아름다움』,호림박물관 제공

9. 뚜껑항아리有蓋四耳附壺
호림박물관,2001,『한국토기의 아름다움』,호림박물관 제공

10. 원통모양그릇받침筒形器臺
호림박물관,2001,『한국토기의 아름다움』,호림박물관 제공

11. 화로모양그릇받침爐形器臺
경북대학교박물관 제공

12. 그릇받침器臺
호림박물관,2001,『한국토기의 아름다움』,호림박물관 제공

13. 원통모양그릇받침筒形器臺
호림박물관,2001,『한국토기의 아름다움』,호림박물관 제공

14. 원통모양그릇받침筒形器臺
호림박물관,2001,『한국토기의 아름다움』,호림박물관 제공

15. 원통모양그릇받침筒形器臺
부산시복천동53호분 출토품, 복천박물관 제공

16. 원통모양그릇받침筒形器臺
호림박물관,2001,『한국토기의 아름다움』,호림박물관 제공

17. 원통모양그릇받침筒形器臺
湖巖美術館,1996,『湖巖美術館 名品圖錄』,삼성미술관 Leeum 제공

18. 원통모양그릇받침筒形器臺
호림박물관,2001,『한국토기의 아름다움』,호림박물관 제공

19. 바리모양그릇받침鉢形器臺
호림박물관,2001,『한국토기의 아름다움』,호림박물관 제공

20. 뿔잔角杯
디 아모레뮤지움,2005,『디 아모레뮤지움 소장품 도록』, 아모레 퍼시픽 미술관 제공

21. 대나무모양잔竹節形杯
디 아모레뮤지움,2005,『디 아모레뮤지움 소장품 도록』, 아모레 퍼시픽 미술관 제공, 세부 저자 촬영

22. 오리모양손잡이잔鴨形裝飾把杯
디 아모레뮤지움,2005,『디 아모레뮤지움 소장품 도록』, 아모레 퍼시픽 미술관 제공, 세부 저자 촬영

23. 구멍굽다리잔透刻臺附杯
호림박물관,2001,『한국토기의 아름다움』,호림박물관 제공

24. 손잡이잔把杯
호림박물관,2001,『한국토기의 아름다움』,호림박물관 제공

25. 방울잔鈴杯
계명대학교행소박물관,2004,『개교50주년기념 신축박물관 개관전시도록』계명대학교행소박물관 제공

26. 방울잔鈴杯
개인 소장, 저자 촬영

27. 원통모양그릇받침筒形器臺
진주시 가좌동1호분출토품, 경상대학박물관,김세기·노중국·저자·이명식·이희준·주보돈, 1998,『가야문화도록』, 경상북도

28. 원통모양그릇받침筒形器臺
國立金海博物館,1999,『가야의 그릇받침』,국립김해박물관 제공

29. 원통모양그릇받침筒形器臺
최종만 촬영, 경상대학교박물관

30. 원통모양그릇받침筒形器臺
경주시 미추왕릉지구 계림로16지구30호분

31. 원통모양그릇받침筒形器臺
하버드대학 Sackler 박물관 제공

32. 원통모양그릇받침筒形器臺
국립대구박물관 제공

33. 원통모양그릇받침筒形器臺
최종만 촬영, 경북대학교박물관

34. 긴목항아리와 바리모양그릇받침長頸壺와 鉢形器臺
최종만 촬영, 전북대학교박물관 제공

35. 긴목항아리長頸壺
최종만 촬영, 국립진주박물관

36. 뚜껑굽다리항아리有蓋臺附壺
호림박물관,2001,『한국토기의 아름다움』,호림박물관 제공

37. 뿔잔과 뿔잔받침角杯와 臺
호림박물관,2001,『한국토기의 아름다움』,호림박물관 제공

38. 영락장식굽다리바리瓔珞裝飾臺附鉢
호림박물관,2001,『한국토기의 아름다움』,호림박물관 제공

39. 방울잔鈴杯
디 아모레뮤지움,2005,『디 아모레뮤지움 소장품 도록』,아모레 퍼시픽 미술관 제공

40. 토우장식긴목항아리土偶裝飾有臺長頸壺
호림박물관,2001,『한국토기의 아름다움』,호림박물관 제공

41. 원통모양그릇받침筒形器臺
湖巖美術館,1996,『湖巖美術館 名品圖錄』,삼성미술관 Leeum 제공

42. 원통모양그릇받침筒形器臺
하버드대학 Sackler 박물관 제공, 세부 저자 촬영

43. 원통모양그릇받침筒形器臺
湖巖美術館,1996,『湖巖美術館 名品圖錄』,삼성미술관 Leeum제공

44. 원통모양그릇받침筒形器臺
Edward B. Adams,1994,『Koreas Pottery HeritageⅠ』

45. 방울잔鈴杯
湖巖美術館,1996,『湖巖美術館 名品圖錄』,삼성미술관 Leeum 제공

46. 굽다리등잔臺附燈盞
하버드대학 Sackler 박물관 제공

47. 뚜껑굽다리접시有蓋高杯
숭실대학교한국기독교박물관,2004,『숭실대학교한국기독교박물관』숭실대학교한국기독교박물관 제공

48. 긴목항아리長頸壺
호림박물관,2001,『한국토기의 아름다움』,호림박물관 제공

49. 새장식뚜껑짧은목항아리鳥形裝飾臺附壺
호림박물관,2001,『한국토기의 아름다움』,호림박물관 제공

50. 영락장식짧은목항아리瓔珞裝飾有蓋短頸壺
호림박물관,2001,『한국토기의 아름다움』,호림박물관 제공

51. 사각함四角函
디 아모레뮤지움,2005,『디 아모레뮤지움 소장품 도록』,아모레 퍼시픽 미술관 제공

52. 집모양토기家形土器
신유섭 촬영, 국립중앙박물관

53. 집모양토기家形土器
湖巖美術館,1996,『湖巖美術館 名品圖錄』,삼성미술관 Leeum 제공

54. 집모양토기家形土器
개인소장, 제공, 세부 저자 촬영

55. 집모양토기家形土器
湖巖美術館,1996,『湖巖美術館 名品圖錄』,삼성미술관 Leeum 제공

56. 집모양토기家形土器
東京國立博物館, 김세기·노중국·저자·이명식·이희준·주보돈, 1998,『가야문화도록』, 경상북도, 세부 저자 촬영

57. 집모양토기家形土器
호림박물관,2001,『한국토기의 아름다움』,호림박물관 제공

58. 집모양토기家形土器
디 아모레뮤지움,2005,『디 아모레뮤지움 소장품 도록』,아모레 퍼시픽 미술관 제공, 세부 저자 촬영

59. 집모양토기家形土器
경북대학교박물관 제공

60. 배모양토기舟形土器
湖巖美術館,1996,『湖巖美術館 名品圖錄』,삼성미술관 Leeum 제공

61. 바퀴장식배모양토기車輪裝飾船形土器
湖巖美術館,1996,『湖巖美術館 名品圖錄』,삼성미술관 Leeum 제공

62. 배모양토기船形土器
태평양박물관,2001,『한국의 토기잔』, 아모레 퍼시픽 미술관 제공

63. 배모양토기船形土器
湖巖美術館,1996,『湖巖美術館 名品圖錄』,삼성미술관 Leeum 제공

64. 배모양토기船形土器
湖巖美術館,1996,『湖巖美術館 名品圖錄』,삼성미술관 Leeum 제공

65. 배모양토기船形土器
호림박물관,1990,『호림박물관명품선집Ⅱ』,호림박물관 제공

66. 짚신모양토기土履
부산시복천동53호분 출토품, 복천박물관 제공

67. 짚신모양토기土履
숭실대학교한국기독교박물관,2004,『숭실대학교 한국기독교박물관』,숭실대학교 한국기독교박물관 제공

68. 짚신모양토기土履
디 아모레뮤지움,2005,『디 아모레뮤지움 소장품 도록』,아모레 퍼시픽 미술관 제공

69. 가죽신모양토기土履
湖巖美術館,1996,『湖巖美術館 名品圖錄』,삼성미술관 Leeum 제공

70. 바퀴장식뿔잔車輪裝飾角杯
東京國立博物館, 김세기·노중국·저자·이명식·이희준·주보돈, 1998,『가야문화도록』, 경상북도

71. 바퀴장식뿔잔車輪裝飾角杯
디 아모레뮤지움,2005,『디 아모레뮤지움 소장품 도록』,아모레 퍼시픽 미술관 제공, 세부 저자 촬영

72. 바퀴장식뿔잔車輪裝飾角杯
전 의령군 대의면 출토,국립진주박물관 제공

73. 바퀴장식뿔잔車輪裝飾角杯
계명대학교행소박물관,2004,『개교50주년기념 신축박물관 개관전시도록』,계명대학교행소박물관 제공

74. 바퀴장식뿔잔車輪裝飾杯
호림박물관,2001,『한국토기의 아름다움』,호림박물관 제공

75. 방패모양바리鉢形土器
호림박물관,2001,『한국토기의 아름다움』,호림박물관 제공

76. 기마인물모양뿔잔騎馬人物型土器
국립경주박물관 제공

77. 기마인물모양뿔잔騎馬人物型土器
대구개인소장, 제공, 세부 저자촬영

78. 말장식잔馬形土器
디 아모레뮤지움,2005,『디 아모레뮤지움 소장품 도록』,아모레 퍼시픽 미술관 제공, 세부 저자 촬영

79. 말장식뿔잔馬形土器
호림박물관,2001,『한국토기의 아름다움』,호림박물관 제공, 삼성미술관 Leeum

80. 말장식뿔잔馬形土器
호림박물관,2001,『한국토기의 아름다움』,호림박물관 제공, 삼성미술관 Leeum

81. 말장식잔馬形土器
4세기 후반, 개인소장, 제공

82. 말장식뿔잔馬裝飾角杯形土器
東京國立博物館, 김세기·노중국·저자·이명식·이희준·주보돈, 1998,『가야문화도록』, 경상북도

83. 말장식잔馬形土器
國立中央博物館 1997『特別展 韓國古代의 土器』,국립대구박물관 제공

84. 말장식뿔잔馬形土器
동아대학교박물관 제공

85. 소장식뿔잔牛形土器
개인소장, 제공

86. 오리모양토기鴨形土器
저자 촬영, 경남문화재연구원

87. 오리모양토기鴨形土器
호림박물관,2001,『한국토기의 아름다움』,호림박물관제공

88. 오리모양토기鴨形土器
東京國立博物館, 東京國立博物館 제공

89. 오리모양토기鴨形土器
디 아모레뮤지움,2005,『디 아모레뮤지움 소장품 도록』,아모레 퍼시픽 미술관 제공, 세부 저자 촬영

90. 오리모양토기鴨形土器
신유섭 촬영, 국립중앙박물관

91. 오리모양토기鴨形土器
호림박물관,2001,『한국토기의 아름다움』,호림박물관 제공

92. 오리모양토기鴨形土器
湖巖美術館,1996,『湖巖美術館 名品圖錄』,삼성미술관 Leeum 제공

93. 오리모양토기鴨形土器
國立中央博物館 1997『特別展 韓國古代의 土器』,삼성미술관 Leeum 제공

94. 오리모양토기鴨形土器
호림박물관,2001,『한국토기의 아름다움』,호림박물관 제공

95. 사슴장식구멍항아리鹿形裝飾有孔廣口壺
國立中央博物館 1997『特別展 韓國古代의 土器』, 국립중앙박물관 제공

96. 돼지장식뿔잔猪形土器
개인소장

97. 토우장식원통모양그릇받침土偶裝飾筒形器臺
부산시 복천동32호분, 부산대학교박물관 제공

98. 자라장식뿔잔龜形裝飾角杯
湖巖美術館, 1996, 『湖巖美術館 名品圖錄』, 삼성미술관 Leeum 제공

99. 인물토우용모양토기人物裝飾瑞獸形土器
동신대학교박물관 제공

100. 인물토우장식굽다리뚜껑접시人物裝飾高杯
동아대학교박물관 제공

101. 오리모양인면문장식토기鴨形人面文土器
개인소장, 저자촬영

102. 얼굴모양손잡이잔人面裝飾把杯
동아대학교박물관 제공

103. 집모양토기家形土器
東京國立博物館 제공

104. 원통모양그릇받침筒形器臺
후쿠오카켄福岡縣 하네토羽根戶고분군출토품, 伊勢神宮 徵古館 제공

105. 동물장식항아리裝飾臺附壺
후쿠이켄福井縣 시시쯔카獅子塚고분출토품, 東京國立博物館 제공

106. 새장식뚜껑굽다리항아리鳥形裝飾有蓋壺
아이찌켄愛知縣 스미야키다이라炭燒平14호분, 名古屋大學文學部考古學研究室·豊川市教育委員會 제공

107. 굽다리잔臺附盞
하버드대학 Sackler 박물관 제공

108. 항아리壺
김해시 예안리120호분출토품, 김세기·노중국·저자·이명식·이희준·주보돈, 1998, 『가야문화도록』, 경상북도

109. 배모양토제품船形埴輪
5세기, 오사카후大阪府 다카마와리高廻り2호분, 오사카시문화재협회 제공

참고문헌

I. 논저

1. 가야사

金廷鶴,1977,『任那と日本』,東京,小學館.
田中俊明,1992,『大加耶連盟の興亡と任那』,東京,吉川弘文館,ISBN4-642-08136-4-C1022.
金泰植,1993,『加耶聯盟史』,서울,一潮閣,ISBN89-337-0056-0.
김세기·노중국·박천수·이명식·이희준·주보돈,1998,『가야문화도록』,대구,경상북도.
郭長根,1999,『湖南東部地域石槨墓의 硏究』,서경문화사.
김태식,2002,『미완의 문명 7백년 가야사』 1,2,3,서울,푸른역사,ISBN89-87787-45-1.
金世基,2003,『考古資料로 본 大加耶硏究』,서울,學硏文化社,ISBN89-5508-041-7.
朴天秀·洪潽植·李柱憲·柳昌煥,2003,『加耶의 遺蹟과 遺物』,서울,學硏文化社,ISBN89-5508-049-2.
白承玉,2003,『加耶 各國史 硏究』,서울,혜안,ISBN89-8494-199-9 93010.
부산대학교한국민족문화연구소(編), 2003,『가야고고학의 새로운 조명』,서울, 혜안,ISBN89-8494-202-2.
朴天秀,2007,『加耶と倭』,東京,講談社.
박천수,2007,『새로쓰는 고대한일교섭사』,서울, 사회평론.

2. 총설

有光敎一,1955,「新羅燒の變遷」,『世界陶磁全集』13,pp.207-219,東京,河出書房.
金元龍,1960,『新羅土器의 硏究』,(國立博物館叢書甲第四),서울,乙酉文化社.
李殷昌,1970,「伽倻地域 土器의 硏究」,『新羅伽倻文化』第2輯,慶山,嶺南大學校新羅伽倻文化硏究所.
小學館,1979,『世界陶磁全集17-韓國古代-』,東京,小學館.
金元龍,1979,「古新羅の土器と土偶」,『世界陶磁全集17-韓國古代-』,pp.215-226,東京,小學館.
金廷鶴,1979,「加耶土器」,『世界陶磁全集17-韓國古代-』,pp.227-240,東京,小學館.
金元龍,1980,『新羅土器』,서울,열화당.
李殷昌,1987,「伽倻土器」,『韓國史論17-韓國의 考古學VI-』,pp.400-473,과천,國史編纂委員會.
金元龍,1987,『韓國考古學槪說(三版)』,서울,一志社.
定森秀夫,1982,「韓國慶尙南道釜山金海地域出土陶質土器의 檢討」,『平安博物館硏究紀要』7,pp.63~96,京都,平安博物館.
崔鐘圭,1983,「中期古墳의 性格에 대한 若干의 考察」,『釜大史學』 7 집,pp.29-36,부산,釜大史學會.
宋桂鉉·安在晧,1986,「古式陶質土器에 關한 若干의 考察-義昌大坪里出土品을 通하여-」,『嶺南考古學』第1集,pp.17~54,大邱,嶺南考古學會.

申敬澈,1986,「新羅土器의 發生에 對하여」,『韓日古代文化의 諸問題』,서울,韓日文化交流基金.
申敬澈,1989,「삼한 삼국 통일신라시대의 부산 」,『부산시사』1,부산,부산직할시사편찬위원회.
朴天秀,1999,「기대를 통해 본 가야세력의 동향」,『국립김해박물관 특별전 가야의 그릇받침』, pp.93~106,서울,통천문화사.
尹溫植,2001,「3세기대 동해 남부 지역 토기 양식의 형성과 변천」,(慶北大學校大學院文學碩士學位論文),大邱,慶北大學校大學院.
朴天秀,2001,「맥타가트 기증 신라, 가야 토기의 양식과 편년」,『맥타가트 박사의 대구사랑 문화재 사랑-기증 문화재 도록』, pp.139~157,대구,대구박물관.
趙榮濟,2003,「加耶土器의 地域色과 政治體」,『가야 고고학의 새로운 조명』, pp.489~534,서울,혜안,ISBN 89-8494-202-2.
이성주,2003,「伽耶土器 生産 分配體系」,『가야 고고학의 새로운 조명』, pp.269~350,서울,혜안,ISBN 89-8494-202-2.
이성주,2003,「樣式과 社會」,『江原考古學報』第2號, pp.5~32,春川,江原考古學會.
박천수,2004,「가야토기에서 역사를 본다」,『가야, 잊혀진 이름 빛나는 유산』, pp.49~77,서울,혜안,ISBN 89-8494.
朴升圭,2005,「加耶土器의 時期區分과 編年」,『伽倻文化』18,177-238,서울,伽倻文化研究院.
洪潽植,2006,「토기로 본 가야고분의 전환기적 양상」,『가야와 그 전환기의 고분문화』,(제15회 문화재연구학술회의),pp.164~200,창원,국립창원문화재연구소.
朴相彥,2006,『洛東江流域의 古式陶質土器 研究』,(慶南大學校大學院文學碩士學位論文),馬山,慶南大學校大學院.
趙榮濟,2006,『西部慶南 加耶諸國의 成立에 대한 考古學的 研究』,(釜山大學校大學院文學博士學位論文),釜山,釜山大學校大學院.
박천수,2007,「가야」,『한국고고학 강의』,서울, 사회평론.
朴升圭,2010,『加耶土器 樣式 研究』,(東義大學校大學院文學博士學位論文),釜山,東義大學校大學院.

3. 가야토기의 기원

申敬澈,1992,「金海 禮安里160號墳에 대하여」,『伽耶考古學論叢』1, pp.107~167,서울,駕洛國史蹟開發研究院.
崔鍾圭,1994,「陶質土器의 起源」,『考古學誌』6, pp.59~80,서울, 韓國考古美術研究所.
이성주,2000,「타날문토기의 전개와 도질토기 발생」,『한국고고학보』42, 한국고고학회.

4. 토기 제작

田辺昭三,1981,『須惠器大成』,東京, 角川書店.
郭鍾喆,1987,「韓國慶尙道地域出土의 陶質大形甕의 成形をめぐって-底部丸底化工程を中心として-」,『岡崎敬先生退官記念論集東アジアの考古と歴史』上, pp.466~488,京都, 同朋舍出版.
郭鍾喆,1988,「韓國慶尙北道陶質土器의 地域相研究-いわゆる高靈系土器を素材として-」,『古代文化』40-2,pp.23~43,京都, 古代學協會.
朴天秀,1994,「三國時代 昌寧地域 集團의 性格研究」,『嶺南考古學』13, 嶺南考古學會.
白井克也,1994,「九州大學考古學研究室藏古新羅土器-陶質土器의 成形調整技法とその原理-」,『古文化談叢』第34集4,pp.225~240,北九州,九州古文化研究會.
白井克也,1996,「須恵器の叩き出し丸底技法と在來土器傳統-福岡市比恵遺蹟第51次調査成果からみた工房の風景-」,『古文化談叢』第36集4,pp.1~24,北九州,九州古文化研究會.
김두철,2001,「타날기법의 연구-김해 예안리유적 출토품을 중심으로-」,『영남고고학』28, 영남고고학회
이성주,2000,「타날문토기의 전개와 도질토기 발생」,『한국고고학보』42, 한국고고학회.
이성주,2003,「기술혁신의 사회적 조건과 과정」,『삼한·삼국시대의 토기생산기술』,(제7회복천박물관국제학술대회), 부산, 복천박물관.
홍진근,2003,「삼국시대 도질토기의 소성흔 분석」,『삼한·삼국시대의 토기생산기술』,(제7회복천박물관국제학술대회), 부산, 복천박물관.
佐ケ木幹雄,2003,「還元焰土器의 燒成實驗을 通해서」,『삼한·삼국시대의토기생산기술』,(제7회복천박물관국제학술대회), 부산, 복천박물관.

鄭仁盛,2004,「樂浪土城의 土器」,『韓國古代史研究』34, pp.71~123,서울, 韓國古代史學會.

정인성,2006,「복원실험을 통해 본 樂浪 盆形土器와 평기와의 제작기법」,『韓國上古史學報』제53호, pp.123~160,춘천, 韓國上古史學會.

5. 상대 편년

박천수,2003,「地域間 並行關係로 본 加耶古墳의 編年」,『가야 고고학의 새로운 조명』, pp.153~198,서울, 혜안,ISBN 89-8494-202-2.

朴升圭,2005,「加耶土器의 時期區分과 編年」,『伽倻文化』18,177-238,서울,伽倻文化研究院.

6. 역 연대

小野山節,1966,「日本發見의 初期馬具」,『考古學雜誌』52-1, 日本考古學會.

申敬澈,1983,「伽耶地域における4世紀代の陶質土器と墓制-金海禮安里遺蹟の發掘調査を中心として」,『古代を考える』34, 大阪, 古代を考える會.

白石太一郎,1985,「年代決定論2」,『岩波講座日本考古學1-研究の方法』, 岩波書店.

申敬澈,1985,「古式등子考」,『釜大史學』9, 釜山大學校 史學會.

米田敏幸,1993,「古式土師器に伴う韓式系土器について」,『韓式系土器研究』IV, 韓式系土器會.

洪潽植,1993,「百濟 橫穴式石室墓의 型式分類와 對外傳播에 관한 研究」,『博物館研究論集』2, 釜山直轄市立博物館.店

崔秉鉉,1993,「新羅古墳 編年의 諸問題-慶州・月城路・福泉洞・大成洞古墳의 상대편년을 중심으로」,『韓國考古學報』30, 韓國考古學會.

金斗喆,1996,「韓國と日本の馬具-兩國間の編年調律-」,『嶺南考古學會・九州考古學會第2回合同考古學大會-4・5世紀の韓日考古學-』, 嶺南考古學會・九州考古學會.

金龍星,1996,「토기에 의한 대구 경산지역 고대분묘의 편년」,『韓國考古學報』35, 韓國考古學會.

申敬澈,1997,「「本初期 須惠器의 發現」」,『아시아 속의 韓・日關係』, 釜山大學校韓國民族文化研究所.

李熙濬,1997,「토기에 의한 新羅 고분의 分期와 편년」,『國考古學報』36, 韓國考古學會.

都出比呂志,1998,「總論-弥生から古墳へ-」,『古代國家はこうして生まれた』, 角川書

朴天秀1998,「大加耶圈 墳墓의 編年」,『韓國考古學報』39, 대邱,韓國考古學會.

朴天秀,1998,「韓國の墳丘墓-湖南地域을 中心으로-」,『東アジア墳丘墓』, 東アジア墳丘墓研究會.

吉井秀夫,1999,「일본속의 백제」,『특별전 백제』, 국립중앙박물관.

光谷拓實・次山淳,1999,「平城宮下層古墳時代の遺物の年輪年代」,『奈良國立文化財研究所年報』1999-1, 奈良國立文化財研究所.

金斗喆,2001,「大加耶古墳의 編年 檢討」,『韓國考古學報』45, 釜山,韓國考古學會.

白井克也,2003,「馬具と短甲による日韓交差編年-日韓古墳編年の並行關係と曆年代-」,『土曜考古』第27號, 土曜考古學研究會.

白井克也,2003,「日本における高靈地域加耶土器の出土傾向-日韓古墳編年의 並行關係와 曆年代-」,『熊本古墳研究』創刊號, 熊本古墳研究會.

白井克也,2003,「新羅土器의 型式・分布變化와 年代觀-日韓古墳編年의 並行關係와 曆年代-」,『朝鮮古代研究』第4號, 朝鮮古代研究刊行會.

酒井清治,2004,「須恵器生産のはじまり」,『國立歷史民俗博物館研究報告-古代東アジアにおける倭と加耶の交流』第110集, 國立歷史民俗博物館.

桃崎祐輔,2005,「高句麗太王陵出土瓦・馬具からみた太王陵說の評價」,『海と考古學』, 六一書房.

朴天秀,2005,「가야고분의 편년」,『伽倻文化』18,49-74,서울,伽倻文化研究院.

李熙濬,2006,「太王陵의 墓主는 누구인가」,『韓國考古學報』59, 韓國考古學會.

浜中邦弘・田中元浩,2006,「宇治市街遺蹟(宇治妙樂55)古墳時代流路SD302について-出土須恵器と年代觀の檢討を主として-」,『第14回京都府埋藏文化財研究會發表資料集-京都府內最新の研究成果-』,京都府埋藏文化財研究會.

朴天秀,2006,「신라 가야고분의 편년-일본열도 고분과의 병행관계를 중심으로-」,『한일 고분시대의 연대관』,佐倉,歷博國際研究集會.

金斗喆,2006,「三國・古墳時代의 연대관」,『한일 고분시대의 연대관』,佐倉,歷博國際研究集會.

成正鏞,2006,「백제지역의 연대결정자료와 연대관」,『한일고분시대의 연대관』,佐倉, 歷史民俗博物館.

金斗喆,2007,「三國・古墳時代의 연대관Ⅱ」,『한일 삼국고분시대의 연대관』,釜山,부산대학교박물관 國立歷史民俗博物館.

河承哲,2007,「스에키 출현과정을 통해본 가야」,『4-6세기 가야 신라고분 출토 외래계 문물』(第16回嶺南考古學會學術發表會),嶺南考古學會.

成正鏞,2007,「백제권역의 신라・가야계 문물」,『4-6세기 가야 신라고분 출토 외래계 문물』(第16回嶺南考古學會學術發表會),부산,嶺南考古學會.

田中清美,2007,「年輪年代からみた初期須恵器の年代觀」,『한일 삼국・고분시대의 연대관Ⅱ』,부산, 부산대학교박물관.

趙榮濟,2009,「型式亂立期의 加耶土器와 年代論」,『한일 삼국・고분고분시대의 연대관Ⅲ』,福岡,歷史民俗博物館.

藤野一之,2009,「Hr-FAの降下年代と須恵器年代」,『上毛野の考古學Ⅱ』,高崎,群馬縣考古學ネットワーク.

和田晴吾,2009,「古墳時代の年代決定法をめぐって」,『日韓における古墳三國時代の年代觀Ⅲ』,福岡,歷史民俗博物館.

諫早直人,2009,「古代東北アジアにおける騎馬文化の考古學的研究」,京都,京都大學院文學研究科.

申敬澈,2010,「대성동고분군 발굴조사의 성과와 과제」,『대성동고분 발굴20주년기념 대성동고분군과 동아세아』,(제16회가야사국제학술회의),김해,김해문화원.

7. 가야토기 양식과 편년

1) 금관가야양식

定森秀夫,1982,「韓國慶尙南道釜山金海地域出土陶質土器の檢討」,『平安博物館研究紀要』7 ,pp.63~96,京都,平安博物館.

申敬澈,1995,「三韓・三國時代의 東萊」,『東萊區誌』,pp.182~243,釜山,東萊區誌編纂委員會.

安在晧,1996,「考察」,『金海禮安里古墳群Ⅱ-釜山大學校博物館遺蹟調査報告』15,釜山大學校博物館.

李在賢,1996,「考察」,『釜山東萊福泉洞古墳群Ⅲ-釜山大學校博物館遺蹟調査報告』19,釜山大學校博物館.

洪潽植,1998,「金官加耶의 성립과 발전」,『加耶文化遺蹟 調査 및 整備計劃』,pp.157~204,大邱,경상북도.

洪潽植,2000,「考古學으로 본 金官加耶」,『考古學을 통해 본 가야』,(한국고고학회학술총서1),pp.1~48,부산,한국고고학회.

申敬澈,2000,「金官加耶土器의 編年-낙동강下流域前기陶質土器의 編年-」,『伽耶考古學論叢』3, pp.5~46,서울, 駕洛國史蹟開發研究院.

2) 아라가야양식

金正完,1994,『咸安圈域 陶質土器의 編年과 分布變化』,(慶北大學校大學院文學碩士學位論文),大邱,慶北大學校大學院.

金正完,2000,「咸安圈域 陶質土器의 編年과 分布變化」,『伽耶考古學論叢』3, pp.93~138,서울, 駕洛國史蹟開發研究院.

禹枝南,2000,「考察-咸安地域 出土 陶質土器」,『道項里 末山里 遺蹟』,pp.135~172,晋州,慶南考古學硏究所.

李柱憲,2000,「阿羅加耶에 대한 考古學的 檢討」,『가야 각국사의 재구성』,서울, 혜안,ISBN 89-8494-130-1 93910.

李盛周,2000,「考古學을 통해 본 阿羅伽耶」,『考古學을 통해 본 가야』,(한국고고학회학술총서1),pp.49~90,부산,한국고고학회.

李政根,2006,『咸安地域 陶質土器의 生産과 流通』,嶺南大學校大學院文學碩士學位論文),慶山,嶺南大學校大學院.

尹溫植,2006,「4세기대 함안지역 토기의 변천과 영남 지방 토기의 樣式論」,『東垣學術論文集』,第8輯,pp.5~26,서울,韓國考古美術研究所.

鄭朱喜,2008,『咸安樣式 古式陶質土器의 分布定型에 관한 硏究』,(慶北大學校大學院文學碩士學位論文),大邱,慶北大學校大學院.

3) 소가야양식

定森秀夫,1985,「韓國慶尙南道泗川固城式土器について」,『角田文衛博士古稀記念古代學論叢』,京都,角田文衛博士古稀記念

論文刊行會.

趙榮濟,1985,「水平口緣壺에 대한 一考察」,『慶尙史學』1,진주,경상대학교사학과.

趙榮濟,1990,「三角透窓高杯에 대한 一考察」,『嶺南考古學』7, pp.43~70, 嶺南考古學會.

朴升圭,1990,『一段長方形透窓高杯에 대한 考察』, (東義大學校大學院碩士學位論文),釜山,東義大學校大學院.

尹貞姬,1997,『小加耶土器의 成立과 展開』, (慶南大學校大學院碩士學位論文),馬山,慶南大學校大學院.

朴升圭,1998,「加耶土器의 地域相에 대한 硏究」,『伽倻文化』11,서울,伽倻文化硏究院.

朴升圭,2000,「4-5세기 加耶土器의 變動과 系統에 대한 硏究」,『인문연구논집』제5집,(,pp.259~295,부산,동의대학교인문과학연구소.

朴升圭,2000,「考古學을 통해 본 小加耶」,『考古學을 통해 본 가야』, (한국고고학회학술총서1),pp.129~178,부산,한국고고학회.

河承哲,2001,『加耶西南部 出土 陶質土器에 대한 一考察』, (慶尙大學校大學院學位論文),진주,慶尙大學校大學院.

禹枝南,2005,「考察-晋州 武村遺蹟 出土 陶質土器의 檢討」,『晋州 武村IV』, pp.189~217,晋州,慶南考古學硏究所.

권오영,2002,「풍납토성 출토 외래유물에 대한 검토」,『百濟硏究』, 36輯pp.25~48,대田,忠南大學校百濟硏究所.

金奎運,2009,『考古資料로 본 5~6세기 小加耶의 變遷』, (慶北大學校大學院文學碩士學位論文),大邱,慶北大學校大學院.

4) 대가야양식

木村光一,1984,「高靈池山洞古墳群, 32~35, 44, 45號墳, 石室プランの變遷について」,『歷史と構造』12,pp.45~58,名古屋,南山大學.

松原隆治,1984,「高靈池山洞古墳群に關する考察－陶質土器を中心として」,『歷史と構造』12,pp.93~106,名古屋,南山大學.

禹枝南,1987,「大伽倻古墳의 編年」,『三佛金元龍敎授停年退任紀念論叢』(Ⅰ),pp.617~652,서울,三佛金元龍敎授停年退任紀念論叢刊行委員會一志社.

郭鍾喆,1988,「韓國慶尙北道陶質土器의 地域相硏究－いわゆる高靈系土器を素材として」,『古代文化』40-2,pp.23~43,京都,古代學協會.

藤井和夫,1988,「陜川三嘉古墳群の編年について－伽耶地域古墳出土陶質土器編年試案Ⅵ－」,『神奈川考古』第24號, pp.181~198,橫浜, 神奈川考古同人會.

李熙濬,1995,「土器로 본 大伽耶의 圈域과 그 변천」,『加耶史硏究 -대가야의 政治와 文化-』, pp.365~444,대구,慶尙北道.

藤井和夫,1990,「高靈池山洞古墳群の編年－伽耶地域古墳出土陶質土器編年試案Ⅴ－」,『東北アジアの考古學 [天池] －東北アジア考古學硏究會二十周年記念論文集－』, pp.165~204,東京, 六興出版.

高正龍,1996,「加耶から新羅へ－韓國陜川三嘉古墳群の土器と墓制について－」,『京都市埋藏文化財硏究所硏究紀要』第3號, pp.13~36京都, 京都市埋藏文化財硏究所.

李熙濬,1994,「高靈樣式 土器 出土 古墳의 編年」,『嶺南考古學第』15, pp.89~113,釜山, 嶺南考古學會.

定森秀夫,1987,「韓國慶尙北道高靈地域出土陶質土器の檢討」,『岡崎敬先生退官記念論集東アジアの考古と歷史』上,pp.413~463,京都, 同朋舍出版.

趙榮濟,1996,「玉田古墳의 編年硏究」,『嶺南考古學』18,pp.41~73,嶺南考古學會.

朴天秀,1998,「大伽耶圈墳墓의 編年」,『韓國考古學報』39,pp.89~124,大邱, 韓國考古學會.

金世基,1998,「고령양식 토기의 확산과 대가야문화권의 형성」『伽耶文化遺蹟調査 및 整備計劃』대구, 慶尙北道, 伽耶大學校附設 伽耶文化硏究所.

朴天秀,1999,「기대를 통해 본 가야세력의 동향」,『가야의 그릇받침』, 국립김해박물관.

윤용진·박천수,2000,「土器로 본 大加耶」,『伽倻考古學論叢』3, pp.47~92,서울, 駕洛國史蹟開發硏究院.

朴天秀,2000a,「考古學 資料를 통해 본 大加耶」,『考古學을 통해 본 가야』학술총서1, 한국고고학회.

朴天秀,2000,「考古學으로 본 加羅國史」,『가야각국사의 재구성』, 서울,혜안,ISBN 89-8494-130-1 93910.

鄭昌熙,2000,「편년」,『고령 지산동고분군』,pp.254~262,하양,경상북도 문화재연구원.

趙榮濟,2002,「考古學에서 본 大加耶聯盟體論」,『盟主로서의 금관가야와 대가야』, (第8回加耶史學術會議), 金海, 金海市.

金世基,2003,『考古資料로본 大加耶硏究』, 서울,學硏文化社,ISBN 89-5508-041-7.

박천수,2003,「토기로 본 대가야권의 형성과 전개」,『大加耶의 遺蹟과 遺物』,pp.219~250,고령,大加耶博物館.

박천수,2006,「대가야권의 성립과정과 형성배경」,『土器로 보는 大加耶』,pp.84~102,고령,大加耶博物館.

李熙濬,2008,「대가야 토기 문화와 활용 방안」,『동·서 가야문화벨트의 역사적 의미와 그 활용방안모색』,pp.155~195,대구,고령군·경북대영남문화연구원.

박천수,2008,「고고학을 통해 본 대가야사」,『退溪學과 韓國文化』第42號,大邱,慶北大學校退溪硏究所.

5) 창녕양식

藤井和夫,1981,「昌寧地方古墳出土陶質土器の編年についこ」,『神奈川考古』12,橫浜,神奈川考古同人會.

定森秀夫,1981,「韓國慶尙南道昌寧地域陶質土器の檢討」,『古代文化』,33-4,古代學協會.

朴天秀,1994,「三國時代 昌寧地域 集團의 性格硏究」,『嶺南考古學』13,嶺南考古學會.

鄭澄元·洪潽植,1995,「昌寧地域의 古墳文化」,『韓國文化硏究』7,부산대학교 한국민족문화연구소.

朴天秀,2001,「고고자료를 통해 본 가야시기의 창녕지방」,『가야시기 창녕지방의 역사, 고고학적 성격』,창원문화재연구소.

李熙濬,2005,「4-5세기 창녕지역 정치체의 읍락 구성과 동향」,『嶺南考古學』37,pp.5~42,釜山,嶺南考古學會.

6) 현풍양식

진홍섭,1963,「鴨形土器 二例」,『考古美術』,第四卷6號,서울,考古美術同人會.

진홍섭,1963,「傳玄風出土 坩臺 及 坩 」,『考古美術』,第四卷8號,서울,考古美術同人會.

朴天秀,2000,「三國時代 玄風地域 土器의 地域相」,『慶北大學校 考古人類學科 20周年 紀念論叢』,慶北大學校 考古人類學科.

朴天秀,2001,「맥타가트 기증 신라, 가야 토기의 양식과 편년」,『맥타가트 박사의 대구사랑 문화재 사랑-기증 문화재 도록』,대구박물관.

8. 상형토기

진홍섭,1963,「鴨形土器 二例」,『考古美術』,第四卷6號,서울,考古美術同人會.

이난영,1976,『신라의 토우』,(교양 국사 총서22),서울,세종대왕기념사업회.

金正基,1977,「文獻으로 본 韓國住宅史」,『東洋學』7輯,서울.

李殷昌,1983,「新羅土偶에 나타난 民俗」,『新羅文化祭學術發表論文集-新羅民俗의 新硏究-』第4輯, pp.191~292,慶州,新羅文化宣揚會.

金元龍,1987,『韓國美術史硏究』,서울,一志社.

이난영,1991,『토우』,(빛깔있는 책들116),서울,대원사.

朴天秀,2000b,「三國時代 玄風地域 土器의 地域相」,『慶北大學校 考古人類學科 20周年 紀念論叢』,慶北大學校 考古人類學科.

李殷昌,2000,「洛東江流域의 象形土器 硏究-伽耶文化圈의 事例를 中心으로-」,『伽倻文化』13, pp.1~136,서울,伽倻文化硏究院.

孫明淳,2000,「新羅土偶의 象徵性에 關한 硏究(上)-國寶 第195號 土偶의 象徵解釋을 中心으로-」,『慶北史學』第23輯,大邱,慶北史學會.

孫明淳,2001,「新羅土偶의 象徵性에 關한 硏究(下)-國寶 第195號 土偶의 象徵解釋을 中心으로-」,『慶北史學』第24輯,大邱,慶北史學會.

愼仁珠,2001,「三國時代 家形土器에 관한 硏究」,『文物硏究』5, pp.93~133,부산,동아시아문물연구학술재단.

함순섭,2008,「嶺南地方 三韓 三國時代 살림집의 復原硏究」,東垣學術論文集』,서울,韓國考古美術硏究所.

9. 일본출토 가야토기

小田富士雄,1978,「西日本發見の百濟系土器」,『古文化談叢』第5集,p.115,北九州,九州古文化硏究會.

米田敏幸,1993,「古式土師器に伴う韓式系土器について」,『韓式系土器硏究』IV, pp.98~106,大阪,韓式系土器會.

新谷武夫,1993,「臺附把手壺考」,『考古文集－潮見浩先生退官記念論文集－』,廣島,潮見浩先生退官記念事業會.

朴天秀,1993,「韓半島からみた初期須惠器の系譜と編年」,『古墳時代における朝鮮系文物の傳播』(第34回 埋葬文化財研究集會), pp.109~123, 奈良, 埋葬文化財研究會.

定森秀夫,1993,「日本出土の陶質土器-新羅系陶質土器を中心に-」,『MUSEUM』No.503, p.19, 東京, 東京國立博物館.

三辻利一・虎間英樹,1994,「久米田古墳群出土の初期須惠器 3」,『韓式土器研究』V, pp.81~92, 大阪, 韓式土器研究會.

朴天秀,1995,「渡來系文物からみた加耶と倭における政治的變動」,『待兼山論叢』史學編29, pp.53~84, 大阪, 大阪大學文學部.

武末純一(全玉年譯),1998「土器에서 본 加耶와 古代日本」,『加耶史論集1-加耶와 古代日本-』, pp.93~126, 金海, 金海市.

中原幹彦・今田治代,2001,「熊本縣庵北町物見櫓古墳出土の陶質土器」,『久保和士君追悼考古論文集』, pp.117~130, 松山, 久保和士君追悼考古論文集刊行會.

定森秀夫,1989,「日本出土の"高靈タイプ"系陶質土器(1)-日本列島における朝鮮半島系遺物の研究-」,『京都文化博物館研究紀要朱雀』第2集, pp.25~41, 京都, 京都府京都文化博物館.

定森秀夫,1999,「陶質土器からみた東日本と朝鮮」,『靑丘學術論集』15, pp48~49, 東京, 財團法人韓國文化振興財團.

鈴木敏則,1999,「靜岡縣内における初期須惠器の流通とその背景」,『靜岡縣考古學研究』No31, pp.71~86, 靜岡, 靜岡縣考古學會.

定森秀夫,2002,「陶質土器로 본 倭와 大加耶」,『大加耶와 周邊諸國』, pp.207~275, 서울, 學術文化社.

白井克也,2003,「日本における高靈地域加耶土器の出土傾向-日韓古墳編年の並行關關と曆年代-」,『熊本古墳研究』創刊號, pp.81~102, 熊本, 熊本古墳研究會.

白井克也,2003,「朝倉高等學校所藏加耶土器高杯-甘木市・鬼の枕古墳からの出土經緯と出土の意義-」,『福岡考古』第21號, 福岡, 福岡考古談話會.

朴天秀,2004,「大加耶と倭」,『國立歷史民俗博物館研究報告』第110集, pp.461~480, 佐倉, 國立歷史民俗博物館.

박천수,2007,『새로쓰는고대한일교섭사』, 서울, 사회평론, ISBN 978-89-5602-897-2.

河承哲,2007,「스에키 출현과정을 통해본 가야」,『4-6세기 가야 신라고분 출토 외래계 문물』(第16回 嶺南考古學會學術發表會), 嶺南考古學會.

II. 발굴조사 보고서

1. 慶尙南道

1) 金海市

(1) 良洞里古墳群

林孝澤・郭東哲,2000,『金海良洞里古墳文化』,(東義大學校博物館學術叢書 7), 釜山, 東義大學校博物館.

(2) 大成洞古墳群

申敬澈・金宰佑,2000,『金海大成洞古墳群I』,(慶星大學校博物館研究叢書第4輯), 釜山, 慶星大學校博物館.

申敬澈・金宰佑・沈載龍・李映周,2000,『金海龜旨路墳墓群』,(慶星大學校博物館研究叢書第3輯), 釜山, 慶星大學校博物館.

申敬澈・金宰佑,2000,『金海大成洞古墳群-槪報-』,(慶星大學校博物館研究叢書第4輯), 釜山, 慶星大學校博物館.

申敬澈・金宰佑・沈載龍・李映周,2000,『金海大成洞古墳群周邊地域試掘調査』,(慶星大學校博物館研究叢書第5輯), 釜山, 金海市・慶星大學校博物館.

申敬澈・金宰佑,2000,『金海大成洞古墳群II』,(慶星大學校博物館研究叢書第7輯), 釜山, 慶星大學校博物館.

申敬澈・金宰佑・李在勳・河志鎬・權貴香,2003,『金海大成洞古墳群-展示館敷地의 發掘調査 및 47・52號墳-』,(慶星大學校博物館研究叢書第10輯), 釜山, 慶星大學校博物館.

(3) 禮安里古墳群

鄭澄元(外),1985,『金海禮安里古墳群I』,(釜山大學校博物館遺蹟調査報告第8輯), 釜山, 釜山大學校博物館.

鄭澄元(外),1993,『金海禮安里古墳群II』,(釜山大學校博物館遺蹟調査報告第15輯), 釜山, 釜山大學校博物館.

(4)여타유적

申敬澈·李相憲·李海蓮·金宰佑,1989,『金海七山洞古墳群Ⅰ－第Ⅲ地區の發掘調査－』,(慶星大學校博物館遺蹟調査報告第1輯),釜山,慶星大學校博物館.

李尙律·李昶爀·金一主,1998,『金海大成洞燒成遺蹟』,(釜慶大學校博物館遺蹟調査報告第3輯),釜山,釜慶大學校博物館.

徐始男(外),1998,『金海鳳凰臺遺蹟』,(釜山大學校博物館研究叢書第23輯),釜山,釜山大學校博物館.

李源鈞·李尙律,2000,『金海龜山洞古墳』,(釜慶大學校博物館研究叢書第5輯),釜山,釜慶大學校博物館.

全虎兒·金榮眠·金賢哲,2001,『金海陵洞遺蹟Ⅰ－木槨墓』,(蔚山大學校博物館學術研究叢書第8輯),蔚山,蔚山大學校博物館·韓國土地公社.

林志暎·宋楨植·千羨幸,2002,『金海會峴里貝塚－轉寫를 위한 試掘調査 報告書－』,(釜山大學校人文大學考古學科學術叢書第1輯),釜山,釜山大學校人文大學考古學科.

우리문화재연구원,2009,『金海 餘來里遺蹟』,(우리문화재연구원 학술조사보고 17책),창원,우리문화재연구원.

三江文化財硏究院,2009,『金海 官洞里 三國時代 津址』,晋州,三江文化財硏究院.

辛勇旻(外),2010,『金海竹谷里遺蹟Ⅰ』,(東亞細亞文化財硏究院發掘調査報告書第36輯),馬山,東亞細亞文化財硏究院.

2) 釜山市

(1)福泉洞古墳群

金東鎬,1971,『東萊福泉洞第1號古墳發掘調査報告』,(1970年度 古蹟調査報告),釜山,東亞大學校博物館.

鄭澄元·申敬澈,1982,『東萊福泉洞古墳群Ⅰ』,釜山,釜山大學校博物館.

釜山大學校博物館,1989,『東萊福泉洞第2次調査槪報』,釜山,釜山大學校博物館.

鄭澄元(外),1990,『東萊福泉洞古墳群Ⅱ』,(釜山大學校博物館遺蹟調査報告第14輯),釜山,釜山大學校博物館.

鄭澄元·李在賢·全玉年·林志英·董鑢淑,1996,『東萊福泉洞古墳群Ⅲ』,(釜山大學校博物館遺蹟調査報告第19輯),釜山,釜山大學校博物館.

宋桂鉉·河仁秀·洪潽植·李賢珠,1992,『東萊福泉洞53號墳』,(釜山直轄市立博物館遺蹟調査報告書第6册),釜山,釜山直轄市立博物館.

洪潽植,1997,『東萊福泉洞93·95號墳』,(釜山廣域市立博物館福泉分館硏究叢書第3册),釜山,釜山廣域市立博物館福泉分館.

鄭澄元·李在賢·全玉年·林志英·董鑢淑,1996,『東萊福泉洞古墳群Ⅲ』,(釜山大學校博物館遺蹟調査報告第19輯),釜山,釜山大學校博物館.

宋桂鉉·李海蓮,1997,『東萊福泉洞古墳群－第5次發掘調査99~109號墓－』,(釜山直轄市立博物館遺蹟調査報告書第12册),釜山,釜山直轄市立博物館.

宋桂鉉·洪潽植·金恩瑩,1999,『東萊福泉洞古墳群－第6次發掘調査141~153號·朝鮮時代遺構－』,(釜山廣域市博物館福泉分館硏究叢書第7册),釜山,釜山廣域市博物館福泉分館.

禹順姬 金枝秀,2001,『東萊福泉洞鶴巢臺古墳』,釜山,釜山大學校博物館.

福泉博物館,2001,『東萊福泉洞古墳群-52·54號-』,釜山,福泉博物館.

李賢珠,2004,『福泉洞古墳群東便整備地域試掘調査報告』,(福泉博物館學術研究叢書第18輯),釜山,福泉博物館.

河炳嚴,2004,『福泉洞古墳群第7次調査報告』,(福泉博物館學術研究叢書第17輯),釜山,福泉博物館.

박현숙,2004,『東萊壽安洞231-2番地遺蹟』,(福泉博物館學術研究叢書第19輯),釜山,福泉博物館.

(2)여타유적

金廷鶴·鄭澄元,1979,『釜山華明洞古墳群』,(釜山大學校博物館遺蹟調査報告2),釜山大學校博物館.

韓炳三·李健茂,1976,『朝島貝塚』,(國立博物館古蹟調査報告第9册),서울,國立中央博物館.

尹炳鏞·林孝澤·沈奉謹,1983,『釜山德川洞古墳』,(釜山直轄市立博物館遺蹟調査報告書第1册),釜山,釜山直轄市立博物館.

尹炳鏞,1985,『釜山老圃洞古墳』,(釜山直轄市立博物館遺蹟調査報告書第2册),釜山,釜山直轄市立博物館.

尹炳鏞·宋桂鉉,1988,『釜山老圃洞遺蹟Ⅱ』,(釜山直轄市立博物館遺蹟調查報告書第3冊),釜山,釜山直轄市立博物館.

鄭澄元·安在晧(外),1988,『釜山老圃洞遺蹟』,(釜山大學校博物館遺蹟調查報告第12輯),釜山,釜山大學校博物館.

宋桂鉉·河仁秀,1990,『東萊福泉洞萊城遺蹟』,(釜山直轄市立博物館遺蹟調查報告書第5冊),釜山,釜山直轄市立博物館.

宋桂鉉·洪潽植,1993,『生谷洞加達古墳群Ⅰ』,(釜山直轄市立博物館遺蹟調查報告書第8冊),釜山,釜山直轄市立博物館.

洪潽植,1997,『釜山의 三韓時代遺蹟과 遺物Ⅰ-東萊貝塚-』,(釜山廣域市立博物館福泉分館研究叢書第2冊),釜山,釜山廣域市立博物館福泉分館.

洪潽植,1998,『釜山의 三韓時代遺蹟과 遺物Ⅱ』,(釜山廣域市博物館福泉分館研究叢書第4冊),釜山,釜山廣域市博物館福泉分館.

宋桂鉉·董鑪淑,1999,『釜山의 三國時代遺蹟과 遺構』,(釜山廣域市博物館福泉分館研究叢書第6冊),釜山,釜山廣域市博物館福泉分館.

3) 咸安郡

(1)道項里고분군

今西龍,1920,「慶尙北道善山郡·達城郡·高靈郡·星州郡·金泉郡, 慶尙南道咸安郡·昌寧郡調查報告」,『大正六年度古蹟調查報告』,서울.朝鮮總督府

秋淵植,1987,「咸安道項里伽耶古墳群發掘調查豫報」,『嶺南考古學』3, 釜山, 嶺南考古學會.

李柱憲,1997,『咸安道項里古墳群Ⅰ』,(學術調查報告第4輯),昌原,國立昌原文化財研究所.

李柱憲,1999,『咸安道項里古墳群Ⅱ』,(學術調查報告第7輯),昌原,國立昌原文化財研究所.

李柱憲,2000,『咸安道項里古墳群Ⅲ』,(學術調查報告第8輯),昌原,國立昌原文化財研究所.

慶南考古學研究所,2000,『道項里末山里遺蹟』,晋州,慶南考古學研究所.

李柱憲,2001,『咸安道項里古墳群Ⅳ』,(學術調查報告第13輯),昌原,國立昌原文化財研究所.

池炳穆·李柱憲,2002,『咸安馬甲塚』,(學術調查報告第15輯),昌原,國立昌原文化財研究所·咸安郡.

李柱憲,2004,『咸安道項里古墳群Ⅴ』,(學術調查報告第26輯),昌原,國立昌原文化財研究所.

慶南發展研究院 歷史文化센터,2004,『함안말산리451-1번지유적, 함안말산리101-2번지유적』,(慶南發展研究院歷史文化센터調查研究報告書 第14冊),慶南發展研究院 歷史文化센터.

辛勇旻(外),2008,『咸安道項里6號墳』,(東亞細亞文化財研究院發掘調查報告書第22輯),馬山,東亞細亞文化財研究院.

(2)여타유적

趙榮濟·朴升圭·柳昌煥·李瓊子·金相哲,1994,『咸安篁沙里墳墓群』,(慶尙大學校博物館學術調查報告第9輯), 晋州,慶尙大學校博物館.

朴東百·金亨坤·崔憲燮·俞炳一·朴文洙,1995,『咸安梧谷里遺蹟』,(昌原大學校博物館學術調查報告第9冊), 昌原,韓國道路公社·昌原大學校博物館.

國立昌原文化財研究所,1998,『咸安城山山城』,(學術調查報告第5輯),昌原,國立昌原文化財研究所.

國立昌原文化財研究所,2004,『咸安城山山城Ⅱ』,(學術調查報告第27輯),昌原,國立昌原文化財研究所.

李政根,2007,『咸安于巨里土器生産遺蹟』,(國立金海博物館學術調查報告書第5冊),金海,國立金海博物館.

慶南文化財研究院,2007,『咸安梧谷里遺蹟』,(學術調查研究叢書第62輯),昌原,慶南文化財研究院.

4) 固城郡

(1)松鶴洞古墳群

姜仁求,1986,『韓國의 前方後圓墳-舞妓山과 長鼓山 測量調查報告書-』,서울,韓國精神文化研究院.

沈奉謹,2005,『固城 松鶴洞古墳群』,(古蹟調查報告第37冊),釜山,東亞大學校博物館.

(2)內山里古墳群

國立昌原文化財研究所,2002,『固城內山里古墳群Ⅰ』,(學術調査報告第18輯),昌原,國立昌原文化財研究所.

國立昌原文化財研究所,2005,『固城內山里古墳群Ⅱ』,(學術調査報告第30輯),昌原,國立昌原文化財研究所.

(3)固城貝塚

金鍾徹・徐五善・申大坤,1992,『固城貝塚』,(國立博物館古蹟調査報告第24冊),國立中央博物館.

김두철・박경도,2003,『固城東外洞遺蹟』,(國立晉州博物館遺蹟調査報告書第16冊),國立晉州博物館.

(4)여타유적

國立晉州博物館,1990,『固城栗俗里 2 號墳』,(國立晉州博物館遺蹟調査報告書第4冊),國立晉州博物館.

朴淳發・李相吉,1994,『固城蓮塘里古墳群』,(慶南大學校博物館叢書 5),慶南大學校博物館.

5) 泗川市

鄭澄元(外),1989,『勒島住居址』,(釜山大學校博物館遺蹟調査報告第13輯),釜山,釜山大學校博物館.

趙榮濟・柳昌煥・李瓊子,1998,『泗川月城里古墳群』,(慶尙大學校博物館研究叢書第18輯),晉州,慶尙大學校博物館・慶南開發公社.

慶南考古學研究所,2002,『泗川鳳溪里三國時代集落』,晉州,慶南考古學研究所.

6) 陝川郡

(1)玉田古墳群

趙榮濟・朴升圭(外),1986,『陝川玉田古墳群第1次發掘調査槪報』,慶尙大學校博物館調査報告第1輯),慶尙大學校博物館.

趙榮濟,1988,『陝川玉田古墳群Ⅰ 木槨墓』,(慶尙大學校博物館調査報告第 3 輯),晉州,慶尙南道・慶尙大學校博物館.

趙榮濟・柳昌煥・李瓊子,1995,『陝川玉田古墳群Ⅴ M10・M11・M18號墳』,(慶尙大學校博物館調査報告第13輯),晉州,慶尙大學校博物館.

趙榮濟・朴升圭,1990,『陝川玉田古墳群Ⅱ-M 3 號墳』,(慶尙大學校博物館調査報告第 6 輯),晉州,慶尙大學校博物館.

趙榮濟・朴升圭・金貞禮・柳昌煥・李瓊子,1992,『陝川玉田古墳群Ⅲ-M 1・M 2 號墳』,(慶尙大學校博物館調査報告第 7 輯),晉州,慶尙大學校博物館.

趙榮濟・朴升圭・柳昌煥・李瓊子・金相哲,1993,『陝川玉田古墳群Ⅳ-M 4・M 6・M 7 號墳』,(慶尙大學校博物館調査報告第 7 輯),晉州,慶尙大學校博物館.

趙榮濟,1994,『陝川玉田古墳群試掘調査報告書』,(慶尙大學校博物館學術調査報告第10輯),晉州,慶尙大學校博物館.

趙榮濟・柳昌煥・李瓊子,1995,『陝川玉田古墳群Ⅴ－M10・11・18號墳』,(慶尙大學校博物館研究叢書第13輯),晉州,慶尙大學校博物館.

趙榮濟・柳昌煥・李瓊子,1997,『陝川玉田古墳群Ⅵ-23・28號墳』,(慶尙大學校博物館研究叢書第16輯),晉州,慶尙大學校博物館.

趙榮濟・柳昌煥・李瓊子,1998,『陝川玉田古墳群Ⅶ-12・20・24號墳』,(慶尙大學校博物館研究叢書第19輯),晉州,慶尙大學校博物館.

趙榮濟・柳昌煥・河承哲,1999,『陝川玉田古墳群Ⅷ- 5・ 7・35號墳』,(慶尙大學校博物館研究叢書第21輯),晉州,慶尙大學校博物館.

趙榮濟・柳昌煥・河承哲,2000,『陝川玉田古墳群Ⅸ－67－Ａ・Ｂ ’73~76號墳－』,(慶尙大學校博物館研究叢書第23輯),晉州,慶尙大學校博物館.

趙榮濟・柳昌煥,2003,『陝川玉田古墳群Ⅹ』,(慶尙大學校博物館研究叢書第26輯),晉州,慶尙大學校博物館.

(2)苧浦里遺蹟

鄭永和・梁道榮・金龍星,1987,『陝川苧浦里古墳群（Ａ地區）』,(陝川댐水沒地區發掘調査報告 3),慶山,慶尙南道・嶺南大學

校博物館.

朴東百・秋淵植,1988,『陜川苧浦里B古墳群』,(昌原大學博物館學術調查報告第2冊),昌原,昌原大學博物館.

曉星女子大學校博物館,1987,「陜川苧浦里C・D地區遺蹟」,『曉星女子大學校博物館學術調查報告書』3,大邱,慶尙南道・曉星女子大學校博物館.

尹容鎭(外),1987,『陜川苧浦里D地區遺蹟』,(陜川댐水沒地區發掘調查報告5),大邱,慶尙南道・慶北大學校考古人類學科.

鄭澄元(外),1987,『陜川苧浦里E地區遺蹟』,(釜山大學校博物館遺蹟調查報告第11輯),釜山,釜山大學校博物館.

(3)여타유적

沈奉謹,1982,「陜川三嘉古墳群」,(古蹟調查報告書 第6冊),釜山,慶尙南道・東亞大學校博物館.

金正完・任鶴鐘・權相烈・孫明助・鄭聖姬,1987,『陜川磻溪堤古墳群』,(國立晉州博物館遺蹟調查報告書第2冊),晉州,慶尙南道・國立晉州博物館.

趙榮濟・朴升圭,1987,『陜川中磻溪墳墓群』,(陜川댐水沒地區發掘調查報告2),晉州,慶尙南道・慶尙大學校博物館.

沈奉謹,1986,『陜川鳳溪里古墳群』,(古蹟調查報告書 第13冊),釜山,慶尙南道・東亞大學校博物館.

沈奉謹,1987,『陜川倉里古墳群』,(古蹟調查報告書 第14冊),釜山,慶尙南道・東亞大學校博物館.

7) 昌寧郡

(1)校洞古墳群

穴沢咊光・馬目順一,1975,「昌寧校洞古墳群-梅原考古資料による谷井濟一氏發掘遺物の硏究-」,『考古學雜誌』第60卷4號,pp.23-75,東京,日本考古學會.

沈奉謹・朴光春・李東注・辛勇旻・高久健二,1992,『昌寧校洞古墳群』,(東亞大學校博物館調查報告第21冊),釜山,東亞大學校博物館.

(2)여타유적

慶尙南道,1997,『昌寧桂城里古墳群發掘調查報告』,서울,文化財管理局.

李殷昌・梁道榮・金龍星・張正男,1991,『昌寧桂城里古墳群-桂域1・4號墳-』,(學術調查報告第9冊),慶山,嶺南大學校博物館.

金誠龜・金正完・權相烈・姜炅希,1991,『昌寧余草里土器窯跡(Ⅰ)』,(國立晉州博物館遺蹟調查報告書第7冊),晉州,國立晉州博物館.

鄭澄元・全玉年(編),1995,『昌寧桂城古墳群』,(釜山大學校博物館硏究叢書第18輯),釜山,釜山大學校博物館.

辛勇旻,2000,『昌寧桂城古墳群』,(湖岩美術館遺蹟發掘調查報告 第6),龍仁,湖岩美術館.

慶南發展硏究院歷史文化센터,2004,『昌寧友江里古墳群』,(慶南發展硏究院歷史文化센터調查硏究報告書第12冊),昌原,慶南發展硏究院歷史文化센터・釜山地方國土管理廳.

우리문화재연구원,2008,『昌寧桂城遺蹟』(우리문화재연구원 학술조사보고 8책),창원,우리문화재연구원.

8) 宜寧郡

趙榮濟・朴升圭・柳昌煥・李瓊子,1994,『宜寧禮屯里墳墓群』,(慶尙大學校博物館學術調查報告第11輯),晉州,慶尙大學校博物館.

趙榮濟・朴升圭・柳昌煥・李瓊子・金相哲,1994,『宜寧中洞里古墳群』,(慶尙大學校博物館學術調查報告第12輯),晉州,慶尙大學校博物館.

嶺南埋藏文化財硏究院,1997,『宜寧泉谷里古墳群Ⅰ』,(嶺南埋藏文化財硏究院學術調查報告 第9冊),大邱,社團法人嶺南埋藏文化財硏究院・宜寧郡.

嶺南埋藏文化財硏究院,1997,『宜寧泉谷里古墳群Ⅱ』,(嶺南埋藏文化財硏究院學術調查報告第10冊),大邱,社團法人嶺南埋藏文化財硏究院・宜寧郡.

趙榮濟・柳昌煥・河承哲・孔智賢,2000,『宜寧雲谷里古墳群』,(慶尙大學校博物館硏究叢書第22輯),晉州,慶尙大學校博物館.

趙榮濟·柳昌煥,2004,『宜寧景山里古墳群』,(慶尙大學校博物館研究叢書第28輯),晋州,慶尙大學校博物館.

9) 山淸郡

趙榮濟·柳昌煥·宋永鎭,2002,『山淸玉山里遺蹟－木槨墓－』,(慶尙大學校博物館研究叢書第25輯),晋州,韓國道路公社·慶尙大學校博物館.

新羅大學校博物館,2004,『山淸中村里古墳群』,(新羅大學校博物館遺蹟調査報告第7輯),釜山,서新羅大學校博物館.

慶南發展硏究院歷史文化센터,2004,『山淸明洞遺蹟Ⅰ』,(慶南發展硏究院歷史文化센터調査硏究報告書第17冊),창원,慶南發展硏究院歷史文化센터.

慶南發展硏究院歷史文化센터,2004,『山淸明洞遺蹟Ⅱ』,(慶南發展硏究院歷史文化센터調査硏究報告書第23冊),창원,慶南發展硏究院歷史文化센터.

慶南發展硏究院歷史文化센터,2006,『山淸坪村里遺蹟Ⅰ』,(慶南發展硏究院歷史文化센터調査硏究報告書第48冊),창원,慶南發展硏究院歷史文化센터.

조영제, 류창환, 장상갑, 윤민근,2006,『山淸 生草古墳群』,(慶尙大學校博物館 硏究叢書 第29輯),晋州,慶尙大學校博物館.

慶南發展硏究院歷史文化센터,2007,『山淸坪村里遺蹟Ⅱ』,(慶南發展硏究院歷史文化센터調査硏究報告書第54冊),창원,慶南發展硏究院歷史文化센터.

조영제, 류창환, 김승신, 정지선,2009,『山淸 生草 M12·M13號墳』,(慶尙大學校博物館 硏究叢書 第31輯),晋州,慶尙大學校博物館.

慶南發展硏究院歷史文化센터,2009,『山淸明洞遺蹟Ⅲ』,(慶南發展硏究院歷史文化센터調査硏究報告書第73冊),창원,慶南發展硏究院歷史文化센터.

10) 晋州市

(1)玉峰·水精峰古墳群

朝鮮總督府,1916,『朝鮮古蹟圖譜』第三冊,朝鮮總督府.

定森秀夫·吉井秀夫·內田好昭 1990『韓國慶尙南道晋州水精峯2號墳·玉峯7號墳出土遺物－東京大學工學部建築史硏究室所藏資料の紹介－』,『京都文化博物館硏究紀要朱雀』第3集, pp.71-105,京都, 京都府京都文化博物館.

(2)여타유적

趙榮濟·朴升圭,1989,『晋州加佐洞古墳群1~4號墳』(慶尙大學校博物館調査報告第4輯) ,晋州,慶尙大學校博物館.

姜炅希,1994,『晋陽武村里加耶墓』,(國立晋州博物館遺蹟調査報告書第9冊),晋州,國立晋州博物館·晋陽郡.

慶南考古學硏究所,1999,『雨水里小加耶墓群』,(慶南考古學硏究所遺蹟發掘調査報告書第1冊),晋州,慶南考古學硏究所.

慶南考古學硏究所,2005,『晋州 武村Ⅲ』,晋州,慶南考古學硏究所.

慶南考古學硏究所,2005,『晋州 武村Ⅳ』,晋州,慶南考古學硏究所.

11) 居昌郡

韓永熙·金正完,1985,「居昌末屹里古墳」,『國立博物館古蹟調査報告』17, 서울,國立中央博物館.

12) 咸陽郡

金東鎬,1972,『咸陽上柏里古墳群發掘調査報告』,(1972年度古蹟調査報告),釜山,東亞大學校博物館.

朴鍾益·李柱憲,1996,「咸陽葍谷里古墳群發掘調査報告」,『年報』,昌原,國立昌原文化財硏究所.

金東鎬,1972,『咸陽上柏里古墳群發掘調査報告』,(1972年度古蹟調査報告),釜山,東亞大學校博物館.

釜山大學校博物館,1986,『咸陽白川里1號墳』,(釜山大學校博物館遺蹟調査報告10),釜山,釜山大學校博物館.

慶南發展硏究院歷史文化센터,2007,『咸陽花山里遺蹟』,(慶南發展硏究院歷史文化센터調査硏究報告書第59冊),昌原,慶南發展硏究院歷史文化센터.

13) 馬山市

朴東百·李盛周·金亨坤,1990,『馬山縣洞遺蹟』,(昌原大學校博物館學術調査報告3),昌原,昌原大學校博物館.

禹枝南(外),2007,『馬山合城洞遺蹟』,晉州,慶南考古學硏究所.

14) 昌原市

(1)道溪洞古墳群

朴東百·秋淵植,1987,『昌原道溪洞古墳群Ⅰ』,(昌原大學博物館學術調査報告第1冊),昌原,昌原大學博物館.

林孝澤·郭東哲,1996,『昌原道溪洞古墳群』,(東義大學校博物館學術叢書4),釜山,東義大學校博物館.

慶南發展硏究院歷史文化센터,2004,『昌原道溪洞遺蹟』,(慶南發展硏究院歷史文化센터調査硏究報告書第26冊),昌原,慶南發展硏究院歷史文化센터.

東亞細亞文化財硏究院,2009,『昌原 新方里 低濕遺蹟』(財)東亞細亞文化財硏究院 發掘調査 報告書 第33輯),馬山,東亞細亞文化財硏究院.

(2)여타유적

安春培,1984,『昌原三東洞甕棺墓』,(釜山女子大學博物館遺蹟調査報告第1輯),釜山,釜山女子大學博物館.

李柱憲·金大成·兪炳一·金良美,1994,『昌原加音丁洞遺蹟』,(學術調査報告第2輯),昌原,國立昌原文化財硏究所.

任鶴鐘·洪鑛根·張尙勳,2001,『德山-本浦間地方道路工事區間內發掘調査 昌原茶戶里遺蹟』,(國立博物館古蹟調査報告第32冊,서울,國立中央博物館·慶尙南道.

15) 密陽市

孫明助·尹邰映,2001,『密陽沙村製鐵遺蹟』,(國立金海博物館學術調査報告第1冊),金海,國立金海博物館.

16) 蔚山市

鄭澄元·李在賢(外),1997,『蔚山下垈遺蹟-古墳Ⅰ』,(釜山大學校博物館遺蹟調査報告第20輯),釜山,釜山大學校博物館.

徐始男·金度憲,1998,『蔚山下垈遺蹟-古墳Ⅱ』,(釜山大學校博物館硏究叢書第22輯),釜山,釜山大學校博物館.

全虎兌·金榮珉·宋楨植,2000,『蔚山達川遺蹟』,(蔚山大學校博物館學術硏究叢書第5輯),蔚山,蔚山大學校博物館·釜山大學校考古學科.

17) 河東郡

趙榮濟·朴升圭·朴鍾益·姜炅希,1990,『河東古梨里遺蹟 附.河東郡辰橋面地表調査遺蹟』,(慶尙大學校博物館調査報告第5輯),晉州,慶尙大學校博物館.

沈奉謹,2001,『하동 고소성 시굴조사 보고서』,東亞大學校博物館.

18) 鎭海市

沈奉謹·李東注,1996,『鎭海龍院遺蹟 (第1·2次合輯)』,(古蹟調査報告書第24冊),釜山,韓國土地公社·東亞大學校博物館.

19) 梁山市

小川敬吉,1927,「梁山夫婦塚と其遺物」,『朝鮮總督府古蹟調査特別報告』第5冊,서울,朝鮮總督府.

沈奉謹·李東注,1996,『鎭海龍院遺蹟 (第1·2次合輯)』,(古蹟調査報告書第24冊),釜山,韓國土地公社·東亞大學校博物館.

沈奉謹(外),1991,『梁山金鳥塚·夫婦塚』,(古蹟調査報告書第 19冊),釜山,東亞大學校博物館.

20) 巨濟市

慶南發展研究院歷史文化센터,2006,『巨濟 長木 古墳』,(慶南發展研究院歷史文化센터調査研究報告書第40冊),昌原,慶南發展研究院歷史文化센터.

2. 慶尙北道

1) 高靈郡

(1) 池山洞古墳群

朝鮮總督府,1916,『朝鮮古蹟圖譜』第三冊,서울,朝鮮總督府.

今西龍,1920,「慶尙北道善山郡·達城郡·高靈郡·星州郡·金泉郡, 慶尙南道咸安郡·昌寧郡調査報告」,『大正六年度古蹟調査報告』,서울,朝鮮總督府.

浜田耕作·梅原末治,1922,「慶尙北道星州郡·高靈郡, 慶尙南道昌寧郡古蹟調査報告」,『大正七年度古蹟調査報告』,서울,朝鮮總督府.

尹容鎭·金鍾徹,1979,『大伽耶古墳發掘調査報告書』,高靈,高靈郡.

金鍾徹,1981,『高靈池山洞古墳群32~35號墳·周邊石槨墓』,(啓明大學校博物館遺蹟調査報告第 1 輯),大邱,啓明大學校博物館.

金誠龜·金弘柱·金圭東·楊夏錫,1996,『主山城地表調査報告書』,(國立大邱博物館學術調査報告第 1 冊),大邱,國立大邱博物館·高靈郡.

嶺南埋藏文化財研究院,1998,『高靈池山洞30號墳』,(嶺南埋藏文化財研究院學術調査報告第13冊), 大邱,社團法人嶺南埋藏文化財研究院·高靈郡.

嶺南埋藏文化財研究院,2000,『大伽耶歷史館新築敷地內-高靈池山洞古墳群-』,大邱,高靈郡.

慶尙北道文化財研究院,2000,『大伽耶歷史館新築敷地內高靈池山洞古墳群』,(學術調査報告第 6 冊), 慶山,慶尙北道文化財研究院·高靈郡.

嶺南文化財研究院,2002,『高靈桃津里古墳群』,(嶺南文化財研究院學術調査報告第45冊), 大邱, 嶺南文化財研究院.

有光敎一·藤井和夫,2002,『朝鮮古蹟研究會遺稿Ⅱ 公州宋山里第29號墳 高靈主山第39號墳發掘調査報告1933, 1939』,東京,ユネスコ東アジア文化研究センター·財團法人東洋文庫.

嶺南埋藏文化財研究院,2006,『高靈池山洞古墳群Ⅰ』,(嶺南埋藏文化財研究院學術調査報告第70冊),大邱,財團法人嶺南埋藏文化財研究院·高靈郡.

嶺南埋藏文化財研究院,2006,『高靈池山洞古墳群Ⅱ』,(嶺南埋藏文化財研究院學術調査報告第108冊),大邱,財團法人嶺南埋藏文化財研究院·高靈郡.

嶺南埋藏文化財研究院,2006,『高靈池山洞古墳群Ⅲ』,(嶺南埋藏文化財研究院學術調査報告第109冊),大邱,財團法人嶺南埋藏文化財研究院·高靈郡.

高靈郡.嶺南埋藏文化財研究院,2006,『高靈池山洞古墳群Ⅳ』,(嶺南埋藏文化財研究院學術調査報告第110冊),大邱,財團法人嶺南埋藏文化財研究院·高靈郡.

嶺南埋藏文化財研究院,2006,『高靈池山洞古墳群Ⅴ』,(嶺南埋藏文化財研究院學術調査報告第111冊),大邱,財團法人嶺南埋藏文化財研究院·高靈郡.

嶺南埋藏文化財研究院,2006,『高靈池山洞古墳群Ⅵ』,(嶺南埋藏文化財研究院學術調査報告第112冊),大邱,財團法人嶺南埋藏文化財研究院·高靈郡.

(2) 古衙洞古墳群

金英夏·尹容鎭,1966,「仁同·不老洞 `高靈古衙古墳發掘調査報告」,(慶北大學校博物館叢刊第 2 冊), 大邱,慶北大學校博物館.

金元龍·金正基,1967,「高靈壁畵古墳調査報告」,『韓國考古』2, 서울,서울大學校文理大學考古人類學科.

金世基·曹永鉉·金秉柱,1985,『高靈古衙洞壁畵古墳實測調査報告』,(啓明大學校博物館遺蹟調査報告第 2 輯), 大邱,啓明大學

校出版部.

朴天秀(外),2009,『高靈池山洞44號墳-大伽耶王陵-』,(慶北大學校博物館學術叢書37·慶北大學校考古人類學科考古學叢書1),大邱,慶北大學校博物館·慶北大學校考古人類學科·高靈大伽耶博物館.

(3)대가야 궁성지

박천수·박경예·이인숙·정주희,1966,『傳大加耶宮城址』,(慶北大學校博物館學術叢書34),大邱,慶北大學校博物館.

(4)여타유적

李殷昌,1982,「新羅伽耶土器窯址」,『曉星女子大學博物館學術調查報告』1,하양,曉星女子大學校博物館.

金鍾徹·金世基·曹永鉉·金秉柱(外),1995,『高靈本館洞古墳群 第34·35·36號墳 및 石槨墓群』,(啓明大學校博物館遺蹟調查報告第4輯),大邱,啓明大學校博物館.

嶺南埋藏文化財研究院,1996,『高靈快賓洞古墳群』,(嶺南埋藏文化財研究院學術調查報告第3冊),大邱,社團法人嶺南埋藏文化財研究院.

2) 慶州市

國立慶州博物館·慶北大學校博物館,1990,『慶州月城路古墳群』,慶州,國立慶州博物館·慶北大學校博物館·慶州市.

文化財管理局·文化財研究所編,1994,『皇南大塚 (南墳) 發掘調查報告書』,서울,文化財管理局·文化財研究所.

黃尙周·安在晧·金鎬詳·黃昌漢,2002,『隍城洞古墳群』,(東國大學校慶州캠퍼스博物館研究叢書第8冊),慶州,東國大學校慶州캠퍼스博物館.

嶺南文化財研究院,2002,『慶州九於里古墳群I－積石木槨墓·石室墳－』,(嶺南文化財研究院學術調查報告第42冊),漆谷,嶺南文化財研究院.

崔聖愛,2006,『慶州 九政洞 古墳』,(國立慶州博物館 學術調查報告 第18冊),pp.161~177,경주,國立慶州博物館.

中央文化財研究院,2008,『慶州花山里遺蹟』,(發掘調查報告第136冊),大田,中央文化財研究院.

3)大邱市

嶺南文化財研究院,2003,『達城汶陽里古墳群』,(嶺南文化財研究院學術調查報告第55冊),漆谷,嶺南文化財研究院.

權憲胤·權容圭,2009,『達城內里古墳群』,(嶺南埋藏文化財研究院學術調查報告第166冊),大邱,社團法人嶺南埋藏文化財研究院.

4)清道郡

慶尙北道文化財研究院,2006,『清道鳳岐里遺蹟』,(慶尙北道文化財研究院學術調查報告第67冊),慶山,慶尙北道文化財研究院.

慶尙北道文化財研究院,2010,『清道聖谷里遺蹟1』,(慶尙北道文化財研究院學術調查報告第142冊),慶山,慶尙北道文化財研究院.

5)慶山市

朴升圭·張容碩·安順天,2001,『慶山林堂洞遺蹟II－G地區5·6號墳－』,(嶺南文化財研究院學術調查報告第34冊),漆谷,嶺南文化財研究院.

6) 義城郡

金載元·尹武炳,1962,『義城塔里古墳』,(國立博物館古蹟調查報告第3冊),서울,國立博物館.

李白圭·李在煥·金東淑,2002,『鶴尾里古墳』,(慶北大學校博物館學術叢書28),大邱,慶北大學校博物館·義城郡.

박정화·신동조·서경민·이현정,2002,『義城大里里3號墳』,(慶北大學校博物館學術叢書33),大邱,慶北大學校博物館.

7) 星州郡

浜田耕作·梅原末治,1922,「慶尙北道星州郡·高靈郡,慶尙南道昌寧郡古蹟調查報告」,『大正七年度古蹟調查報告』,서울,朝鮮總督府.

啓明大學校博物館,2006,『星州星山洞古墳群』,(啓明大學校博物館遺蹟調查報告第13輯),大邱,啓明大學校博物館.

8) 漆谷郡

慶尙北道文化財硏究院,2004,『漆谷深川里遺蹟 發掘調査報告書』,(慶尙北道文化財硏究院學術調査報告第37冊), 慶山,慶尙北道文化財硏究院.

3. 全羅南道

1) 光陽市

崔仁善・李東熙,1998,『光陽市의 山城−精密地表調査報告書−』,(順天大博物館地方文化叢書第15冊), 順天,順天大學校博物館・光陽市.

崔仁善・朴泰洪・宋美珍,2003,『光陽龍江里機頭遺蹟』,(順天大博物館地方文化叢書第45冊), 順天,順天大學校博物館・全羅南道光陽敎育廳.

이동희・이순엽・박태홍・이승혜,2007,『광양 칠성리 유적』,(순천대박물관지방문화총서제58책),순천,순천대학교박물관.

2) 麗水市

崔仁善・曹根佑,1998,『麗水의 城址−精密地表調査報告書−』,(順天大博物館地方文化叢書第16冊), 順天,順天大學校博物館・麗水市.

崔仁善・李東熙・曹根佑・李順葉,2002,『麗水禾長洞遺蹟II』,(順天大博物館地方文化叢書第41冊), 順天,順天大學校博物館・麗水市.

崔仁善・朴泰洪,2003,『麗水市의 山城』,(南道文化叢書第4), 順天,麗水市・順天大學南道文化硏究所.

崔仁善・曹根佑・李順葉,2003,『麗水鼓樂山城I』,(順天大博物館學術資料叢書第44冊), 順天,順天大學校博物館・麗水市.

崔仁善・朴泰洪・宋美珍,2003,『麗水鼓樂山城II』,(順天大博物館學術資料叢書第44冊), 順天,順天大學校博物館・麗水市.

손병헌・이일용・전용호,2006,『麗水禾長洞遺蹟 發掘調査報告書』, 서울,성균관대학교박물관・麗水市.

3) 順天市

최성락・이영문・이영철,1997,「순천 요곡리 유적」,『湖南高速道路 擴張區間(古西~順天間)』文化遺蹟發掘調査報告書II』, 光州,全南大學校博物館・全羅南道・韓國道路公社.

崔仁善・李東熙,2001,『順天龍堂洞望北遺蹟』,(順天大博物館學術資料叢書第28冊), 順天,順天大學校博物館・順天市.

이동희・이순엽・최권호・이승혜,2008,『順天 雲坪里 遺蹟I』,(순천대박물관지방문화총서제60책),순천,순천대학교박물관.

4) 高興郡

湖南文化財硏究院,2006,『高興訪士遺蹟』,(湖南文化財硏究院學術調査報告第65冊), 光州,湖南文化財硏究院.

5) 寶城郡

崔仁善・李東熙・朴泰洪・宋美珍,2003,『寶城鳥城里遺蹟』,(順天大博物館學術資料叢書第50冊), 順天,順天大學校博物館・寶城郡.

6) 海南郡

李暎澈・金美蓮・張明燁,2005,『海南新今遺蹟』,(湖南文化財硏究院學術調査報告第44冊), 光州,湖南文化財硏究院.

7) 長興郡

湖南文化財硏究院,2006,『長興上芳村B遺蹟』,(湖南文化財硏究院學術調査報告第55冊), 光州,湖南文化財硏究院.

8) 求禮郡

김정애,2007,『求禮鳳北里遺蹟』,(南道文化財硏究院叢書第19), 順天,南道文化財硏究院.

9) 光州市

이영철·박수현,2007,『光州東林洞遺蹟Ⅰ』,(湖南文化財研究院學術調査報告第80冊) ,光州,湖南文化財研究院.

이영철·최영주,2007,『光州東林洞遺蹟Ⅱ』,(湖南文化財研究院學術調査報告第81冊) ,光州,湖南文化財研究院.

이영철·노미선,2007,『光州東林洞遺蹟Ⅲ』,(湖南文化財研究院學術調査報告第82冊) ,光州,湖南文化財研究院.

이영철·문지연,2007,『光州東林洞遺蹟Ⅳ』,(湖南文化財研究院學術調査報告第83冊) ,光州,湖南文化財研究院.

4. 全羅北道

1) 南原郡

全北大學校博物館,1987,『南原地方文化財地表調査報告書』,(全北地方文化財調査報告書6),全州,全北大學校博物館.

全榮來,1981,『南原,草村里古墳群發掘調査報告書』,全州,韓國文化財保護協會 全北道支部.

全榮來,1983,『南原 月山里古墳群發掘調査報告』,이리,圓光大學校 馬韓·百濟文化硏究所.

尹德香·郭長根,1989,『斗洛里』,全州,全北大學校博物館·南原郡.

全北大學校博物館,1994,『杏亭里古墳群』,(全北大學校博物館叢書15),全州,全北大學校博物館叢書.

全北大學校博物館,2003,,『南原大谷里遺蹟』,(全北大學校博物館叢書33),全州,全北大學校博物館.

2) 鎭安郡

尹德香·郭長根·趙仁振·盧美善·張知賢,2001,『鎭安龍潭댐水沒地區內文化遺蹟調査報告書Ⅰ 臥亭遺蹟』,(全北大學校博物館叢書22·群山大學校博物館學術叢書22),全州,全北大學校博物館·群山大學校博物館·鎭安郡·韓國水資源公社.

3) 長水郡

郭長根·韓修英,1998,『長水三顧里古墳群』,(群山大學校博物館學術叢書第6冊),群山,群山大學校博物館.

곽장근(외),2005,『장수삼봉리·동촌리고분군』,(군산대학교박물관학술총서제40책),군산,군산대학교박물관.

Ⅲ. 日本 발굴조사보고서

1. 九州

1) 長崎縣

水野淸一·樋口隆康·岡崎敬(編),1953,『對馬』,(東方考古學叢刊2種6冊),東亞考古學會.

小田富士雄·佐田茂·橋口達也·高倉洋彰·眞野和夫·藤口健二·武末純一(編),1974,『對馬 淺茅灣とその周邊の考古學調査』,(長崎縣文化財調査報告書第17集),長崎縣敎育委員會.

坂田邦洋·永留史彦,1974,『恵比須山遺蹟發掘調査報告』,峰,長崎縣峰村敎育委員會.

坂田邦洋,1975,『對馬の遺蹟』,長崎,繩文文化硏究會.

坂田邦洋,1976,『對馬の考古學』,長崎,繩文文化硏究會.

長崎縣敎育委員會,1984,『神ノ崎遺蹟』,(小値賀町文化財調査報告書第4集),小値賀,小値賀町敎育委員會.

藤田和裕(編),1984,『コフノサエ遺蹟』,(上對馬町文化財調査報告書第1集),長崎縣上對馬町敎育委員會.

本田英樹(編),1993,『箕島遺蹟』,(美津島町文化財調査報告書第6集),美津島町敎育委員會.

藤田和裕(編),1998,『クワバル古墳』,(上對馬町文化財調査報告書第6集),長崎縣上對馬町敎育委員會.

長崎縣峰町敎育委員會,1998,『下ガヤノキ遺蹟付録吉田蒙古塚』,峰,長崎縣峰町敎育委員會.

2) 福岡縣

(1)福岡市

濱石哲也(編),1989,『吉武遺蹟群Ⅳ 市道田・飯盛線關係埋藏文化財調査報告Ⅱ』,(福岡市埋藏文化財調査報告書第194集),福岡,福岡市教育委員會.

松村道博(編),1989,『西新町遺蹟』,(福岡市埋藏文化財調査報告書第203集),福岡,福岡市教育委員會.

長家伸(編),1994,『西新町遺蹟 3』,(福岡市埋藏文化財調査報告書第375集),福岡,福岡市教育委員會.

重藤輝行(編),2000,『西新町遺蹟Ⅱ』,(福岡縣文化財調査報告第154集),福岡,福岡縣教育委員會.

森井啓次(編),2001,『西新町遺蹟Ⅲ』,(福岡縣文化財調査報告第157集),福岡,福岡縣教育委員會.

吉田東明(編),2002,『西新町遺蹟Ⅳ(上)』,(福岡縣文化財調査報告第168集),福岡,福岡縣教育委員會.

吉田東明(編),2002,『西新町遺蹟Ⅳ(下)』,(福岡縣文化財調査報告第168集),福岡,福岡縣教育委員會.

横山邦継(編),2003,『吉武遺蹟群ⅩⅤ飯盛吉武圃場整備關係調査報告19』,(福岡市埋藏文化財調査報告書第775集),福岡,福岡市教育委員會.

吉田東明(編),2003,『西新町遺蹟Ⅴ』,(福岡縣文化財調査報告第178集),福岡,福岡縣教育委員會.

(2)福岡縣

서부

石山勳(編),1977,『神原・奴山古墳群』,(福岡縣文化財調査報告書第54集),福岡,福岡縣教育委員會.

鈴木隆彦(編),1978,『奴山 5 號古墳發掘調査報告』,津屋崎,津屋崎町教育委員會.

橋口達也(編),1989,『神原・奴山古墳群』,(津屋崎町文化財調査報告書第 6 集),津屋崎,津屋崎町教育委員會.

嶋田光一,1991,「福岡縣樞山古墳の再檢討」,『兒嶋降人先生喜寿記念論集-古文化論叢-』,論叢刊行會.

橋口達也(編),1991,『宮司井手ノ上古墳』,(津屋崎町文化財調査報告書第 7 集),津屋崎,津屋崎町教育委員會.

池ノ上宏・安武千里(編),1994,『在自遺蹟群Ⅰ 津屋崎地區縣營圃場整備事業に伴う發掘調査報告』,(津屋崎町文化財調査報告書第9集),津屋崎,津屋崎町教育委員會.

白木英敏(編),1994,『冨地原川原田Ⅰ』,(宗像市文化財調査報告書第39集),宗像市教育委員會.

池ノ上宏・安武千里(編),1995,『在自遺蹟群Ⅱ 縣營圃場整備事業津屋崎地區に伴う發掘調査報告』,(津屋崎町文化財調査報告書第10集),津屋崎,津屋崎町教育委員會.

池ノ上宏(編),1996,『在自遺蹟群Ⅲ』,(津屋崎町文化財調査報告書第11集),津屋崎,津屋崎町教育委員會.

岡崇(編),2000,『久原滝ケ下』,(宗像市文化財調査報告書第48集),宗像市教育委員會.

毛利哲久(編),2000,『小正西古墳』,(穂波町文化財調査報告書第12集),穂波,穂波町教育委員會.

남부

柳田康雄(編),1979,『小田茶臼山古墳』,(甘木市文化財調査報告第4集),甘木,甘木市教育委員會.

橋口達也(編),1979,『池の上墳墓群』,(甘木市文化財調査報告第5集),甘木,甘木市教育委員會.

橋口達也(編),1982,『古寺墳墓群』,(甘木市文化財調査報告第14集),甘木,甘木市教育委員會.

橋口達也(編),1983,『古寺墳墓群Ⅱ』,(甘木市文化財調査報告第15集),甘木,甘木市教育委員會.

3) 佐賀縣

佐賀縣教育委員會,1982,『九州横斷自動車道關係埋藏文化財發掘調査報告書(2)香田遺蹟』,佐賀,佐賀縣教育委員會.

佐賀縣教育委員會,1983,『九州横斷自動車道關係埋藏文化財發掘調査報告書(3)西原遺蹟』,佐賀,佐賀縣教育委員會.

4) 熊本縣

熊本縣敎育委員會,1975,『塚原』,(熊本縣文化財調查報告第16集),熊本,熊本縣敎育委員會.

今田治代(編),1999,『野津古墳群II』,(竜北町文化財調查報告書第1集),竜北,竜北町敎育委員會.

5) 宮崎縣

面高哲郎·長津宗重,1983,「宮崎縣都城志和池出土の陶質土器」,『古文化談叢』12,北九州,九州古文化硏究會.

宮崎市敎育委員會,2003,『史跡 生目古墳群-保存整備事業 發掘調查槪要報告書IV-』,(宮崎市文化財調查報告書第54集),宮崎,宮崎市敎育委員會.

南正覚雅士·丹俊詞(編),2003山崎上ノ原第2遺蹟山崎下ノ原第1遺蹟』,(宮崎縣埋藏文化財センター發掘調查報告書第79集),宮崎,宮崎縣埋藏文化財センター

2. 中國 四國
1) 島根縣

川口幸子·向田薰(編),1986,『周布小建設予定地内埋藏文化財(森ヶ曽根古墳)發掘調查報告書』,浜田,浜田市敎育委員會.

出雲市敎育委員會,1996,『上長浜貝塚』,出雲,出雲市敎育委員會.

2) 鳥取縣

鳥取縣敎育文化事業團,1981,『長瀨高浜遺蹟發掘調查報告書III』,鳥取,財團法人鳥取縣敎育文化事業團.

鳥取縣敎育文化事業團,1981,『長瀨高浜遺蹟發掘調查報告書IV』,鳥取,財團法人鳥取縣敎育文化事業團.

鳥取縣敎育文化事業團,1983,『長瀨高浜遺蹟發掘調查報告書VI』,鳥取,財團法人鳥取縣敎育文化事業團.

3) 廣島縣

廣島縣敎育委員會,1954,『三ツ城古墳』,廣島,廣島縣敎育委員會.

廣島縣敎育委員會,1985,『池の內遺蹟發掘調查報告』,廣島,廣島縣敎育委員會.

4) 岡山縣

岡山縣敎育委員會,1993,「菅生小學校裏山遺蹟」,『岡山縣埋藏文化財發掘調查報告書81』,岡山,岡山縣敎育委員會.

下沢公明(編),1996,『斎富遺蹟』,岡山,岡山縣文化財保護協會.

岡山縣敎育委員會,2000,「高塚遺蹟·三手遺蹟2」,『岡山縣埋藏文化財發掘調查報告書150』,岡山,岡山縣敎育委員會.

5) 愛媛縣

今治市敎育委員會,1974,『唐子臺遺蹟群』,今治,今治市敎育委員會.

岡田敏彦,2001,「愛媛縣における首長墳素描」,『(財)愛媛縣埋藏文化財調查センター研究紀要』第2號, pp.1-36,松山,財團法人愛媛縣埋藏文化財調查センター.

高尾和生,2003,『船ケ谷遺蹟4次調查II福音小學校構內遺蹟III』,(松山市文化財調查報告書95),松山,松山市敎育委員會·財團法人松山市生學習振興財團埋藏文化財調查センター.

3. 近畿
1) 兵庫縣

姫路市敎育委員會,1970,『宮山古墳發掘調查槪要』,姫路,姫路市敎育委員會.

姫路市敎育委員會,1973,『宮山古墳第2次發掘調查槪報』,姫路,姫路市敎育委員會.

2) 大阪府

藤直幹・井上薫・北野耕平,1964,『河内における古墳の調査』,(大阪大學文學部國史研究室研究報告第 1 册),豊中,大阪大學文學部國史研究室.

田辺昭三,1966,『陶邑古窯址Ⅰ』,(平安學院創立九十周年記念研究論集10號),京都,平安學院考古クラブ.

北野耕平,1976,『河内野中古墳の調査』,(大阪大學文學部國史研究室研究報告第 2 册),豊中,大阪大學文學部國史研究室.

中村浩(編),1980,『陶邑Ⅲ』,(大阪府文化財調査報告書第30輯),大阪,財團法人大阪府埋藏文化財協會.

岸本昭・岡戸哲紀(編),1990,『陶邑・伏尾遺蹟 A地區 近畿自動車道松原南海線建設に伴う發掘調査報告書』,(財 大阪府埋藏文化財協會調査報告書第60輯),大阪,大阪府教育委員會・財團法人大阪府埋藏文化財協會.

大阪府教育委員會(編),1992,『小阪遺蹟本報告書－近畿自動車道松原海南線・府道松原泉大津線建設に伴う發掘調査－』,大阪,財團法人大阪文化財センター.

虎間英喜(編),1993,『久米田古墳群發掘調査概要Ⅰ』,岸和田,岸和田市教育委員會.

西口陽一(編),1994,『野々井西遺蹟-ON231號窯跡 近畿自動車道松原すさみ線建設に伴う發掘調査報告書』,(財 大阪府埋藏文化財協會調査報告書第86輯),大阪,大阪府教育委員會・財團法人大阪府埋藏文化財協會.

三木弘(編),1994,『堂山古墳群』,(大阪府文化財調査報告書第45輯),大阪,大阪府教育委員會.

岡戸哲紀(編),1995,『陶邑・大庭寺遺蹟Ⅴ』,(財)大阪府文化財調査研究センター報告書 第10集),大阪,大阪府教育委員會・(財)大阪府文化財調査研究センター.

岡戸哲紀(編),1995,『陶邑・大庭寺遺蹟Ⅳ 近畿自動車道松原・すさみ線建設に伴う發掘調査報告書 本文編』,(財大阪府埋藏文化財協會調査報告書第90輯),大阪,大阪府教育委員會・財團法人大阪府埋藏文化財協會.

田中英夫,1999,『濁り池須恵器窯址』,大阪,信太山遺蹟調査團濁り池窯址班.

3) 京都府

河野一隆(編),1997,「奈具岡北古墳群」,『京都府遺蹟調査概報』第76册,京都,京都府埋藏文化財センター.

4) 奈良縣

泉武・山田圭子(編),1990,『天理市埋藏文化財調査報告第4集 星塚・小路遺蹟』,(天理市埋藏文化財調査報告 第4集),天理,天理市教育委員會.

坂靖(外),1996,『南鄉遺蹟群Ⅰ』,(奈良縣史跡名勝天然記念物調査報告第69册),橿原,奈良縣立橿原考古學研究所.

青柳泰介(外),1998,「南鄉遺蹟群(南鄉岩田・南鄉鍋田・井戸大田臺・南鄉田鶴・佐田釉ノ木地區)發掘調査概報」,『奈良縣遺蹟調査概報1997年度』,橿原,奈良縣立橿原考古學研究所.

佐々木好直(外),1999,『南鄉遺蹟群Ⅱ』,(奈良縣史跡名勝天然記念物調査報告 73册),橿原,奈良縣立橿原考古學研究所.

坂靖(外),2000,『南鄉遺蹟群Ⅳ』,(奈良縣立橿原考古學研究所調査報告 第76册),橿原,奈良縣立橿原考古學研究所.

5) 和歌山縣

末永雅雄(編),1967,『岩橋千塚』,和歌山,和歌山市教育委員會.

關西大學文學部考古學研究室,1972,『和歌山市における古墳文化』,和歌山,和歌山市教育委員會.

6) 三重縣

穂積裕昌(外)2002,『六大A遺蹟發掘調査報告』,三重,三重縣埋藏文化財センター.

3. 關東 東北

1) 群馬縣

高崎市教育委員會,2001,『劍崎長瀞西遺蹟 1 -浄水場建設に伴う發掘調査報告書第 1 集』,(高崎市文化財調査報告第179集),

高崎,高崎市敎育委員會.

IV. 圖錄

1. 韓國

1) 경상남도

(1) 부산시

釜山大學校博物館,1998,『金海의 古墳文化』,金海,金海市.

釜山廣域市立博物館福泉分館·國立金海博物館,2000,『考古學이 찾은 先史와 加耶』,釜山,새한出版社.

福泉博物館,2001,『福泉博物館圖錄』,釜山,福泉博物館.

東亞大學校博物館,2001,『所藏品圖錄』,釜山,東亞大學校博物

福泉博物館,2002,『古代동아시아의 文物交流』,釜山,福泉博物館.

東亞大學校博物館,2003,『發掘遺蹟과 遺物』,釜山,東亞大學校博物館.

福泉博物館,2004,『금관가야와 신라』,釜山,福泉博物館.

福泉博物館,2009,『복천동 고분문화』,釜山,福泉博物館.

(2) 김해시

國立金海博物館,1998,『國立金海博物館圖錄』,서울,通川文化社.

國立金海博物館,1999,『가야의 그릇받침』,서울,通川文化社.

대성동고분박물관,2003,『대성동고분박물관 전시안내도록』,김해,대성동고분박물관.

國立金海博物館,2006,『加耶의 美』,金海,國立金海博物館.

國立金海博物館,2008,『國立金海博物館圖錄』,서울,通川文化社.

(3) 진주시

國立晋州博物館,1984,『國立晋州博物館圖錄』,晋州,國立晋州博物館.

(4) 창원시

國立昌原文化財研究所編,2004,『韓國의 古代木簡』,(學術調査報告第25輯),昌原,國立昌原文化財研究所.

(5) 함안군

함안박물관,2004,『함안의 유적과 유물』,함안,함안박물관.

함안박물관,2005,『안라국의 상징 불꽃무늬토기』,함안,함안박물관.

(6) 합천군

합천박물관,2005,『황강, 옥전 그리고 다라국』,합천,합천박물관.

합천박물관,2007,『황강이 전하는 삶의 흔적』,합천,합천박물관.

2) 경상북도

(1) 경주시

國立慶州博物館,1987,『菊隱 李養璿 蒐集文化財』,慶州,國立慶州博物館.

國立慶州博物館,1997,『新羅土偶』,서울,通川文化社.

國立慶州博物館,2005,『고고관』,慶州,國立慶州博物館.

國立慶州博物館,2007,『국립경주박물관 명품백선』,慶州,國立慶州博物館.

(2)고령군

大加耶博物館,2003,『大加耶의 遺蹟과 遺物』,고령,大加耶博物館.

大加耶博物館,2006,『토기로 본 大加耶』,고령,大加耶博物館.

大加耶博物館,2006,『대가야는 살아있다』,고령,大加耶博物館.

大加耶博物館,2008,『대가야와 여섯 가야』,고령,大加耶博物館.

大加耶博物館,2009,『최초의 대가야 왕릉』,고령,大加耶博物館.

(3)대구시

계명대학교박물관,1988,『개관10주년기념 星州星山洞古墳 特別展圖錄』,大邱,啓明大學校博物館.

김세기·노중국·박천수·이명식·이희준·주보돈,1998,『가야문화도록』,대구,경상북도.

國立大邱博物館,1999,『國立大邱博物館』重版,서울,通川文化社.

國立大邱博物館,2000,『押督人의 삶과 죽음』,서울,通川文化社.

慶北大學校博物館,2000,『開校54周年記念特別展 慶北大學校博物館遺蹟發掘40年』,大邱,慶北大學校博物館.

國立大邱博物館,2001,『맥터카트박사의 大邱사랑 文化財사랑』,서울,通川文化社.

國立大邱博物館,2001,『大邱五千年』,서울,通川文化社.

慶北大學校博物館,2003,『慶北大學校博物館所藏遺物圖錄』,大邱,慶北大學校博物館.

啓明大學校博物館,2004,『開校50周年記念 新築博物館 開館展示圖錄』,大邱,啓明大學校博物館.

朴天秀(外),2009,『대구 테크노폴리스 주변 역사문화유적』,大邱,한국토지공사·경북대학교박물관.

朴天秀,2009,『日本列島속의 大加耶文化』,大邱,高靈郡·慶北大學校.

(4)경산시

嶺南大學校博物館,2002,『古代의 말』,慶山,嶺南大學校博物館.

3) 전라남도
(1)광주시

國立光州博物館,2000,『特別展新千年(1999~2000)湖南考古學의 成果』,光州,國立光州博物館.

(2)순천시

順天市,2007,『順天 文化財이야기』,順天,順天市.

순천대학교박물관,2009,『순천대학교박물관 신축 개관도록』,순천,순천대학교박물관.

(3)해남군

목포대학교박물관,2009,『2009 특별전 해남 해양교류의 시작』,목포,목포대학교박물관.

4) 전라북도
(1)전주시

國立全州博物館,1991,『國立全州博物館圖錄』國立全州博物館, 全州.

國立全州博物館,1995,『바다와 祭祀-扶安 竹幕洞 祭祀遺蹟』,全州,國立全州博物館.

全北大學校博物館,1997,『博物館圖錄』,全州,全北大學校博物館.

國立全州博物館,2001,『韓·日古代人의 흙과 삶』,全州,國立全州博物館.

(2)군산시

군산대학교박물관,2005,『전북동북지역의 가야유물』,군산,군산대학교박물관.

군산대학교박물관,2009,『발굴유적과 유물』,군산,군산대학교박물관.

5) 충청남도

(1)공주시

國立公州博物館,1999,『國立公州博物館』,서울,通川文化社.

國立公州博物館·忠淸南道歷史文化院,2006,『漢城에서 熊津으로』,公州,國立公州博物館·忠淸南道歷史文化院.

(2)부여군

국립부여박물관,1995,『박만식교수 기증 백제토기』,부여,국립부여박물관.

(3)대전시

국립문화재연구소,2005,『오구라 컬렉션 한국문화재』,(海外所在文化財調査第12册),대전,국립문화재연구소.

6) 충청북도

(1)청주시

國立淸州博物館,2001,『國立淸州博物館』,서울,通川文化社.

7) 경기도

(1)서울시

동화출판공사,1974,『한국미술전집3 토기 토우 와전』.

이화여자대학교 박물관,1976,『이화여자대학교 박물관안내서』,서울,이화여자대학교 박물관.

중앙일보사,1981,『한국의 미5-토기-』,서울,중앙일보사.

百濟文化開發研究院,1984,『百濟土器圖錄－百濟遺物圖錄 第2輯－』,서울,百濟文化開發研究院.

숭실대학교 부설 한국기독교 박물관,1986,『숭실대학교 부설 한국기독교 박물관도록』,서울,숭실대학교 부설 한국기독교 박물관.

호림박물관,1990,『호림박물관명품선집Ⅱ』,서울,호림박물관.

國立中央博物館,1991,『神秘의 古代王國-伽耶特別展-』,서울,國立中央博物館.

Edward B. Adams,1994,Koreas Pottery Heritage I,Seoul,Seoul International Publishing House.

國立中央博物館 1997『特別展 韓國古代의 土器』,서울,國立中央博物館.

國立中央博物館,1997,『韓國古代의 土器』,서울,國立中央博物館.

國立中央博物館,1998,『韓國古代國家의 形成』,서울,通川文化社.

國立中央博物館,1999,『百濟特別展圖錄』,서울,國立中央博物館.

國立中央博物館,1999,『特別展 百濟』,서울,通川文化社.

梨花女子大學校博物館,1999,『靈岩陶磁文化센터 開館記念特別展 靈岩의 土器傳統과 鳩林陶器』,서울,梨花女子大學校出版部.

梨花女子大學校博物館,1999,『이화여자대학교박물관 명품』,서울,梨花女子大學校博物館.

방병선・이종민・장기훈・최건,2000,KOREAN ART BOOK 토기・청자 I, 서울,예경.

國立中央博物館,2001,『謙山崔永道辯護士기증문화재』, 서울,國立中央博物館.

世界陶磁器엑스포組織委員會展示部,2001,『東北亞陶磁交流展』, 서울,世界陶磁器엑스포組織委員會.

世界陶磁器엑스포組織委員會展示部,2001,『世界陶磁文明展』, 서울,世界陶磁器엑스포組織委員會.

호림박물관,2001,『한국토기의 아름다움』, 서울,호림박물관.

서울歷史博物館,2002,『風納土城 잃어버린「王都」를 찾아서』, 서울,서울歷史博物館.

숭실대학교,2004,『숭실대학교 한국기독교박물관』, 서울,숭실대학교.

國立中央博物館,2010,『國立中央博物館寄贈遺物-崔永道寄贈-』, 서울,國立中央博物館.

(2)경기도

湖巖美術館,1996,『湖巖美術館 名品圖錄』,용인,湖巖美術館.

태평양박물관,2001,『한국의 토기잔』,수원,태평양박물관.

경기도박물관,2006,『한성백제』,수원,경기도박물관.

디 아모레뮤지움,2005,『디 아모레뮤지움 소장품 도록』,수원,디 아모레뮤지움.

8) 강원도

(1)강릉시

江陵大學校博物館,2001,『江陵大學校博物館發掘遺蹟遺物圖錄』,江陵,江陵大學校博物館.

9) 제주도

國立濟州博物館,2005,『선사시대 문화의 재현』,濟州,,國立濟州博物館.

2. 日本 도록

1) 九州

(1) 福岡縣

北九州市立考古博物館,1989,『五世紀の北九州-倭の五王時代の國際交流-』,北九州市,北九州市立考古博物館.

志摩町歷史資料館,1997,『伊都國發掘'97−近年の發掘調査成果展−道と交易』,志摩町歷史資料館.

福岡市博物館,2004,『百濟武寧王と倭の王たち秘められた黃金の世紀展』,福岡,福岡市博物館.

(2) 佐賀縣

佐賀縣立博物館,1998,『日本の古墳-僕が調べた歷史の謎-』,佐賀,佐賀縣立博物館.

佐賀縣立名護屋城博物館,1999,『倭國と加耶-古代の海をこえて-』,佐賀,佐賀縣立博物館.

(3) 宮崎縣

西都原考古博物館,2005,『日韓交流展-海を渡った日本文化바다를 건넌 일본문화-』,西都,西都原考古博物館.

2) 中國 四國

(1) 山口縣

山口縣立萩美術館,2004,『松村實コレクッション』,萩,山口縣立萩美術館.

(2) 廣島縣

廣島縣立歷史民俗資料館,1994,『古墳と大陸文化』,廣島,廣島縣立歷史民俗資料館.

(3) 愛媛縣

松山市考古館,2002,『海を渡ってきたひと・もの・わざ』,松山,松山市考古館.

(4) 岡山縣

津山鄕土博物館,2003,『渡來人』,津山,津山鄕土博物館.

(5) 島根縣

島根縣八雲立つ負風土記の丘資料館,1991,『古代の出雲と朝鮮半島-日本海が結ぶ古代文化交流-』,松江,島根縣八雲立つ負風土記の丘資料館.

3) 近畿
(1) 大阪府

大阪府教育委員會・大阪市文化財協會,1989,『よみかえる古代船と5世紀の大阪』,大阪,大阪府教育委員會・大阪市文化財協會.

大阪文化センター(外),1989,『第2回發掘速報展』,大阪,大阪文化財センター・大阪府教育委員會・大阪府立泉北考古資料館.

吹田市立博物館,1993,『海を渡ってきた陶人たち』,大阪,吹田市立博物館.

大阪府埋藏文化財協會,1993,『須恵器の始まりをさぐる』,大阪,大阪府埋藏文化財協會.

大阪府立近つ飛鳥博物館,1996,『仁德陵古墳-築造の時代-』,大阪,大阪府立近つ飛鳥博物館.

大阪府立弥生文化博物館,1999,『渡來人登場-弥生文化を開いた人々-』,大阪,大阪府立近つ飛鳥博物館.

東大阪鄕土博物館,2002,『うまかいのさと』,東大阪,東大阪鄕土博物館.

四条畷市立歷史民俗資料館,2004,『開館20周年記念特別展-馬と生きる-』,四条畷,四条畷市立歷史民俗資料館.

大阪府立近つ飛鳥博物館,2004,『今來才伎-古墳・飛鳥の渡來人-』,大阪,大阪府立近つ飛鳥博物館.

大阪府立弥生文化博物館,2004,『大和王權と渡來人登場-三・四世紀の倭人社會-』,大阪,大阪府立近つ飛鳥博物館.

大阪府立近つ飛鳥博物館,2006,『應神大王の時代-河內政權の幕開け-』,大阪,大阪府立近つ飛鳥博物館.

大阪府立近つ飛鳥博物館,2006,『河內內湖周邊に定着した渡來人』,大阪,大阪府立近つ飛鳥博物館.

(2) 奈良縣

奈良縣立橿原考古學研究所附屬博物館,1987,『倭の五王時代の海外交流-渡來人の足蹟-』,橿原,奈良縣立橿原考古學研究所附屬博物館.

奈良縣立橿原考古學研究所附屬博物館,1988,『橿原考古學研究所50周年記念特別展-石舞台から藤ノ木古墳-』,橿原,奈良縣立橿原考古學研究所附屬博物館.

奈良縣立橿原考古學研究所附屬博物館,1992,『1500年前のシルクロード-新沢千塚の遺寶とその源流-』,橿原,奈良縣立橿原考古學研究所附屬博物館.

奈良縣立橿原考古學研究所附屬博物館,1998,『大和まほろば』,橿原,奈良縣立橿原考古學研究所附屬博物館.,橿物館.

奈良國立博物館,2004,『金銀の古墳時代-副葬品にみる日韓交流の足跡-』,奈良,奈良國立博物館.

奈良縣立橿原考古學研究所附屬博物館,2005,『巨大埴輪とイワレの王墓』,橿原,奈良縣立橿原考古學研究所附屬博物館.

奈良縣立橿原考古學研究所附屬博物館,2006,『海を越えたはるかな交流-橿原の古墳と渡來人-』,橿原,奈良縣立橿原考古學研究所附屬博物館.

(3) 京都府

京都文化博物館,1989,『海を渡って來た人と文化-古代日本と東アジア-』,京都,京都文化博物館.

(4) 和歌山縣

和歌山市立博物館,2001,『渡來文化の波－5～6世紀の紀伊國を探る－』,和歌山,和歌山市立博物館.

(5) 滋賀縣

滋賀縣立安土城考古博物館,2001,『韓國より渡り來て-古代國家の形成と渡來人-』,安土,滋賀縣立安土城考古博物館.

4) 北陸
(1) 富山縣

生駒勝浩·宇津裕人（編),1994『平成6年度特別企畫展圖錄 古代の須惠器－新技術の傳來－』,富山,富山縣埋藏文化財センター.

5) 關東 東北
(1) 東京都

東京國立博物館,1982,『寄贈小倉コレクション目錄』,東京,東京國立博物館.

東京國立博物館,1992,『伽耶文化展』,東京,東京國立博物館.

東京國立博物館,2000,『日本出土の舶載陶磁－朝鮮·渤海·ベトナム·タイ·イスラム－』東京,東京國立博物館.

足立區立鄕土博物館,2000,『古代伊興遺蹟の世界』,東京,足立區立鄕土博物館.

(3) 群馬縣

群馬縣立歷史博物館,1990,『藤ノ木古墳と東國の古墳文化』,高崎,群馬縣立歷史博物館.

群馬縣立歷史博物館友の會,1996,『圖說はにわの本』,高崎,群馬縣立歷史博物館友の會.

群馬縣立歷史博物館,1999,『觀音山古墳と東アジア世界－海を越えた鏡と水甁の緣－』,高崎,群馬縣立歷史博物館.

(4) 埼玉縣

埼玉縣立博物館,1994,『古代東國の渡來文化』,埼玉縣立博物館.

3. 中國도록

浙江省博物館,2000,『浙江省紀年瓷』,北京,文物出版社.

V. 자료집

1. 한국자료집

박천수·홍보식·이주헌·류창환,2003,『가야의 유적과 유물』,서울,학연문화사.

영남고고학회,2009,『嶺南地方 原三國·三國時代 住居와 聚落』1,2,3,대구,영남고고학회.

2. 日本자료집

(財)大阪府埋藏文化財協會編,1987,『弥生·古墳時代の大陸系土器の諸問題』,(第21回埋藏文化財硏究集會),埋藏文化財硏究會.

埋藏文化財硏究會,1993,『古墳時代における朝鮮系文物の傳播』,(第34回埋葬文化財硏究集會),奈良,埋葬文化財硏究會.

(財)滋賀縣文化財保護協會·滋賀縣立安土城考古博物館,1996,『いにしえの渡りびと近江·河內·大和の渡來人-』,(財團法人滋賀縣文化財保護協會25周年記念代7回埋藏文化財調査硏究會シンポジウム),大津,(財)滋賀縣文化財保護協會·滋賀縣立安土城考古博物館.

まつおか古代實行委員會,1997,『發掘された北陸の古墳報告會資料集』,まつおか古代實行委員會.

埋藏文化財硏究會,1999,『渡來文化の受容と展開-5世紀における政治的社會的變化の具体相(2)』,(第46回埋藏文化財硏究集會),埋藏文化財硏究會.

X
가야토기 명품해설

001
화로모양그릇받침 爐形器臺

4세기 중기 / 김해시 대성동2호분 / 국립김해박물관 / 높이 25.6cm / 지름 42.7cm

몸통 전체를 삼각띠무늬와 반원무늬로 화려하게 장식한 화로모양그릇받침이다.
목 부위는 돌대로 나누고 위와 아래에 삼각띠무늬를 둘렀다.
몸통은 가는 선으로 나누고 위에는 삼각띠무늬, 가운데와 아래에는 반원무늬를 그렸다. 몸통 중간에 작은 띠 모양의 손잡이를 붙였다.
굽다리 아래쪽에는 삼각띠무늬를 그린 다음 그 사이사이에 밑변이 둥그스름하게 들어간 삼각형 구멍 6개를 같은 간격으로 뚫어 장식하였다.
그릇 색깔은 전체적으로 회흑색을 띠지만 일부는 자색을 띤다. 몸통과 굽다리는 물레질 그리고 바닥 부위는 손질로 마무리하였다.
이처럼 기하학적인 무늬를 그릇 전체에 두르는 것은 4세기 후반 금관가야 토기 양식의 특징이다.

002
바리모양그릇받침 鉢形器臺

4세기 후기 / 호림박물관 / 높이 35.3cm / 지름 / 43.5cm

유례를 찾아보기 어려울 정도로 여러 가지 문양이 복합적으로 시문된 바리 모양 그릇받침이다. 이런 그릇받침은 화로 모양에서 바리 모양 받침으로 넘어가는 과도기 형식으로 보인다.
입 부위는 바깥으로 벌어졌으며 목둘레에 띠를 돌리고 그 안에 역삼각형(▼)을, 그 아래에 정삼각형(▲) 모양을 지그재그로 새겼다. 돌대 아래에는 큼직한 양뿔 모양(ᑭ)의 무늬를 새기고 무늬 오른쪽 반은 모두 음각하듯이 파냈으며 나머지 왼쪽 반은 돌출한 무늬처럼 보이도록 음각하듯이 찍어넣었다. 그 아래에는 입 부위처럼 역삼각형과 정삼각형의 무늬를 음각하듯이 파냈고 그 밑에 점줄무늬를 찍었다. 몸통 맨 아래에는 몇 개의 가는 선을 돌리고 그 아래 비슷한 간격으로 세로띠무늬를 새겼다.
굽다리 가운데 작은 원형의 둥그런 작은 구멍을 뚫었고 그 위로 몸통에 그린 것과 같은 양뿔 모양의 무늬를 넣고, 그 아래에는 점줄무늬를 새겼다.
넓고 편평한 받침그릇 모양은 금관가야 양식이지만, 삼각형 모양과 양뿔 모양의 고사리 무늬는 아라가야 양식인 점에서 볼 때 이들 두 가지 요소가 합쳐진 토기이다.

003
바리모양그릇받침 鉢形器臺

4세기 후기 / 호림박물관 / 높이 31.3cm / 지름 37.5cm

몸통 전면에 삼각띠무늬를 새기고 입언저리에 굽다리접시의 뚜껑받침턱처럼 크게 돌출한 전을 마련한 금관가야 양식의 바리모양그릇받침이다.
반구 모양의 몸통과 여덟팔자 모양으로 벌어진 굽다리로 이루어진 토기이다.
몸통은 가는 선을 돌려서 3단으로 나누고 무늬를 새겼다. 가장 윗부분에 돌대와 가는 선 사이에 'Ⓐ' 무늬를 연속으로 넣었고 그 안에 다시 세로 줄을 그려 넣어 삼각띠무늬를 새겼다. 그리고 둘째, 셋째 단에는 가는 선 사이를 'Ⓥ' 무늬를 넣으면서 역시 그 안에 세로 줄을 그려 넣어 삼각띠무늬를 새겼다.
굽다리는 돌대로 3단으로 나누고 첫째부터 셋째 단에 삼각형 구멍을 뚫었다.
이처럼 'Ⓐ', 'Ⓥ' 모양으로 채워진 삼각띠무늬는 출토된 예가 매우 드물어 독특한 아름다움이 느껴진다.
이 삼각띠무늬는 부산시 복천동25·26호분에서 출토된 바리모양그릇받침에서도 보이므로, 이러한 무늬를 가진 토기는 낙동강하류지역 일대에서 제작한 것으로 본다. 이와 유사한 무늬는 와카야마켄 和歌山縣 무쇼타니 六十谷 유적에서 출토된 집모양토기와 짧은목항아리에 보인다.

004
긴목항아리와 바리모양그릇받침 長頸壺와 鉢形器臺

4세기 후기 / 김해시 대성동1호분 / 국립김해박물관
항아리 : 높이 35cm / 구멍 지름 / 14.5cm
그릇받침: 높이 38.8cm / 지름 36.7cm

곡선미가 넘치고 화려한 문양과 부드러운 자연유가 붙어있는 4세기 후기 무렵의 가야토기 가운데 가장 조형미가 뛰어난 긴목항아리와 바리모양그릇받침이다.

긴목항아리와 바리모양그릇받침은 가까이에서 함께 출토되었으나, 원래 긴목항아리와 짝을 이룬 것은 사방향격자무늬가 그려진 다른 그릇받침이다.

긴목항아리 목둘레에 돌대를 돌리고 그 사이에 타래무늬를 중심으로 원, 점줄, 줄 등 여러 무늬를 새겼다. 몸통에 두 개 가로 줄을 돌리고 줄 사이에 안에 '>'모양의 점띠무늬를 둘렀다. 그런데 이 띠무늬를 넣은 부분이 목과 몸통에만 그려진 것은 원래 그릇받침에 넣어서 쓸 것을 염두에 두고 제작한 것임을 알 수 있다. 즉 몸통 아래는 그릇받침에 들어가서 보이지 않기 때문에 무늬를 새기지 않은 것이다.

긴목항아리의 입언저리, 목 부분, 몸통 윗부분, 바닥 안쪽에 자연유가 붙어 황녹색을 띠며, 다른 부분은 회색을 띤다. 밑 부분은 소성할 때에 바닥에 닿아 녹색을 띠며 짚 흔적이 남아 있다. 목과 몸통 바깥쪽은 물레질로 마무리하였으며, 몸통 아래 부분은 세로줄새김판으로 두드린 후에 물손질로 지웠으나 희미하게 그 흔적이 남아 있다.

긴목항아리 뚜껑에는 단추 모양의 손잡이가 붙어있으며 가로로 가는 선을 돌리고 점줄무늬를 위아래로 새겼다. 뚜껑 색깔은 바깥쪽 아래 부분은 어두운 회색이고, 윗부분은 밝은 회색이다. 안쪽에는 자연유가 붙어있으나 산화되어 밝은 회색에 녹색을 띤다.

바리모양그릇받침은 몸통에 돌대를 거의 같은 간격으로 돌렸으며, 중간 돌대를 경계로 위에는 삼각띠무늬를 상하로, 아래에는 삼각띠무늬 한 가지만을 두르고 다시 그 밑에는 점줄무늬를 새겼다. 굽다리는 돌대로 나누고 위쪽 두 단에는 점줄무늬를 같은 간격으로 세 곳에 두르고, 아치형에 가까운 삼각형 구멍 6개를 위와 아래 단에 각각 한 줄로 뚫었다. 몸통 안쪽은 자연유가 붙어 산화하여 황녹색을 띠고 바닥에는 소성할 때에 토기를 얹어 구운 흔적이 있으며 그 주위로 자연유가 산화되어 회갈색을 띤다.

이러한 전처럼 뚜껑받이 턱이 돌출한 긴목항아리와 삼각띠무늬가 새겨진 바리모양그릇받침은 모양은 약간 다르나 김해지역을 중심으로 부산시 복천동31·32호분, 함안군 오곡리8호분, 경산시 임당동G5,6호분, 고령군 쾌빈동1호분 등 영남지역 전역에 보인다.

005
항아리와 바리모양그릇받침 壺와 鉢形器臺

4세기 후기 / 호림박물관
항아리 : 높이 26.5cm / 입 지름 17.5cm
그릇받침 : 높이 33.5cm / 지름 31.7cm

'H'자 모양과 회오리 모양의 독특한 무늬가 항아리와 바리모양그릇받침에 잘 어울리게 그려진 매우 아름다운 토기이다.
항아리는 목이 곧고 입언저리가 밖으로 살짝 벌어졌으며, 목 부분에는 두 줄 돌대가 둘러졌다. 공 모양의 몸통은 윗부분에 돌대를 두 곳에 돌리고, 그 사이에 굵은 줄무늬로 'H'자 무늬와 엇갈린 회오리 무늬를 번갈아가며 그려 새겼다.
그릇받침은 돌대를 다섯 곳에 돌려 몸통과 다리를 각각 위 아래로 나눈 후, 몸통 윗부분에는 타래무늬를 넣었고, 아랫부분에는 항아리 몸통에 새긴 것과 똑같은 무늬를 새겼다. 굽다리는 3단으로 나누어 위와 중간 단에는 삼각형 구멍을 각 단 4개씩 뚫고, 그 사이에 엇갈린 회오리 무늬를 새겼다.
항아리 단을 구분하는 몸통 윗부분의 돌대가 그릇받침의 입언저리 높이와 같다. 항아리에 넣은 무늬는 그릇받침의 무늬와 같고 또한 윗부분 몸통에 한정된 것으로 보아 원래 그릇받침에 넣어서 사용하는 것을 염두에 두고 새긴 것이다. 앞에서 본 김해시 대성동1호분 출토품처럼 몸통 아래는 그릇받침에 들어가서 보이지 않기 때문에 무늬를 새기지 않은 것이다.
항아리의 목 부분에는 두 줄 돌대가 둘러진 특징으로 볼 때 그릇받침과 함께 금관가야 양식으로 생각한다.

006
원통모양그릇받침 筒形器臺

4세기 후반 / 호림박물관 / 높이 51cm / 윗지름 12.4cm

아주 날씬한 모양에 독특한 무늬를 넣은 원통모양그릇받침이다.
이 그릇받침은 그릇받침, 중간 몸통, 그리고 이를 받치는 다리부분으로 이루어졌다.
그릇받침부는 중간에 돌대를 돌리고 그 위아래로 원무늬를 새겼다. 몸통 부분은 그릇받침 부분 아래 긴 몸통 부위와 아래 위가 잘린 듯한 공 모양으로 이루어졌다.
긴 몸통 부분에는 전처럼 튀어나온 돌대를 돌려 3단으로 구분하고 각 단에 열쇠구멍 모양의 구멍을 뚫었다. 그리고 구멍 사이에는 줄무늬를 십자가 모양으로 배치하고 세로로 그린 줄무늬의 상하에는 원무늬를 새겼다. 윗단과 아랫단은 세로 방향으로 먼저 무늬를 넣고 가로 방향의 줄무늬를 그 역순으로 새겼다. 몸통 부분 가운데 공 모양 부위는 돌대로 나누고 각 단에 원 무늬를 그리고, 윗단에는 2열, 중간 단과 아랫단에는 한 줄씩 원 무늬를 새겼다.
굽다리 부분은 전처럼 밖으로 튀어나온 한 줄 돌대와 두 줄 돌대로 구분하고 윗단에는 가느다란 길쭉한 네모 모양으로 끝부분이 둥글게 구멍을 뚫었다. 구멍 사이에는 줄무늬를 세로로 길게 넣었고 가로로는 대칭되게 가로 줄무늬를 새겼다. 중간 단에는 뒤집은 V자 모양으로 그 끝은 둥글게 구멍을 뚫었고 구멍 사이에는 역시 줄무늬를 윗단처럼 새겼다.
이와 같은 그릇받침은 영남 전역에서 출토되고 있으나 그릇 모양과 원 무늬, 줄무늬로 볼 때 금관가야 양식으로 추정한다.

원통모양그릇받침(부산시 복천동 10·11호분) 출토상태

007
원통모양그릇받침 筒形器臺

5세기 초 / 부산시 복천동10·11호분 / 부산대학교박물관 / 높이 48.7cm / 윗지름 24.5cm

원통의 중간에 머리와 몸통이 사실적으로 잘 표현된 거북이 모양의 토우 하나가 붙어있고 무늬와 구멍이 조화를 잘 이룬 원통모양그릇받침이다.
항아리는 전처럼 돌출된 뚜껑참침턱이 있으며, 목에는 돌대로 나누고 상하에 물결무늬를 새겼다. 외면 전체에 자연유가 부착되어있다.
이 그릇받침은 피장자의 머리 오른쪽에 짧은목항아리가 올려진 채로 부장되었다.
그릇받침의 바깥쪽은 돌대를 돌려 11단으로 구분하고, 타래무늬를 넣은 그릇받침부 아래쪽을 제외한 각 돌대 사이의 공간에 톱니 모양의 물결 모양의 줄무늬로 장식하였다. 무늬를 넣은 다음에 몸통과 다리 각각의 단에 여러 가지 모양의 구멍을 뚫어 장식 효과를 더하였다. 몸통 맨 윗단에 해당하는 세 번째 단에는 위아래로 대칭을 이룬 삼각형 구멍의 양쪽에 세로로 기다란 사각형 구멍을 같은 간격으로 뚫었다. 제4단과 5단에는 사각형 구멍을 윗단 구멍과 엇갈리게 각 4개씩 같은 간격으로 뚫었다. 제6~8단에도 같은 모양의 구멍을 윗단 구멍과 엇갈리게 각단 4개씩 뚫었고, 그 아래 제7~9단에는 각단마다 위아래가 교차되도록 반원 모양과 대칭되는 반원 모양의 구멍을 4개씩 같은 간격으로 뚫어놓았다. 또 바깥쪽으로 둥글게 마감한 입언저리는 둥근 막대 끝으로 엇갈리게 찍은 두 줄의 연속 원무늬로 장식하였다.
그릇받침의 색깔은 어두운 회색 또는 잿빛 흑색을 띠고, 머리 및 몸통 바깥쪽 넓은 부위와 각단 바깥쪽 일부에 걸쳐 검은 녹색 자연유가 덮고 있다.
전체적인 형태가 직선적인 점에서 신라 양식의 영향을 받아 만들어진 것이나 같은 시기의 경주의 것보다 조형미가 넘친다.

008
새장식뚜껑항아리 鳥形裝飾有蓋壺

3세기 전기 / 호림박물관
뚜껑 : 높이 / 14.7cm / 지름 13cm
항아리 : 높이 / 31.6cm / 지름 / 9.2cm

새, 톱니 모양의 장식대, 전면에 베풀어진 돗자리무늬가 한데 어울려 화려하고 조형미가 매우 돋보이는 와질 항아리이다.
뚜껑은 높으며 동심원 모양의 선으로 장식한 후 가운데에 오리 모양의 손잡이를 붙였다. 새 장식은 눈·코·입 등을 사실적으로 표현하였다. 높은 대에 장식된 새의 모습은 마을의 입구 또는 경계·성역에 세웠던 솟대를 연상시킨다.
항아리는 몸통이 갸름하며, 새끼줄 무늬를 두드려 찍은 후에 여러 줄의 선을 돌린 돗자리무늬를 새겼다. 세 개의 톱니 모양 장식대를 세로로 드리우고, 그 위에 오리 모양의 새 장식을 높이 세웠다. 장식대에는 각각 위·아래 두 곳에 구멍이 뚫려 있는데, 이곳에 끈을 매어 사용했던 것으로 보인다.
새 모양 장식과 두드린 무늬 그리고 뚜껑 모양으로 볼 때 함안지역에서 만들어진 것으로 생각한다.

009
네귀뚜껑항아리 有蓋四耳附壺

3세기 후반 / 호림박물관 / 전체 높이 36.8cm / 지름 20cm

길쭉한 몸통에 기하학적인 무늬가 새겨진 뚜껑을 갖춘 네귀뚜껑항아리이다.
항아리에는 어깨 부근 4곳에 귀 모양의 손잡이를 달았으며, 겉면을 두드려 새끼줄 무늬를 넣고 가는 선을 돌려 돗자리무늬를 새겼으며, 손잡이 밑에 굵은 선으로 나누고 그 안에 삼각띠무늬를 새겼다.
뚜껑 윗면은 가는 선으로 구획하고 한 가운데는 끝을 중간으로 모은 4개의 줄무늬, 3번째 및 5번째 구역에는 점줄무늬, 6번째와 7번째 구역에는 연속되는 삼각띠무늬를 새겼다. 뚜껑의 무늬는 거울의 무늬를 본뜬 것으로 추정한다.
두드려 만든 무늬와 뚜껑 모습으로 볼 때 함안지역에서 만들어진 것으로 판단한다.

010
원통모양그릇받침 筒形器臺

4세기 / 호림박물관 / 높이 66.7cm / 지름 19cm

대담한 모양의 구멍과 장식대 조화가 돋보이는 특이한 모습의 원통모양그릇받침이다.
그릇받침부는 항아리 입언저리와 비슷하며 좁고 짧다. 몸통도 다른 원통모양그릇받침에 비해 짧은데, 전처럼 튀어 나온 돌대를 돌려 두 부분으로 나누었다. 윗부분에는 두 종류의 사각형 구멍을 번갈아가며 뚫었고, 아랫부분은 세 줄로 꼰 동아줄 모양의 기둥 네 개를 세워 화려하게 꾸몄다.
아래쪽으로 곧게 벌어진 굽다리에는 각각 두 줄의 삼각형과 사각형 구멍을 뚫었으며, 그 사이에는 세로로 톱니 모양의 장식대를 드리웠다.
회청색 경질이나 소성도가 높지 않아 와질토기의 분위기가 남아있으며, 굽다리에 불꽃 모양의 구멍으로 보이는 구멍이 뚫려있어 함안 양식으로 추정한다.

011
화로모양그릇받침 爐形器臺

4세기 중기 / 경북대학교박물관 / 높이 28.4cm / 지름 24.8 cm

굽다리가 원통모양그릇받침처럼 아주 높은 특이한 형태의 화로모양그릇받침이다.
함안지역에서는 손잡이가 없고 굽다리가 높은 화로모양그릇받침이 제작되나 이렇게 높은 것은 보기 드물다.
굽다리에는 돌대를 5곳에 돌리고 첫 번째 단에서 다섯 번째 단까지는 위아래 두 줄의 삼각무늬를 넣었고 그 사이에 삼각형 구멍을 뚫었다. 맨 아랫단에는 삼각무늬를 한 줄만 넣었고 그 밑에 삼각형 구멍을 윗단 구멍과 줄을 맞춰 뚫었다.
몸통 모양과 다리에 넣은 삼각형 무늬로 볼 때 함안지역에서 만든 것으로 판단한다.

012
그릇받침 器臺

4세기 중기 / 호림박물관
왼쪽 : 높이 22.5cm / 지름 18.3cm
오른쪽 : 높이 22.6cm / 지름 17.7cm

위와 아래를 연결하는 몸통을 톱 모양의 기둥 네 개로 연결한 전혀 유례를 찾을 수 없는 특이한 형태의 그릇받침 한 쌍이다.
그릇받침 부분과 다리 부분의 형태로 보아 원통모양굽다리접시를 변형시킨 것이다.
윗부분은 접시 모양이며, 입은 밖으로 많이 벌어졌고, 옆쪽은 여러 줄의 돌대로 장식하였다. 연결부위는 톱 모양의 기둥에 각각 원형 또는 사각형 구멍을 뚫고, 옆면에는 구슬 모양을 찍어 장식하였다.
굽다리는 원통에서 급하게 밖으로 벌어져 지면과 거의 평행을 이루며, 그릇받침 부분처럼 돌대를 돌렸다.
그릇받침 부분에 돌대를 돌린 점과 원통 모양의 다리 부분으로 볼 때 함안지역에서 만들어진 것이다.

013
원통모양그릇받침 筒形器臺

4세기 후기 / 호림박물관 / 높이 23.9cm / 지름 14.1cm

검은색을 띤 작은 그릇받침이다.
그릇받침 부분은 접시 모양이며 바닥 안쪽에 작은 구멍 하나가 뚫려 있다.
몸통은 마디가 짧은 대나무 줄기 모양이며, 위와 아래 부분은 모양과 크기가 서로 대칭을 이룬다. 윗부분은 여덟 마디인데, 아래 두 마디에는 세 줄로 작은 홈을 연속해서 찍어내어 장식하였다. 아랫부분은 열 마디로 나뉘어 있으며, 굽다리 바로 윗부분의 양 옆면에는 함안지역에 주로 보이는 새 모양의 장식을 덧붙였다.
굽다리 윗단에 삼각형의 작은 구멍을 두 줄로 뚫었고, 아랫부분에도 같은 모양의 구멍을 한 줄로 뚫었다.
부산시 복천동53호분에 부장된 토기 가운데 이와 같은 모양의 함안지역산 토기가 보인다.

014
원통모양그릇받침 筒形器臺

4세기 후반 / 호림박물관 / 높이 38.5cm / 지름 20.5cm

몸통과 굽다리의 구멍이 특징적인 원통모양그릇받침이다.
몸통 부위는 전처럼 돌출한 2줄의 돌대로 구분하고 윗단과 아랫단에 큼지막한 긴 사각형의 구멍을 4개씩 뚫었고, 구멍 사이에 십(十)자 모양을 가는 선으로 새겼다. 돌대에는 구멍을 뚫어 장식 효과를 높였다.
굽다리는 화로모양그릇받침을 엎어놓은 것처럼 생겼으며 큼지막한 사각형 구멍 4개를 뚫었다. 단순하면서도 조화가 돋보이는 토기이다.
굽다리나 돌대 모양으로 볼 때 함안지역이나 그 주변에서 만들어진 것으로 추정한다.

015
원통모양그릇받침 筒形器臺

5세기 전기 / 부산시복천동53호분 출토품 / 복천박물관 / 높이 55cm

머리와 몸통 부분이 만나는 부분에 전을 대고 전과 그릇받침 부분을 연결하는 고리를 네 곳에 붙인 특이한 모양의 원통모양그릇받침이다.
몸통과 굽다리는 뚜렷한 구분 없이 완만하게 연결하였으며, 돌대로 11단으로 구분하였고 2단에서 8단까지는 가느다란 사각형 구멍을 서로 엇갈리게 뚫었다.
토기 전체에 흑색의 윤이 나는 자연유가 붙어있다.
출토된 곳은 부산지역이나 색깔이나 모양으로 볼 때 만들어진 곳은 함안지역으로 파악한다.

016
원통모양그릇받침 筒形器臺

5세기 후반 / 호림박물관 / 높이 52.3cm / 윗지름 15.1cm

몸통 부위를 전처럼 튀어나온 2줄의 돌대로 구분하고, 윗단과 아랫단에 긴 사각형 구멍을 3개씩 뚫고, 구멍 사이에 양 끝이 고사리처럼 말린 장식띠를 붙여 장식한 원통모양그릇받침이다.
굽다리는 가느다란 4줄을 가로로 그어 5단으로 구분하였고, 1단에는 X자 띠무늬를 그리고 5단에는 물결무늬를 넣었으며 2단과 3단에는 사각형 구멍을 엇갈리게 뚫어 장식 효과를 높였다.
굽다리가 장고모양처럼 큰 것은 백제 그릇받침의 영향으로 본다. 이처럼 굽다리가 큰 것은 함안지역 그릇받침의 특징이다.
붉은 색을 띠는 색깔이나 고사리모양의 장식띠로 볼 때 함안지역에서 만든 것으로 판단한다.

017
원통모양그릇받침 筒形器臺

5세기 후반 / 삼성미술관 Leeum / 높이 40cm / 지름 21cm

다양한 토우와 영락 그리고 여러 가지 무늬로 장식한 독특한 원통모양그릇받침이다.
접시처럼 벌어진 그릇받침 부분은 입언저리에 고리 장식을 4개를 달았다. 고리장식은 2개의 이음고리에 물고기모양 장식을 늘어뜨렸다.
몸통은 연결 점무늬를 세로로 찍어 꾸민 전을 3곳에 돌려서 3단으로 구분하고, 세로로 긴 끝이 말린 4개의 장식띠를 붙였다. 맨 윗단에는 장식띠를 붙이지 않은 대신에 장식띠 바로 위에 오리 두 마리와 구슬 모양의 토우 2개를 올렸으며, 각 단에 세로로 줄을 맞추어 기다란 사각형 구멍을 뚫었다.
굽다리에는 가는 선을 돌려 4단으로 구분하고, 각 단에 여러 가지 무늬를 새겼다. 첫째 단과 셋째 단에는 사방향격자무늬를 그렸고, 그 사이에 가운데가 움푹 파인 사각형 구멍을 뚫었다. 둘째 단에는 'ㆍ' 자 모양의 무늬를 그리고 그 안에 세로로 여러 줄을 그었다. 이 무늬 사이에 둥그런 구멍을 뚫거나 또는 원점무늬인 'ⓞ'을 새겼다. 가장 아랫단에는 한 줄 물결무늬를 돌렸다.
굽다리가 장고처럼 큰 것과 전처럼 튀어나온 돌대, 사방향격자무늬, 오리 모양 토우 등으로 볼 때, 이 토기는 함안지역에서 만든 것으로 판단한다.

018
원통모양그릇받침 筒形器臺

6세기 전기 / 호림박물관 / 높이 53.9cm / 지름 14.5cm

큰입항아리처럼 보이는 그릇받침 부분과 장고를 반으로 나누어 엎어놓은 듯한 몸통 부분으로 이루어진 원통모양그릇받침이다.

그릇받침 부분은 넓게 벌어져 있고, 그 아래 항아리 모양의 목 부분에는 사각형 구멍이 뚫려 있다. 몸통과 굽다리의 연결부분은 완만한 곡선으로 처리되었다.

몸통은 이중 돌대로 크게 두 부분으로 나누고 사각형 구멍을 한 줄로 뚫었고 돌대 사이에는 사방향격자무늬를 새겼다. 높은 굽다리에는 돌대를 4곳에 돌려 단을 만들고 1단에는 몸통에 넣은 것과 같은 세로로 찍은 띠무늬을 넣었고 2단에서 4단까지에는 물결무늬를 새겼다. 또한 1단에서 3단까지에는 사각형 구멍을 서로 엇갈리게 뚫었다.

높이감이 있음에도 그릇받침 부분에 비해 굽다리가 넓어 안정감이 있다. 이 토기는 그릇받침 모양이지만 항아리를 받치는 부분이 아주 작고 그 자체가 작은 항아리 모양을 한 것으로 보아 그릇받침으로서의 역할보다는 오히려 제기로 만들어진 것처럼 보인다.

장고 모양의 굽다리와 사방향격자무늬, 전처럼 튀어나온 돌대로 볼 때 백제의 그릇받침 영향을 받아 함안지역에서 만들어진 것으로 보인다.

019
바리모양그릇받침 鉢形器臺

6세기 전기 / 호림박물관 / 높이 48.2cm / 지름 45.1cm

굽다리가 늘씬한 바리모양그릇받침이다.
입언저리가 넓게 벌어진 그릇받침은 가느다란 세 줄을 세 곳에 돌려 4단으로 구분하였다. 각 단에는 다른 무늬를 넣었는데 첫째 단에는 물결무늬, 둘째 단에는 사격자문, 셋째 단에는 솔잎무늬를 새겼다.
굽다리 역시 가는 선을 4곳에 돌려 5단으로 구분하였다. 1~4단에는 물결무늬를 넣었고 세로로 긴 사각형 구멍을 위아래 줄을 맞추어 뚫었다.
몸통과 굽다리 모양 및 사격자문으로 볼 때, 함안지역에서 만들어진 것으로 판단한다.

020
뿔잔角杯

4세기 후기 / 아모레퍼시픽 미술관 / 길이 22.1cm / 지름 4.6cm

잔 끝 부분은 고사리처럼 말아서 처리하고 전면에 황색 자연유가 붙은 아름다운 뿔잔이다.
입언저리에서부터 중간에 해당하는 곳까지 사방격자문 띠를 3군데에 새겼다. 끝부분은 대패로 깎아내듯이 면을 만들고 끝을 말아 처리하였다.
고사리처럼 끝이 말린 모양이나 색깔로 볼 때, 함안지역에서 만든 것으로 생각한다.

021

대나무모양잔 竹節形杯

4세기 후기 / 아모레퍼시픽 미술관 / 높이 16.3cm / 지름 5.1cm

몸통에 돌대 5줄의 돌려 대나무 모양으로 장식한 잔이다.
입언저리는 살짝 바깥쪽으로 벌어졌으며 아랫부분은 약간 도톰하게 처리하였다. 바깥쪽에는 물레질 흔적이 잘 남아있다. 색깔은 회갈색이며, 태토에는 아주 가는 모래알이 포함되어 있다.
토기 모양으로 보아 함안지역에서 만들어진 것으로 추정한다.

022

오리모양손잡이잔 鴨形裝飾把杯

4세기 후기 / 아모레퍼시픽 미술관 / 높이 15.3cm / 지름 12.4cm

양쪽에 하나씩 손잡이 두 개를 붙인 손잡이잔이다.
손잡이 윗부분에 오리머리를 붙여 장식하였다. 윗부분에 돌대 한 줄을 돌렸으며, 전면에 자연유가 붙었다가 산화된 흔적이 있다.
오리모양장식으로 볼 때, 함안지역에서 제작된 것으로 생각한다.

023
구멍굽다리잔 透刻臺附杯

5세기 전반 / 호림박물관 / 높이 16.6cm / 지름 6.8cm

굽다리 위에 구멍이 송송 뚫린 공처럼 생긴 잔 받침을 올리고 그 안에 잔을 넣은 모양이다.
구멍 뚫린 잔 받침은 돌대를 돌려 4단으로 나누고, 1단에는 삼각형, 2단과 3단에는 세로로 긴 사각형, 4단에는 역삼각형의 구멍을 서로 엇갈리게 뚫었다.
굽다리는 세로로 기다란 사각형 구멍을 뚫었다.
입언저리는 물론 잔 받침의 구멍과 굽다리 모양이 조화롭게 어울려 조형미가 뛰어난 토기이다.
굽다리 모양으로 보아 함안지역에서 만들어진 것으로 파악한다.

024
손잡이잔 把杯

5세기 전반 / 호림박물관 / 높이 17.8cm / 지름 20.4cm

잔 양쪽에 손잡이를 꽈배기처럼 점토띠를 꼬아서 붙이고 손잡이 위쪽에 고사리 모양의 장식을 덧붙였다.
잔은 가운데 4곳에 돌대를 돌려 5단으로 나누었는데, 2단과 4단은 손잡이 굵기보다 약간 좁은 단을 만들었고 1단과 2단 그리고 4단에 물결무늬를 새겼다.
제작지는 고사리 모양의 장식으로 볼 때, 함안지역으로 파악한다.

025
방울잔鈴杯

5세기 후기 / 계명대학교행소박물관 / 높이 17.2cm

다섯 개의 잔이 방울 위쪽에 돌아가며 얹혀있고 그 중간에 고사리 모양의 돌기 세 개가 붙어 있는 특이한 형태의 방울잔이다.

고사리 모양 돌기를 돌아가며 세 개의 조그만 구멍이 뚫려있다. 옆면에는 두 줄의 돌대가 돌려 있고, 바로 그 아래에 사각형 구멍이 네 개 뚫려있다. 그 안에는 흙으로 빚은 구슬이 있어, 잔을 흔들면 소리가 울리도록 되어 있다.

굽다리는 나팔 모양으로 퍼져 있으며, 사각형 구멍을 세 개 뚫었다.

중앙을 장식하는 고사리모양의 돌기와 굽다리 모양으로 볼 때 함안지역에서 만든 것으로 판단한다. 같은 공방에서 만들어진 것으로 추정되는 방울잔이 호림박물관 소장품 가운데에 있다.

026
방울잔 鈴杯

5세기 중기 / 개인소장 / 높이 17.3cm

4개의 잔이 방울 위쪽에 돌아가며 얹혀있고 그 중간과 사이에 고사리 모양의 돌기가 붙어 있는 특이한 형태의 방울잔이다. 고사리 모양의 돌기는 중앙에는 3개가 모여 있고 잔 사이에도 1개씩 배치되어 있다.
몸통 옆면에는 두 줄의 돌대가 돌려 있고, 바로 그 아래에 사각형 구멍이 네 개 뚫려있다. 그 안에는 흙으로 빚은 구슬이 있어, 잔을 흔들면 소리가 울리도록 되어 있다.
굽다리는 나팔 모양으로 벌어지며 하단부에 돌대를 돌려 2단으로 나누고 위쪽에 사각형 구멍을 세 개 뚫었다. 고사리모양의 돌기와 굽다리 모양으로 볼 때 함안지역에서 만든 것으로 판단한다. 같은 공방에서 만들어진 것으로 추정되는 방울잔이 앞에서 본 계명대학교 행소박물관과 호림박물관 소장품에 있다. 다만 이 방울잔들은 고사리장식이 중앙에 3개만 있고 잔 사이에 고사리 장식이 없는 점, 고사리장식 주위에 구멍이 뚫려 있는 점이 이것과 다르다.
이 토기는 같은 굽다리형태와 소성분위기를 가진 짚신모양토기, 바퀴장식뿔잔, 오리모양토기가 공반된 것으로 파악되어 주목한다.

027
원통모양그릇받침 筒形器臺

6세기 전기 / 진주시 가좌동1호분출토품 / 경상대학교박물관 / 높이 49.7cm

직선적이고 단단한 느낌을 주는 원통모양그릇받침이다.
그릇받침 부분에 턱을 만들었고 턱 부분에 2줄 점무늬를 새겼다.
몸통은 6단으로 구분하고 맨 윗단에는 무늬를 넣지 않고 사각형 구멍을 냈으며, 그 아랫단에는 '<' 모양의 점무늬를 2단으로 넣었고 삼각형 구멍을 세로로 줄을 맞춰 뚫었다.
굽다리는 6단으로 나누고 맨 윗단에는 '<' 모양의 점무늬를, 2-5단에는 물결무늬를 넣었으며, 4단까지 몸통의 구멍과 줄을 맞춰 삼각형 구멍을 뚫었다.
직선으로 꺾이는 굽다리 모양이 독특하며 겉으로 보아 신라의 그릇받침에도 비슷한 점이 있으나 구멍과 머리 모양에서 차이가 있다.
전체적으로 윗부분은 흑색을 띠며 아랫부분은 회갈색이다.
소가야 양식의 토기로서 고성과 진주일대에서 만들어진 것으로 보인다.

028
원통모양그릇받침 筒形器臺

5세기 중기 / 고령군 지산동 32~34호분합사유구 / 국립김해박물관 / 높이 66.3cm / 지름 16.8cm

뱀 모양의 세로 장식띠와 여러 가지 무늬 및 구멍을 조화롭게 장식한 원통모양그릇받침이다.
항아리 모양의 그릇받침 부분은 그 목 부위에 6개의 기다란 사각형 구멍을 같은 간격으로 뚫었다.
항아리 모양의 어깨 부근에는 원 무늬를 1cm 간격으로 촘촘히 한 줄로 찍었다.
몸통은 7단으로 나누고 다시 세로 장식띠 3줄을 같은 간격으로 드리워 세로로 3등분하였다. 세 번째 단을 뺀 나머지 단에는 타래무늬와 비슷해 보이는 굵은 물결무늬를 새기고, 가운데에 사각형 구멍을 위아래로 줄을 맞추어 뚫었다. 구멍이 없는 제 3단에는 원 무늬를 위 아래로 엇비슷이 찍어 두 줄로 돌렸다.
장식띠는 뱀 모양을 형상화한 것으로 머리를 항아리 아래 부분에 붙이고 꼬리를 굽다리 윗부분에 대고 있다. 머리는 좌우로 납작하게 눌러 세운 다음에 원 무늬로 두 눈을 표시하였으며 목 부분에서 다시 한 번 눌러 세워 두 몸을 하나로 합체하였다. 꼬리부분은 마름모꼴을 하고 있으며 단면은 삼각형으로 원 무늬 3개를 역삼각형 방향으로 찍었다.
굽다리는 엎어놓은 바리 모양으로 전체를 4단으로 나누고 무늬와 구멍을 함께 배치하였으며 장식 띠에 맞추어 세로로 3등분하였다. 굽다리 제 1단에는 솔잎무늬를 넣었고 역삼각형 구멍을 뚫었으며, 제 2단에는 잔물결무늬를 넣고 그 위로 삼각형과 역삼각형 구멍을 뚫었다. 제 3단에도 굵은 물결무늬 위에 삼각형 구멍 3개를 뚫었고 맨 아래 4단에는 굵은 물결무늬와 반원무늬를 배열하였다.
전체적으로 살펴보면 머리 및 몸통의 구멍 위치와 일치시킨 굽다리의 삼각형 구멍을 중심으로 좌우의 무늬는 물론 윗단 아랫단의 구멍 위치를 서로 대응시킨 것을 알 수 있다. 다만 굽다리 제 3단에서 제 2단의 구멍과 대응하는 구멍 외에도 3개를 더 뚫어 모두 12개의 구멍을 뚫었는데, 여분의 구멍 3개는 장식띠 끝부분에 대응하는 곳에 배치하였다.
그릇받침 부분의 크기가 아주 작고 그 자체가 항아리 모양을 하고 있어 그릇받침이라는 역할보다는 제사에서 장엄성을 높이는 제기로 볼 수 있다. 그런데 이와 같은 5세기 전반 대가야 양식의 그릇받침은 고분 안에 부장하지 않고 장송의례에 사용한 후에 모두 깨뜨렸으므로 그 완형을 찾아보기 어렵다.

029
원통모양그릇받침 筒形器臺

5세기 말 / 합천군 옥전M4호분 / 경상대학교박물관 / 높이 66.1cm / 지름 18.3cm

전체적인 형태와 자연유가 잘 조화된 원통모양그릇받침이다.
뱀 모양의 세로 장식띠와 함께 구멍을 많이 뚫어 장식 효과를 높였다. 항아리 모양의 그릇받침 부분은 목 부위에 긴 사각형 구멍 4개를 같은 간격으로 뚫었다.
몸통은 가는 선 3줄을 10곳에 돌려 가로로 단을 나누고 각 단에 물결무늬를 넣은 후에 뱀 모양의 장식띠를 세로로 4곳에 붙였다. 장식띠 사이에 삼각형 구멍 2개를 뚫고 그 가운데에 가로로 기다란 사각형 구멍을 각 단마다 줄을 맞춰 배치하였다. 그러나 다섯 번째 단에는 삼각형 구멍만 뚫어 변화를 주었다.
장식띠에서 뱀 모양의 머리 부분은 겉면으로부터 솟아나온 모양으로 둥글고 납작하게 만든 다음에 가운데에 둥그런 구멍을 찍어 눈을 형상화하였다. 또한 몸체는 직선띠로 만들었고 가운데에 홈을 팠으며, 꼬리부분은 타원 모양으로 마무리하였는데 끝은 삼각형이고 원 무늬 5개를 오각형 방향으로 찍었다.
굽다리는 여러 줄의 가는 선으로 3곳을 돌려 나누었고 역삼각형의 구멍을 위아래 교대로 3단에 걸쳐 뚫었는데 맨 윗단은 4개 그리고 나머지는 8개씩 배치하였다. 맨 아랫단 구멍가운데 4개는 장식 띠의 끝부분과 만나는 곳에 뚫었다. 굽다리 아래에는 한 줄 돌대를 2군데에 돌리고 그 사이에 물결무늬를 새겼다.
토기 겉면에는 녹색의 자연유가 부분적으로 붙어있으나 일부가 산화되어 떨어져나갔다.
이 토기는 고령지역에서 제작되어 다라국 왕릉의 제의에 사용된 제기로서 같은 형식의 그릇받침이 남원시 두락리1호분에서 출토되었다. 이 시기가 되면 이제까지 무덤가에서 깨뜨렸던 대가야 양식의 그릇받침이 무덤 안에 부장되었다는 점이 흥미롭다.

030
원통모양그릇받침 筒形器臺

5세기 말 / 경주시 미추왕릉지구 계림로16지구30호분 / 높이 52.4cm / 지름 21.5cm

뱀 모양의 세로 장식띠와 구멍을 많이 뚫어 장식한 원통모양그릇받침이다.
항아리 모양의 그릇받침 부분은 목 부위에 긴 사각형 구멍 4개를 같은 간격으로 뚫었다.
몸통은 가는 선으로 5곳에 돌려 가로로 단을 나누고 각 단에 물결무늬를 넣은 후에 뱀 모양의 장식띠를 세로로 4곳에 붙였다. 장식띠 사이에 각 단마다 삼각형 구멍 2개씩 세로로 줄을 맞춰 뚫었다.
뱀 모양 장식띠의 머리 부분에는 눈을 형상화한 원 무늬가 없으며, 꼬리 부분도 사각형으로 마무리하였고 5개 원 무늬를 제멋대로 배열하였다.
굽다리는 가는 선을 3곳에 돌려 나누었고 삼각형 구멍을 3단에 걸쳐 위아래 교차로 뚫었으며 맨 윗단에는 4개 그리고 나머지 단에는 8개씩 배치하였다. 맨 아랫단에는 역삼각형 구멍을 장식띠 끝부분과 만나는 곳에 4개를 뚫었다. 굽다리 아래에 돌대를 2곳 돌리고 그 사이에 물결무늬를 새겼다.
토기 겉면에 녹색의 자연유가 부분적으로 붙었으나 일부가 산화되어 떨어져나갔다.
이 토기는 이제껏 경주에서 출토되어 신라 양식의 그릇받침으로 보아 왔으나 제작기법과 그 형태로 보아 고령 지역에서 제작한 것이 분명하다.
대가야 왕들의 제기로 사용된 그릇받침이 신라 왕경인 경주지역으로 들어간 배경이 자못 흥미롭다.

031
원통모양그릇받침 筒形器臺

6세기 전기 / 하버드대학 Sackler 박물관 / 높이 58.7cm

뱀 모양의 세로 장식띠와 구멍을 많이 뚫어 장식한 원통모양그릇받침이다.
항아리 모양의 머리 부분은 목 부위에 긴 사각형 구멍 4개를 같은 간격으로 뚫었다.
몸통 부분은 가는 선으로 8곳을 돌려 단으로 나누고 각 단에 두꺼운 물결무늬를 새겼다. 뱀 모양의 장식띠를 4곳에 붙여 세로로 나누고 그 사이에 삼각형 구멍을 3개씩 7단마다 세로로 줄을 맞춰 뚫었다.
뱀 모양 장식띠의 머리 부분에는 눈을 형상화한 원 무늬가 남아있으며, 꼬리 부분도 긴 사각형으로 눌러 붙였고 원 무늬 8개를 두 줄로 찍어 배열하였다.
굽다리는 가는 선을 3곳에 돌려 세로로 4단으로 나누었고 각 단에 삼각형 구멍을 위아래로 엇갈리게 뚫었으며 맨 윗단에는 역삼각형 구멍을 배치하였다. 굽다리 아래쪽에는 돌대를 2곳 돌리고 그 사이에 물결무늬를 새겼다.
원래 주한미국대사관의 문정관으로 있던 그레고리 핸더슨이 대구에서 수집한 것으로 안동출토품으로 기록되어 있으나 제작기법과 모양을 볼 때, 고령지역에서 만들어진 것이 분명하다.

032
원통모양그릇받침 筒形器臺

6세기 전기 / 국립대구박물관 / 높이 - 61cm

뱀 모양의 세로 장식 띠와 많은 구멍을 뚫어 장식한 원통모양그릇받침이다.
항아리 모양의 그릇받침 부분에는 목 부위에 4개의 기다란 사각형 구멍을 같은 간격으로 뚫었다.
몸통은 가는 선으로 13단으로 나누고 맨 아랫단을 제외한 각 단에 물결무늬를 빼곡히 채웠다. 뱀 모양의 장식 띠를 4곳에 붙여 세로로 칸을 나누었으며 그 사이에 삼각형 구멍을 4개씩 각 단에서 세로로 줄을 맞춰 뚫었다. 뱀 모양 장식 띠의 머리 부분은 고사리 모양으로 만들었으며, 꼬리 부분도 끝 부분이 길쭉한 사각형으로 바꾸었고 원 무늬 6개를 두 줄로 찍어 배열하였다.
굽다리는 가는 선으로 3곳에 돌려 가로로 단을 나누었고 삼각형 각 변이 안으로 밀려들어간 모양의 구멍을 위아래로 엇갈리게 4단에 걸쳐 뚫었다. 굽다리 아래쪽에 돌대를 2곳 돌리고 그 사이에 물결무늬를 새겼다. 외면에는 황색 자연유가 붙어 있다.
대구시 달성군 현풍출토품으로 알려졌으나 제작기법이나 형태를 보아 고령지역에서 만들어진 것으로 추정한다.

033
원통모양그릇받침 筒形器臺

6세기 후기 / 경북대학교박물관 / 높이 55cm

뱀 모양의 세로 장식띠와 함께 많은 구멍을 뚫어 장식한 원통모양그릇받침이다.
항아리 모양의 그릇받침 부분에는 입언저리와 몸통 부분의 윗쪽과 중간 그리고 아래쪽에 구슬을 줄에 엮은 것처럼 보이는 장식을 덧붙였다.
몸통과 굽다리는 뚜렷한 구분이 없이 완만하게 연결되며 가는 선을 그어 8단으로, 뱀 모양의 장식 띠를 3곳에 붙여 세로로 칸을 나누고 그 사이에 사각형 구멍을 3개씩 7줄을 뚫었다. 구멍은 몸통에서는 한 줄로 그리고 굽다리에서는 위아래가 교차되게 뚫었다.
뱀 모양 장식띠의 머리와 꼬리는 고사리 모양으로 만들었으며, 그릇받침 부분의 구슬 장식과 같은 흙구슬로 장식하였다.
토기 전면에 자연유가 붙어 있고 새끼줄 무늬를 두드려 만든 흔적이 곳곳에 남아있다.
이 그릇받침은 대가야 양식의 뱀모양세로띠장식 통형기대의 모양을 따른 것이지만, 모양이 전체적으로 휘어졌고 구멍도 비뚤비뚤하게 뚫었다. 장식띠도 제대로 붙이지 않아 벌어지고 장식에 쓰인 구슬도 둥글지 않아 마치 전위예술품과 같은 파격적인 작품이다.
대가야 멸망인 562년 전후에 고령부근에서 만들었거나, 색깔이나 소성분위기가 합천지역 토기와 유사한 점으로 보아 그곳에서 제작한 것으로 추정한다.

034
긴목항아리와 바리모양그릇받침 長頸壺와 鉢形器臺

5세기 전기 / 남원시 아영출토 / 전북대학교박물관
항아리 : 높이 31cm / 지름 11.7cm
그릇받침 : 높이 34cm, 지름 39.7cm

전체적인 형태, 자연유가 잘 조화된 긴목항아리와 그릇받침이다.
이 토기는 김해시 대성동1호분에서 출토된 문양이 화려한 금관가야 최전성기 양식의 항아리와 그릇받침과 비교하면 강건하고 소박해 보이지만, 항아리의 부드러운 물결무늬와 아치 모양의 아름다운 구멍이 물결무늬를 사이에 두고 잘 배치된 대가야 발전기의 작품이다.
긴 목항아리 입 부위는 뚜껑받이턱이 전 모양으로 빠져나왔고, 목 부분에는 3곳에 돌대를 돌려 4단으로 나누었고 그 사이에 넓고 부드러운 물결무늬를 새겼다. 목항아리의 목과 어깨 부분에는 자연유가 붙어있다.
그릇받침의 그릇받침 부분은 크게 벌어져 항아리를 안전하게 받치고 있다. 입언저리는 전 모양으로 빠져나왔고, 목 부분에는 3곳에 돌대를 마련하여 4단으로 나누고 1단과 2단에 넓은 물결무늬를 새겼다.
굽다리는 4곳에 돌대를 돌려 5단으로 나누고 1단과 3단에는 아치 모양의 구멍을 위아래 줄을 맞춰 뚫었다. 제 2단에는 넓은 물결무늬를 새겼다.
제작기법이나 형태를 살펴보면 고령지역에서 제작되어 남원지역으로 전해진 것이 틀림없다.

035
긴목항아리 長頸壺

5세기 중엽 / 거창군 말흘리고분군 / 국립진주박물관 / 높이 25.8cm / 지름 12.4cm

목 부분에 도장 찍은 것처럼 보이는 무늬가 새겨진 독특한 긴 목항아리이다.
둥그런 몸통에 입언저리가 약간 안으로 좁혀진 원통 모양의 목을 가졌다. 뚜껑받이턱은 돌대와 함께 돌렸다.
목 부분에 한 줄로 된 돌대를 2곳에 돌려 3단으로 나누고 윗단과 아랫단에 물결무늬를 새겼으며, 가운데 단에는 나뭇잎 모양의 무늬를 도장처럼 찍어 새겼다. 몸통 최대지름이 윗부분으로 치우쳐 있어 어깨를 강조한 것처럼 보이고 어깨 바로 밑에는 한 줄의 좁은 선이 돌려져 있다.
몸통 밑 부분에는 만들 때 두드린 흔적이 채 지우지 않고 남아 있다.
토기 색깔은 자갈색이며 태토에는 굵은 돌가루가 많이 들어있다.
태토나 색깔로 볼 때, 거창지역에서 만들어진 것으로 생각한다.

036
뚜껑굽다리항아리 有蓋臺附壺

5세기 중기 / 호림박물관
왼　쪽 : 높이 31.8cm / 지름 11.4cm
오른쪽 : 높이 32.4cm / 지름 10.6cm

공 모양의 몸통과 굽다리가 하나로 어울린 독특한 모양의 뚜껑굽다리항아리이다.
몸통에는 한 줄로 된 돌대를 2곳에 돌려 세 단으로 나누고, 각 단에 물결무늬를 새겼다. 굽다리에도 물결무늬를 새겼다.
굽다리는 2줄로 된 돌대를 3곳에 돌려 세 단으로 나누고 각 단에 물결무늬를 넣은 다음에 세로로 긴 사각형 구멍을 위아래가 서로 엇갈리게 뚫었다.
뚜껑은 원통 모양의 손잡이를 붙였으며 손잡이에는 네모 모양의 구멍을 뚫었다. 뚜껑 윗부분에 가는 선을 돌려 2단으로 나누고 각 단에 세로로 길게 점띠무늬를 새겼다.
뚜껑의 모양과 색깔 그리고 무늬로 보면 창녕지역에서 만들었고, 굽다리접시는 굽다리 모양으로 볼 때 성주산으로 생각한다.

037
뿔잔과 뿔잔받침 角杯와 臺

5세기 중기 / 호림박물관
뿔잔 : 높이 18.5cm / 지름 5.2cm
받침 : 높이 14cm / 밑지름 9.7cm

입언저리 중앙을 오므려서 양쪽 가에 구멍을 만들고, 그 곳에 뿔잔을 꽂은 독특한 모양의 잔과 잔받침이다.
잔받침 부분은 한 줄로 된 돌대를 2곳에 돌려 3단으로 나누고 가장 아랫단에 세로로 긴 점 띠무늬를 새겼다. 두 구멍 가운데 점 띠무늬 몇 개가 새겨진 구멍에 뿔잔을 끼워 새겼다.
굽다리에는 두 줄로 된 돌대를 2곳에 돌려 3단으로 나누고, 위쪽 두 단에 물결무늬를 넣었으며 사각형 구멍을 위아래 엇갈리게 뚫었다.
모양과 색깔 그리고 무늬로 볼 때, 창녕지역에서 만든 토기가 틀림없다.

038
영락장식굽다리바리 瓔珞裝飾臺附鉢

5세기 중엽기 / 호림박물관
왼　쪽 : 높이 12cm / 지름 13.9cm
오른쪽 : 높이 15.1cm, 지름 16cm

영락이 각각 2개씩 달린 아름다운 굽다리바리이다.
몸통 위쪽에 두 줄로 된 돌대와 아래쪽에 한 줄로 된 돌대를 돌려 3단으로 나눈 후에 중간 단에 넓은 물결무늬, 그리고 아래 단에 점띠무늬를 새겼다.
영락은 귀걸이와 같은 모양을 하고 있으며 몸통 중간 부분에 달았다.
굽다리는 한 줄로 된 돌대를 2곳에 돌리고 2단과 3단에 서로 엇갈리게 직사각형 구멍을 뚫었다. 오른쪽 토기는 구멍을 뚫기 전에 넓은 물결무늬를 새겼다.
토기 모양과 색깔 그리고 몸통 아랫단에 새겨진 점띠무늬를 보면 창녕지역에서 만든 토기로 생각한다.

039
방울잔鈴杯

5세기 중기 / 아모레퍼시픽 미술관
왼　쪽 : 높이 13.1cm / 지름 7.6cm
오른쪽 : 높이 15.8cm / 지름 8cm

전체적으로 황갈색 자연유가 붙어있어 윤기가 우러나는 방울잔이다 .
입언저리가 넓고 밑이 좁은 속 깊은 잔 아래에 납작한 방울이 붙어 있으며, 그 밑에 작은 굽다리가 붙어있다.
두 점 모두 소성분위기와 모양을 볼 때 같은 곳에서 만들어진 것으로 보이는데, 서로가 조금씩 차이가 나는 것도 흥미롭다.
왼쪽 잔은 돌대를 돌려 단을 나눈 후에 2단에 넓은 물결무늬를 넣고 양 쪽에 고사리모양 장식을 붙였으며 굽다리에는 구멍을 뚫지 않았다.
오른쪽 잔은 돌대를 둘러 단을 나눈 후에 2단과 3단에 넓은 물결무늬를 넣고 그 곳에 고사리 모양 장식을 양쪽에 붙였으며, 굽다리에는 세로로 긴 사각형 구멍을 뚫었다. 방울 속에는 흙구슬이 들어 있어 잔을 들어 흔들면 방울소리가 난다.
고사리 모양 장식과 색깔로 볼 때, 창녕지역에서 제작한 것이다.

040
토우장식긴목항아리 土偶裝飾有臺長頸壺

5세기 후반 / 호림박물관 / 높이 16cm / 지름 8.9cm

긴목항아리의 어깨부분에 바깥쪽으로 튀어나온 전을 붙이고 그 위에 물개처럼 생긴 동물을 쌍으로 나란히 배치한 항아리이다.
전 위에 작은 구멍을 돌아가며 뚫었다.
목 부분과 전 위쪽과 아래쪽 그리고 굽다리에 세로로 길게 이어진 점띠무늬를 세로로 찍어 장식하였다. 굽다리에는 작은 사각형 구멍 4개를 뚫었다.
검은 색깔과 점띠무늬 모양으로 보아 제작지는 창녕지역으로 생각한다.

041
원통모양그릇받침 筒形器臺

5세기 전기 / 삼성미술관 Leeum / 높이 52.8cm / 지름 20.3cm

토기 전면에 엷게 덮인 자연유에 의한 광택과 톱니 모양 전, 구멍 그리고 여러 가지 무늬가 잘 조화를 이룬 균형미 넘치는 아름다운 원통모양그릇받침이다.
그릇받침 부분의 입언저리는 넓게 벌어진 채로 돌대를 돌려 2단으로 나눈 후에 윗단에 물결무늬를 새겼다.
목 부분은 돌대를 돌려 2단으로 나누고 각 단 모두 점줄무늬를 넣은 후에 윗단에는 삼각형, 아랫단에는 역삼각형의 구멍을 뚫었다.
몸통 부위의 가장 위쪽과 아래쪽에 톱니 모양을 한 장식대를 붙였다. 두 장식대 사이에 돌대를 3곳에 돌려 4단으로 나누고 각 단에 물결무늬를 넣었다. 첫째 단에는 길쭉한 이등변 삼각형 그리고 제 2단부터 4단까지에는 길쭉한 사각형의 구멍을 뚫었다.
굽다리에도 역시 돌대를 돌려 4단으로 나누고, 제1단에서 3단까지 물결무늬를 넣은 후에 구멍을 세로로 줄을 맞춰 뚫었다. 첫째 단에는 삼각형, 둘째 단에는 두 줄의 세장방형, 그리고 셋째 단에는 역삼각형의 구멍을 뚫었다.
톱니 모양 장식이 현풍지역 양리고분군 채집품에서도 보이고, 토기의 소성분위기로 보았을 때도 이 지역에서 만든 것이 틀림없다.

042
원통모양그릇받침 筒形器臺

5세기 전기 / 하버드대학 Sackler 박물관
항아리 : 높이 21.3cm / 지름 14.4cm
그릇받침 : 높이 49.2cm / 지름 19.8cm

토기 전면에 두텁게 덮인 흑색 자연유에 의한 광택과 함께 돌대, 구멍, 무늬로 잘 조화를 이루어 균형미가 넘쳐나는 아름다운 원통모양그릇받침이다.
이 토기는 앞에서 본 삼성미술관 Leeum 소장 그릇받침과 같은 양식이나 항아리가 공반된 것이다.
그릇받침 부분의 입언저리가 넓게 벌어지고 돌대를 돌려 3단으로 나눈 다음 2단과 3단에 물결무늬를 새겼다.
목 부분은 돌대를 둘러 2단으로 나누었고 윗단에는 X자 모양의 점띠무늬를 넣었고 삼각형 구멍을 뚫었고, 아랫단에도 세로로 점띠무늬를 넣었으며 역삼각형 구멍을 배치하였다.
몸통의 위와 아래에 돌대보다 많이 튀어나온 장식대를 붙였는데, 장식대 바깥 면은 안쪽으로 둥글게 파낸 것처럼 마감했다. 몸통에는 3곳에 돌대를 돌려 4단으로 나눈 후 각 단에 물결무늬를 넣었고 세로로 긴 사각형 구멍을 뚫었다.
굽다리 역시 돌대를 돌려 4단으로 나누고 1단에서 3단까지 물결무늬를 그린 다음에 구멍을 위아래 줄을 맞추어 뚫었다. 첫째 단에는 길쭉한 삼각형, 둘째 단에는 2줄의 세로로 긴 사각형 그리고 셋째 단에는 역삼각형 구멍을 뚫었다.
긴목항아리는 목 부분을 돌대를 돌려 3단으로 나누고 2단과 3단에 물결무늬를 넣었으며, 몸통 어깨부위에도 돌대 한 줄을 돌렸다.
원래 그레고리 핸더슨 수집품으로 긴목항아리의 바닥에 핸더슨이 직접 현풍 양리고분군에서 나온 것임을 기재한 점과 그 형태와 소성분위기로 볼 때 현풍지역에서 만든 것이 틀림없다.

043
원통모양그릇받침 筒形器臺

5세기 중엽 / 삼성미술관 Leeum / 높이 53.8cm / 지름 24cm

토기 전면에 엷게 덮인 자연유에 의한 광택과 함께 토우, 구멍, 무늬 등으로 장식한 이 토기는 조형미가 뛰어난 원통모양그릇받침이다.
그릇받침 부분의 입언저리는 넓게 벌어져있고, 돌대를 2곳에 돌려 3단으로 나누어 각 단에는 물결무늬를 새겼다. 몸통에는 돌대를 5곳에 돌려 4단으로 나누고 2단과 4단의 중간에 바깥쪽으로 튀어나온 전을 마련하고 그 위에 말 탄 사람과 서있는 사람 또는 토끼와 돼지 등의 토우를 붙여놓았다.
굽다리 역시 돌대를 돌려 4단으로 나누고 제 1단에서 3단까지 구멍을 서로 어긋나게 뚫었으며, 첫째 단에는 길쭉한 삼각형 구멍을, 둘째 단에는 거꾸로 세워놓은 못 모양의 구멍을, 그리고 셋째 단에는 거꾸로 세운 못 모양과 둥그런 구멍을 뚫었다.
그릇받침 부분과 구멍 그리고 전체적인 모양과 소성분위기로 볼 때, 이 토기는 현풍지역에서 만든 것으로 생각한다.

044
원통모양그릇받침 筒形器臺

5세기 중기 / 삼성미술관 Leeum / 높이 46.4cm / 지름 20.8cm

토기 전면에 엷게 덮인 자연유에 의한 광택과 토우, 구멍, 여러 무늬로 장식한 조형미가 뛰어난 원통모양그릇받침이다.

그릇받침 부분의 입언저리가 넓게 벌어지고 돌대를 한곳에 돌려 2단으로 나누고 윗단에 넓은 물결무늬를 새겼다. 몸통은 돌대와 전을 둘러 4단으로 나누고 각 단마다 길쭉한 사각형의 구멍을 뚫었는데, 1단에 뚫은 구멍은 2단에서 4단까지 세로로 나란히 배열한 구멍과 엇갈리게 뚫었다. 1, 2, 4단에는 물결무늬를 그리고 3단에는 삼각빗금무늬를 새겼다. 1단 아래쪽에서 바깥으로 튀어나온 전에는 사슴을, 5단의 전에는 말을 각각 5마리씩 왼쪽으로 걸어가게 배치하였으나 아쉽게도 말 한 마리는 떨어져나가고 흔적만 남아있다. 동물들은 크고 작은 것들을 조화롭게 배열하였다.

굽다리는 2곳에 돌대를 돌려 3단으로 나누고 1단과 2단에 물결무늬를 넣었다. 몸통의 구멍과 줄을 맞춰 구멍을 뚫었다. 구멍은 양쪽에 기다란 사각형을, 그 가운데에 역삼각형과 삼각형을 위아래로 조합한 구멍을 뚫었다.

그릇받침 부분과 구멍, 소성분위기나 전체적인 모양으로 보아 현풍지역에서 만든 것으로 생각한다.

045
방울잔 鈴杯

5세기 중기 / 삼성미술관 Leeum
왼　　쪽 : 높이 22.4cm / 지름 12.1cm
오른쪽 : 높이 23cm / 지름 12.4cm

토기 앞쪽에 자연유가 투박하게 흘러내린 흔적에 힘입어 고졸한 느낌을 드러내는 방울잔이다.
방울잔은 주술적 성격을 지닌 의례용기로 보이며 낙동강중류 동쪽 지역에서 주로 출토한다.
입언저리가 넓고 밑이 좁은 속이 깊은 잔 아래에 둥글납작한 방울이 붙어 있으며 그 밑으로 자그마한 굽다리를 붙여놓았다.
잔은 돌대로 단을 나누고 2단에서 4단까지에 넓은 물결무늬를 새겼다. 방울은 가운데에 돌대를 돌리고 위아래로 각각 작은 삼각형과 역삼각형 구멍을 서로 엇갈리게 뚫었으며, 방울 속에는 흙구슬이 들어 있어 흔들면 방울소리가 난다. 낮게 벌어진 굽다리에도 작은 사각형 구멍 네 개를 뚫어놓았다.
이와 똑같은 모양의 방울잔이 현풍 양리고분군에서 채집되고, 그 모양과 소성 분위기로 보면 이 지역 토기임에 틀림없다.

046
굽다리등잔 臺附燈盞

5세기 중기 / 하버드대학 Sackler 박물관 / 높이 16.6cm

굽다리 위에 구멍을 뚫은 등잔 받침을 붙이고 그 위에 등잔 5개를 올린 등잔이다.
등잔은 뚜껑접시의 뚜껑과 비슷하다.
등잔받침은 한 줄로 된 돌대를 돌려 단을 나눈 후에 위아래 단을 사각형 구멍을 뚫었으며 아랫단에는 물결무늬를 새겼다.
굽다리에는 기다란 사각형 구멍을 뚫었다.
이 토기는 부산시 복천동53호분에서도 유사한 사례가 있다. 일본의 고분시대 등잔 모양 토기와 형태가 매우 비슷한 점으로 보아 이와 같은 토기의 조형이 된다.
원래 그레고리 핸더슨 수집품으로 창녕 또는 현풍출토품으로 기재되어 있으나, 모양이나 색깔과 무늬로 볼 때 현풍지역에서 만든 것으로 생각한다.

047
뚜껑굽다리접시 有蓋高杯

5세기 전기 / 숭실대학교 한국기독교박물관 / 높이 20.6cm / 지름 16.8cm

손잡이 주변을 돌아가며 톱니 모양의 장식대가 붙은 독특한 모양의 뚜껑굽다리접시이다.
원통 모양의 손잡이를 가진 뚜껑의 톱니 모양 장식대 아래에는 많은 점을 한 번에 길게 찍을 수 있는 찍개로 찍은 'X'자 모양의 점띠무늬가 있다.
굽다리접시의 몸통에는 뚜껑받이턱이 나와 있으며 돌대를 중간에 하나 돌리고 그 윗단에 물결무늬를 새겼다.
굽다리에는 돌대를 3곳에 돌려 4단으로 나누고 1단에서 3단까지에 물결무늬를 넣었으며 장방형의 위아래 구멍이 서로 엇갈리게 뚫었다.
톱니모양장식과 'X'자 모양의 점띠무늬 그리고 뚜껑과 접시에 넣은 무늬와 굽다리 아래에 만든 단을 보면 현풍지역에서 만든 것으로 판단한다.

048
긴목항아리 長頸壺

5세기 전반 / 호림박물관
왼　　쪽 : 총 높이 50.3cm / 지름 13.3cm
오른쪽 : 총 높이 52.3cm / 지름 13.6cm

특이하게 높은 뚜껑을 갖춘 긴목항아리이다.
뚜껑은 종처럼 약간 길쭉하며 중앙에 첨탑처럼 뾰족하게 생긴 손잡이를 붙였다.
손잡이는 사면을 깎았으며 왼쪽 항아리의 꼭지에는 점줄무늬로 장식하였다. 뚜껑 옆쪽에 구멍을 한 개씩 뚫었고, 오른쪽 뚜껑 아랫단에는 물결무늬를 새겼다.
긴목항아리 목 부분에 2줄로 된 돌대를 둘러 3단으로 나누고 왼쪽 항아리의 1단에는 원 무늬를 음각으로 돌렸고, 2단에는 물결무늬를 새겼다. 오른쪽 항아리는 1단과 3단에 원 무늬를 넣었고 2단에 물결무늬를 새겼다. 오른쪽 항아리 어깨 부근에 가느다란 선 2줄을 둘러 장식 효과를 더했다.
항아리 어깨 부근에 자연유가 붙었다가 산화된 흔적이 보인다. 어깨 부분과 뚜껑 색깔은 회색이며 나머지 부분은 흑색을 띤다.
종처럼 생긴 뚜껑이 성주군 유월동고분군에서 채집되는 점과 소성분위기로 볼 때 성주지역에서 만든 것으로 판단한다.

049
새장식뚜껑짧은목항아리 鳥形裝飾臺附壺

5세기 / 호림박물관 / 총 높이 30cm
뚜　껑 : 높이 11.7cm / 지름 10.4cm
항아리 : 높이 21.5cm / 지름 14.4cm

약간 길쭉한 몸통에 중절모 모양의 뚜껑을 갖춘 짧은목항아리이다.
뚜껑 중앙에 새 모양의 손잡이를 붙였다. 새는 꼬리를 들고 날아가려는 모습을 하고 있다.
새의 눈을 구멍으로 뚫어 표현하였고, 부리는 선각으로 나타내었다.
항아리 어깨 부근에 고리 모양의 손잡이 3개를 붙였다.
뚜껑은 회갈색이고 항아리는 검은색을 띤다.
이러한 새 모양 장식은 뒤에서 살펴 볼 일본의 고분시대 스에키須惠器 항아리에서 보이는 새 모양 장식과 비슷한 점이 또한 흥미롭다.

050
영락장식짧은목항아리 瓔珞裝飾有蓋短頸壺

5세기 전반 / 호림박물관 / 총 높이 49.3cm / 지름 14.4cm

둥그런 몸통에 반쪽 공 모양의 뚜껑이 있는 짧은목항아리이다.
뚜껑 한가운데에 단추모양의 손잡이를 달았고, 그 위에 3개의 고사리 모양 장식을 세우고 꽈배기처럼 꼬아 만든 영락을 달았다.
뚜껑 손잡이를 중심으로 방사상으로 퍼지는 가느다란 줄을 뚜껑에 장식하였다.
자연유가 산화되어 항아리 윗부분은 회갈색이고 아랫부분은 검은색을 띤다.

051
사각함 四角函

5세기 / 아모레퍼시픽 미술관 / 높이 4cm / 세로 11cm / 가로 11.3cm

사각의 두꺼운 점토판을 4칸으로 나누고 안을 파내어 만든 함이다.
안에는 점토를 도려낸 흔적이 있고, 옆쪽에는 점토를 깎아 정리한 흔적이 잘 남아 있다.
뚜껑은 납작한 사각형 점토판에 둥근 고리를 달아 손잡이를 만들었고, 손잡이 주변을 가는 선으로 사각형을 그렸고 전체 면에 삼각띠무늬를 새겼다.

052
집모양토기 家形土器

5세기 중엽 / 국립중앙박물관 / 높이 12.5cm

초가집 모양으로 지붕 꼭대기에는 고양이 모양의 토우 하나가 올라가 있고, 사다리에는 생쥐 모양 토우 두 개가 붙어있는 아주 재미있는 집모양토기이다.

지붕 양식은 맞배지붕을 하고 있으며, 출입구에는 사다리가 설치되어 있고 그 위에 문이 있다. 지붕에는 이엉을 덧대어 빗물이 밑으로 떨어지는 것을 막고 있다. 지붕에 보이는 가로 세로의 점토띠는 새끼줄로 이엉을 얽어맨 모습을 연상시킨다. 집 안을 비웠고, 벽 한 쪽에 원통 모양의 주둥이를 만들어 붙여 굴뚝을 나타냄과 동시에 그릇으로서의 기능도 마련하였다.

토기 전체에 자연유가 넘쳐흐르는 것처럼 두껍게 덮여 있다.

현풍지역 출토품으로 전해지는 것으로 앞쪽 전면에 보이는 '<'자 모양 무늬는 찍개로 찍어낸 것이고, 자연유의 색깔 등에서 드러나는 소성분위기 등으로 볼 때, 현풍지역의 양리고분군 출토품이 틀림없다.

053
집모양토기 家形土器

5세기 중기 / 삼성미술관 Leeum / 높이 16.8cm

초가집 모습을 본떠서 만든 집모양토기이다.
집의 정면은 두 칸이고 옆면은 한 칸에 맞배지붕을 하고 있다. 좁은 옆면에 출입구를 만들었으며, 그 위의 지붕에 이엉을 덧대 빗물이 출입구 쪽으로 떨어지는 것을 막았다.
출입구 기둥은 통나무로 세웠고 나머지는 각재로 표현되어 있다. 지붕에 보이는 가로 세로의 점토띠는 새끼줄로 이엉을 얽어맨 모습을 생각하게 한다.
출입구에는 사다리가 걸려있고 사다리를 올라가면 열린 상태의 문이 보인다. 집 안을 비워두고 지붕 한쪽에 원통 모양의 주둥이를 붙여 굴뚝을 표현함과 동시에 용기로서의 기능도 갖추었다. 또한 토기 전면에 지그재그 또는 'X'자 모양의 점줄무늬를 넣어 장식 효과를 더했다.
전체적인 소성분위기와 더불어 이와 비슷한 무늬를 넣은 토기가 양리고분군에서 채집되는 것으로 보아 현풍지역에서 만든 것이 틀림없다.

054
집모양토기 家形土器

5세기 중기 / 개인소장 / 높이 11.6cm

널찍한 점토판 위에 그릴 듯하게 보이는 초가집을 세웠고, 집 옆면과 뒤를 둥그스름하게 마감한 것이 특징인 집모양토기이다.

출입구를 낸 벽면의 굵은 기둥은 동아줄과 같은 모양이고 기둥 사이에 사다리를 세워 출입문을 표현하였다. 사다리 위에는 출입문으로 보이는 선각이 있어, 사다리를 올라가면 지붕 밑에 문이 나있는 구조의 집으로 파악한다. 지붕에 가로와 세로로 점토띠를 붙여 새끼로 지붕을 가로질러 이엉을 얽어맨 모습을 표현하고, 지붕에 이어서 도리와 창방도 내었다. 또한 지붕 한쪽에는 원통 모양의 주둥이를 붙여 굴뚝을 표현하면서 동시에 용기로서의 기능을 갖추었다.

모양과 소성분위기로 볼 때, 현풍지역에서 만든 것이 틀림없다.

055
집모양토기 家形土器

6세기 초 / 삼성미술관 Leeum / 높이 35cm

기와집 모양을 보여주는 집모양토기이다.
네 귀퉁이 모를 죽인 사각통의 몸통 위에 맞배지붕을 얹었다.
지붕은 양쪽 용마루를 살짝 들어 올려 지붕 선을 이루었으며, 굵은 선을 줄줄이 그려놓아 마치 기와 골을 사실적으로 표현한 듯하고, 띠처럼 덧붙인 처마는 마치 막새기와 같은 모습으로 마감하였다.
지붕의 용마루 중간에 굴뚝과 같은 주둥이를 설치하고 몸통은 속을 비운 그릇으로 만들었다. 몸통의 앞과 뒤에는 가는 선으로 출입구와 창문을 표현하였다.
이 토기는 흑갈색을 띠고 있으며 높은 소성 온도에서 구울 때 생기는 자연유가 붙어있고 전체 모습은 합천군 반계제다A호분에서 출토된 장군 모양 토기와 비슷하다.
그런데 이 토기는 통일신라시대에 만들어진 것으로 알려져 왔으나 경북대학교 박물관에서 조사한 고령군 연조리 대가야 궁성지에서 기와로 지붕을 인 건물이 존재했을 가능성이 높은 점으로 보아 6세기 초 전후에 만든 대가야 양식의 토기로 추정한다.
이 집모양토기는 크기가 크고 그 모양이 일반적인 집모양토기와는 달리 기다란 사각통 모양이고, 커다랗게 출입구와 창문이 묘사된 점으로 미루어보아 아마도 대가야의 왕궁 건물과 같은 특수한 건물을 본뜬 것으로 추정할 수 있다.

056
집모양토기 家形土器

5세기 중기 / 동경국립박물관 / 높이 17.5cm

기둥을 아홉 개 세우고 바닥을 들어 올린 높은 창고 모양 토기이다.
일제 강점기 대구에 살던 오구라타케노스케에 의해 반출된 토기이다.
맞배지붕에는 가로와 세로로 점토띠를 붙여 새끼줄로 이엉을 얽어맨 모습을 표현하고 있다. 폭이 좁은 벽면의 문에는 빗장이 그럴듯하게 표현되어 있다.
문틀을 비롯한 각 벽면에는 3~4개씩 좁은 줄띠를 마련하고, 그 안은 'X'자 모양의 점줄무늬를 새겼다. 그러나 아쉽게도 기둥과 바닥 부분은 수리되었기에 그 원형을 알기 어렵고 다만 지금 모양과 비슷할 것이라고 추정할 뿐이다.
문이 있는 벽면과 지붕 사이에는 좁고 긴 대롱을 붙이고, 지붕 위에는 넓은 주둥이를 붙여 용기로서의 기능이 가능하도록 만들었다. 지붕에는 자연유가 살포시 덮여 있어, 마치 초가지붕을 연상하게 한다.
창고바닥 밑에는 가로지른 기둥이 보인다.
벽면의 'X'자 모양 무늬와 소성 분위기로 볼 때 현풍지역에서 만든 것으로 판단한다.

057
집모양토기 家形土器

5세기 중기 / 호림박물관 / 높이 15.5cm

흙판 위에 둥그런 아홉 개 기둥을 세우고 바닥이 높은 고상창고형의 집모양토기이다.
집 옆면에 특이하게 귀때 모양의 주둥이가 붙어 있다. 맞배지붕에는 가로로 돌대 2줄을 넣어 3단으로 나누고 각 단에 무늬를 넣어 마치 새끼줄로 이엉을 얽어 맨 모습을 연상하게 한다. 돌대로 구분한 지붕의 1단과 2단에는 사방향격자무늬를 넣었고 3단에는 삼각띠무늬를 새겼다.
귀때를 붙인 벽 이외의 세 벽면에는 벽 전체에 걸쳐 사방향격자무늬를 넣은 띠 세 개를 새겼다. 그리고 귀때가 달린 벽면은 문틀을 나타내듯이 윗부분과 옆면에만 사방향격자무늬를 넣은 것으로 보아 이 부분이 출입구라고 볼 수 있다.
창고바닥 밑에는 호림박물관 소장품과 같이 가로지른 기둥이 보인다.
사방향격자무늬로 볼 때 함안지역에서 제작한 것으로 추정한다.

058
집모양토기 家形土器

5세기 중기 / 아모레퍼시픽 미술관 / 높이 14.1cm

흙판 위에 둥근 기둥 아홉 개를 세우고 바닥이 높은 고상창고형 집모양토기이다.
집 옆면에 귀때 모양의 특이한 주둥이가 붙어 있다. 맞배지붕에는 가는 선 4줄을 그어 5단으로 나누고 위로부터 1, 3, 5단에는 삼각띠무늬를 넣었고 그 사이에는 사방향격자무늬를 새겼다.
세 벽에는 전면에 세로로 세 줄의 격자무늬 띠를 넣었고 가운데에 격자무늬 띠 한 줄을 바깥쪽 띠에 닿도록 그려 새겼다. 주둥이가 달린 곳은 문틀을 나타내듯이 윗부분에만 사방향격자무늬 띠를 넣은 것으로 보아 이 부분이 출입구로 파악한다.
모양과 무늬가 바로 앞에서 본 호림박물관 소장품과 비슷한 것으로 보아 같은 곳에서 만들어진 것으로 추정한다.

059
집모양토기 家形土器

5세기 전기 / 경북대학교박물관 / 높이 11.5cm

가운데를 사각형으로 파낸 구멍을 뚫은 튼튼한 흙판 위에 네 개의 굵은 사각형 다리 위에 올려있는 고상창고를 본떠 만든 비교적 작은 집모양토기이다.

전체적으로 회청색을 띠고 있으나 지붕에는 녹청색의 자연유가 두껍게 입혀 있어 더욱 아름답다. 맞배지붕은 용마루와 추녀가 부드럽게 흘러내려 마치 초가를 연상하게 하고 그 가운데에서 약간 아래로 치우친 곳에 짧은 원통 모양의 주둥이를 만들었다.

집은 지붕의 이엉과 출입문 그리고 창문 등의 표현을 배제하여 단순한 모습으로 표현하였으나 전체적으로는 아주 단정한 느낌을 준다.

합천출토품으로 전하나 제작지를 알기 어렵다.

060
배모양토기 舟形土器

5세기 중기 / 삼성미술관 Leeum / 높이 9.1cm / 길이 27.9cm / 폭 6.5cm

바다를 항해하는 요즈음 배와는 달리 바닥이 얕고 편평하며, 내륙의 강에서 사용한 나룻배를 아주 잘 표현한 배모양토기이다.

구조는 비교적 간단하여 편평한 바닥판과 양옆의 현판 그리고 앞뒤 뱃머리에 붙이는 둥근 모양의 널빤지로 구성되었으며, 양 현판의 위쪽에는 가로로 세 개의 나무를 가로질렀다.

뱃머리에 붙인 널빤지는 둥근 곡면을 이루어 물살을 잘 가를 수 있게 하였고, 고물에 붙인 널빤지는 판판하게 만들었다. 이물과 고물의 끝은 둥근 형태로 둘러 있고, 좌우대칭으로 작은 구멍을 두 개씩 뚫어 놓았다. 양 옆면의 현판에는 지그재그 모양으로 점줄무늬를 찍어 장식하였다.

현판의 위쪽에는 짧게 튀어나온 노걸이가 세 개씩 붙어있으며, 고물 쪽에는 본래 사공이 노 젓는 모습의 토우가 자리하였으나 지금은 없어지고 그 흔적만 남아있다.

토기 전면에 덮여 있는 갈색 자연유와 점줄무늬로 보아 현풍지역에서 만든 것으로 판단한다.

배 모양의 명기는 죽은 이의 영혼을 명계冥界로 가는 길로 인도하고자하는 신앙이 반영된 것으로 보아, 이 토기는 가야인의 신앙세계는 물론 당시의 교통수단 형태를 구체적으로 알려주는 자료이다.

061
바퀴장식배모양토기 車輪裝飾船形土器

4세기 후기 / 삼성미술관 Leeum / 높이 20.1cm / 길이 28.6cm / 폭 7.8cm

굽다리 위에 배를 올리고 그 옆에 방사상의 바퀴살이 잘 표현된 수레바퀴를 붙인 특이한 배모양토기이다.
배 바닥이 둥글고 이물을 뾰족하게 만들어 물살을 가르며 나아가기 좋게 되어 있고, 고물에는 가로지른 판이 끼워져 있는 모양이 마치 먼 바다를 항해하는 배를 본뜬 것처럼 보인다.
이물에는 고리 모양의 큰 노걸이 두 개가 달려있다.
배의 전면에 걸쳐 사방향격자무늬와 점줄무늬로 장식하였고, 나팔 모양의 굽다리에는 점줄무늬를 넣고 세로로 긴 사각형의 작은 구멍을 뚫었다. 토기 전면에는 자연유가 덮여있다.
이 토기는 굽다리 모양과 더불어 토기에 새겨진 점줄무늬, 옆면에 새겨진 사방향격자무늬, 이물에 끼어진 판에 새겨진 마름모무늬가 마치 경주박물관에 소장된 이양선 기증 기마인물형 토기의 굽다리, 뿔잔 모양 주둥이에 새겨진 사방향격자무늬 그리고 방패의 마름모무늬와 아주 비슷한 점으로 볼 때, 서로가 같은 지역에서 제작된 것으로 본다.
모양과 소성 분위기로 볼 때 함안지역에서 만든 것으로 추정한다.

062
배모양토기 船形土器

4세기 후기 / 아모레퍼시픽 미술관 / 높이 / 17.7cm / 길이 24.6cm / 폭 5.8cm

이물과 고물에 각각 가로지른 판이 하나씩 있고 배의 옆면에는 삼각띠무늬가 톱니 모양으로 서로 맞물려 새겨진 배모양토기이다.
굽다리는 중간에 두 줄, 아래에 한 줄의 돌대를 돌려 3단으로 나누었는데, 1단과 2단에는 점줄무늬를 세로로 가지런히 넣었고 불꽃 모양의 구멍을 위아래 줄을 맞춰 뚫었다.
굽다리의 형태, 화염형의 구멍, 소성분위기로 볼 때 함안지역산으로 생각한다.

063
배 모양 토기 船形土器

5세기 중기 / 삼성미술관 Leeum / 높이 19.1cm / 길이 22.6cm / 폭 10cm

바닥이 깊어 삼각형에 가까운 배 모양 토기이다.
이물과 고물에는 각각 가로지른 판이 있고, 고물에는 수직으로 세운 가로판 가운데에 반원 모양의 홈을 파서 방향키를 끼울 수 있게 하였으며, 현판의 윗쪽에 좌우대칭으로 톱니 모양의 노걸이를 네 개씩 붙여놓았다.
이 토기는 전후좌우가 대칭에 가깝도록 만들었기에 균형을 잘 유지하고 있으며, 바닥을 제외한 전면이 회청색을 띠고 있다.
전체적인 색깔과 소성 분위기로 보아 현풍지역 토기로 생각한다.

064
배모양토기 船形土器

5세기 전기 / 삼성미술관 Leeum / 높이 23.5cm / 길이 22.4cm / 폭 8.7cm

노를 젓는 사공을 본뜬 토우와 이물쪽 갑판 위에 지붕을 붙이고, 배 한가운데에 주둥이를 만들어 용기로 사용할 수 있도록 처리한 것이 특징인 배모양토기이다.
배는 바닥이 깊으며 둥글고 이물이 뾰족하게 돌출되어 물살을 가르기 좋게 되어 있다. 인물은 간략하게 표현되었으나 운동감이 넘치며, 이물에 두 개의 기둥을 세우고 지붕을 올린 작은 선실을 갖추고 있다.
굽다리는 두 줄의 돌대로 장식하였으며 전면에 자연유가 옅게 입혀져 있다.

065
배모양토기 船形土器

5세기 중기 / 호림박물관 / 높이 11.5cm / 길이 18cm / 폭 10.1cm

바닥이 깊어 단면이 삼각형에 가까운 배 모양의 토기이다.
이물과 고물에는 각각 가로지른 판이 있고, 현판의 윗부분에는 좌우 대칭으로 톱니 모양의 노걸이가 여섯 개씩 붙어있다.
바닥에는 밖으로 벌어진 납작한 작은 받침이 네 개 달려있다.
모양과 소성 분위기로 볼 때 현풍지역에서 만들어진 것으로 생각한다.

짚신모양토기(복천동 53호) 출토상태

066
짚신모양토기 土履

5세기 전기 / 부산시복천동53호분 출토품 / 부산박물관 / 높이 15.8cm

두 줄 새끼를 하나로 붙여서 짚신 모양을 비교적 사실적으로 표현한 토기이다.
팔자 모양의 굽다리 위에 짚신을 올리고 짚신 한가운데에 마상배 모양의 잔을 올려놓았다.
잔 모양은 굽다리접시 뚜껑만 뒤집어 엎어놓은 것처럼 보이기도 한다.
굽다리는 4단으로 나누고 1단에서부터 3단까지 점줄무늬를 세로로 새겼다.
전체에 흑색의 윤이 나는 자연유가 붙어있다.
이 토기는 껴묻힌 토기 가운데 맨 위쪽에 올려놓은 상태로 출토된 것으로 보아 그저 단순한 부장품으로 볼 수 없고, 특별히 공헌된 것으로 보아야 한다. 근래까지도 무덤에 신발을 껴묻는 것을 볼 때 이것은 망자亡者가 명계로 가는 머나먼 길에 사용하기를 바란 것이거나 그 영혼을 운반하는 도구로서 바쳐진 것으로 볼 수 있다.
출토지는 부산지역이지만 색깔이나 모양으로 볼 때 제작지는 함안지역으로 파악한다.

067
짚신모양토기 土履

5세기 중기 / 숭실대학교 한국기독교박물관 / 높이 13.5cm / 구경 / 7.2cm

두 줄 새끼를 하나로 모아 짚신 모습을 비교적 사실적으로 표현하였고, 가운데에 잔을 올려놓은 토기이다.
잔의 입언저리는 톱니모양으로 만들었고 그 아래에 한 줄의 돌대를 돌렸다.
굽다리는 전체가 한 단으로 큼직한 사각형 구멍을 세로로 뚫었다. 토기 전면에 자연유가 두텁게 붙어있으나 산화되었다.
굽다리 아래쪽에 마련한 단과 잔 끝부분의 톱니모양 장식이 양리고분군에서 채집된 굽다리접시와 비슷한 것이 확인되고, 자연유의 색깔 등 전체적인 소성 분위기로 보아 현풍 제작품이 틀림없다.

068
짚신모양토기 土履

5세기 중기 / 아모레퍼시픽 미술관 / 높이 14.1cm / 구경 7.7cm

두 줄의 새끼를 꼬아 하나로 이어 만든 짚신 모습이 비교적 사실적으로 표현된 토기이다.
굽다리 위 가운데에 입이 큰 잔을 마련하고 짚신의 점토띠로 고정시켰다. 잔 입언저리 아래에 한 줄의 돌대를 돌렸다.
굽다리는 한 단으로 되었으며 큼지막한 세로로 기다란 사각형 구멍 4개를 뚫었다. 토기 전면에 흑색의 자연유가 두텁게 붙어있다.
굽다리 아래쪽에 만든 단과 자연유의 색깔 등 전체적인 소성 분위기로 볼 때, 현풍지역에서 만들어진 토기이다.

069
가죽신모양토기 土履

5세기 중기 / 삼성미술관 Leeum
왼　쪽 : 높이 6.8cm / 길이 23.5cm / 폭 7.5cm
오른쪽 : 높이 7.2cm / 길이 24cm / 폭 6.8cm

가죽신발을 본뜬 작은 토기이다.
신발의 코가 두툼하고 투박하게 솟아 있으며, 둘레에는 일정한 간격으로 구멍을 뚫어 끈으로 조일 수 있게 하였고, 발등이 닿는 중간에도 구멍이 하나 뚫려 있다. 양 옆의 구멍 주위에는 '>'자모양의 점줄무늬를 새겼다. 뒤꿈치는 가죽을 덧댄 형태로 약간 솟아 있어 손으로 잡고 신을 수 있도록 하였다.
이 토기 두 점은 전체 모양은 서로 비슷하지만, 구멍 수나 무늬를 넣은 모양에서 약간씩 차이가 있다.
색깔과 '>'자 모양의 점줄무늬 등으로 보아 현풍지역산 토기로 판단한다.
이 신발모양토기는 조선시대의 당혜나 근래의 꽃신과 아주 유사하여 당시 가죽신의 형태를 가늠해 볼 수 있다.

070
바퀴장식뿔잔 車輪裝飾角杯

5세기 전기 / 동경국립박물관 / 높이 20.3cm / 바퀴지름 11.1cm / 뿔잔 입지름 / 5.7cm

수레바퀴, 뿔잔, 굽다리, 뿔잔에 붙은 고사리 모양 장식으로 구성된 바퀴장식뿔잔이다.
일제 강점기 대구에 살던 오구라타케노스케에 의해 반출된 토기이다.
굽다리는 나팔 모양으로 벌어지며 아랫단에 세 줄의 돌대를 돌리고 윗단에는 긴 삼각형 구멍 세 개를 뚫었으며 수레바퀴 모양의 장식이 붙어있다.
굽다리 윗단 양쪽에 붙어있는 바퀴는 돌릴 수 있도록 따로 만들어 끼워 새겼다. 바퀴는 원판에 구멍을 파내어 18개의 바퀴살을 표현하였다.
뿔잔은 두 개를 이우고, 그 중간 부분을 굽다리에 붙였다. 이은 부분 위에는 돌기가 있고 양쪽으로 고사리 모양 장식이 있었으나 지금은 떨어졌다. 이 돌기 양쪽과 뿔잔 가운데에 역시 고사리 모양 장식판을 대칭으로 붙여놓았다.
굽다리와 뿔잔 부분에는 녹갈색의 자연유가 붙어있다.
바퀴장식토기는 함안지역과 현풍지역에서 만든 것으로 크게 나누는데 전자에서는 뿔잔을, 후자에서는 잔을 붙이는 것이 특징이다.
뿔잔과 고사리 모양 장식, 굽다리 모양으로 볼 때 함안지역에서 만든 것으로 판단한다.

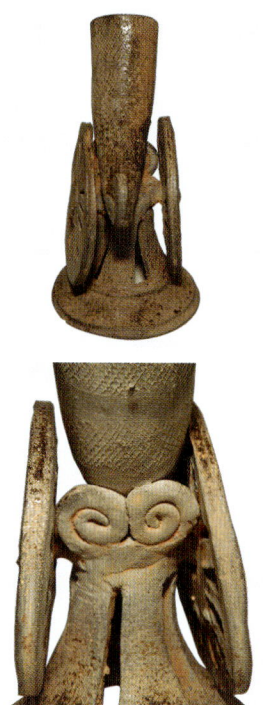

071
바퀴장식뿔잔 車輪裝飾角杯

5세기 전기 / 아모레퍼시픽 미술관 / 높이 17.1cm

바퀴, 뿔잔, 굽다리, 고사리 모양 장식으로 구성된 바퀴장식 뿔잔이다.
굽다리는 나팔 모양으로 벌어지며 사각형 구멍이 세로로 뚫려 있다.
굽다리 위쪽 양면에 붙어있는 바퀴는 원판에 삼각형으로 구멍을 내어 15개의 바퀴살을 표현하였다.
뿔잔은 중간부근을 고사리 모양 장식 두 개를 붙인 굽다리에 올려 고정시키면서 장식 효과를 더욱 높였다. 뿔잔 끝 부분은 고사리처럼 말린 모양을 하고 있다.
뿔잔 위쪽에는 2 군데에 사방향격자무늬를 돌려 새겼다.
잔이 붙지 않고 뿔잔이 붙은 점이나 잔의 모양 그리고 굽다리를 볼 때, 함안지역에서 만든 것이다.

072
바퀴장식뿔잔 車輪裝飾角杯

5세기 후기 / 전 의령군 대의면 출토 / 국립진주박물관 / 높이 18.5cm

바퀴, 뿔잔, 굽다리, 뿔잔에 붙인 고사리 모양 장식으로 구성되어 있다.
굽다리는 나팔 모양으로 벌어지며 돌대를 돌려 3단으로 나누고 중간에 길쭉한 사각형 구멍 4개를 교차되게 뚫었다. 굽다리 위쪽에 양쪽으로 바퀴를 붙여놓았다.
바퀴는 회전이 가능하도록 따로 만들어 끼웠으며, 원판에 구멍을 내어 6개의 바퀴살을 표현하였다.
원래 하나로 만든 뿔잔 중간 부분을 굽다리에 붙이고 양쪽에 고사리 모양으로 장식하였으나 하나는 떨어지고 지금은 하나만 남아있다.
뿔잔과 고사리 모양 장식 그리고 굽다리 모양으로 볼 때 제작지는 함안지역으로 판단한다.

073
바퀴장식뿔잔 車輪裝飾角杯

5세기 후기 / 계명대학교행소박물관 / 높이 13.2 cm

바퀴, 뿔잔, 굽다리로 구성된 바퀴장식뿔잔이다.
굽다리는 나팔 모양으로 벌어지며 기다란 사각형 구멍 4개가 엇갈리게 뚫려 있다.
굽다리 위 양쪽에 붙어있는 바퀴는 원판을 파내어 큼지막한 바퀴살 6개를 표현하였다.
잔은 바퀴방향과 나란하게 만든 긴 토판 끝에 2개를 붙였으며 한 줄의 노끈모양의 점토띠로 중간에 교차되게 결박하였다.
제작지는 붙어있는 뿔잔과 굽다리 모양으로 볼 때 현풍지역으로 판단한다.

074
바퀴장식잔 車輪裝飾杯

5세기 중기 / 호림박물관 / 높이 16.9cm

바퀴, 굽다리, 잔 두개로 구성되었으나 바퀴의 형태가 특이한 바퀴장식잔이다.
굽다리 위에 원판을 붙이고 그 위에 2개의 잔을 올렸으며 잔 사이 양쪽으로 바퀴 2개를 붙여놓았다. 잔은 뿔잔을 꽂을 수 있는 구멍이 뚫려 있는 것으로 보아 뿔잔받침으로 본다.
바퀴에는 바퀴살을 돌아가며 모두 만들지 않고 가운데 구멍을 중심으로 윗부분에만 사다리꼴 모양의 구멍을 뚫어 바퀴살을 표현하였다.
잔은 입언저리 아래에 한 줄로 된 돌대를 돌리고 그 밑에는 물결무늬를 새겼다.
굽다리에는 두 줄로 된 돌대를 돌려 2단으로 나누고 윗단과 아랫단에 서로 엇갈리게 사각형 구멍을 뚫었다.
토기 전면에는 자연유가 붙어있다.

075
방패모양바리 鉢形土器

5세기 전기 / 호림박물관 / 높이 27.6cm / 지름 13.7cm

바닥이 넓고 입이 좁은 깊은 바리 모양의 바리형토기로서 납작한 한쪽 면에 방패 모양의 장식을 붙인 아주 드문 모양의 토기이다.

바닥에는 네모꼴으로 된 짧은 굽다리 네 개를 붙어놓았다. 입 바로 아래에 두껑받이턱 모양의 돌대를 돌렸다. 몸통 아랫부분에도 한 줄의 돌대를 돌리고, 그 위에는 삼각띠무늬를 새겼다. 방패 모양의 장식 앞면에도 삼각띠무늬로 테두리를 따라가며, 그리고 뒷면에도 같은 방법으로 빗금무늬가 채워진 'V'자 모양의 무늬를 새겼다.

방패 장식의 네 모서리에는 구멍을 뚫어 끈으로 맬 수 있도록 한 점에서 물동이를 진 지게로 보기도 하나, 방패 또는 화살통일 가능성도 있다.

076
기마인물모양뿔잔 騎馬人物型土器

4세기 후기 / 전 김해시 덕산리출토 / 국립경주박물관 / 높이 23.2cm / 폭 14.7cm

굽다리 위에 직사각형 판을 놓고 그 위에 기마인물상을 올려놓았으며, 말 엉덩이 부분에 뿔잔 2개를 붙여 U자형으로 세워놓은 기마인물모양뿔잔이다.

말은 머리에 투구를 씌었고 눈과 귀, 잎 등을 자세히 표현하고 있다. 다리는 깎아서 면을 만들었기에 더욱 힘차게 보인다. 몸통과 다리를 둘러 전체에 철편을 엮은 갑옷을 입힌 것을 나타내기 위해 사방향격자무늬를 새겨넣었.

말 위에 탄 전사는 양쪽 다리를 등자 위에 올려놓고 있으며, 왼손에는 중앙에 마름모무늬가 새겨진 방패를, 오른손에는 팔을 약간 내려서 창을 쥐고 있으며 머리에는 투구를 쓰고 목 갑옷을 입고 있다. 전사의 뒤쪽 말 엉덩이 부분에는 1쌍의 뿔잔이 붙어 있다. 뿔잔 윗부분에는 사방향격자무늬가 두 군데에 둘러있다.

굽다리는 나팔 모양으로 벌어지며 한 줄로 된 돌대를 두 곳에 돌려 단을 나누고 1단과 2단에 작은 마름모꼴 구멍을 뚫었다.

지금까지 실물을 찾아보기 어려운 방패를 사실적으로 묘사하고 있고, 말 갑옷과 조금은 웃기는 듯 한 모양의 투구와 기마인물보다도 훨씬 큰 두 개의 뿔잔이 인상적인 토기이다.

특히 이 토기는 고구려 벽화고분에 보이는 것과 같은 중무장한 기병의 모습을 잘 나타내고 있어 가야 지역에 중장기병이 실재로 존재한 것을 알 수 있게 한다. 또한 이 시기의 말 갑옷 연구에 귀중한 자료를 제공하였다.

출토지가 김해지역으로 전해지고 있으나, 굽다리 모양이 아라가야 양식의 손잡이굽다리잔과 유사한 점에서 함안지역에서 만들었거나 또는 아라가야 양식의 영향을 받아 김해지역에서 제작된 것으로 본다.

077
기마인물모양뿔잔 騎馬人物型土器

4세기 후기 / 개인소장 / 높이 21.5cm

굽다리 위에 직사각형의 판을 붙이고 그 위에 기마인물상을 올려놓았으며, 말의 엉덩이 부분에 뿔잔 2개를 U자형으로 붙여놓았다.

말은 머리에 투구를 씌었고 눈과 귀, 주둥이 등을 자세히 표현하고 있다. 다리는 깎아 처리하여 힘차게 보인다.

굽다리는 나팔 모양으로 벌어지며 한 줄의 돌대를 두 곳에 돌려 단을 나누고 1단과 2단에 작은 원형 구멍을 뚫었다. 몸통과 다리에는 전면에 철편을 엮은 갑옷을 입힌 것을 나타내기 위해 사방향격자무늬를 새겼다. 말 위에 탄 전사는 양쪽 다리를 등자 위에 올려놓고 있으며, 왼손에는 중앙에 마름모무늬가 새겨진 방패를, 오른손에는 팔을 높게 하여 창을 쥐고 있으며 투구와 목 갑옷을 갖추고 있다.

그런데 이 토기는 앞에서 본 기마인물형 토기와 아주 유사하나 굽다리의 구멍이 다르고 앞의 것과 달리 전사가 머리를 방패와 목 갑옷 안으로 숨기고 있는 점 또한 흥미롭다.

이 토기는 출토지가 김해지역으로 전해지고 있으나, 굽다리 형태가 아라가야 양식의 고배, 손잡이굽다리잔과 유사한 점에서 경주박물관 소장품과 같이 함안지역에서 만들었거나 또는 아라가야 양식의 영향을 받아 김해지역에서 제작된 것으로 본다.

078
말장식잔 馬形土器

4세기 후기 / 아모레퍼시픽 미술관 / 높이 19cm / 지름 6.8cm

굽다리 위에 직사각형의 판을 붙이고 그 위에 말을 올린 후 다시 말 안장 위에 잔 하나를 올려놓은 말장식잔이다. 말은 갈기와 말총, 안장, 재갈과 고삐, 앞걸이, 후걸이 등을 점토띠를 붙여 표현하였다. 몸 전체에 음각으로 말 갑옷을 약간 거칠게 표현하였는데, 윗단에는 삼각띠무늬를 그리고 아랫단에는 사방향격자무늬를 새겼다.
이 토기는 판이 휘고 다리가 몸체에 비해 매우 짧고 안장 위에 얹은 잔이 너무 커서 균형미가 떨어지지만, 당시의 마구가 잘 표현된 귀중한 자료이다.
굽다리에는 사다리꼴의 기다란 사각형 구멍을 4개 뚫었다.
전면에 녹갈색의 자연유가 붙어 있다.
잔의 모양이나 사방향격자무늬로 볼 때 함안 또는 주변지역에서 만들었거나 아라가야 양식의 영향을 받아 김해지역에서 제작된 것으로 본다.

079
말장식뿔잔 馬形土器

4세기 후반 / 삼성미술관 Leeum / 높이 19.5cm

직사각형의 판 위에 말을 올린 후 말안장 위에 다시 뿔잔 두 개를 아래쪽에서 서로 엇갈리게 붙여 올려놓은 특이한 말장식뿔잔이다.
말은 갈기와 말총, 안장, 재갈과 고삐, 앞걸이, 후걸이, 등자를 점토띠를 붙여 표현하였다.
몸 전체에 망토와 같은 점토판을 덮어 마치 말 갑옷을 입힌 것으로 표현하였다.
다리는 굵고 힘차게 표현하여 안정감을 높였다.
토기 전면에 자연유가 붙어 있다.

080
말장식뿔잔 馬形土器

4세기 후기 / 삼성미술관 Leeum / 높이 21.5cm / 길이 14.5cm

납작한 판을 올린 굽다리 위에 말 모양의 토우를 세우고 말안장 위에 뿔잔을 얹어놓은 말장식뿔잔이다.
말은 목덜미 위에 갈기가 보이고 두 귀는 쫑긋 솟아 있으며 둥그런 눈과 벌어진 콧구멍은 생동감을 느끼게 한다.
입에는 재갈을 물렸고 양 볼과 콧등에는 굴레를 씌웠다. 배에는 선이 고르지 않은 사방향격자무늬의 토판이 달려 있는데, 이는 말이 달릴 때 흙이 튀는 것을 방지하기 위한 장니 障泥이다.
말 등을 가로질러 뿔잔 하나를 안장 위에 올려놓은 것처럼 붙여놓았다.
굽다리에는 돌대 두 개를 돌려 3단으로 나누었지만 구멍은 뚫지 않았다.
높다란 말 모습과 등 위에 올려놓은 커다란 뿔잔이 굽다리와 잘 어울려 전체적인 균형을 잘 유지하고 있다.
굽다리도 약간 기울고 무늬도 정연하지 못한 고졸한 형태이지만 그래도 힘찬 느낌을 주는 토기이다.

081
말장식뿔잔 馬裝飾角杯形土器

4세기 후기 / 개인소장

직사각형 판 위에 말을 올린 다음에 다시 말안장 위에 뿔잔 하나를 붙인 특이한 말장식뿔잔이다.
말은 갈기와 말총, 안장, 재갈과 고삐, 앞걸이, 장니障泥, 후걸이를 점토띠를 붙여 표현하였다. 말의 다리는 각을 만들어 깎아서 굵고 힘차게 표현하여 안정감이 있다.
뿔잔의 끝부분을 한 번 뒤집어 마치 고사리 모양으로 말아놓은 것이 특징이다.
굽다리는 돌대를 돌려 2단으로 나누고 삼각형의 구멍을 세 개씩 위아래 줄을 맞춰 뚫었다.
제작지는 뿔잔 끝을 고사리 모양으로 처리한 것이나, 굽다리 모양으로 볼 때 함안지역이거나 그 주변지역으로 생각한다.

082
말장식잔 馬形土器

5세기 전기 / 동경국립박물관 / 높이 15.8cm / 길이 20.8cm

말은 사실적으로 묘사되었으며 말굽이 굽다리 아랫단 위에 놓여 있는 말장식잔이다.
일제강점기 오구라타케노스케에 의해 반출된 것이다.
굽다리는 돌대를 돌려 2단으로 나누었으며 윗단에 긴 사각형의 구멍을 뚫었다.
말의 얼굴은 이목구비를 비롯해 굴레를 씌운 모습까지 비교적 세밀하게 묘사하였고, 몸통 부분에 안장, 후걸이 등의 마장을 잘 표현하였다.
엉덩이에는 주둥이가 위로 나 있어 용기로서의 기능도 갖추었다. 대구시 시지유적에서 후걸이가 약간 다를 뿐 똑같은 모양의 토기가 출토되었다.
암회색을 띠는 경질로서 태토는 매우 정선되었으며 표면에 자연유가 입혀있다.

083
말장식잔 馬形土器

5세기 후기 / 국립대구박물관 / 높이 12.6cm

얇은 토판위에 통통한 말을 올린 말장식잔이다.
재갈, 고삐, 안장, 등자, 행엽이 자세하게 표현되었다.
안장의 중앙에 주둥이를 내었다.
전면에 흑색의 자연유가 부착되었으며 V자상의 점렬문이 시문되었다.
후걸이에는 대가야에서 보이는 검릉형행엽이 착장된 것으로 표현되어 흥미롭다.
V자상의 점렬문과 소성분위기로 볼 때 현풍지역산이 틀림없다.

084
말장식뿔잔 馬形土器

4세기 / 부산시복천동고분군 출토품 / 동아대학교박물관 / 좌 : 높이 14.4cm / 우 : 높이 12.1cm

뿔잔의 끝부분을 말 머리 모양으로 장식한 말장식뿔잔이다.
원추형의 뿔잔을 먼저 만든 후 끝부분을 구부려 말 머리와 잔을 양쪽으로 들리게하고 중간부분에 마치 말 뒷다리와 같은 작은 받침을 붙였다.
말머리는 날타로운 칼로 깎고 찍어서 눈, 귀, 잎을 표현하였다.
몸통은 칼로 세로로 깎아서 매끈하게 마무리하였다.
소성은 기와처럼 무르게 구웠으며 색깔은 회색이다.

085

소장식뿔잔 牛形土器

4세기 말 / 개인소장 / 높이 30cm / 밑지름 9.3cm

굽다리 위에 직사각형 판을 붙이고 그 위에 소를 올렸으며, 소등과 나란히 뿔잔 하나를 올린 소장식 뿔잔이다. 소의 눈과 코를 구멍으로 표현하고 뿔과 귀는 옆으로 눕혀서 표현하였다.
소 얼굴에 X자로 선를 그은 후에 그 안쪽으로 가로줄을 그어 얼굴을 꾸몄다. 턱에는 주름이 늘어지게 잘 표현하였다. 목에는 빗금을 그어 장식한 판 모양의 띠를 붙여 멍에를 표현하였다. 등은 사방향격자무늬로 장식하였으며 엉덩이에는 짧은 꼬리를 붙였다. 다리 윗부분은 가는 선으로 그은 후에 그 아래 부분을 깎아내어 힘차게 보인다.
본체의 안은 비어있으며, 소가 올라선 판의 중앙에 구멍을 뚫어 굽다리와 통하게 하였다. 뿔잔 위쪽에는 사방향 격자무늬를 두 곳에 둘러 새겼다.
굽다리는 나팔 모양으로 벌어지며 한 줄로 된 돌대를 2곳에 돌려 세 단으로 나누고 1단과 2단에 작은 마름모꼴 구멍을 4개씩 뚫었다.
이 토기는 굽다리 모양이 아라가야 양식의 굽다리접시 및 손잡이굽다리잔과 유사하고, 소머리의 무늬가 함안지역에서 만든 원통모양그릇받침에 나타나는 것으로 보아 경주박물관에 소장된 기마인물형토기와 같이 함안지역이거나 아라가야 양식의 영향을 받아 김해지역에서 만들어진 것으로 생각한다.

086
오리모양토기 鴨形土器

4세기 / 기장군 대라리 I 지구 7호목곽묘 출토품 / 경남문화재연구원 / 높이 14.5cm / 길이 24.3cm

세 개의 발이 달려있는 희귀한 형태의 오리모양토기이다.
앞쪽에 한 개, 뒤쪽에 갈퀴가 있는 납작한 발 두 개가 붙어있다.
눈은 구멍을 뚫어 표현하였고 그 밑에는 귀로 보이는 원문이 있다. 편편한 머리 위에는 점을 찍어서 코를 표현하였다.
몸통 위에 뒤쪽으로 치우쳐 둥그런 주둥이가 있고 꼬리 부분에는 또 다른 구멍인 주둥이가 있다.
전체적으로 흑색을 띠나 윗부분에는 자연유가 붙었다가 산화되어 회색을 띤다.

087
오리모양토기 鴨形土器

4세기 후반 / 호림박물관 / 높이 13.5cm

몸통이 매우 통통한 오리 모양 토기이다. 전면에 자연유가 붙어있다. 입은 다문 모습으로 깎았고 눈은 점토를 동그랗게 도려내어 표현하였다.
등 중앙부에 주둥이를 붙이고 꼬리 부분에도 주둥이를 만들었다.
몸통에는 날개 부분에 사방향격자무늬로 장식하였다.
전면에 자연유가 붙어 있다.
굽다리가 작아서 약간 불안정한 느낌을 주지만 전체적으로 고졸한 아름다움이 돋보인다.

088
오리모양토기鴨形土器

5세기 전기 / 동경국립박물관 / 높이 16.0cm / 길이 13.8cm

물고기를 물고 뒤돌아보고 있는 모습의 아름다운 오리모양토기이다.
일제강점기 오구라타케노스케에 의해 반출된 것이다.
먹이를 물고 날개를 접고 있는 모습이 아주 생동감 있게 묘사되어있다.
몸통 꽁무니 부분에 주둥이 하나만 뚫어 용기로서의 기능을 가능하게 하였다. 주둥이 아래에 꼬리와 다리도 표현하였다.
오리를 받치고 있는 굽다리는 중간에 돌대를 돌려 두 단으로 나누었으며, 윗단에 세로로 긴 사각형 구멍 네 개를 뚫었다.
짙은 녹갈색의 자연유가 두껍게 붙어있으나 위쪽에는 많이 떨어져 나갔다.
굽다리 모양은 앞에서 본 오구라타케노스케가 반출해간 말모양굽다리잔과 유사한 점으로 미루어 보아 같은 지역에서 제작된 것으로 본다.

089
오리모양토기 鴨形土器

5세기 중엽 / 아모레퍼시픽 미술관 / 높이 12.2cm

몸통이 매우 통통한 오리모양 굽다리토기이다.
입은 다문 모습으로 깎았고 눈은 둥그런 무늬로 표현하였다.
등 가운데에 잔 모양의 주둥이를 붙이고 꼬리 부분은 길게 빼면서 타원형으로 처리하여 또 다른 주둥이를 만들었다.
굽다리는 중간과 아래에 두 줄의 돌대를 돌려 3단으로 나누고, 1단과 2단에 서로 엇갈리게 세로로 기다란 사각형 구멍을 윗단에 3개, 아랫단에 4개씩 배열하였다.
전면에 자연유가 붙어있다.
서로 엇갈리게 뚫은 구멍이라는 점에서 낙동강 동쪽지역에서 제작되었을 가능성도 있으나 굽다리 모양으로 볼 때, 소가야 권역에서 제작된 것으로 추정한다.

090
오리모양토기 鴨形土器

5세기 중엽 / 국립중앙박물관
왼　 쪽 : 높이 15.7cm
오른쪽 : 높이 16.5cm

머리를 아래로 숙이고 있어 마치 먹이를 찾는 듯한 모습을 보이고 있으며 눈과 부리 또한 실제 오리처럼 잘 묘사한 한쌍의 오리모양토기이다.
목에는 목테가 끼워져 있는 것으로 보아 집에서 기르는 오리로 본다.
그런데 목테는 매어놓는 것으로 쓰기보다는 가마우지와 같이 물고기잡이로 이용하려는 것으로 추정한다.
몸통은 배가 둥글게 부른 모습으로 등 가운데에 입언저리를 톱니 모양으로 장식한 주둥이를 만들고 양 옆으로 빗금친 띠를 덧붙여 날개를 표현하였다. 또한 몸통 아래에는 물결을 희미하게 표현하였다.
굽다리에는 큼지막한 사각형의 구멍 4개를 뚫었다. 안쪽을 비우고 등에 원통 모양의 주둥이와 꼬리는 뭉툭하게 잘라낸 것처럼 또 다른 구멍을 내어 용기로서의 기능을 갖추었다.
회갈색의 토기 겉면에 점점이 자연유가 붙어 있다.
굽다리 아래쪽에 만들어놓은 단과 원통 모양 주둥이 위쪽의 톱니모양 장식, 그리고 자연유의 색깔 등 전체적인 소성 분위기로 볼 때 현풍지역 제작품으로 판단한다.

091
오리모양토기 鴨形土器

5세기 중기 / 호림박물관
왼　쪽 : 높이 20cm
오른쪽 : 높이 19.2cm

통통한 몸통의 등 부분에는 입부분이 나팔같이 밖으로 벌어진 주둥이가 붙어 있고, 그 양 옆에는 접고 있는 작은 날개를 비교적 사실적으로 표현한 한쌍의 오리모양토기이다.
꼬리는 둥글게 잘라내어 주둥이를 만들었다. 몸통 부분에 한 줄의 돌대를 물결 모양으로 둘러, 오리가 물위에 떠서 물살을 헤치고 앞으로 나아가는 분위기를 연출하였다.
머리는 각이 지게 깎고 눈을 옆쪽이 아닌 위쪽에 작은 구멍으로 표현하여 회화적이다. 몸통 전체에 가느다란 선을 새겨 장식 효과를 높였다. 굽다리에는 큼직한 사각형 구멍을 뚫었다.
굽다리 아래에 단을 만든 것으로 보아 현풍지역산 토기로 파악한다.

092
오리모양토기 鴨形土器

5세기 중기 / 삼성미술관 Leeum / 높이 14cm / 길이 15.7cm

몸통이 풍만한 오리의 등 가운데에 원통 모양의 주둥이를 마련하고, 그 양쪽에는 뒤로 젖혀 붙인 작은 날개가 달려 있는 오리모양토기이다.
꼬리를 뭉툭하게 잘라 주둥이를 만들었다.
목에는 목테가 끼워져 있어 집에서 기르는 오리로 추정한다. 길게 뻗은 부리에는 점토를 둥글게 말아 붙여 콧구멍을 과장되게 표현하였다.
전체적으로 보면 세밀한 표현을 과감히 생략하고 단순화시켰지만, 그래도 오리의 특징이 잘 나타나 있다.
전체에 갈색 자연유가 두껍게 입혀있다.
굽다리에는 커다란 사각형의 구멍이 4개 뚫려 있으며, 끝부분이 단을 이룬 것으로 보아 현풍지역 토기로 생각한다.

093
오리모양토기 鴨形土器

5세기 중기 / 삼성미술관 Leeum / 왼쪽 : 높이 19cm

통통한 몸통의 등 부분에는 나팔같이 입언저리가 밖으로 벌어진 주둥이를 붙여놓았고, 그 양 옆에는 접고 있는 작은 날개를 표현한 한 쌍의 오리모양토기이다.
목은 접혀 있고 머리는 각이 지게 깎은 후에 눈과 코, 부리를 비교적 자세히 표현하였다.
꼬리는 둥글게 잘라내어 주둥이를 만들었다. 배 부분에 세 줄의 물결모양 돌대를 돌려, 오리가 물위에 떠서 물살을 헤치고 앞으로 나아가는 듯한 분위기를 연출하였다.
굽다리는 한 단으로 큼지막한 사각형 구멍을 뚫었다. 몸통 아래와 굽다리 중앙을 연결해 고리 모양의 손잡이를 붙였으나 아쉽게도 한 개는 떨어져나가고 흔적만 남아 있다.
굽다리 아랫단과 소성으로 보아 현풍지역산 토기로 생각한다.

094
오리모양토기 鴨形土器

5세기 중엽 / 호림박물관 / 높이 20.9cm

머리가 몸통에 비해 상대적으로 작고 특이한 모양을 한 오리모양토기이다.
몸통 위 목 가까운 곳과 꼬리를 둥글게 잘라내어 주둥이를 만들었다. 등 중앙부에 붙은 주둥이의 양쪽에 활짝 펼친 사다리꼴의 날개를 붙여 비상하려는 모습을 표현하려 했으나, 날개가 몸통에 비해 형편없이 작아 오히려 날려고 하는 움직임이 안쓰럽게 보인다.
배 주위에 여러 줄의 돌대를 둘러 물 위에 떠 있는 오리 주위에 물결이 이는 분위기를 연출하였다.
굽다리는 중간에 두 줄의 돌대를, 아래에 한 줄의 돌대를 둘러 모두 3단으로 나누고, 1단과 2단에 서로 엇갈리게 사각형 구멍을 4개씩 배열하였다.
굽다리 모양과 소성 분위기로 볼 때 창녕지역에서 만든 것으로 생각한다.

095
사슴장식구멍항아리 鹿形裝飾有孔廣口壺

5세기 전기 / 국립중앙박물관 / 높이 16.1cm / 지름 12.5cm

사슴 모양의 토우가 달린 구멍항아리이다.
주둥이가 넓게 벌어진 큰입항아리의 입언저리 아래에 가는 선 하나를 돌리고 그 아래에 넓은 물결무늬를 새겼다.
목 부분은 급격히 좁아지고 있다.
항아리 어깨 부분에 사슴 모양의 토우를 세워놓았다. 두 마리는 남아 있고 한 마리는 붙였던 흔적만 남아 있다.
사슴 다리와 몸통은 비교적 간단하게 묘사하였고, 얼굴의 눈과 입 그리고 뿔은 비교적 사실적으로 표현하였다.
몸통 가운데에 원형의 둥그런 구멍을 뚫어 액체를 빨대와 같은 것으로 흡입할 수 있게 하였다.

096
돼지장식뿔잔 猪形土器

4세기 후기 / 개인소장 / 높이 24.6cm

한 가운데에 구멍이 뚫어진 납작한 판을 굽다리가 받쳐주고, 판 위에 멧돼지를 올리고 그 등 위에 엇갈린 방향으로 뿔잔을 얹어놓은 독특한 모양의 돼지장식뿔잔이다.
멧돼지는 네 발을 곧게 뻗어 판 위에 서 있는 모습으로 몸통 일부에 빗금을 그어 털을 표현하였다. 머리는 귀와 눈, 코 등을 비교적 사실적으로 표현하였고 짧은 꼬리 역시 잘 묘사하였다.
등 한 쪽에 뿔잔을 붙이고 주둥이를 곧추 세워놓았다. 뿔잔의 끝 부분은 날카롭지 않고 둥글게 말려있고 입언저리 아래 두 곳에 사방향격자무늬를 새겼다.
멧돼지 토우를 받치고 있는 굽다리는 돌대 3개를 돌려 4단으로 나누고 둘째 단에만 둥그런 구멍을 뚫었다.
굽다리의 사방향격자무늬와 둥근 구멍으로 볼 때 함안지역에서 만든 것으로 추정한다.

097
토우장식원통모양그릇받침 土偶裝飾筒形器臺

4세기 후엽 / 부산시 복천동32호분 / 부산대학교박물관 / 높이 46.9cm / 지름 19.2cm

굽다리 윗부분에 전을 내어 토우를 장식한 그릇받침이다.
그릇받침 부분에 주둥이가 넓게 벌어지고 몸통 부분에는 돌대를 5곳에 돌려 6단으로 나누고 각 단마다 물결무늬를 넣은 뒤에 긴 사각형 구멍을 엇갈리게 3개씩 뚫었다.
몸통 부분과 굽다리 부분의 경계에 돌대를 밖으로 전처럼 돌출시키고 그 위에 멧돼지, 말, 개의 토우를 같은 간격으로 배치하였다. 토우 모양은 사실적인 묘사보다는 간략한 형태만을 표현하였다.
굽다리는 돌대를 세 곳에 돌려 전체를 4단으로 나눈 뒤에 1단에서 3단까지에 물결무늬를 새겼다. 또한 1단에만 세로로 긴 사각형 구멍을 3개 뚫었다.
색깔은 어두운 회색이며 경질로서 그릇받침 부분과 몸통 바깥쪽에 자연유가 붙어 산화되었다.

098
자라장식뿔잔 龜形裝飾角杯

4세기 후기 / 삼성미술관 Leeum / 높이 20cm / 길이 15.4cm

굽다리 위에 자라를 얹고, 그 등 위에 한 쌍의 뿔잔을 붙인 자라장식뿔잔이다.
자라 등은 점토판을 맞배지붕 모양으로 꺾어 붙이고 양 옆에는 사방향격자무늬를 넣어 장식했는데, 실제 모습과 달리 지붕처럼 변화시켜 처리한 것이 흥미롭다.
주둥이는 새의 부리처럼 뾰족하게 만들고, 두 눈은 작은 점을 찍어 간략하게 표현하였으며, 목을 길게 빼고 옆으로 조금 돌린 모습이 마치 먹이를 찾고 있는 듯한 모습을 생생하게 형상화시킨 것처럼 보인다.
자라 등의 속은 비어있고, 등 위에 뿔잔을 머리에서 꼬리 방향으로 엇갈리게 붙여놓았다.
굽다리는 나팔 모양으로 세 줄의 돌대를 돌리고 3단에 작은 삼각형 구멍을 뚫었다.
무늬와 굽다리의 구멍으로 볼 때 함안지역에서 만든 것으로 추정한다.

099
인물토우서수모양토기 人物裝飾瑞獸形土器

5세기 후기 / 해남군 만의총 / 동신대학교박물관 / 높이 16.2cm

항아리의 몸통을 옆으로 눌러 타원형으로 만들고 앞에는 용으로 추정되는 서수瑞獸의 목을 붙이고 뒤에는 사람 모양의 토우를 세워 붙인 인물토우서수형토기이다.

서수는 눈과 코를 구멍을 뚫어 표현하였는데, 눈은 크게 돌출시켰고, 뿔은 크고 뾰족하게 그리고 귀는 약간 쫑긋하게 표현하였다. 또한 입은 벌린 채로 혀가 보이게 표현하였다.

인물 토우는 구멍항아리의 입언저리에 붙이듯이 세웠으며, 손은 벌리고 다리는 짧게 표현하였다. 얼굴도 눈과 입만 찍어서 표현하고 목과 구별이 되지 않을 정도로 몸통과 연결시켰으나 몸통 아래에 큼지막한 성기를 돌출시켜 남성임을 알게 하였다.

구멍항아리의 몸통 중간에는 두 줄의 돌대를 돌리고 그 사이를 사방향격자무늬를 그려 장식 효과를 높이고 서수에서 약간 왼쪽으로 치우친 곳에 구멍을 뚫었다.

이 토기는 몸통을 이루는 구멍항아리의 돌대가 돌려져 단이 진 것과 목 부분 및 몸통 부분의 무늬로 보아 소가야 양식의 토기로 판단되며, 또한 고성지역에서 제작된 것으로 본다. 이와 함께 동아대학교 박물관에 소장된 소가야 양식 굽다리접시 뚜껑 붙어있는 인물토우가 이 토기의 토우와 유사한 점도 이를 뒷받침 하는 것이다. 이 토기와 유사한 것으로는 용인대학교 박물관 소장품이 있다.

100
인물토우장식굽다리뚜껑접시 人物裝飾高杯

6세기 중기 / 동아대학교박물관 / 높이 16.5cm / 지름 11cm

굽다리접시의 뚜껑 위에 앉은 채로 현악기를 연주하는 인물 토우를 붙였다. 얼굴은 눈, 코, 입이 크고 단순하게 표현되어 재미있다. 인물의 성별 구분은 어려우나 앞에서 본 인물토우서수모양토기의 인물이 남성의 성기를 뚜렷하게 표현한 것과 다르다는 점에서 여성으로 추정한다. 비록 발은 물갈퀴처럼 표현되었으나 비교적 자세하게 표현된 것에 비해 손은 팔의 연속으로 손가락이 잘 표현되지 않았다.
현악기는 그 형태로 볼 때 가야금으로 추정한다.
이 토기는 뚜껑 모양과 굽다리 아래에 큼직하게 돌출시킨 돌대로 보아 소가야 양식으로 판단한다.
이 토기가 제작된 시기에 대가야에서는 가야금의 악성인 우륵이 12곡을 작곡하였고 그 가운데에 소가야 권역에 속하는 사물국이 포함된 점이 또한 흥미롭다.

101
오리모양인면문토기 鴨形人面文土器

5세기 후기 / 개인소장 / 높이 12cm / 길이 21cm

오리처럼 생긴 통통한 몸통과 부리가 달린 것처럼 생긴 머리가 있어 단순한 오리모양토기로 보이기도 하나, 머리의 앞과 뒤를 사람 얼굴로 장식한 아주 독특한 오리모양인면문토기이다.

몸통의 등과 꼬리는 둥글게 잘라내어 액체를 넣어서 마시는 주둥이를 만들었다. 몸통 부분에 두 줄의 돌대를 물결모양으로 둘리고 그 상하를 같은 방향으로 목판으로 긁어서 마치 오리가 물위에 떠서 물살을 헤치고 앞으로 나아가는 분위기를 연출하였다.

몸통 중앙의 오른쪽 측면에는 선각으로 사람을 좌우에 그렸는데 머리, 손이 잘 보이며, 특히 머리에는 신라인들이 쓰던 새깃털관鳥羽冠이 표현되어 있어 주목한다. 몸통 왼쪽에는 말을 선각하였다.

부리가 달린 것처럼 생긴 머리의 앞에는 선각으로 사람 얼굴을 새겼으며, 머리 뒤에는 점토를 덧대어 도톰하게 붙인 후 선각으로 문신을 한 것 같은 사람얼굴을 표현하였다. 그리고 엉덩이에는 머리가 없는 인물이 선각으로 표현되어 있다.

색조와 소성분위기로 볼 때 신라토기의 영향에 김해지역 주변에서 제작된 토기로 파악한다.

102
얼굴모양손잡이잔 人面裝飾把杯

5세기 중엽 / 동아대학교박물관 / 높이 11cm / 지름 11.5cm

옆쪽에 손잡이 하나를 붙인 손잡이잔이다.
손잡이 윗부분에 둥그런 얼굴을 만들고 손톱으로 꾹꾹 눌러 사람의 눈, 코, 입을 표현하였다. 위쪽에 2줄 그리고 아래쪽에 1줄의 돌대를 둘러 장식하였다.
토기 전체에 자연유가 붙어있다.
흑색의 색깔과 모양으로 볼 때 창녕지역에서 만든 것으로 추정한다.

103
집모양토기 家形土器

5세기 중기 / 동경국립박물관 / 높이 16.8cm

둥근 네 개의 기둥을 세우고 바닥이 들린 고상창고형 집모양토기이다.
와카야마켄和歌山県 기노카와紀ノ川 북안의 무쇼타니六十谷에서 다른 토기 5점과 함께 발견된 토기이다. 함께 발견된 토기가 모두 가야토기이고, 옆면에 넣은 삼각띠무늬로 살펴볼 때 이 토기는 가야토기일 가능성이 높으나, 한편 주둥이와 기둥 모양은 스에키須恵器와 유사하고 흙판 위에 기둥을 세우지 않는 것도 가야토기와 다르다.
 지붕 위에 나팔형의 주둥이가 붙어 있으며, 특이하게도 주둥이가 달린 반대편 옆면에도 기둥에 붙어 작은 구멍 하나를 뚫었다. 기둥의 둥근면을 깎아서 힘차게 표현하였으며, 길게 직선으로 뻗어 내려오다가 바닥 밑에서는 밖으로 벌려서 안정감을 느끼도록 하였다.
 옆면은 한 줄 가는 선을 그어 2단으로 나누고 위 아래에 삼각띠무늬를 새겼다. 앞면과 뒷면은 각각 3단으로 나누고 중간에 빗살무늬 그리고 위 아래에는 삼나무잎무늬를 가로로 넣은 후 중간에 세로로 각진 보조기둥을 대었다. 출입구 시설은 어디에도 표현되어 있지 않았다.
 지붕과 기둥을 비롯한 전체에는 자연유가 붙어있다.
 이 집모양토기는 삼각띠무늬가 부산시 복천동25호, 26호분에서 출토된 바리모양그릇받침에 보이는 것에서, 낙동강하류 일대에서 제작되었거나 이 지역 토기의 영향을 받아서 일본열도에서 제작된 것으로 추정한다.

104
원통모양그릇받침 筒形器臺

5세기 후반 / 후쿠오카켄福岡県 하네토羽根戸고분군출토품 / 이세진구伊勢神宮 / 기대 높이 57cm / 항아리 높이 20.2cm

항아리 모양의 그릇받침 부분은 깊게 들어가며 그 바깥쪽에는 돌대로 두 곳을 돌려 3등분하고 돌대 위에 흙으로 만든 곡옥을 붙여 장식하고 2단과 3단에는 물결무늬를 새겼다. 몸통에도 곡옥과 물결무늬로 장식하고 세로로 길쭉한 사각형의 구멍을 뚫었다.

굽다리에서 몸통 부분에 이르기까지 멧돼지를 쫓는 개 두 마리, 사슴, 아이를 업은 인물, 거북이 다섯 마리의 토우로 장식하였다. 몸통 부분은 돌대를 돌려 4단으로 나누고 그릇받침 부분의 투창과 엇갈리게 세로로 긴 사각형의 투창을 뚫었으며 몸통 전체에 물결무늬를 새겼다.

굽다리는 삼단으로 나누고 상단에 2열로 점줄무늬를 새겼다. 굽다리와 몸통이 만나는 곳에 붙인 전에도 점줄무늬가 보인다. 굽다리에는 3단에 걸쳐서 세로로 긴 사각형의 투창을, 아랫단에만 삼각형 투창을 뚫었다.

항아리는 몸통 중간을 가는 선으로 돌려 나누면서 점줄무늬를 넣었고 둥그런 구멍 4개를 뚫었으며, 어깨 부근에는 작은 잔 4개를 붙였다. 작은 잔 입언저리는 물결무늬로 장식하였다.

그릇받침은 신식이지만, 항아리는 고식인 것으로 보아 항아리가 오래 전부터 전해내려 오다가 그릇받침과 함께 부장된 것으로 추정한다.

가야토기의 영향을 받아 일본열도에서 제작된 그릇받침으로서, 토우가 잘 표현되고 조형미가 뛰어난 작품이다.

105
동물장식항아리 動物裝飾臺附壺

6세기 전기 / 후쿠이켄福井県 시시쯔카獅子塚고분출토품 / 동경국립박물관 / 높이 44.5cm

굽다리 위에 항아리가 올려져있고 항아리 어깨부분 4곳에 개와 비슷한 동물토우가 붙어있는 동물장식항아리이다.
항아리 입 부분은 3단으로 나누고 윗단과 중간단에 물결무늬를 새겼다.
항아리와 굽다리가 만나는 곳에는 전처럼 생긴 돌대를 돌렸다.
굽다리는 4단으로 나눈 후 1단에서부터 3단까지 물결무늬를 넣었고 삼각형과 사각형의 투창을 줄 맞춰 번갈아가며 뚫었다.
항아리 전면에 자연유가 위에서 흐르듯이 붙어있다.
가야토기의 영향을 받아 일본열도에서 제작된 큰항아리이며 토우가 간략하게 처리되었으나 조형미가 뛰어난 작품이다.
후쿠이켄福井県 시시쯔카獅子塚고분은 동해에 면한 고분으로 이 고분에서는 신라토기를 모방한 뿔잔이 출토되어 또한 흥미롭다.

106
새장식뚜껑굽다리항아리 鳥形裝飾有蓋壺

6세기 / 아이찌켄愛知県 스미야키다이라炭燒平14호분 / 나고야대학문학부고고학연구실 / 총 높이 33cm

팔자 모양의 굽다리 위에 짧은목항아리를 올리고 뚜껑에는 큼지막한 오리 모양의 손잡이가 붙인 새장식뚜껑항아리이다.
오리는 둥그런 점을 찍어 눈을 표현했으며 볏과 부리는 자세하게 표현하지 않았더라도 금방 알아볼 수 있다. 볏은 톱니모양으로 표현하였다. 등에는 선을 그어 날개를 표현했으며, 가슴에도 털을 표현한 것으로 추정되는 선이 보인다.
항아리는 몸통 중앙에 돌대를 돌려 나누고 빗금으로 점줄무늬를 새겼다.
굽다리는 돌대로 구분하고 위아래 단에 세로로 기다란 사각형 구멍을 뚫었다.
이러한 새 모양의 장식은 가야지역에서 볼 수 있는 것과 유사하므로 아마도 가야토기의 영향을 받아 일본열도에서 제작된 것으로 본다.
뚜껑과 항아리 어깨에 걸쳐 자연유가 붙어있다.
오리 모양의 손잡이가 약간 커서 비대칭이기는 하지만 그래도 아름다운 토기이다.

107
굽다리잔臺附盞

5세기 후반 / 하버드대학 Sackler 박물관 / 높이 15cm

굽다리 위에 목이 기다랗고 납작한 항아리를 올리고, 그 양옆에는 각각 하나씩 긴 뿔 모양의 잔을 붙인 굽다리잔이다. 굽다리에는 세로로 기다란 사각형의 구멍을 4개 뚫었다.
그레고리 핸더슨의 수집품이며 목긴항아리의 모양과 색깔로 볼 때 제작지는 일본열도로 본다. 일본에서 들어와 가야 고분에 부장되었을 것으로 추정되며, 국내에서는 출토 예가 매우 드문 장식부 스에키須惠器인 점이 주목한다.
가야와 왜의 교류를 보여주는 귀중한 토기이다.

108
항아리 壺

5세기 전기 / 김해시 예안리120호분출토품 / 부산대학교박물관 / 높이 21.7cm / 지름 15.6cm

황색의 연질항아리이다.
일본열도 규슈지역의 하지키土師器의 영향을 받아 제작된 것이다.
목 부분은 오목하게 안으로 굽으며 아랫단에는 엇갈린 방향으로 두드린 흔적이 남아있다.
겉모양은 일본토기를 따라 만들었지만 두드림 흔적이나 기벽 두께가 두꺼운 점이 하지키와 다르다.
일본열도와의 교류를 보여주는 귀중한 자료이다.

109
배모양토제품 船形埴輪

5세기 / 오사카후大阪府 다카마와리高廻り 2호분 / 오사카시문화재협회 / 높이 41cm / 길이 128.5cm

바닥이 깊어 삼각형에 가까운 배 모양의 하니와埴輪로 항해용의 배를 사실적으로 본뜬 것이다. 하니와는 일본의 고분시대 무덤을 장식하던 토제품이다.
이 하니와는 가야지역의 배모양토기와 형태가 유사하여 가야토기의 영향에 의해 제작된 것으로 본다.
이물과 고물에는 각각 가로지른 판이 있으며 현판의 상단에는 좌우대칭으로 톱니모양의 노걸이가 5개씩 붙어 있다. 전후 좌우가 대칭에 가깝도록 만들어져 균형을 잘 유지한 조형미가 뛰어난 작품이다.
이 토기를 그대로 복원한 배가 한일간 항해에 성공함으로써 실제로 이러한 배가 고대 한일간의 교류에 사용된 것이 증명되었다.